名牌大学学科营与自主招生考试绿卡

物理真题篇

第2版

王文涛 黄晶 编著　程稼夫 审校

中国科学技术大学出版社

内容简介

本书为准备参加名牌大学学科营与自主招生笔试的优秀高中生量身定制，囊括了2003～2017年北京大学、清华大学、浙江大学、南京大学、复旦大学、上海交通大学、同济大学、南开大学等全国著名高校学科营与自主招生考试物理真题，并配有详细的解答与分析．通过研读本书，读者可以深入细致地了解各高校在选拔人才时物理学科的命题方向和特点，同时兼顾高考复习，一举两得．

图书在版编目(CIP)数据

名牌大学学科营与自主招生考试绿卡．物理真题篇/王文涛，黄晶编著．—2版．—合肥：中国科学技术大学出版社，2018.1(2018.11重印)
ISBN 978-7-312-04364-2

Ⅰ．名⋯　Ⅱ．①王⋯　②黄⋯　Ⅲ．中学物理课—高中—习题集—升学参考资料　Ⅳ．G634

中国版本图书馆 CIP 数据核字(2017)第 282393 号

出版	中国科学技术大学出版社 安徽省合肥市金寨路96号，230026 http://press.ustc.edu.cn https://zgkxjsdxcbs.tmall.com
印刷	合肥华苑印刷包装有限公司
发行	中国科学技术大学出版社
经销	全国新华书店
开本	787 mm×1092 mm　1/16
印张	24.75
字数	602 千
版次	2014年11月第1版　2018年1月第2版
印次	2018年11月第6次印刷
印数	17001—22000 册
定价	58.00 元

序　言

　　这些年在与广大中学生打交道的过程中,我深刻地感受到,他们多么渴望能读到适合他们研读的图书.因此,我曾在我编著的《中学奥林匹克竞赛物理教程·力学篇》(第2版)和《中学奥林匹克竞赛物理教程·电磁学篇》(第2版)的序言中呼吁更多大学教授和中学一线教师能分出一点点时间,为中学生写精品图书.

　　这个暑假我读到由王文涛、黄晶两位青年教师撰写的这本《名牌大学学科营与自主招生考试绿卡·物理真题篇》,眼前一亮,甚感欣慰.在自主招生刚实施的前几年,大家对自主招生考试命题的特点、难度和规律把握得还不够,所以出版的大多数辅导书并未切中肯綮,达不到读者的预期.本书作者对各重点高校历年的自主招生试题和保送生考试题进行了全面的搜集整理和深入、细致的分析,使得本书具有突出的系统性、指导性和针对性.其解析思路清晰,语言凝练,值得推荐.

　　初读本书,见其排版规范,插图清晰,公式醒目;再细读之,觉其概念准确,理论扎实,分析到位,一字一句都凝聚着两位作者的智慧和心血.我从中看到了青年教师的专业素质和钻研精神.希望本书的出版能激发中学生对物理学习的热爱,同时祝愿广大学子考上理想的大学!

　　是为序.

程稼夫

2017年8月29日

于中国科学技术大学

第 2 版前言

新高考改革方案正逐步在全国实施,物理学科成为选考科目,其地位的下降已经成为不争的事实.因此,高校在自主招生中加大物理学科的考查力度是大势所趋.

在第 2 版中,我们增加了 2015～2017 年北京大学等三所高校的自主招生试题共 10 套.2015 年自主招生新政策实施后,各高校独立命题,使得试题搜集的难度大大增加,因此个别试题可能与原题有所出入,敬请谅解.感谢东北师范大学附属中学教务处刘玉珍老师以及参加自主招生考试的东北师范大学附属中学的考生们为本书提供部分试题,感谢杭州高级中学黄晶老师、吉林大学附属中学金哲老师、大连二十四中殳风华老师、东北师范大学理论物理博士龙玉梅老师为本书提供部分试题解析.在本书编写过程中,中国科学技术大学程稼夫教授对全书做了细致的校阅,在此本人对程老师致以深深的谢意! 第 1 版从 2014 年出版至今,深受读者朋友们的喜爱,已重印多次.作者在感谢之余,也深感身上的责任重大.为了方便与大家及时分享最新的自主招生试题以及交流解题心得,我们建立了名校自主招生备考 QQ 群 574620756,欢迎各位老师、家长和同学们加入.

最后特别声明,市面上的很多自主招生类辅导书粘贴和复制本书的研究成果,编者希望这部分"专家"自重,否则将付诸法律手段.

作 者
2017 年 11 月于王文涛数理工作室

前　言

自主招生是中国高等教育招生改革扩大高校自主权的重要措施,高校通过自主考试选拔具有超常的创新和实践能力的应届高中毕业生.一年一度的高校自主招生选拔又将拉开序幕,全国八十余所重点高校已经加入招生改革试点的阵营.展望未来,大学招生采用高考加自主招生的模式是大势所趋.正因为如此,自主招生考试对高中物理教师,特别是高三物理教师带来了冲击,自然成了一线物理教师争相研究的热点,对自主招生考试的研究也成了高三物理教师的一种责任和追求.

自主招生试题的定位介于高考和竞赛之间,将大学普通物理、高中物理竞赛和高中课本有机融合,其分析推理过程、数学工具运用都与高考试题有较大区别,部分试题的难度达到了全国物理竞赛复赛的程度.举个例子:在半径为 R 的金属球 A 内,有两个球形空腔,金属球整体不带电,在两空腔中心各放置一点电荷 B 和 C,所带电荷量分别为 q_B 和 q_C.在金属球 A 之外离球心 O 为 r 处放置另一点电荷 D,电荷量为 q_D,已知 r 远大于金属球 A 的半径.请解答下列问题:

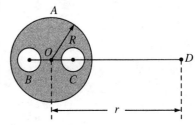

(1) 写出库仑定律的数学表达式;

(2) 写出点电荷 D 所受静电力大小的表达式;

(3) 求出点电荷 B 和 C 所受的静电力.

这是 2011 年中国科学技术大学保送生考试题,考查镜像电荷等知识点,没有经过自主招生系统训练的考生会觉得无从下手.

　　那么自主招生考试到底考什么?考多难?该如何备考?这些年在与中学生打交道的过程中,我深刻地认识到,他们多么渴望能有一本针对性强的备考用书啊.笔者从 2004 年起就一直关注大学自主招生考试,十年下来,积攒了各高校自主招生、保送生考试、物理学科营试题共 48 套,利用两年的时间整理并做出详细的解答.在本书编写过程中,中国科学技术大学程稼夫教授对全书做了细致的校阅.在此,本人对程老师致以深深的谢意!由于作者的水平有限,本书中对试题的解答也一定存在着诸多不足,诚请各位读者批评指正,如有建议,请发至 wangwt168@sina.com.cn,本人将不胜感激.

　　最后,希望本书能帮您找准自主招生备考方向,赢得心仪大学绿卡.

王文涛

2014 年 9 月于北国春城

目　次

序言 ……………………………………………………………………………（ⅰ）
第 2 版前言 ……………………………………………………………………（ⅲ）
前言 ……………………………………………………………………………（ⅴ）

第一部分　学科营系列

2016 年北京大学科学营试题解析 …………………………………………（ 2 ）
2016 年北京大学夏令营试题解析 …………………………………………（ 14 ）
2016 年清华大学夏令营试题解析 …………………………………………（ 19 ）
2015 年北京大学夏令营试题解析 …………………………………………（ 27 ）
2015 年清华大学夏令营试题解析 …………………………………………（ 34 ）
2014 年北京大学学科营试题解析 …………………………………………（ 40 ）
2013 年北京大学夏令营试题解析 …………………………………………（ 49 ）
2013 年清华大学夏令营试题解析 …………………………………………（ 54 ）
2014 年南京大学强化班招生试题解析 ……………………………………（ 60 ）
2013 年南京大学强化班招生试题解析 ……………………………………（ 68 ）
2010 年南京大学强化班招生试题解析 ……………………………………（ 74 ）
2009 年上海交大冬令营试题解析 …………………………………………（ 80 ）
2008 年上海交大冬令营试题解析 …………………………………………（ 91 ）
2007 年上海交大冬令营试题解析 …………………………………………（100）
2006 年上海交大冬令营试题解析 …………………………………………（108）
2003 年上海交大冬令营试题解析 …………………………………………（116）

第二部分　自主招生系列

2017 年北京大学"博雅计划"试题解析 ……………………………………（124）
2017 年某校自主选拔试题解析 ……………………………………………（127）
2016 年清华大学"领军计划"试题解析 ……………………………………（135）
2016 年某校自主选拔试题解析 ……………………………………………（147）
2015 年某校自主选拔试题解析 ……………………………………………（151）
2014 年"华约"自主招生试题解析 …………………………………………（156）
2013 年"华约"自主招生试题解析 …………………………………………（161）

2013年清华大学保送生考试试题解析 ……………………………………… (166)
2012年"华约"自主招生试题解析 …………………………………………… (172)
2012年清华大学保送生考试试题解析 ……………………………………… (179)
2011年"华约"自主招生样题解析 …………………………………………… (186)
2011年"华约"自主招生试题解析 …………………………………………… (190)
2010年"华约"自主招生样题解析 …………………………………………… (196)
2010年"华约"自主招生试题解析 …………………………………………… (202)
2014年"北约"自主招生试题解析 …………………………………………… (210)
2013年"北约"自主招生试题解析 …………………………………………… (217)
2013年北京大学保送生考试试题解析 ……………………………………… (225)
2012年"北约"自主招生试题解析 …………………………………………… (235)
2012年北京大学保送生考试试题解析 ……………………………………… (242)
2011年"北约"自主招生试题解析 …………………………………………… (248)
2011年北京大学保送生考试试题解析 ……………………………………… (254)
2010年"北约"自主招生试题解析 …………………………………………… (260)
2009年北京大学自主招生试题解析 ………………………………………… (265)
2008年北京大学自主招生试题解析 ………………………………………… (270)
2007年北京大学自主招生试题解析 ………………………………………… (275)
2006年北京大学自主招生试题解析 ………………………………………… (279)
2014年"卓越"自主招生试题解析 …………………………………………… (284)
2013年"卓越"自主招生试题解析 …………………………………………… (292)
2012年"卓越"自主招生试题解析 …………………………………………… (301)
2011年"卓越"自主招生试题解析 …………………………………………… (309)
2014年复旦大学千分考试题解析 …………………………………………… (319)
2013年复旦大学千分考试题解析 …………………………………………… (325)
2012年复旦大学千分考试题解析 …………………………………………… (332)
2011年复旦大学千分考试题解析 …………………………………………… (338)
2010年复旦大学千分考试题解析 …………………………………………… (344)
2009年复旦大学千分考试题解析 …………………………………………… (349)
2008年复旦大学千分考试题解析 …………………………………………… (354)
2007年复旦大学千分考试题解析 …………………………………………… (360)
2006年复旦大学千分考试题解析 …………………………………………… (366)
2011年某校保送生考试试题解析 …………………………………………… (370)
2009年浙江大学自主招生试题解析 ………………………………………… (374)
2008年浙江大学自主招生试题解析 ………………………………………… (379)

第一部分
学科营系列

2016年北京大学科学营试题解析

简答题.

01 将地面参考系处理为惯性系,蹲在水平地面上的少年猛地竖直向上跳起,过程中所受的空气阻力可忽略.

(1) 先写出惯性系中的质点系动能定理,再回答:在少年跳起的过程中,哪些力在做正功?哪些力在做负功?

(2) 先写出惯性系中的质点系质心动能定理,再回答:在少年跳起的过程中,哪些力在做正功?哪些力在做负功?

解析 (1) $W_{内} + W_{外} = \Delta E_k$(内力做功之和加上外力做功之和等于质点系动能的增量).少年跳起的过程中内力做功之和为正功,外力即重力做功之和为负功.

(2) $W_{合外}C = \Delta E_{kC}$(合外力对质心做的功等于质心动能的增量).少年跳起的过程中地面竖直向上的支持力做正功,重力做负功.

02 常说大气有重力压强,又说大气有分子热运动压强,那么大气对地面的压强是否为这两个压强之和?为什么?

解析 不是.

大气分子受地球施予的向下重力之和即大气重力.紧挨地面的大气分子受地面分子的向上排斥力之和即为地面对大气竖直向上的支持力;反之,大气分子对地面分子竖直向下的反作用力之和即为大气对地面的正压力.单位面积地面所受的正压力即为地面所受的大气压强.

如果将大气分子与地面分子间的一对作用力、反作用力模型化为静态的分子间相互作用力,则称大气压强为重力压强.若将此对作用力、反作用力模型化为动态的气体分子竖直向下的热运动分运动与地面静态分子弹性碰撞产生的"相互作用力",则称大气压强为分子热运动压强.

可见,这两种称谓的压强其实是同一个压强.

03 (1) 能否存在两个彼此分离的静止点电荷,使它们所在空间的静电场中出现一个电势为零的球面等势面?为什么?

(2) 能否存在三个彼此分离的静止点电荷,使它们所在空间的静电场中出现一个电势不为零的球面等势面?为什么?

解析 (1) 能.据静电镜像法,在半径为 R 的球面外,与球心相距 $a(a>R)$ 处放一个静

止的点电荷 q，再在球心与电荷 q 的连线上，与球心相距 $b = \dfrac{R^2}{a}$ 处放一个静止的点电荷 $q' = -\dfrac{R}{a}q$，则这个半径为 R 的球面便为电势为零的球面等势面．具体分析如下：

半径为 R 的接地金属球外有一电荷量为 q 的点电荷，点电荷与球心 O 相距 a，如图 1 所示．金属球靠近点电荷一侧将出现负感应电荷，感应电荷是面电荷．我们能否用假想点电荷 q' 来等效替代金属球上的感应电荷呢？根据对称性，q' 应在 O、q 的连线上，如图 2 所示．在 q 和 q' 的共同作用下，球面上任一点 P 的电势都为零，则

$$k\dfrac{q}{r} + k\dfrac{q'}{r'} = 0.$$

式中，r 为 q 到 P 的距离，r' 为 q' 到 P 的距离．因此对球面上任一点，有

$$\dfrac{r'}{r} = -\dfrac{q'}{q} = 常数. \qquad ①$$

选择 q' 的合适位置，使 $\triangle Oq'P \backsim \triangle OPq$，则

$$\dfrac{r'}{r} = \dfrac{R}{a} = 常数. \qquad ②$$

设 q' 距球心为 b，两三角形相似的条件为

$$\dfrac{b}{R} = \dfrac{R}{a}.$$

则

$$b = \dfrac{R^2}{a}. \qquad ③$$

联立式①和式②，得

$$q' = -\dfrac{R}{a}q. \qquad ④$$

由式③和式④可确定假想点电荷 q' 的位置和大小．

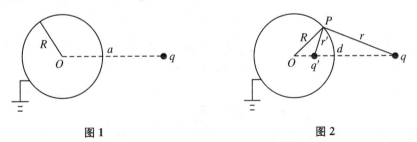

图 1　　　　　　　　　图 2

(2) 能．在(1)问解答中的半径为 R 的球面的球心处，再放置一个静止的点电荷 $q'' \neq 0$，此球面便是电势不为零的球面等势面．

04 设太阳不动，一个行星仅受太阳引力，则其相对太阳的运动轨道曲线与该行星的轨道能量(动能加势能) E 对应的关系为

椭圆：$E < 0$；　抛物线：$E = 0$；　双曲线：$E > 0$.

试据此判断，在实验室参考系中，α 粒子散射轨道曲线为何种曲线．

解析 为双曲线. 在α粒子散射实验中,大质量的原子核的运动可略,处理为静止. α粒子受原子核的库仑斥力,此力与万有引力在数学上同构,但差一正负号,其势能为正. α粒子轨道能量便为 $E = E_k + E_p > 0$. 据此可知 α粒子散射轨道曲线为双曲线.

计算题.

05 三个相同的匀质小球放在光滑水平桌面上,用一根橡皮筋把三球约束起来. 三个小球的质量均为 m,半径同为 R,如图3所示. 再将一个质量为 $3m$、半径也为 R 的匀质小球放在原三球中间正上方,因受橡皮筋约束,下面三个小球并未分离. 设系统处处无摩擦,试求:

(1) 放置第四个小球后,橡皮筋张力的增量 ΔT;

(2) 将橡皮筋剪断后,第四个小球碰到桌面时的速度 u.

解析 (1) 如图3所示,称上面小球为球1,球心为 O_1,下面三个小球分别为球2、3、4,球心分别为 O_2、O_3、O_4. 连接 O_1、O_2、O_3、O_4,如图4所示,则有

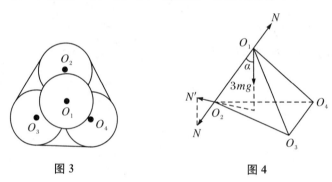

图3   图4

$$|O_1O_2| = |O_2O_3| = |O_3O_4| = |O_4O_1| = 2R.$$

根据几何关系,有

$$\sin\alpha = \frac{\sqrt{3}}{3}, \quad \cos\alpha = \frac{\sqrt{6}}{3}.$$

设球1对下面每个小球的压力为 N,则球2、3、4对球1反作用力的合力为 $3mg$,有

$$3N\cos\alpha = 3mg.$$

解得

$$N = \frac{\sqrt{6}}{2}mg.$$

球2、3、4各自所受的力 N 的水平分力为

$$N' = N\sin\alpha = \frac{\sqrt{2}}{2}mg.$$

如图5所示,橡皮筋张力 T 的增量 ΔT 应正好平衡 N',可得

$$2\Delta T\cos 30° = N'.$$

解得

$$\Delta T = \frac{N'}{2\cos 30°} = \frac{\sqrt{6}}{6}mg.$$

(2) 橡皮筋剪断后,球 1 开始向下运动,球 2、3、4 在球 1 的压力下做水平运动,球 1 运动一段时间后与球 2、3、4 分离,分离的条件是相互作用力 $N=0$. 球 1 与三个小球分离后,将在重力作用下做匀加速运动.

根据系统水平方向的动量守恒和对称性,可知球 2、3、4 运动速率相同,速度方向沿 $\triangle O_2O_3O_4$ 的中心 O 到各个顶点 $O_i(i=2,3,4)$ 连线的延长方向.

如图 6 所示,设 O_1 向下的速度为 v_1,O_2 沿 OO_2 方向的速度为 v_2,直角三角形 O_1O_2O 中的 $\angle O_1O_2O$ 用 θ 标记,其初始值 θ_0 应满足 $\sin\theta_0 = \dfrac{\sqrt{6}}{3}$,而后 θ 角减小. 假设 θ 角小到某值时,球 1 与其余三个小球间的正压力 N 为零,则彼此将分离. 此时随 O_2 一起运动的参考系为惯性系,O_1 相对 O_2 的速度为

$$v = v_1\cos\theta + v_2\sin\theta. \qquad ①$$

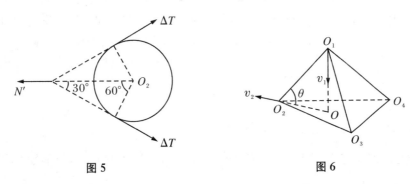

图 5　　　　图 6

球 1 与球 2 尚未分离,故仍有

$$v_1\sin\theta = v_2\cos\theta. \qquad ②$$

当 $N_1 = 0$ 时,球 1 相对球 2 运动的向心力恰好为球 1 所受重力的分力,即有

$$3mg\sin\theta = 3m\dfrac{v^2}{2R}. \qquad ③$$

联立式 ①~③,得

$$v_1^2 = 2gR\sin\theta\cos^2\theta, \quad v_2^2 = 2gR\sin^3\theta.$$

此时球 1 下降高度为 $2R(\sin\theta_0 - \sin\theta)$,根据机械能守恒定律,有

$$3mg \cdot 2R(\sin\theta_0 - \sin\theta) = \dfrac{1}{2} \cdot 3mv_1^2 + 3 \cdot \dfrac{1}{2}mv_2^2.$$

将 v_1^2、v_2^2 表达式代入,可得

$$\sin\theta = \dfrac{2\sqrt{6}}{9}.$$

从而

$$v_1^2 = \dfrac{76\sqrt{6}}{243}gR.$$

球 1 与下面三个小球分离后,即做自由落体运动,球 1 与桌面相遇时的速度 u 与初速度 v_1 间的关系为

$$u^2 - v_1^2 = 2g \cdot 2R\sin\theta.$$

可得球 1 碰到桌面时的速度为
$$u = \frac{\sqrt{876\sqrt{6}}}{27}\sqrt{gR}.$$

（1）均匀导热棒的串并联．

两根粗细均匀的金属棒 A、B 尺寸相同，A 的导热系数 κ_1 是 B 的导热系数 κ_2 的两倍．用它们来导热，设高温端和低温端温度恒定，试求 A、B 并联使用的能流 $j_{并}$ 与串联使用的能流 $j_{串}$ 之比．设棒侧面是绝热的，能流 j 是单位时间通过金属棒整个横截面所传递的能量（即热量）．

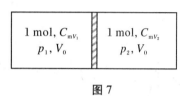

图 7

（2）熵增．

如图 7 所示，将已与外界绝热的长方体容器用固定的绝热隔板分为体积同为 V_0 的左、右两室．左室内存有 1 mol 摩尔等容热容量为 C_{mV_1}（常量）的某种理想气体，已达到压强为 p_1 的平衡态．右室内存有 1 mol 摩尔等容热容量为 C_{mV_2}（常量）的另一种理想气体，也已达到压强为 p_2 的平衡态．

现将隔板打开，两种气体混合后，最终达到平衡态，其体积 $V = 2V_0$．

① 试求最终平衡态的温度 T 和压强 p．

② 取理想气体熵增公式为 $\Delta S = \nu R \ln\dfrac{V_e}{V_i} + \nu C_{mV} \ln\dfrac{T_e}{T_i}$，下标 i，e 分别表示初、末平衡态，再求混合过程产生的系统熵增量 ΔS．

解析 （1）我们先来认识一下傅里叶热传导定律：
$$dQ = \kappa \frac{dT}{dl} S dt,$$
其中 κ 为导热系数．均匀导热棒的能流为
$$j = \frac{dQ}{dt} = \kappa \frac{dT}{dl} S.$$
热平衡时，j 处处相同，必有
$$\frac{dT}{dl} = 常量 = \frac{\Delta T}{l},$$
其中 ΔT 为棒两端温差，l 为棒长．则有
$$j = \kappa \frac{S}{l} \Delta T.$$
为均匀导热棒引入"棒导热系数"$K = \kappa \dfrac{S}{l}$，则有
$$j = K \Delta T.$$
建立类比关系：j 与 Q（电容电量），ΔT 与 ΔU（电容电压），K 与 C（电容）．即有
$$K_{串}^{-1} = \sum_i K_i^{-1}, \quad K_{并} = \sum_i K_i.$$
两金属棒尺寸相同，S 相同，l 相同，则

$$K_1 = \kappa_1 \frac{S}{l}, \quad K_2 = \kappa_2 \frac{S}{l}.$$

根据并联时 ΔT 相同,有

$$j_\text{并} = j_1 + j_2 = (K_1 + K_2)\Delta T = K_\text{并} \Delta T,$$

$$K_\text{并} = (\kappa_1 + \kappa_2) \frac{S}{l}.$$

根据串联时 $j_\text{串}$ 相同,有

$$\Delta T = \Delta T_1 + \Delta T_2 = \frac{j_\text{串}}{K_1} + \frac{j_\text{串}}{K_2} = j_\text{串}(K_1^{-1} + K_2^{-1}) = j_\text{串} K_\text{串}^{-1}.$$

于是

$$j_\text{串} = K_\text{串} \Delta T,$$

$$K_\text{串} = (K_1^{-1} + K_2^{-1})^{-1} = (\kappa_1^{-1} + \kappa_2^{-1})^{-1} \frac{S}{l} = \frac{\kappa_1 \kappa_2}{\kappa_1 + \kappa_2} \frac{S}{l}.$$

所以

$$\frac{j_\text{并}}{j_\text{串}} = \frac{K_\text{并} \Delta T}{K_\text{串} \Delta T} = \frac{(\kappa_1 + \kappa_2)^2}{\kappa_1 \kappa_2}.$$

将 $\kappa_1 = 2\kappa_2$ 代入,得

$$\frac{j_\text{并}}{j_\text{串}} = \frac{9}{2}.$$

(2) ① 根据理想气体的状态方程,有

$$T_1 = \frac{p_1 V_0}{R}, \quad T_2 = \frac{p_2 V_0}{R}.$$

根据热力学第一定律,有

$$C_{mV_1}(T - T_1) + C_{mV_2}(T - T_2) = 0.$$

解得

$$T = \frac{C_{mV_1} p_1 + C_{mV_2} p_2}{C_{mV_1} + C_{mV_2}} \frac{V_0}{R}.$$

根据道尔顿分压定律,有

$$p = \frac{\nu_1 R T}{2V_0} + \frac{\nu_2 R T}{2V_0} = \frac{C_{mV_1} p_1 + C_{mV_2} p_2}{C_{mV_1} + C_{mV_2}}.$$

② 将平衡态混合气体按图 8 所示在物质结构方面(不是体结构方面)分为 1 mol$\{C_{mV_1}, p_1^*, 2V_0, T\}$ 子系统平衡态和 1 mol$\{C_{mV_2}, p_2^*, 2V_0, T\}$ 子系统平衡态,其中 p_1^*、p_2^* 分别为平衡态混合气体中两个子系统的分压.

$$\boxed{\begin{array}{c} 1\ \text{mol}, C_{mV_1} \\ p_1^*, 2V_0, T \end{array}}$$

$$\boxed{\begin{array}{c} 1\ \text{mol}, C_{mV_2} \\ p_2^*, 2V_0, T \end{array}}$$

图 8

子系统 1 的初态为图 7 中左边的平衡态，其熵增为

$$\Delta S_1 = R\ln\frac{2V_0}{V_0} + C_{mV_1}\ln\frac{T}{T_1}$$

$$= R\ln 2 + C_{mV_1}\ln\left(\frac{C_{mV_1}p_1 + C_{mV_2}p_2}{C_{mV_1} + C_{mV_2}} \cdot \frac{V_0}{R} \cdot \frac{R}{p_1 V_0}\right)$$

$$= R\ln 2 + C_{mV_1}\ln\frac{C_{mV_1}p_1 + C_{mV_2}p_2}{(C_{mV_1} + C_{mV_2})p_1}.$$

子系统 2 的初态为图 7 中右边的平衡态，其熵增为

$$\Delta S_2 = R\ln\frac{2V_0}{V_0} + C_{mV_2}\ln\frac{T}{T_2}$$

$$= R\ln 2 + C_{mV_2}\ln\left(\frac{C_{mV_1}p_1 + C_{mV_2}p_2}{C_{mV_1} + C_{mV_2}} \cdot \frac{V_0}{R} \cdot \frac{R}{p_2 V_0}\right)$$

$$= R\ln 2 + C_{mV_2}\ln\frac{C_{mV_1}p_1 + C_{mV_2}p_2}{(C_{mV_1} + C_{mV_2})p_2}.$$

系统熵增为

$$\Delta S = \Delta S_1 + \Delta S_2$$

$$= 2R\ln 2 + C_{mV_1}\ln\frac{C_{mV_1}p_1 + C_{mV_2}p_2}{(C_{mV_1} + C_{mV_2})p_1} + C_{mV_2}\ln\frac{C_{mV_1}p_1 + C_{mV_2}p_2}{(C_{mV_1} + C_{mV_2})p_2}.$$

  (1) 电场电势、场强叠加．

如图 9 所示，4 个边长相同、带电量也相同的均匀带正电的绝缘小立方体并排放在一起．在上表面 4 个顶点相聚的 O 点处，测得电势和场强大小分别为 U_0 和 E_0．将图 9 中的前右侧小立方体改放在后左侧小立方体的正上方，结构如图 10 所示，试求此时 O 点处的电势 U 和场强大小 E．

(2) 磁场力．如图 11 所示，在 Oxy 平面上有场强 E_0 沿 x 轴方向的匀强电场，还有垂直图平面向里的磁场，磁感应强度大小仅随 x 变化，即有 $B = B(x)$．坐标原点 O 处有一个质量为 m、电量 $q>0$ 的质点 P，初始时刻 P 静止．将 P 自由释放后，在图平面上的运动轨迹为抛物线 $y = \dfrac{x^2}{A}(A>0)$．

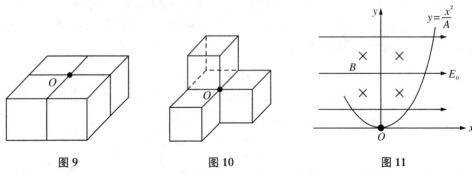

图 9　　　　图 10　　　　图 11

① 应用运动学知识导出抛物线曲率半径表达式 $\rho = \rho(x)$．

② 导出 $B = B(x)$ 的表达式.

解析 （1）每一个小立方体在每一个顶点（包括图9、图10中的 O 点）的电势贡献相同，记为 U^*. 图9中4个 U^* 标量合成 U_0，图10中也是4个 U^* 标量合成 U，可得
$$U = 4U^* = U_0.$$

每一个小立方体在每一个顶点的场强可对称地正交分解成如图12所示的3个大小均为 E^* 的分量. 4个小立方体按图9所示在 O 点合成，只有在向上的方向上作非零叠加，另外两个方向上的叠加均得零，则有
$$E_0 = 4E^*.$$

解得
$$E^* = \frac{1}{4}E_0.$$

4个小立方体按如图10所示的结构在 O 点的合场强如图13所示.

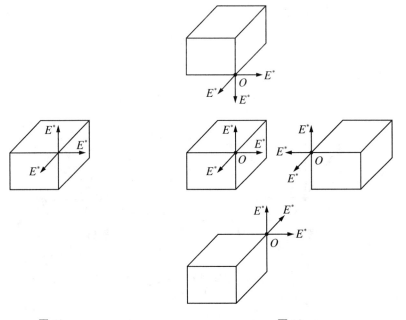

图12　　　　　　　　**图13**

3个朝上的 E^* 与1个朝下的 E^* 合成2个向上的 E^*，即
$$E_{上} = 2E^*.$$

3个朝右的 E^* 与1个朝左的 E^* 合成2个朝右的 E^*，即
$$E_{右} = 2E^*.$$

3个朝前的 E^* 与1个朝后的 E^* 合成2个朝前的 E^*，即
$$E_{前} = 2E^*.$$

在图13中的 O 点 $E_{上}$、$E_{右}$、$E_{前}$ 的合场强大小即为
$$E = 2\sqrt{3}E^* = \frac{\sqrt{3}}{2}E_0.$$

(2) ① 设 $x = v_0 t$，则 $y = \dfrac{v_0^2 t^2}{A}$，有

$$v_x = v_0, \quad v_y = \frac{2v_0^2 t}{A}, \quad v^2 = v_x^2 + v_y^2 = \left(1 + \frac{4x^2}{A^2}\right)v_0^2.$$

$$a_x = 0, \quad a_y = \frac{2v_0^2}{A}.$$

如图 14 所示,有

$$a_n = a_y \cos\theta = \frac{2v_0^2}{A} \cdot \frac{v_x}{v} = \frac{2v_0^2}{A} \cdot \frac{1}{\sqrt{1 + \frac{4x^2}{A^2}}}.$$

可得

$$\rho = \frac{v^2}{a_n} = \frac{(A^2 + 4x^2)^{\frac{3}{2}}}{2A^2}.$$

② P 在 (x, y) 处,根据动能定理,有

$$qE_0 x = \frac{1}{2} mv^2.$$

可得

$$v^2 = \frac{2qE_0 x}{m}.$$

如图 15 所示,有

$$F_n = m\frac{v^2}{\rho} = qvB - qE_0 \sin\theta.$$

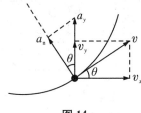

图 14

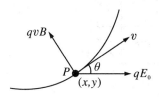

图 15

由

$$\tan\theta = \frac{dy}{dx} = \frac{2x}{A},$$

可得

$$\sin\theta = \frac{2x}{\sqrt{A^2 + 4x^2}}.$$

所以,有

$$B = \frac{1}{qv}\left(m\frac{v^2}{\rho} + qE_0\sin\theta\right)$$

$$= \frac{1}{q\sqrt{\frac{2qE_0 x}{m}}}\left[\frac{\frac{2qE_0 x}{(A^2+4x^2)^{3/2}}}{2A^2} + \frac{2qE_0 x}{\sqrt{A^2+4x^2}}\right]$$

$$= \frac{\sqrt{2mqE_0 x}}{q} \frac{1}{\sqrt{A^2+4x^2}}\left(\frac{2A^2}{A^2+4x^2} + 1\right)$$

$$= \sqrt{\frac{2mE_0 x}{q}} \frac{3A^2 + 4x^2}{(A^2+4x^2)^{3/2}}.$$

08 一块玻璃平板放置在一个玻璃长方体上,两者之间有一层平行的空气隙,如图 16 所示. 波长在 $0.4\ \mu\mathrm{m}$ 到 $1.15\ \mu\mathrm{m}$ 之间的电磁波垂直入射平板玻璃上,经空气隙上、下两界面的反射而发生干涉,在反射区域中共有三种波长获得极大增强,其中之一为 $0.4\ \mu\mathrm{m}$,试求空气隙的厚度 d 的所有可能取值.

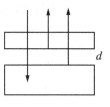

图 16

解析 相干叠加获得极大增强的条件为

$$2d + \frac{\lambda}{2} = k\lambda, \quad k = 1, 2, \cdots.$$

可得

$$\lambda = \frac{2d}{k - \frac{1}{2}}, \quad k = 1, 2, \cdots.$$

由于 d 是相同的,λ 越小,k 越大;λ 越大,k 越小. 设有 n 个 λ 满足极大增强,它们依次为

$$\lambda_{\min} = \lambda_1 < \lambda_2 < \cdots < \lambda_n = \lambda_{\max},$$

它们对应的 k 应排列为

$$k_{\max} = k_1 > k_2 > \cdots > k_n = k_{\min}.$$

任意一对 $\lambda_i < \lambda_j$ 的比值满足

$$1 < \frac{\lambda_j}{\lambda_i} < \frac{1.15\ \mu\mathrm{m}}{0.4\ \mu\mathrm{m}} = 2.875.$$

又因为

$$\frac{\lambda_j}{\lambda_i} = \frac{2k_i - 1}{2k_j - 1},$$

所以

$$1 < \frac{2k_i - 1}{2k_j - 1} < 2.875, \quad k_i > k_j. \qquad ①$$

将 $\frac{2k_i - 1}{2k_j - 1}(k_i > k_j)$ 列表如下:

$\frac{2k_i-1}{2k_j-1}$ k_j \ k_i	2	3	4	5	6	7	8	9	10	11
1	3	5	7	9	11	13	15	17	19	21
2		1.67	2.33	3	3.67	4.33	5	5.67		
3			1.4	1.8	2.2	2.6	3	3.4		
4				1.29	1.57	1.86	2.14	2.43		
5					1.22	1.44	1.67	1.89		
6						1.18	1.36	1.55		
7							1.15	1.31		
8								1.13		

表中凡满足式①的,均用虚线框入.

根据题意应取 $n=3$,从表中可以查出,只有两组解,即
$$k_1 = 4, \quad k_2 = 3, \quad k_3 = 2; \qquad ②$$
或
$$k_1 = 5, \quad k_2 = 4, \quad k_3 = 3. \qquad ③$$
因有
$$\lambda_1 = \lambda_{\min} = 0.4 \ \mu\text{m}, \quad \lambda_1 = \frac{2d}{k_1 - \frac{1}{2}},$$
所以
$$d = \frac{1}{2}\left(k_1 - \frac{1}{2}\right)\lambda_1 = \frac{1}{2}\left(k_1 - \frac{1}{2}\right) \times 0.4 \ \mu\text{m}.$$
取式②时,有
$$d = \frac{1}{2} \times \left(4 - \frac{1}{2}\right) \times 0.4 \ \mu\text{m} = 0.7 \ \mu\text{m}.$$
取式③时,有
$$d = \frac{1}{2} \times \left(5 - \frac{1}{2}\right) \times 0.4 \ \mu\text{m} = 0.9 \ \mu\text{m}.$$

09 如图 17 所示,静长同为 L 的 A_1A_2 杆和 B_1B_2 杆在惯性系 S 中紧挨着 x 轴,分别沿着 x 轴正、反方向,以相同的速度大小 v 匀速运动. S 系 $t=0$ 时刻,A_1 端、B_1 端同时位于 x 轴原点 O 处,此时 A_1A_2 杆和 B_1B_2 杆都把自己的时钟拨到零点.

(1) 试求 A_1 端与 B_2 端相遇时,A_1 端时钟读数 t_{A_1} 和 B_2 端时钟读数 t_{B_2};

(2) 再求 B_1 端与 A_2 端相遇时,B_1 端时钟读数 t_{B_1} 和 A_2 端时钟读数 t_{A_2};

(3) 最后求 A_2 端与 B_2 端相遇时,A_2 端时钟读数 $t_{A_2'}$ 和 B_2 端时钟读数 $t_{B_2'}$.

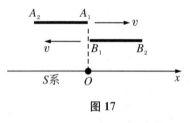

图 17

解析 在 A 参考系(A_1A_2 杆)中测得 B 参考系(B_1B_2 杆)相对其速度为
$$u'_x = \frac{u_x - v}{1 - \frac{u_x v}{c^2}} = -\frac{2v}{1+\beta^2}, \quad \beta = \frac{v}{c}.$$

即 A 认为 B 相对其左行,速度大小为 $v_{AB} = \frac{2v}{1+\beta^2}$,故 B 认为 A 相对其右行,速度大小 v_{BA} 与 v_{AB} 相同. 或者说,A、B 间相对速度大小统记为
$$v_{AB} = \frac{2v}{1+\beta^2}.$$
引入
$$\beta_{AB} = \frac{v_{AB}}{c},$$

则有
$$\sqrt{1-\beta_{AB}^2} = \frac{1-\beta^2}{1+\beta^2}.$$

(1) 在 S 系中有

点事件：A_1、B_1、O 相遇于 $\{0,0\}$，

点事件：A_1、B_2 相遇于 $\left\{\dfrac{L}{2}\sqrt{1-\beta^2}, \dfrac{\sqrt{1-\beta^2}L}{2v}\right\}.$

A 系中前述两个点事件的空间、时间坐标分别为 $\{0,0\}$、$\{0, t_{A_1}\}$。由时空变换，得

$$t_{A_1} = \frac{\dfrac{\sqrt{1-\beta^2}L}{2v} - \dfrac{v}{c^2}\cdot\dfrac{L}{2}\sqrt{1-\beta^2}}{\sqrt{1-\beta^2}} = \frac{(1-\beta^2)L}{2v}.$$

B 系中前述两个点事件的空间、时间坐标分别为 $\{0,0\}$、$\{L, t_{B_2}\}$。由时空变换，得

$$t_{B_2} = \frac{\dfrac{\sqrt{1-\beta^2}L}{2v} + \dfrac{v}{c^2}\cdot\dfrac{L}{2}\sqrt{1-\beta^2}}{\sqrt{1-\beta^2}} = \frac{(1+\beta^2)L}{2v}.$$

(2) 在 S 系中有

点事件：A_1、B_1、O 相遇于 $\{0,0\}$，

点事件：B_1、A_2 相遇于 $\left\{-\dfrac{L}{2}\sqrt{1-\beta^2}, \dfrac{\sqrt{1-\beta^2}L}{2v}\right\}.$

S 系认为本系用两个静钟测得上述两个点事件界定的物理过程所经时间间隔为

$$T_{S静} = \frac{\sqrt{1-\beta^2}L}{2v} - 0.$$

S 系认为相对 S 系运动的一个时钟 B_1 测得该过程所经时间间隔为

$$T_{B动} = t_{B_1} - 0.$$

由 $T_{B动} = \sqrt{1-\beta^2}T_{S静}$，得

$$t_{B_1} = \frac{(1-\beta^2)L}{2v}.$$

A 系中前述两个点事件的空间、时间坐标分别为 $\{0,0\}$、$\{-L, t_{A_2}\}$。由时空变换，得

$$t_{A_2} = \frac{\dfrac{\sqrt{1-\beta^2}L}{2v} - \dfrac{v}{c^2}\left(-\dfrac{L}{2}\sqrt{1-\beta^2}\right)}{\sqrt{1-\beta^2}} = \frac{(1+\beta^2)L}{2v}.$$

(3) 在 S 系中有

点事件：A_1、B_1、O 相遇于 $\{0,0\}$，

点事件：A_2、B_2 相遇于 $\left\{0, \dfrac{\sqrt{1-\beta^2}L}{v}\right\}.$

A 系认为 S 系的 O 点相对 A 系以速度 v 朝左运动，经过路程 L 达到 A_2 点，即得

$$t_{A_2 2} = \frac{L}{v}.$$

B 系认为 S 系的 O 点相对 B 系以速度 v 朝右运动，经过路程 L 达到 B_2 点，即得

$$t_{B_2 2} = \frac{L}{v}.$$

2016 年北京大学夏令营试题解析

选择题.

01 如图 1 所示,滑块 A 静置在半圆柱 B 的最高点,B 的表面光滑,初始时系统静止.现给 A 一个轻微扰动,使得 A 沿 B 的表面下滑.若在下滑过程中,两者分离,记分离时 A 的角位置为 θ(A 和圆心的连线与竖直方向的夹角,$0°<\theta<90°$).对于(1) A 的质量 m 远小于 B 的质量 M,(2) A 的质量 m 远大于 B 的质量 M 这两种情况,(　　).

A. 两种情况下,A 都不会分离　　B. 只有一种情况 A 会分离
C. 都能分离,(1)的 θ 更大　　D. 都能分离,(2)的 θ 更大

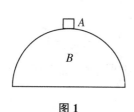

图 1

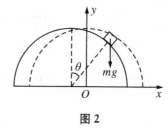

图 2

解析　建立坐标系如图 2 所示,设分离时 B 的速度为 V,A 相对于 B 的速度分量分别为
$$v'_x = \omega R\cos\theta, \quad v'_y = -\omega R\sin\theta.$$
其中 ω 为 A 绕 O 的瞬时角速度,则 A 的绝对速度分量分别为
$$v_x = \omega R\cos\theta - V, \quad v_y = -\omega R\sin\theta. \quad ①$$
根据机械能守恒定律和动量守恒定律,有
$$mgR(1-\cos\theta) = \frac{1}{2}m(v_x^2 + v_y^2) + \frac{1}{2}MV^2, \quad ②$$
$$mv_x = MV. \quad ③$$
分离时 $N=0$,则有
$$mg\cos\theta = m\omega^2 R. \quad ④$$
联立式①~④,得
$$\frac{m}{M+m}\cos^3\theta - 3\cos\theta + 2 = 0. \quad ⑤$$

当 A 的质量 m 远小于 B 的质量 M 时,$\frac{m}{M+m}\approx 0$,式⑤可化为 $-3\cos\theta + 2 = 0$,解得 $\cos\theta = \frac{2}{3}$.当 A 的质量 m 远大于 B 的质量 M 时,$\frac{m}{M+m}\approx 1$,式⑤可化为 $\cos^3\theta - 3\cos\theta + 2 = 0$,即 $(\cos\theta - 1)^2(\cos\theta + 2) = 0$.舍掉不合理的解,得 $\cos\theta = 1$.C 选项正确.

02 一个一端开口的容器和一个质量可忽略不计的活塞构成一个封闭系统（见图3），该系统与外界绝热．其中一个质量不可忽略的挡板把内部空间分成两个部分，两部分有质量不同、温度相同的同种气体．系统处处无摩擦，现在把挡板缓慢抽出，过程中不漏气，则稳定后相对初始状态，气体体积和温度的变化情况为（　）．

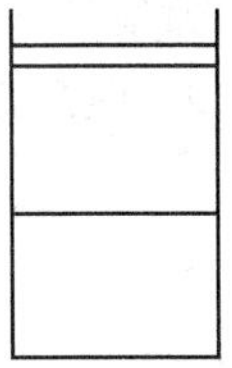

图3

A．温度改变，体积改变　　　　　　B．温度不改变，体积改变
C．温度不改变，体积不改变　　　　D．温度改变，体积不改变

解析　由于活塞质量可忽略不计，故上面部分气体的压强 p_1 和大气压强 p_0 相等．由于挡板质量不可忽略，故下面部分气体的压强 p_2 大于上面部分气体的压强 p_1．抽出挡板后，两部分气体混合，假设活塞不动，由于混合平衡后气体压强大于 p_0 而小于 p_2，因此活塞将向上移动．气体膨胀，对外做功，即 $W<0$，系统与外界绝热，即 $Q=0$，由热力学第一定律 $\Delta U=Q+W$ 可知，$\Delta U<0$，即气体的内能减小，温度降低．A选项正确．

03 在任意一惯性系中，一对运动中的正负电子相撞，湮灭产生光子，下列说法正确的是（　）．

A．可以生成1个光子，既不违反能量守恒定律，也不违反动量守恒定律
B．可以生成2个光子，既不违反能量守恒定律，也不违反动量守恒定律
C．不可以生成2个光子，不违反能量守恒定律，但违反动量守恒定律
D．不可以生成3个光子，否则即使不违反能量守恒定律，也不能满足动量守恒定律

解析　正负电子湮灭前的总动量为0，若湮灭生成1个光子，由于光子有动量，则动量不守恒．B选项正确．

填空题．

04 夏天天晴时，高速公路上会出现_____蜃景，5月蓬莱海面会出现_____蜃景．（填"上现"或"下现"）

解析　夏天，在平静无风的海面上，向远方望去，有时能看到山峰、船舶、楼台亭阁、集市、庙宇等出现在远方的空中．古人不明白产生这种景象的原因，对它作了不科学的解释，认为是海中蛟龙（即蜃）吐出的气结成的，因而叫做"海市蜃楼"，也叫蜃景．海市蜃楼是光在密度分布不均匀的空气中传播时发生全反射而产生的．夏天，海面上的下层空气温度比上层低，密度比上层大，折射率也比上层大．我们可以把海面上的空气看做是由折射率不同的许多水平气层组成的．远处的山峰、船舶、楼房、人等发出的光线射向空中时，由于不断被折射，越来越偏离法线方向，进入上层空气的入射角不断增大，以至发生全反射，光线反射回地面，人们逆着光线看去，就会看到远方的景物悬在空中，如图4所示．

在沙漠里也会看到蜃景．太阳照到沙地上，接近沙面的热空气层比上层空气的密度小，折射率也小．从远处物体射向地面的光线进入折射率小的热空气层时被折射，入射角逐渐增

大,也可能发生全反射,人们逆着反射光线看去,就会看到远处物体的倒景,如图5所示,仿佛是从水面反射来的一样.沙漠里的行人常被这种景象所迷惑,以为前方有水源而奔向前去,但总是可望而不可即.

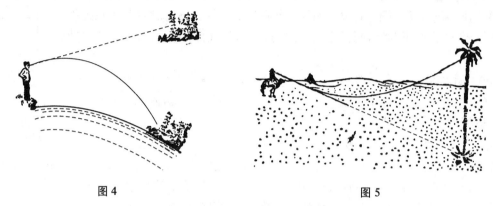

图4　　　　　　　　　　图5

在炎热夏天的柏油路上,有时也能看到上述现象.贴近热路面附近的空气层同热沙面附近的空气层一样,比上层空气的折射率小.从远处物体射向地面的光线也可能发生全反射,从远处看去,路面显得格外明亮光滑,就像用水淋过一样.

像在实物的上方叫上现折射,反之则叫下现折射.本题中高速公路上出现的是下现蜃景;海面上出现的是上现蜃景.

 两个质量均为 m 的小球都带正电 q,相距为 L.现用一个轻质绝缘且长为 L 的细绳连接两球,在绳子中点处施加力使其以速度 v 匀速向前运动.在之后的运动过程中,两球之间的最短距离为_____,此时两球相对地面的速度同为_____.

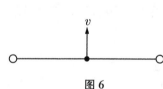

图6

解析　以绳子中点为参考系,则两球的初速度大小为 v,两球相对于绳子中点做圆周运动.当两球相距最近时,速度为零.根据能量守恒定律,有

$$2 \times \frac{1}{2} mv^2 = k\frac{q^2}{r_{\min}} - k\frac{q^2}{L}.$$

解得

$$r_{\min} = \frac{kq^2}{mv^2 + k\dfrac{q^2}{L}}.$$

此时两球相对地面的速度同为 v.

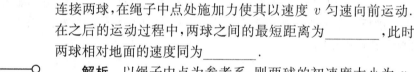 红光和紫光在真空中的波长分别为 λ_1 和 λ_2,在水中的折射率分别为 n_1 和 n_2,那么红光和紫光在水中的传播速度之比为_____,频率之比为_____.

解析　根据 $n = \dfrac{c}{v}$,得 $\dfrac{v_1}{v_2} = \dfrac{n_2}{n_1}$.光在真空中传播,有 $c = \lambda \nu$,则 $\dfrac{\nu_1}{\nu_2} = \dfrac{\lambda_2}{\lambda_1}$.

计算题.

07 如图7所示,有一等距螺旋线轨道,截面半径为 R,螺距 $H=2\pi R$,一质量为 m 的小球在轨道上匀速下滑,忽略一切摩擦.

(1) 为使小球匀速下滑,可对小球施加一个沿轨道切向的力 T,求力 T 的大小;

(2) 在(1)问中,若小球速度为 v,求轨道对小球的弹力 N.

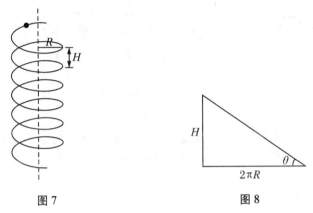

图 7　　　　　图 8

解析 (1) 如图8所示,一倾角为 θ 的直角三角形薄片紧贴于半径为 R 的圆柱面,圆柱面的轴线与直角三角形薄片的沿竖直方向的直角边平行,若把此三角形薄片卷绕在柱面上,则三角形薄片的斜边就相当于题中的螺旋线轨道.根据题意,有

$$\tan\theta = \frac{H}{2\pi R} = 1.$$

可得

$$\theta = 45°.$$

小球沿螺旋线的运动可视为在竖直方向的匀速直线运动和在水平面内的匀速圆周运动的合成.在竖直平面内,有

$$T = mg\sin 45° = \frac{\sqrt{2}}{2}mg,$$

$$N_1 = mg\cos 45° = \frac{\sqrt{2}}{2}mg.$$

(2) 在水平面内,有

$$N_2 = m\frac{(v\cos 45°)^2}{R} = \frac{mv^2}{2R}.$$

所以轨道对小球的弹力为

$$N = \sqrt{N_1^2 + N_2^2} = m\sqrt{\frac{g^2}{2} + \frac{v^4}{4R^2}}.$$

08 如图9所示,一通电直导线沿 y 轴放置,沿 y 轴正方向通有电流 I.已知离 y 轴 x 处的磁感应强度 $B(x) = \frac{\mu_0 I}{2\pi x}$.有一线圈静置在磁场中,其单位长度的电阻为 r_0.

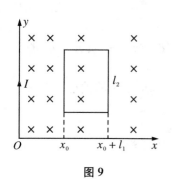

图9

(1) 当线圈以速度 v 向 x 轴正方向运动时,求瞬时电流 i;

(2) 求此时电流 I 与 i 之间的相互作用力 F 的大小.

解析 (1) 线圈中的感应电动势为

$$\mathscr{E} = [B(x_0) - B(x_0+l_1)]l_2 v = \frac{\mu_0 I l_1 l_2 v}{2\pi x_0 (x_0+l_1)}.$$

瞬时电流为

$$i = \frac{\mathscr{E}}{2(l_1+l_2)r_0} = \frac{\mu_0 I l_1 l_2 v}{4\pi r_0 x_0(x_0+l_1)(l_1+l_2)}.$$

(2) 电流 I 与 i 之间的相互作用力为

$$F = [B(x_0) - B(x_0+l_1)]il_2$$
$$= \frac{\mu_0^2 I^2 l_1^2 l_2^2 v}{8\pi^2 r_0 x_0^2 (x_0+l_1)^2 (l_1+l_2)}.$$

09 有一粒子 Q,静止质量为 m_0,初始位置在惯性系 S 中的原点 O 处.现对粒子施加一个沿 x 轴正方向的力 F,使粒子从静止开始加速运动.当粒子到达 $x = x_0$ 处时,其动能为其静能的 n 倍.

(1) 求此时粒子的动量 p;

(2) 求 x_0.

解析 (1) 根据相对论动量-能量关系式,有

$$\sqrt{p^2 c^2 + m_0^2 c^4} - m_0 c^2 = n \cdot m_0 c^2.$$

解得

$$p = \sqrt{n(n+2)} m_0 c.$$

(2) 根据动能定理,有

$$F x_0 = n \cdot m_0 c^2.$$

解得

$$x_0 = \frac{n m_0 c^2}{F}.$$

10 两辆汽车 A 与 B 在 $t=0$ 时刻从十字路口 O 处分别以速度 v_A 和 v_B 沿水平的、相互正交的公路匀速前进,如图10所示.汽车 A 持续地以固定的频率 ν_0 鸣笛,求在任意时刻 t 汽车 B 的司机所检测到的笛声频率.已知声速为 u,且当然有 $u > v_A$、$u > v_B$.

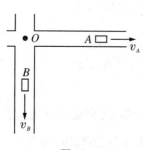

图10

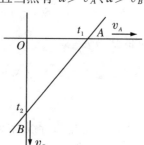

图11

解析 如图 11 所示，O 点为作为声源的汽车 A 和作为接收器的汽车 B 的出发点，开始它们之间的距离为 0. 当 A 和 B 向着互相垂直的方向运动时，声音从 A 传到 B 需要时间. 设 t_1 时刻声源发出的声音到 t_2 时刻传到接收器，根据勾股定理，有

$$(v_A t_1)^2 + (v_B t_2)^2 = [u(t_2 - t_1)]^2.$$

整理，得

$$(u^2 - v_A^2)t_1^2 - 2u^2 t_1 t_2 + (u^2 - v_B^2)t_2^2 = 0.$$

整理成 t_1、t_2 的比值形式，有

$$(u^2 - v_A^2)\left(\frac{t_1}{t_2}\right)^2 - 2u^2 \frac{t_1}{t_2} + (u^2 - v_B^2) = 0.$$

解得

$$\frac{t_1}{t_2} = \frac{u^2 \pm \sqrt{u^2(v_A^2 + v_B^2) - v_A^2 v_B^2}}{u^2 - v_A^2}.$$

因为收到声音的时刻要滞后于发声的时刻，所以有 $t_1 < t_2$，其比值小于 1. 则有

$$\frac{t_1}{t_2} = \frac{u^2 - \sqrt{u^2(v_A^2 + v_B^2) - v_A^2 v_B^2}}{u^2 - v_A^2}.$$

由于 $0 \sim t_1$ 内声源发声的次数等于 $0 \sim t_2$ 内接收器接收到声音的次数，根据频率与时间的关系，有

$$\nu_0 t_1 = \nu t_2.$$

解得

$$\nu = \nu_0 \frac{t_1}{t_2} = \frac{u^2 - \sqrt{u^2(v_A^2 + v_B^2) - v_A^2 v_B^2}}{u^2 - v_A^2}\nu_0.$$

2016 年清华大学夏令营试题解析

01

现有质量均为 m、间距为 r 的两个小球. 若两个小球能相距无穷远，速度需要满足什么条件？（两个质量分别为 m_1、m_2 的质点相距 r 时，其间万有引力势能为 $E_p = -G\dfrac{m_1 m_2}{r}$.）

(1) 一小球固定，另一小球以速度 v_1 沿两球连线方向离开；
(2) 两小球同时以速度 v_2 朝相反方向运动；
(3) 一小球静止，另一小球以速度 v_3 垂直两球连线运动（见图 1）.

解析 (1) 根据机械能守恒定律，有

$$\frac{1}{2}mv_1^2 - G\frac{m^2}{r} \geqslant 0.$$

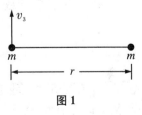

图 1

解得
$$v_1 \geqslant \sqrt{\frac{2Gm}{r}}.$$

(2) 根据机械能守恒定律,有
$$\frac{1}{2}mv_2^2 \times 2 - G\frac{m^2}{r} \geqslant 0.$$

解得
$$v_2 \geqslant \sqrt{\frac{Gm}{r}}.$$

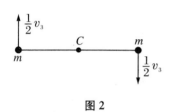

图 2

(3) 两个小球组成的系统不受外力,故质心做匀速直线运动,质心速度为 $v_C = \frac{1}{2}v_3$. 如图 2 所示,以质心为惯性参考系,两个小球的初速度均为 $\frac{1}{2}v_3$,方向相反. 在以后的运动过程中,两个质点的速度总是等值反向. 在质心系中,两个质点能相距无穷远的最小速度为零,则有
$$\frac{1}{2}m\left(\frac{1}{2}v_3\right)^2 \times 2 - G\frac{m^2}{r} \geqslant 0.$$

解得
$$v_3 \geqslant 2\sqrt{\frac{Gm}{r}}.$$

02 如图 3 所示,球壳的内、外半径分别为 $R_1 = 1$ mm、$R_2 = 2$ mm. 已知电子电量为 1.6×10^{-19} C,一毫米的击穿电压为 3×10^3 V. 求:

(1) 球壳的最大带电量;
(2) 该带电量对应多少个电子.

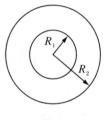

图 3

解析 (1) 电荷均匀分布在球壳外表面,当球壳带电量为 Q 时,球壳外表面附近的电场强度为
$$E = k\frac{Q}{R_2^2}.$$

由 $E_{max} = 3 \times 10^6$ V/m 得铜球壳的最大带电量为
$$Q_{max} = \frac{E_{max}R_2^2}{k} = 1.33 \times 10^{-9} \text{ C}.$$

(2) 对应的电子数为
$$n = \frac{Q_{max}}{e} = 8.33 \times 10^9.$$

03 在研究大气现象时可把温度、压强相同的一部分气体作为研究对象,叫做气团. 气团直径可达几千米. 由于气团很大,其边缘部分与外界的热交换相对于整个气团的内能来说非

常小,可以忽略不计.气团从地面上升到高空后温度可降低到 $-50\ ^\circ\text{C}$.关于气团上升过程,下列说法中正确的是(　　).

A. 体积膨胀,对外做功,内能不变
B. 体积收缩,外界对气团做功,内能不变
C. 体积膨胀,对外做功,内能减少
D. 体积收缩,外界对气团做功,同时放热

解析 气团上升过程温度降低,则气团内能减少,即 $\Delta U<0$.气团边缘部分与外界的热交换可以忽略不计,即 $Q=0$.根据热力学第一定律 $\Delta U=Q+W$,知 $W<0$,气团体积膨胀,对外做功.C 选项正确.

04

如图4所示,半径为 R 的圆柱形区域内有匀强磁场,磁场方向垂直图面指向纸外,磁感应强度 B 随时间均匀变化,变化率 $\dfrac{\Delta B}{\Delta t}=k$($k$ 为一正值常量).圆柱形区域外空间中没有磁场,沿图中弦 AC 的方向画一直线,并向外延长,弦 AC 与半径 OA 的夹角 $\alpha=\dfrac{\pi}{4}$.直线上有一任意点,设该点与 A 点的距离为 x,求从 A 点沿直线到该点的电动势的大小.

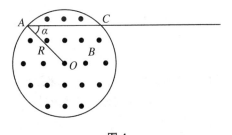

图4

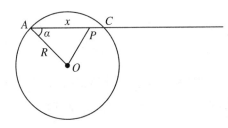

图5

解析 由于圆柱形区域内存在变化的磁场,在圆柱形区域内外空间中将产生涡旋电场,电场线为圆,圆心在圆柱轴线上,圆面与轴线垂直.在这样的电场中,沿任意半径方向移动电荷时,由于电场力与移动方向垂直,涡旋电场力做功为零,因此沿半径方向任意一段路径上的电动势均为零.

(1) 当任意点在磁场区域内时,令 P 为任意点(见图5),$x\leqslant\sqrt{2}R$,连直线 OA 与 OP.取闭合回路 $APOA$,可得回路电动势 $E_1=E_{AP}+E_{PO}+E_{OA}$,式中 E_{AP}、E_{PO}、E_{OA} 分别为从 A 到 P、从 P 到 O、从 O 到 A 的电动势.由前面的分析可知 $E_{PO}=0$,$E_{OA}=0$,故 $E_{AP}=E_1$.令 $\triangle AOP$ 的面积为 S_1,根据法拉第电磁感应定律,有

$$E_1=\dfrac{\Delta B}{\Delta t}S_1=k\cdot\dfrac{1}{2}xR\sin\alpha=\dfrac{kR}{2\sqrt{2}}x.$$

(2) 当任意点在磁场区域外时,令 Q 为任意点(见图6),$x>\sqrt{2}R$.连直线 OA、OQ.取闭合回路 $AQOA$,设回路中的电动势为 E_2,根据类似上面的讨论,有 $E_{AQ}=E_2$.对于回路 $AQOA$,回路中的磁通量

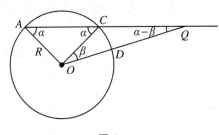

图6

等于回路所包围的磁场区域的面积的磁通量，此面积为 S_2. 根据法拉第电磁感应定律，有

$$E_2 = \frac{\Delta B}{\Delta t} S_2 = k S_2.$$

在图中连 OC，令 $\angle COQ = \beta$，则 $\angle QOC = \alpha - \beta$，于是

$$S_2 = \triangle AOC \text{ 的面积} + \text{扇形 } OCD \text{ 的面积} = \frac{1}{2} R^2 + \frac{\beta}{2\pi} \cdot \pi R^2 = \frac{1}{2} R^2 (1 + \beta).$$

在 $\triangle OCQ$ 中，根据正弦定理，有

$$\frac{x - \sqrt{2} R}{\sin \beta} = \frac{R}{\sin\left(\frac{\pi}{4} - \beta\right)}.$$

化简得

$$\tan \beta = \frac{x - \sqrt{2} R}{x}.$$

于是得

$$S_2 = \frac{1}{2} R^2 \left(1 + \arctan \frac{x - \sqrt{2} R}{x}\right).$$

所以

$$E_2 = \frac{1}{2} k R^2 \left(1 + \arctan \frac{x - \sqrt{2} R}{x}\right).$$

05 地球同步卫星的轨道半径为 r，运动速度为 v_1，向心加速度为 a_1；地球赤道上的物体随地球自转的速度为 v_2，向心加速度为 a_2，地球半径为 R. 下列说法中正确的是（　　）.

A. $\dfrac{v_1}{v_2} = \dfrac{r}{R}$　　B. $\dfrac{v_1}{v_2} = \sqrt{\dfrac{r}{R}}$　　C. $\dfrac{a_1}{a_2} = \dfrac{r}{R}$　　D. $\dfrac{a_1}{a_2} = \sqrt{\dfrac{r}{R}}$

解析 因为地球同步卫星和地球赤道上的物体的角速度相同，由 $v_1 = \omega r$ 和 $v_2 = \omega R$ 可得 $\dfrac{v_1}{v_2} = \dfrac{r}{R}$，A 选项正确. 由 $a_1 = \omega^2 r$ 和 $a_2 = \omega^2 R$ 可得 $\dfrac{a_1}{a_2} = \dfrac{r}{R}$，C 选项正确.

06 弹跳杆运动是一项广受欢迎的运动. 某种弹跳杆的结构如图 7(a) 所示，一根弹簧套在 T 形跳杆上，弹簧的下端固定在跳杆的底部，上端固定在一个套在跳杆上的脚踏板底部. 一质量为 M 的小孩站在该种弹跳杆的脚踏板上，当他和跳杆处于竖直静止状态时，弹簧的压缩量为 x_0. 从此刻起小孩做了一系列预备动作，使弹簧达到最大压缩量 $3x_0$，如图 7(b)a 所示；此后他开始进入正式的运动阶段. 在正式运动阶段，小孩先保持稳定姿态竖直上升，在弹簧恢复原长时，小孩抓住跳杆，使得他和弹跳杆瞬间达到共同速度，如图 7(b)b 所示；紧接着他保持稳定姿态竖直上升到最大高度，如图 7(b)c 所示；然后自由下落. 跳杆下端触地（不反弹）的同时小孩采取动作，使弹簧最大压缩量再次达到 $3x_0$；此后又保持稳定姿态竖直上升……重复上述过程. 小孩运动的全过程中弹簧始终处于弹性限度内. 已知跳杆的质量为 m，重力加速度为 g. 空气阻力、弹簧和脚踏板的质量以及弹簧和脚踏板与跳杆间的摩擦均可忽略不计.

(1) 求弹跳杆中弹簧的劲度系数 k，并在图 7(c)中画出该弹簧弹力 F 的大小随弹簧压缩量 x 变化的示意图；

(2) 借助弹簧弹力的大小 F 随弹簧压缩量 x 变化的 F-x 图像可以确定弹力做功的规律，在此基础上，求在如图 7(b)所示的过程中，小孩在上升阶段的最大速率；

(3) 求在如图 7(b)所示的过程中，弹跳杆下端离地的最大高度．

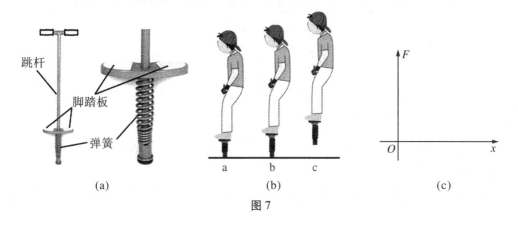

图 7

解析 (1) 小孩处于静止状态时，根据平衡条件，有
$$Mg = kx_0.$$
解得
$$k = \frac{Mg}{x_0}.$$

F-x 图像如图 8 所示．

(2) 图 7(b)中 a 状态弹簧的弹性势能为
$$E_{p1} = \frac{1}{2}k(3x_0)^2.$$

从 a 状态至 b 状态的过程，小孩先做加速运动后做减速运动，当弹簧弹力与重力等大时小孩向上运动的速度最大，设其最大速度为 v_{max}．此时弹簧压缩量为 x_0，弹簧的弹性势能为

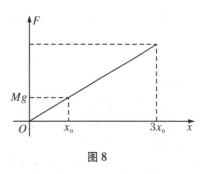

图 8

$$E_{p2} = \frac{1}{2}kx_0^2.$$

从 a 状态至小孩向上运动速度达到最大的过程中，小孩和弹簧组成的系统机械能守恒，有
$$\frac{1}{2}k(3x_0)^2 - \frac{1}{2}kx_0^2 = Mg(3x_0 - x_0) + \frac{1}{2}Mv_{max}^2.$$
解得
$$v_{max} = 2\sqrt{gx_0}.$$

(3) 从图 7(b)中 a 状态至弹簧长度为原长的过程中，小孩和弹簧组成的系统机械能守恒．设小孩在弹簧长度为原长时的速度为 v_0，则有

$$\frac{1}{2}k(3x_0)^2 = Mg \cdot 3x_0 + \frac{1}{2}Mv_0^2.$$

小孩迅速抓住跳杆的瞬间，内力远大于外力，小孩和弹跳杆组成的系统动量守恒．设小孩和弹跳杆的共同速度为 v_1，规定竖直向上方向为正，有

$$Mv_0 = (M+m)v_1.$$

小孩和弹跳杆一起竖直上升至最高点，小孩和弹跳杆组成的系统机械能守恒，有

$$\frac{1}{2}(M+m)v_1^2 = (M+m)gh_{\max}.$$

解得

$$h_{\max} = \frac{3M^2 x_0}{2(M+m)^2}.$$

07 已知弹簧振子的周期公式为 $T = 2\pi\sqrt{\dfrac{m}{k}}$，其中 m 为振子质量，k 为弹簧的劲度系数．请回答以下问题：

(1) 小球 A、B 可视作质点，质量分别为 m_1 和 m_2，用轻杆相连接，求连接体的质心位置．

(2) 一个弹簧的劲度系数为 k，长度为 L，求其 $\dfrac{1}{N}$ 段的劲度系数．

(3) 一轻弹簧两端固定连着两个小球 A、B．若将小球 B 固定，测得小球 A 的振动频率为 f_A；若将小球 A 固定，测得小球 B 的振动频率为 f_B．现将此系统自由地平放在光滑水平面上，求此系统的自由振动频率．

解析 (1) 质心与小球 A、B 的距离之比为 $\dfrac{m_2}{m_1}$．

(2) 原弹簧可以看成是由 N 个长度均为 $\dfrac{L}{N}$ 的小弹簧串联而成的，每个小弹簧的劲度系数为 Nk．

(3) 当系统在光滑水平面上振动时，所受合力为零，故系统动量守恒，且系统动量为零．所以该系统的质心静止不动，质心两边相当于两个"独立"的弹簧振子，即质心左边相当于一个由原长为 l_1 的弹簧与小球 A 组成的弹簧振子，质心右边相当于一个由原长为 l_2 的弹簧与小球 B 组成的弹簧振子．根据质心位置公式，有

$$m_1 l_1 = m_2 l_2. \qquad ①$$

设长为 l_1 的那段弹簧的劲度系数为 k_1，长为 l_2 的那段弹簧的劲度系数为 k_2，当原长为 l 的整根弹簧伸长为 x 时，长为 l_1 的那段弹簧伸长 $\dfrac{x}{l}l_1$，长为 l_2 的那段弹簧伸长 $\dfrac{x}{l}l_2$，根据弹簧上弹力处处相等，有

$$k_1 \frac{x}{l} l_1 = k_2 \frac{x}{l} l_2. \qquad ②$$

两段弹簧串联，有

$$\frac{1}{k} = \frac{1}{k_1} + \frac{1}{k_2}.$$

联立式①~③,得
$$k_1 = \frac{m_1 + m_2}{m_2}k, \quad k_2 = \frac{m_1 + m_2}{m_1}k.$$

所以系统的自由振动频率为
$$f = \frac{1}{2\pi}\sqrt{\frac{k_1}{m_1}} = \frac{1}{2\pi}\sqrt{\frac{k_2}{m_2}} = \frac{1}{2\pi}\sqrt{\frac{m_1+m_2}{m_1 m_2}k}$$
$$= \sqrt{\frac{1}{(2\pi)^2}\left(\frac{1}{m_1}+\frac{1}{m_2}\right)k} = \sqrt{f_A^2 + f_B^2}.$$

08 北京时间 2016 年 2 月 11 日,美国科学家宣布发现了引力波.引力波是爱因斯坦广义相对论的实验验证中最后一块缺失的"拼图".下列关于引力波的说法中正确的是(   ).

　　A. 引力波不携带能量和信息,所以在实际应用上有待进一步拓展
　　B. 用传统的电磁波也能观测黑洞,通过研究引力波,我们可以加快这一研究进程
　　C. 引力波也有频率,所以可以像声波一样被生物听到
　　D. 引力波很难被探测到,因为强引力波源距离地球都太远了

解析 引力波在空间传播的方式与电磁波类似,以光速传播,携带有一定的能量和信息.人类首次探测到的引力波是由 13 亿光年之外的双黑洞合并形成的.D 选项正确.

09 飞机在北半球上空匀速巡航,机翼保持水平,飞行高度不变.由于地磁场的作用,金属机翼上有电势差.设飞行员左方机翼末端处的电势为 U_1,右方机翼末端处的电势为 U_2,下列说法中正确的是(   ).

　　A. 若飞机从南往北飞,U_1 比 U_2 高　　B. 若飞机从南往北飞,U_1 比 U_2 低
　　C. 若飞机从东往西飞,U_1 比 U_2 高　　D. 若飞机从东往西飞,U_1 比 U_2 低

解析 北半球地磁场的竖直分量方向竖直向下,根据右手定则可知,不论沿何方向水平飞行,总有 U_1 比 U_2 高.A、C 选项正确.

10 如图 9 所示,光滑的水平面上有甲、乙两个物体靠在一起,同时在水平力 F_1 和 F_2 的作用下运动.已知 $F_1 > F_2$,下列说法中正确的是(   ).

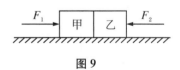

图 9

　　A. 如果撤去 F_1,甲的加速度一定会减小
　　B. 如果撤去 F_2,甲的加速度一定会减小
　　C. 如果撤去 F_2,乙的加速度一定会增大
　　D. 如果撤去 F_1,乙对甲的作用力一定减小

解析 撤去某个外力之前,根据牛顿第二定律,有
$$a = \frac{F_1 - F_2}{m_1 + m_2}.$$
对甲物体,根据牛顿第二定律,有
$$F_1 - F = m_1 a.$$

解得

$$F = \frac{m_2 F_1 + m_1 F_2}{m_1 + m_2}.$$

如果撤去 F_1，根据牛顿第二定律，有

$$a' = \frac{F_2}{m_1 + m_2}.$$

由于 $F_1 - F_2$ 与 F_2 的大小关系无法确定，所以甲的加速度不一定减小，A 选项错误.

对甲物体，根据牛顿第二定律，有

$$F' = m_1 a' = \frac{m_1 F_2}{m_1 + m_2}.$$

$F' < F$，D 选项正确.

如果撤去 F_2，根据牛顿第二定律，有

$$a'' = \frac{F_1}{m_1 + m_2}.$$

$a'' > a$，B 选项错误，C 选项正确.

11 如图 10 所示的电路由直流电源 E、电感线圈 L（电阻不计）和电阻 R 组成，下列说法中正确的是（　　）.

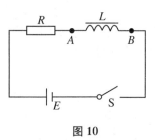

图 10

A. 突然闭合开关，A 点电势比 B 点电势高
B. 闭合开关一段时间后，A、B 两点电势相等
C. 突然断开开关，A 点电势比 B 点电势高
D. 突然断开开关，A、B 两点电势相等

解析 突然闭合开关，线圈上的自感电动势的方向如图 11 所示，所以 A 点电势比 B 点电势高，A 选项正确.闭合开关一段时间后，线圈上无自感电动势，相当于导线，所以 A、B 两点电势相等，B 选项正确.突然断开开关，线圈上的自感电动势的方向如图 12 所示，所以 A 点电势比 B 点电势低，C、D 选项错误.

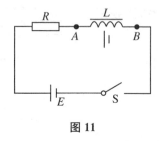

图 11

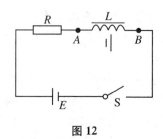

图 12

12 红外遥感卫星通过接收地面物体发出的红外辐射来探测地面物体的状况.地球大气中的水汽（H_2O）、二氧化碳（CO_2）能强烈吸收某些波长范围的红外辐射，即地面物体发出的某些波长的电磁波只有一部分能够通过大气层被遥感卫星接收.图 13 为水和二氧化碳对某一波段不同波长电磁波的吸收情况，由图 13 可知，在该波段红外遥感大致能够接收到的

波长范围为( ).

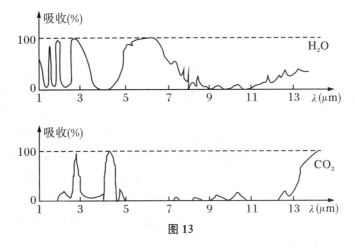

图 13

A. 2.5～3.5 μm   B. 4～4.5 μm   C. 5～7 μm   D. 8～13 μm

解析 由图 13 可知,水对电磁波吸收的波长范围为 0～8 μm,二氧化碳对电磁波吸收的波长范围为 3～5 μm 和大于 13 μm.所以能够通过大气层被遥感卫星接收的波长范围为 8～13 μm,D 选项正确.

2015 年北京大学夏令营试题解析

选择题.

01 质量相同的两物体甲和乙紧靠在一起放在光滑水平桌面上,如图 1 所示.如果它们分别受到图示的水平推力 F_1 和 F_2 的作用,且 $F_1 > F_2$,则物体甲作用于物体乙的作用力大小为( ).

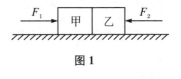

图 1

A. F_1 B. F_2 C. $\dfrac{F_1 - F_2}{2}$ D. $\dfrac{F_1 + F_2}{2}$

解析 根据牛顿第二定律,有

$$a = \frac{F_1 - F_2}{2m}.$$

对乙物体,根据牛顿第二定律,有

$$F - F_2 = ma.$$

解得

$$F = \frac{F_1 + F_2}{2}.$$

D 选项正确.

02 如图 2 所示,每边长都为 a 的三角形面板在水平直线上朝一个方向不停地做无滑动的翻滚.每次翻滚都是绕着右侧着地顶点(例如图中的 A 点)转动,转动角速度为常量 ω,当一条边(例如 AB 边)着地时,又会立即绕着另一个右侧着地顶点(例如 B 点)继续做上述匀角速度旋转.如此继续下去,三角板的每一个顶点在翻滚的一个周期过程中,其平均速率记为 $\bar{v}$.对板的这种运动,下面 4 个表述中正确的是( ).

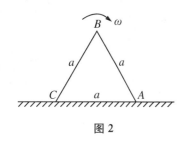

图 2

A. $\bar{v} = \omega a$,且为面板上所有点各自平均速率的共同值

B. $\bar{v} = \frac{2}{3}\omega a$,且为面板上所有点各自平均速率的最大值

C. 面板上应有一个点做匀速率曲线运动,其速率为 $\frac{\sqrt{3}}{3}\omega a$

D. 面板上应有一个点做匀速率曲线运动,其速率为 $\frac{1}{3}\omega a$

解析 三角板的每一个顶点在翻滚的一个周期过程中,经过的路程为 $\frac{4}{3}\pi a$,平均速率 $\bar{v} = \frac{\frac{4}{3}\pi a}{T} = \frac{\frac{4}{3}\pi a}{\frac{2\pi}{\omega}} = \frac{2}{3}\omega a$. 在三角板上任取一点,它到三个顶点的距离分别为 r_A、r_B、r_C,该点在一个周期内经过的路程为 $s = \frac{2}{3}\pi(r_A + r_B + r_C)$. 根据几何知识,有 $r_A + r_B + r_C \leqslant 2a$,故 $s \leqslant \frac{4}{3}\pi a$,即顶点通过的路程最大,平均速率最大,B 选项正确. 三角板的几何中心到三个顶点的距离均为 $\frac{\sqrt{3}}{3}a$,故该点速率不变,为 $\frac{\sqrt{3}}{3}\omega a$,C 选项正确.

03 三个彼此相距很远的导体球 A、B、C 均带负电荷. 它们的半径 r_A、r_B、r_C 从小到大,即 $r_A < r_B < r_C$. 它们附近没有其他电荷与导体,三个导体球之间彼此均由导线连接,则如下说法中正确的是( ).

A. 三个导体球的电势相等

B. 每个导体球表面的电荷分布近似均匀

C. 三个导体球上所带的电量的比值近似为 $r_C : r_B : r_A$

D. 三个导体球上所带的电量的比值近似为 $r_A : r_B : r_C$

解析 导体球之间通过导线连接,在静电平衡的状态下导体是个等势体,内部的场强处处为零,A 选项正确. 由于导体球彼此相距很远,每个导体球上的电荷受到其他导体球的影响很小,故每个导体球表面的电荷分布近似均匀,B 选项正确.每个导体球的电势 $\varphi = kq/r$,三个导体球的电势相等,故 $q \propto r$,导体球所带电量之比等于半径之比,D 选项正确.

04 如用单色平行光照射一宽度可调的狭缝,在缝后远处放一接收光屏,分别用红色平行光(波长 655 nm)和绿色平行光(波长 532 nm)入射.以下说法中正确的是( ).

    A. 红光透过 0.8 mm 的狭缝,绿光透过 0.7 mm 的狭缝,接收屏上绿光对应的亮斑更宽

    B. 红光透过 0.8 mm 的狭缝,绿光透过 0.7 mm 的狭缝,接收屏上红光对应的亮斑更宽

    C. 红光透过 0.7 mm 的狭缝,绿光透过 0.8 mm 的狭缝,接收屏上绿光对应的亮斑更宽

    D. 红光透过 0.7 mm 的狭缝,绿光透过 0.8 mm 的狭缝,接收屏上红光对应的亮斑更宽

解析 单缝衍射中,光的波长越长,缝隙宽度越窄,衍射现象越明显,D 选项正确.进一步由光学知识定量得到光斑宽度 $d \propto \lambda/D$(D 为缝隙宽度),B 选项正确.

填空题.

05 水平地面上有一车厢以恒定速度 v_0 朝右运动,车厢内的单摆开始时相对车厢静止,摆线与竖直方向的夹角为 θ_0,其方位如图 3 所示.设摆线长为 l,摆球的质量为 m,摆球从初始位置开始第一次到达最低点位置时,相对地面参考系水平向右的速度是_____;此过程中地面参考系认为摆线张力对摆球水平做功为_____.

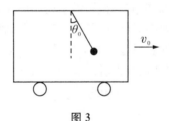

图 3

解析 在车厢参考系中,设小球到达最低点时的速度为 v_1,根据动能定理,有
$$mgl(1-\cos\theta_0) = \frac{1}{2}mv_1^2.$$
解得
$$v_1 = \sqrt{2gl(1-\cos\theta_0)}.$$
在地面参考系中,小球到达最低点时的速度为
$$v_2 = v_0 - v_1 = v_0 - \sqrt{2gl(1-\cos\theta_0)}.$$
在地面参考系中,根据动能定理,有
$$W + mgl(1-\cos\theta_0) = \frac{1}{2}mv_2^2 - \frac{1}{2}mv_0^2.$$
解得
$$W = -mv_0\sqrt{2gl(1-\cos\theta_0)}.$$

06

如图4所示,两个点电荷A和B分别带电q和$4q$,两者相距为d.现在放置另一个电荷C,使这三个电荷彼此之间的库仑力相互平衡,则C应放置在_____;C所带的电荷量为_____.

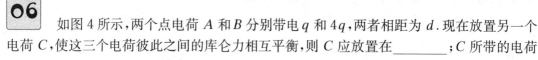

图4

解析 由于A的电荷量小于B,故C应距A较近、距B较远,设C应放置在A的右侧距A为x处,并带有负电荷.以C为研究对象,根据平衡条件,有

$$\frac{kQ_AQ_C}{x^2} = \frac{kQ_BQ_C}{(d-x)^2}. \qquad ①$$

解得

$$x = \frac{d}{3}. \qquad ②$$

以A为研究对象,根据平衡条件,有

$$\frac{kQ_AQ_B}{d^2} = \frac{kQ_AQ_C}{x^2}. \qquad ③$$

联立式②和式③,得

$$Q_C = \frac{4}{9}q.$$

07

一长圆柱形光纤的切面如图5所示,沿轴线方向建立z轴,沿半径方向建立r轴,光纤起始端的中心为O,光纤折射率$n(r)$沿径向线性变化,轴线处折射率$n_1 = 1.3$,靠近侧面的折射率为$n_2 = 1.2$,空气的折射率近似为$n_0 = 1.0$.一束单色光从O点以入射角$\theta_0 = 60°$入射,此时光线可以从光纤侧面出射,出射光线与光纤表面夹角为_____;为了使光线在光纤内部传播,不从侧面出射,入射角应小于_____.

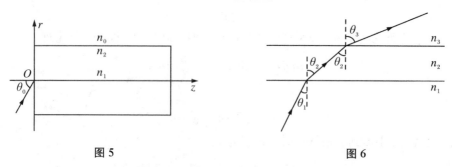

图5　　　　　　图6

解析 我们先来看这样一个问题,如图6所示,三层介质相互平行,折射率分别为n_1、n_2、n_3($n_1 > n_2 > n_3$).根据折射定律,有$n_1\sin\theta_1 = n_2\sin\theta_2 = n_3\sin\theta_3$,此式可推广至多层介质.其物理意义在于,当介质的折射率沿法线变化时,光线最终的出射角度只与介质边缘处的折射率有关,而与中间复杂的变化无关.

再回到本题,将光纤分割成一系列足够薄的同轴圆柱环,每一层都可看成折射率均匀的介质.从O点入射的光线满足

$$n_0\sin\theta_0 = n_1\sin\gamma. \qquad ①$$

光线折射后再以入射角 $90°-\gamma$ 经多次折射后从侧面射出,则有
$$n_1\sin(90°-\gamma) = n_0\sin\theta. \qquad ②$$
联立式①和式②,得
$$\theta = 75.8°,$$
即出射光线与光纤表面夹角为 $14.2°$.

若光线不从侧面出射,则光线在光纤中发生全反射.临界情况时,光线恰好在光纤侧面以 $90°$ 的折射角出射,代入数据得入射角为 $56.2°$.

08 波长为 0.02 nm 的 X 射线照射人体骨骼,如果该射线光子被骨骼吸收,则对应逸出电子的能量可估算为_____eV(保留一位有效数字),若该射线光子被骨骼中的电子散射,则出射的 X 射线波长有所_____(填"增大"或"减小").(可利用数据:普朗克常量 $h = 2\pi \cdot 197 \text{ MeV} \cdot \text{fm}/c$,其中 $c = 3.0 \times 10^8 \text{ m/s}$ 为真空中的光速,$1\text{ fm} = 10^{-15}\text{ m}$.)

解析 X 射线光子能量很大,可忽略逸出功,则对应逸出电子的能量为 X 射线光子的能量,所以
$$E = h\frac{c}{\lambda} = 1.97 \times 10^4 \pi \text{ eV}.$$

光子被骨骼中的电子散射,能量变小,由 $E = h\dfrac{c}{\lambda}$,得波长增大,此即康普顿效应.

计算题.

09 如图 7 所示,4 根长度相同的挡板固定在水平桌面上,围成一个边长为 l 的正方形框架 $ABCD$,在两对角线上取对称的两个点 1、2,它们的位置参量已在图中标出.将小球 P 静止放在点 1,而后令 P 以速度 v 朝框架的 AB 挡板某个位置平动.注意,图中 v 的方向仅起定性示意作用,未必是精确的方向.P 经一次弹性碰撞后朝着 BC 挡板平动,又经一次弹性碰撞后正好击中点 2.设系统处处无摩擦,试求 P 从点 1 到点 2 经过的时间 t.

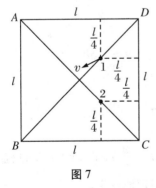
图 7
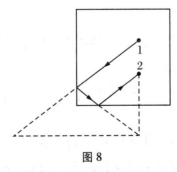
图 8

解析 由于系统无摩擦,且小球与系统发生弹性碰撞,故碰撞前后小球平行挡板的速度不变,垂直挡板的速度等值反向,小球在碰撞前后的路径类似光的反射.如图 8 所示,根据对称性,可得路程为

$$L = \sqrt{l^2 + \left(\frac{3}{2}l\right)^2} = \frac{\sqrt{13}}{2}l.$$

故总时间为

$$t = \frac{L}{v} = \frac{\sqrt{13}\,l}{2v}.$$

10 如图 9 所示，一端开口的玻璃管竖直放置，开口朝上，玻璃管总长为 $l = 75.0$ cm，截面积为 $S = 10.0$ cm^2，玻璃管内用水银封闭一段理想气体，水银和理想气体之间有一无限薄的无质量无摩擦活塞，气体长度与水银柱长度均为 $h = 25.0$ cm，假定大气压强为 $p_0 = 75$ cmHg，气体初始温度为 $T_0 = 400$ K，重力加速度为 $g = 9.8$ m/s^2，水银密度为 13.6×10^3 kg/m^3，该理想气体摩尔等容热容 $C_V = \frac{5}{2}R$，其中摩尔气体常量为 $R = 8.31$ J/(mol·K)。

(1) 过程一：对封闭的气体缓慢加热，使得水银上液面恰好到达玻璃管开口处．过程一中封闭气体对外做的功是多少？

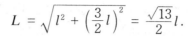

图 9

(2) 过程二：继续对封闭气体缓慢加热，直到水银恰好全部流出．通过计算说明过程二能否缓慢稳定发生．

(3) 计算过程二中封闭气体吸热是多少．

注：计算结果保留三位有效数字．

解析 (1) 过程一中气体做等压变化，压强 $p_1 = p_0 + \rho g h = 4\rho g h$，体积变化 $\Delta V = Sh$．气体对外做的功为

$$W_1 = p_1 \Delta V = 4\rho g S h^2 = 33.3 \text{ J}.$$

(2) 设过程二中水银柱的长度为 x，若该过程可以缓慢稳定发生，则要求在水银柱的长度不断减小的过程中，满足气体状态方程的 x 始终有解．设对应 x 的封闭气体的压强为 p，体积为 V，温度为 T，则 $p = p_0 + \rho g x = \rho g (3h + x)$，$V = S(l - x) = S(3h - x)$．根据理想气体的状态方程，有

$$\frac{pV}{T} = \frac{p_1 V_1}{T_0}.$$

即

$$\frac{\rho g (3h+x) \cdot S(3h-x)}{T} = \frac{4\rho g h \cdot Sh}{T_0}.$$

解得

$$x = h\sqrt{9 - \frac{4T}{T_0}}.$$

当 $T = 2T_0$ 时，$x = h$ 是过程二的初始状态．当 $T = \frac{9}{4}T_0$ 时，$x = 0$ 是过程二的末状态．因为 x 与 T 是单调递减关系，所以过程二可以缓慢稳定地发生．

(3) 该理想气体的物质的量为

$$n = \frac{p_1 V_1}{RT_0} = \frac{4\rho g h \cdot Sh}{RT_0} \approx 0.01 \text{ mol}.$$

内能的增量为
$$\Delta U = nC_V\left(\frac{9}{4}T_0 - 2T_0\right) \approx 20.8 \text{ J}.$$

气体压力 $F = (p_0 + \rho g x)S$,如图 10 所示. 气体对外做的功为 F-x 图像中梯形的面积,所以
$$W_2 = \frac{p_0 S + (p_0 + \rho g h)S}{2} \cdot h \approx 29.2 \text{ J}.$$

根据热力学第一定律,有
$$\Delta U = Q - W_2.$$

解得
$$Q = 50.0 \text{ J}.$$

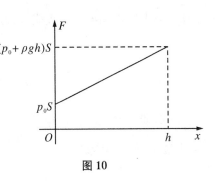

图 10

11 有 4 块相同的正方形金属薄平板从左至右依次平行放置,任意两个相邻平板之间的距离都相等,且平板的边长远大于平板之间的间距. 平板从左至右依次编号为 1、2、3、4,如图 11 所示. 其中第 1 块板带净电荷 $q_1(q_1<0)$,第 n 块板上的净电荷 $q_n = nq_1$,其中 $n = 1,2,3,4$. 现将第 1 块板和第 4 块板接地,如图 11 所示,忽略边缘效应. 问:

(1) 从第 1 块板和第 4 块板流入大地的电荷量 Δq_1 和 Δq_4 分别为 q_1 的多少倍?

(2) 上述两板接地后,哪块板上的电势最低?求该电势的值,将其表示为两相邻极板之间的电容 C 和 q_1 的函数.

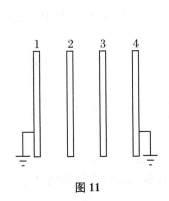

图 11

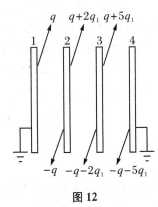

图 12

解析 (1) 第 1 块板和第 4 块板接地,电势为零,第 1 块板左侧和第 4 块板右侧均无电荷分布. 设第 1 块板右侧所带电荷量为 q,则其他板所带电荷量如图 12 所示. 各板间电势差关系为
$$U_{12} + U_{23} + U_{34} = 0.$$

故有
$$\frac{q}{C} + \frac{q + 2q_1}{C} + \frac{q + 5q_1}{C} = 0.$$

解得
$$q = -\frac{7}{3}q_1.$$

因此,第1块板和第4块板流入大地的电荷量分别为

$$\Delta q_1 = q_1 - q = \frac{10}{3} q_1,$$

$$\Delta q_4 = 4q_1 - (-q - 5q_1) = \frac{20}{3} q_1.$$

(2) 第3块板左侧的电荷量为 $\frac{1}{3} q_1$,右侧的电荷量为 $\frac{8}{3} q_1$,由于 $q_1 < 0$,所以第3块板上的电势最低,其电势为

$$\varphi_3 = U_{34} = \frac{q + 5q_1}{C} = \frac{8q_1}{3C}.$$

2015 年清华大学夏令营试题解析

01 一质量为 m、长为 L 的柔软绳自由悬垂,下端恰与一台秤的秤盘接触,如图1所示. 某时刻放开柔软绳上端,求台秤的最大读数.

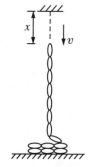

图1

解析 设 t 时刻落到秤盘的绳长为 x,此时绳速为 $v = \sqrt{2gx}$. 在 Δt($\Delta t \to 0$)时间内,有质量为 $\Delta m = \rho \Delta x$ 的绳落到盘秤上,其中 ρ 为绳的线密度. 取向上为正方向,根据动量定理,有

$$F\Delta t = 0 - (-\Delta m \cdot v) = \rho \Delta x \cdot v \quad (忽略微元段绳本身的重力冲量).$$

解得

$$F = \rho v \frac{\Delta x}{\Delta t} = \rho v^2 = 2\rho g x.$$

故

$$N = F + \rho g x = 3\rho g x.$$

所以台秤的最大读数为 $3mg$,出现在软绳将要全部掉到盘秤上时.

02 单位面积带电量为 σ 的无限大均匀带电平板,从其中间挖去一半径为 R 的圆板,如图2所示. 求圆孔轴线上任意一点 Q(坐标为 x)的电场强度.

解析 无限大平板挖去一个圆板所产生的场强 E 可以等效为一个无限大平板产生的场强 E_1 减去一个半径为 R 的圆板产生的场强 E_2.

根据高斯定理,有

$$E_1 = \frac{\sigma}{2\varepsilon_0}.$$

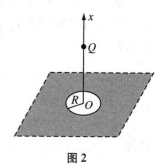

图2

由积分可求得带电圆板产生的场强为
$$E_2 = \frac{\sigma}{2\varepsilon_0}\left(1 - \frac{x}{\sqrt{R^2+x^2}}\right).$$
所以合场强为
$$E = E_1 - E_2 = \frac{\sigma}{2\varepsilon_0} - \frac{\sigma}{2\varepsilon_0}\left(1 - \frac{x}{\sqrt{R^2+x^2}}\right) = \frac{\sigma}{2\varepsilon_0}\cdot\frac{x}{\sqrt{R^2+x^2}}.$$

03 如图 3 所示，一对等量异号点电荷 $+q$ 和 $-q$ 的间距为 l，求两电荷延长线上一点 P_1 和中垂面上一点 P_2 的场强，P_1 和 P_2 到两电荷连线中点 O 的距离都是 r.

解析 P_1 点的场强为
$$E_1 = kq\left[\frac{1}{\left(r-\frac{l}{2}\right)^2} - \frac{1}{\left(r+\frac{l}{2}\right)^2}\right].$$

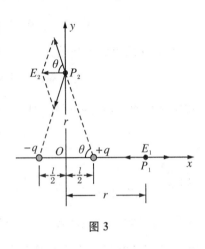

图 3

P_2 点的场强为
$$E_2 = 2\cdot k\frac{q}{r^2+\frac{l^2}{4}}\cdot\cos\theta = 2\cdot k\frac{q}{r^2+\frac{l^2}{4}}\cdot\frac{\frac{l}{2}}{\sqrt{r^2+\frac{l^2}{4}}}$$
$$= k\frac{ql}{\left(r^2+\frac{l^2}{4}\right)^{\frac{3}{2}}}.$$

对于电偶极子，$\pm q$ 之间的距离 l 远比场点到它们的距离 r 小得多．当 $l \ll r$ 时，有
$$\frac{1}{\left(r-\frac{l}{2}\right)^2} - \frac{1}{\left(r+\frac{l}{2}\right)^2} = \frac{\left(r+\frac{l}{2}\right)^2 - \left(r-\frac{l}{2}\right)^2}{\left(r-\frac{l}{2}\right)^2\left(r+\frac{l}{2}\right)^2} = \frac{2lr}{\left(r^2-\frac{l^2}{4}\right)^2} \approx \frac{2l}{r^3},$$
$$\frac{l}{\left(r^2+\frac{l^2}{4}\right)^{\frac{3}{2}}} \approx \frac{l}{r^3}.$$

所以在电偶极子延长线上，E_1 的大小为
$$E_1 \approx k\frac{2ql}{r^3}.$$
在中垂面上，E_2 的大小为
$$E_2 \approx k\frac{ql}{r^3}.$$

04 推导点电荷的电势表达式．

解析 在正点电荷 Q 的电场中，把正试探电荷 q 沿电场线从 a 点移到 b 点，我们来计算在此过程中库仑力所做的功．我们把 ab 分成很多足够小的小段，其中任一小段的两端到

场源电荷的距离分别为 r_{i-1} 和 r_i，则试探电荷在该段所受的平均力为
$$F_i = k\frac{Qq}{r_{i-1}r_i}.$$
于是库仑力在这一小段里做的功为
$$W_i = F_i \Delta r_i = k\frac{Qq}{r_{i-1}r_i} \cdot (r_i - r_{i-1}) = kQq\left(\frac{1}{r_{i-1}} - \frac{1}{r_i}\right).$$
对各小段的功求和，就得到库仑力对试探电荷所做的总功，即
$$W = \sum W_i = kQq \sum\left(\frac{1}{r_{i-1}} - \frac{1}{r_i}\right) = kQq\left(\frac{1}{r_a} - \frac{1}{r_b}\right).$$
于是 a、b 两点的电势差为
$$\varphi_a - \varphi_b = U_{ab} = \frac{W}{q} = kQ\left(\frac{1}{r_a} - \frac{1}{r_b}\right).$$
规定离场源电荷无穷远处（即 $r_b \to \infty$）为电势零点，则在离场源电荷 $r(r_a = r)$ 处的电势为
$$\varphi = k\frac{Q}{r}.$$

05 如图 4 所示，某质子加速器使每个质子获得动能 E_k，很细的质子束射向一个远离加速器、半径为 r 的金属球，从球心到质子束延长线的垂直距离为 $d = \frac{r}{2}$。假定质子与金属球相碰后将其电荷 q 全部交给金属球，经足够长时间后，求金属球的最高电势值（以无穷远处的电势为零）。

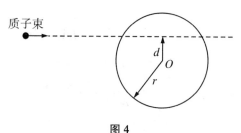

图 4

解析 设质子初速度为 v_0，当金属球充电到电势为 U 时，质子与金属球相切而过，此时速度设为 v。由于质子在向金属球运动时，只受库仑力且力的方向沿球径向，故质子对球心 O 的角动量守恒，有
$$mv_0 d = mvr.$$
解得
$$v = \frac{v_0}{2}.$$
根据动能定理，有
$$-qU = \frac{1}{2}mv^2 - \frac{1}{2}mv_0^2.$$
解得

$$U = \frac{3}{4q} \cdot \frac{1}{2}mv_0^2 = \frac{3}{4q}E_k.$$

06 如图 5 所示，质量为 M 的足够长金属导轨 $abcd$ 放在光滑的绝缘水平面上。一电阻不计、质量为 m 的导体棒 PQ 放置在导轨上，始终与导轨接触良好，$PQbc$ 构成矩形。棒与导轨间的动摩擦因数为 μ，棒左侧有两个固定于水平面的立柱。导轨 bc 段长为 L，开始时 PQ 左侧导轨的总电阻为 R，右侧导轨单位长度的电阻为 R_0。以 ef 为界，其左侧匀强磁场方向竖直向上，右侧匀强磁场水平向左，磁感应强度大小均为 B。在 $t = 0$ 时，一水平向左的拉力 F 垂直作用于导轨的 bc 边上，使导轨由静止开始做匀加速直线运动，加速度为 a。

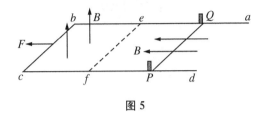

图 5

(1) 求回路中感应电动势及感应电流随时间变化的表达式。
(2) 经过多少时间拉力 F 达到最大值？拉力 F 的最大值为多少？
(3) 某一过程中回路产生的焦耳热为 Q，导轨克服摩擦力做功为 W，求导轨动能的增加量。

解析 (1) 感应电动势为
$$E = BLv = BLat.$$
感应电流为
$$I = \frac{E}{R + R_0 \cdot 2 \cdot \frac{1}{2}at^2} = \frac{BLat}{R + R_0 at^2}.$$

(2) 导轨所受安培力为
$$F_A = BIL = \frac{B^2L^2at}{R + R_0 at^2}.$$
导轨所受摩擦力为
$$f = \mu N = \mu(mg + BIL) = \mu\left(mg + \frac{B^2L^2at}{R + R_0 at^2}\right).$$
根据牛顿第二定律，有
$$F - F_A - f = Ma.$$
解得
$$F = Ma + \mu mg + (1+\mu)\frac{B^2L^2at}{R + R_0 at^2} = Ma + \mu mg + (1+\mu)\frac{B^2L^2 a}{\frac{R}{t} + R_0 at}.$$
由均值不等式，得
$$\frac{R}{t} + R_0 at \geq 2\sqrt{\frac{R}{t} \cdot R_0 at} = 2\sqrt{RR_0 a}.$$

上式取等号的条件为 $\dfrac{R}{t}=R_0 at$，即 $t=\sqrt{\dfrac{R}{R_0 a}}$。所以拉力 F 的最大值为

$$F_{\max}=Ma+\mu mg+\dfrac{1}{2}(1+\mu)B^2L^2\sqrt{\dfrac{a}{RR_0}}.$$

（3）设此过程中导轨运动距离为 s，根据动能定理，有

$$\Delta E_k=Mas.$$

摩擦力做功为

$$W=\mu(mg+F_A)s=\mu mgs+\mu Q.$$

解得

$$s=\dfrac{W-\mu Q}{\mu mg}.$$

导轨动能的增加量为

$$\Delta E_k=\dfrac{Ma}{\mu mg}(W-\mu Q).$$

07 如果质量相同的小球 a、b 在沿一条直线运动的过程中发生弹性正碰撞，则 a 的碰后速度等于 b 的碰前速度，b 的碰后速度等于 a 的碰前速度。

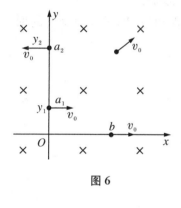

图 6

如图 6 所示，将光滑水平绝缘的大桌面取为 O-xy 坐标面，空间有竖直向下（图中朝里）的匀强磁场 B。

（1）平面上的小球 a，质量为 m、电量为 q（$q>0$），初速度方向垂直于 y 轴，大小为 v_0，而后 a 将做匀速圆周运动，试求圆周运动的半径 R 和运动周期 T。

（2）图 6 中小球 a_1、a_2 质量同为 m，电量也同为 q，开始时分别位于 y 轴上的 y_1、y_2（$y_2>y_1$）位置，初速度方向如图所示，大小也同为 v_0。设 a_1、a_2 间可能发生的碰撞都是弹性碰撞而且不会相互转移电荷（下同）。已知 a_1 能到达 y_2 处，试求 y_2-y_1 的所有可能取值。

（3）图 6 中小球 b 的质量也为 m，电量也为 q，$t=0$ 时位于 x 轴上距 O 稍远的 x_1 位置，初速度大小也为 v_0。现在给你一个质量为 m、电量为 $-q$、初速度大小为 v_0 的小球 b'。$t=0$ 时 b' 的初始位置和初始速度方向由你选定，但要求在 $t=\left(k+\dfrac{1}{2}\right)T$ 时刻（$k\in\mathbf{N}$），b 球可达到 x 轴上与 x_1 相距尽可能远的 x_2（$x_2>x_1$）位置，最后给出你所得的 x_2-x_1 的值。设 b 与 b' 两球发生弹性正碰，而且电量也不会转移。（注：解题时可以略去球之间的电作用力。）

解析 （1）洛伦兹力提供带电小球做匀速圆周运动的向心力，则

$$qv_0B=m\dfrac{v_0^2}{R}.$$

解得

$$R=\dfrac{mv_0}{qB}.$$

带电小球做匀速圆周运动的周期为
$$T = \frac{2\pi R}{v_0} = \frac{2\pi m}{qB}.$$

(2) 第一种情况如图 7 所示,两球未发生碰撞,a_1 转过半圈后到达 y_2 处,a_2 转过半圈后到达 y_1 处,则 $y_2 - y_1 = 2R = \frac{2mv_0}{qB}$.

第二种情况如图 8 所示,两球各自转过半圈后相碰,发生弹性碰撞并交换速度,以后 a_1 转过半圈后到达 y_2 处,a_2 转过半圈后到达 y_1 处,则 $y_2 - y_1 = 4R = \frac{4mv_0}{qB}$.

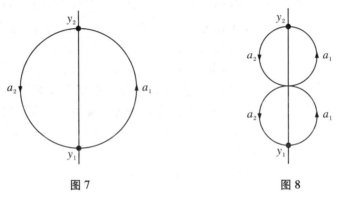

图 7　　　　图 8

(3) 如图 9 所示,$t = 0$ 时刻将 b' 放在 $(x = x_1, y = 2R)$ 处,初速度方向沿 x 轴正方向. 同时释放 b 和 b',两球各自转过四分之一圈后相碰,发生弹性碰撞并交换速度,以后每转过半圈后相碰,在 $t = \left(k + \frac{1}{2}\right)T$ 时刻,b 球又回到 x 轴上. 则
$$x_2 - x_1 = 2(2k+1)R = \frac{2(2k+1)mv_0}{qB}.$$

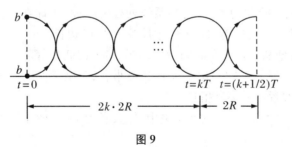

图 9

2014年北京大学学科营试题解析

简答题.

01 如图1所示,三个带电质点分别位于 Oxy 平面的 x 轴和 y 轴上,A 带正电,B 带负电,C 带正电,它们的电荷量均属未知,设 A、B、C 只受到它们之间库仑力的作用. 将 A、B、C 同时从静止自由释放后瞬间,它们各自加速度的 x、y 方向分量分别记为 a_{Ax}、a_{Bx}、a_{Cx} 和 a_{Ay}、a_{By}、a_{Cy}. 这些分量都带有正负号,例如倘若 a_{Ax} 取正(即 $a_{Ax}>0$),则表示 A 的加速度沿 x 方向分量与 x 轴正方向一致. 请不必进行论证地直接写出这6个分量中,哪些分量的正负号可以判定.

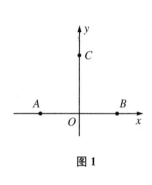

图1

解析 $a_{Ay}<0, a_{Bx}<0, a_{By}>0, a_{Cx}>0$.

02 如图2所示,在某竖直平面内有一个固定圆环,圆环内又有一个圆内接的固定长方形空心闭合细管道 AB_1CB_2A,沿对角线 AC 还有一根竖直的空心细管道. 静止的小球可以从 A 端出发,沿管道 AB_1C 到达 C 端,其中从 A 到 B_1 所经时间记为 t_{AB_1},从 B_1 到 C 所经时间记为 t_{B_1C};小球也可沿 AC 管道到达 C 端,所经时间记为 t_{AC};小球也可沿 AB_2C 管道到达 C 端,其中从 A 到 B_2 所经时间记为 t_{AB_2},从 B_2 到 C 所经时间记为 t_{B_2C}. 已知系统处处无摩擦,小球在 B_1、B_2 处拐弯时不会损失机械能,且 AB_1 边长短于 B_1C 边长.

请不必进行论证地从上述5个时间量中,首先写出彼此相等的时间量,而后在余下的时间量中写出最大者和最小者(若余下的时间量只有1个,则最大者与最小者相同).

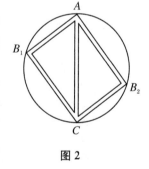

图2

解析 $t_{AB_1} = t_{AC} = t_{AB_2}$. 余下的两个量中,较大者为 t_{B_1C},较小者为 t_{B_2C}.

03 已知 $s = 1 + \frac{1}{2} + \frac{1}{2^2} + \frac{1}{2^3} + \frac{1}{2^4} + \cdots$ 是一个有限量,求解的一个方法如下所述:$s = 1 + \frac{1}{2} + \frac{1}{2^2} + \frac{1}{2^3} + \frac{1}{2^4} + \cdots = 1 + \frac{1}{2}\left(1 + \frac{1}{2} + \frac{1}{2^2} + \frac{1}{2^3} + \cdots\right)$,等号右边括号内的求和数列右侧无穷远处虽然比等号左边求和数列少了一项,但该项趋于零,在极限意义下两个求和数列结构相同,故有 $s = 1 + \frac{1}{2} + \frac{1}{2^2} + \frac{1}{2^3} + \frac{1}{2^4} + \cdots = 1 + \frac{1}{2}s$,即可解得 $s = 2$. 请借鉴此种求解 s 的方法,

解答下述两小问.

（1）无限梯形电阻网络如图 3 所示,试求 A、B 间等效电阻,并参考上文,写出求解过程.

（2）无限梯形电阻网络如图 4 所示,试求 A、B 间等效电阻,并参考上文,写出求解过程.

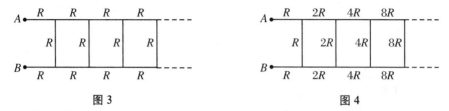

图 3 　　　　　　　　图 4

解析　（1）图 3 所示的电路图可等效为图 5 所示的电路图,其中 $R_{A'B'} = R_{AB}$. 则有
$$R_{AB} = 2R + \frac{R \cdot R_{A'B'}}{R + R_{A'B'}},$$
解得

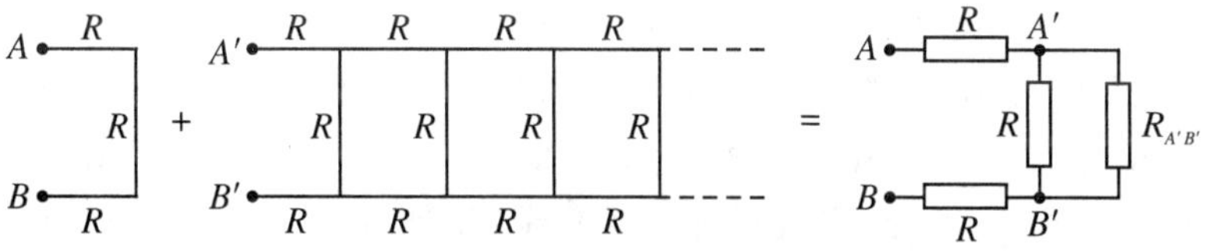

（图 5）

$$R_{AB} = (1 + \sqrt{3})R.$$

（2）图 4 所示的电路图可等效为图 6 所示的电路图,其中 $R_{A'B'} = 2R_{AB}$. 则有
$$R_{AB} = 2R + \frac{R \cdot R_{A'B'}}{R + R_{A'B'}},$$
解得
$$R_{AB} = \frac{5 + \sqrt{41}}{4}R.$$

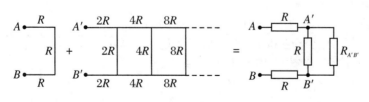

图 6

04　如图 7 所示的均匀直试管的侧壁上已经定标. 所谓试管已装满液体,意即内盛的液体刚好达到标识线 PQ,便称 5 mL(5 毫升)为该试管的有效容积,或简称为容积.

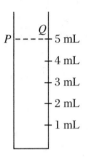

图7

今有尚未定标的均匀直试管 A 和 B,另有足量的备用液体以及可为 A、B 灌液体的简便装置(灌液器),但装置上没有量化标识.需要时可以将液体灌入 A 或 B 内,A(或 B)管内的液体也可部分或全部倒入 B(或 A)管内,也可以倒回灌液器.此外还为你提供一支可在试管壁上刻划标识线的手用尖笔.

(1) 已知 A 容积为 3 mL,B 容积为 5 mL,试以 mL 为单位,为 A、B 定标;

(2) 已知 A 容积为 5 mL,B 容积为 8 mL,试以 mL 为单位,为 A、B 定标.

解答时,必须简单写出关键性操作.

解析 (1) A 管已可定标 3 mL,B 管已可定标 5 mL;A 管先装满液体,再全部倒入 B 管;A 管又装满液体,再部分倒入 B 管,使 B 管刚好装满液体;此时 A 管中留有液体 1 mL,可为 A 管定标 1 mL;将 B 管液体倒尽,A 管可累次将 1 mL 液体倒入 B 管,逐次为 B 管定标 1 mL、2 mL、3 mL、4 mL;将 A 管液体倒尽,B 管可一次将 2 mL 液体倒入 A 管,为 A 管定标 2 mL.

(2) A 管已可定标 5 mL,B 管已可定标 8 mL;A 管 5 mL 液体,全部倒入 B 管;A 管 5 mL 液体,再部分倒入 B 管,使 B 管刚好装满液体;此时 A 管中有 2 mL 液体,可为 A 管定标 2 mL;用 A 管每次将 2 mL 液体注入全空 B 管,共三次,共注入 6 mL 液体,B 管再将 6 mL 液体逐渐注入全空 A 管,使 A 管刚好被装满;此时 B 管中留有 1 mL 液体,可为 B 管定标 1 mL;继而参考第(1)问中的解答,完成 A、B 管全部需补充的定标.

计算题.

05 水平地面上有一个三角形鼓包如图8所示,两个质量未必相同的静止小物块同时从鼓包顶端两侧自由释放后均能沿斜面下滑,且分别在图中 P 点和 Q 点停下.设两个小物块与斜面和水平面间的摩擦因数为相同的常数,再设两小球在转弯处均不弹起且不损耗机械能.

(1) 试问图中的四个长度量 l_1、l_1'、l_2'、l_2 之间满足什么样的关系?

(2) 将左侧物块运动到 P 点和右侧物块运动到 Q 点所经历时间分别记为 t_1 和 t_2,将摩擦因数记为 μ,试求比值 $\gamma = t_1/t_2$,答案可用图中角参量 θ_1、θ_2 和参量 μ 表述,不可含有参量 l_1、l_1'、l_2' 和 l_2.

(3) 取 $\mu = 1/(2\sqrt{3})$,$\theta_1 = 30°$,$\theta_2 = 60°$,计算 γ 值.

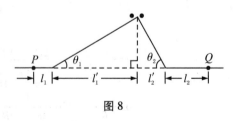

图8

解析 (1) 设左、右两个小物块质量分别为 m_1、m_2,根据功能关系,有

$$m_1 g l_1' \tan\theta_1 = \mu m_1 g \cos\theta_1 \cdot \frac{l_1'}{\cos\theta_1} + \mu m_1 g l_1,$$ ①

$$m_1 g l_2' \tan\theta_2 = \mu m_2 g \cos\theta_2 \cdot \frac{l_2'}{\cos\theta_2} + \mu m_2 g l_2. \qquad ②$$

根据几何关系,有
$$l_1' \tan\theta_1 = l_2' \tan\theta_2. \qquad ③$$

联立式①~③,得
$$l_1 + l_1' = l_2 + l_2'.$$

(2) 设鼓包顶端距地面高度为 h,左侧物块到斜面底部时速度为 v_{10},根据动能定理,有
$$m_1 gh - \mu m_1 g\cos\theta_1 \cdot \frac{h}{\sin\theta_1} = \frac{1}{2} m_1 v_{10}^2,$$

解得
$$v_{10} = \sqrt{2gh(1-\mu\cot\theta_1)}.$$

从顶端到达 P 点所经历的时间为
$$t_1 = \frac{v_{10}}{g(\sin\theta_1 - \mu\cos\theta_1)} + \frac{v_{10}}{\mu g} = \sqrt{\frac{2h}{g}}\left[\frac{1}{\sin\theta_1\sqrt{1-\mu\cot\theta_1}} + \frac{\sqrt{1-\mu\cot\theta_1}}{\mu}\right].$$

同理可得
$$t_2 = \sqrt{\frac{2h}{g}}\left[\frac{1}{\sin\theta_2\sqrt{1-\mu\cot\theta_2}} + \frac{\sqrt{1-\mu\cot\theta_2}}{\mu}\right].$$

所以,有
$$\gamma = \frac{t_1}{t_2} = \frac{\dfrac{1}{\sin\theta_1\sqrt{1-\mu\cot\theta_1}} + \dfrac{\sqrt{1-\mu\cot\theta_1}}{\mu}}{\dfrac{1}{\sin\theta_2\sqrt{1-\mu\cot\theta_2}} + \dfrac{\sqrt{1-\mu\cot\theta_2}}{\mu}}. \qquad ④$$

(3) 将 $\mu = 1/(2\sqrt{3})$,$\theta_1 = 30°$,$\theta_2 = 60°$ 代入式④,可得
$$\gamma = \frac{2\sqrt{2}+\sqrt{6}}{\dfrac{2\sqrt{2}}{\sqrt{5}}+\sqrt{10}} = 1.19.$$

06 如图 9 所示,半径为 R、折射率为 $n>1$ 的透明琥珀球内,小虫 P 嵌在直径 AOB 中,靠近 B 端,与球心 O 相距 r. 琥珀球放在空气中,空气折射率 $n_0 = 1.0$. 取 $r = R/\sqrt{n}$,设 P 是一个点光源,只考虑从 P 射出的光线直接从球面出射的光学效果,求从琥珀球的两侧可观看到的球面上被照亮的区域面积之和 S. 数学参考公式:图 10 所示的球冠(不含底圆面)的面积为 $S = 2\pi Rh$.

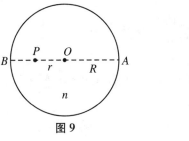

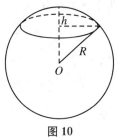

图 9　　　　图 10

解析 如图 11 所示，P 点发出的一对正、反向光线在球面上发生全反射的临界角 α 与折射率 n 的关系为

$$\sin\alpha = \frac{1}{n}.$$

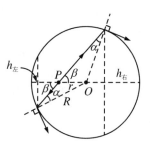

图 11

根据正弦定理，有

$$\frac{\sin\beta}{R} = \frac{\sin\alpha}{r}.$$

则

$$\sin\beta = \frac{R}{r}\sin\alpha = \frac{1}{\sqrt{n}}.$$

对右侧区域，此时 $h_右$ 的计算式为

$$h_右 = R - R\cos(\alpha+\beta) = R[1-(\cos\alpha\cos\beta - \sin\alpha\sin\beta)].$$

对左侧区域，此时 $h_左$ 的计算式为

$$h_左 = R - R\cos(\beta-\alpha) = R[1-(\cos\beta\cos\alpha + \sin\beta\sin\alpha)].$$

球面被照亮的面积为

$$\begin{aligned}S &= 2\pi R h_右 + 2\pi R h_左 = 4\pi R^2(1-\cos\alpha\cos\beta)\\
&= 4\pi R^2(1-\sqrt{1-\sin^2\alpha}\sqrt{1-\sin^2\beta})\\
&= 4\pi R^2\left(1-\frac{n-1}{n\sqrt{n}}\sqrt{n+1}\right).\end{aligned}$$

07 如图 12 所示的平面圆环是一个与外界绝热且自身封闭的 O 形盒的俯视截面图，图中未能显示盒的厚度．盒中有三片质量可忽略的可动隔板，将 O 形盒的内部空间等分为体积同为 V_0 的三个互不连通的区域 1、2、3，其内各装有比热为常量的同种理想气体，初始温度和压强分别为 T_{10}、T_{20}、T_{30} 和 p_{10}、p_{20}、p_{30}．而后因压强不均等且隔板导热，使隔板各自绕 O 形盒中央轴无摩擦地转动，设隔板最后停下．

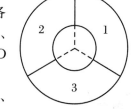

图 12

(1) 试求此时区域 1、2、3 各自的温度 T_1、T_2、T_3 和压强 p_1、p_2、p_3；

(2) 再设 $T_{10}:T_{20}:T_{30}=1:2:3$，$p_{10}:p_{20}:p_{30}=3:2:1$，再求此时区域 1、2、3 各自的体积 V_1、V_2、V_3，答案中只能出现参量 V_0．

解析 设气体的摩尔质量、比热分别为 M、c；区域 1、2、3 内的气体摩尔数分别为 n_1、n_2、n_3；系统末态温度处处相同，为 T_e；压强处处相等，为 p_e．

(1) 根据理想气体状态方程，有

$$n_i = \frac{p_{i0}V_0}{RT_{i0}}, \quad i=1,2,3. \qquad ①$$

由于系统与外界绝热，则有

$$c\cdot n_1 M\cdot(T_e-T_{10}) + c\cdot n_2 M\cdot(T_e-T_{20}) + c\cdot n_3 M\cdot(T_e-T_{30}) = 0. \qquad ②$$

联立式①和式②,得
$$T_1 = T_2 = T_3 = T_e = \frac{p_{10} + p_{20} + p_{30}}{p_{10}/T_{10} + p_{20}/T_{20} + p_{30}/T_{30}}. \quad ③$$

又有
$$p_e \cdot 3V_0 = (n_1 + n_2 + n_3)RT_e = \left(\frac{p_{10}}{T_{10}} + \frac{p_{20}}{T_{20}} + \frac{p_{30}}{T_{30}}\right)\frac{V_0}{R}RT_e. \quad ④$$

联立式③和式④,得
$$p_e = \frac{1}{3}(p_{10} + p_{20} + p_{30}).$$

(2) 根据理想气体状态方程,有
$$V_i = \frac{n_i RT_e}{p_e}, \quad i = 1,2,3.$$

则
$$V_1 : V_2 : V_3 = n_1 : n_2 : n_3 = \frac{p_{10}}{T_{10}} : \frac{p_{20}}{T_{20}} : \frac{p_{30}}{T_{30}}.$$

由 $T_{10} : T_{20} : T_{30} = 1 : 2 : 3$,$p_{10} : p_{20} : p_{30} = 3 : 2 : 1$,得
$$V_1 : V_2 : V_3 = 9 : 3 : 1.$$

因 $V_1 + V_2 + V_3 = 3V_0$,所以
$$V_1 = \frac{27}{13}V_0, \quad V_2 = \frac{9}{13}V_0, \quad V_3 = \frac{3}{13}V_0.$$

08 互相垂直的匀强电场 E 与匀强磁场 B 的方向如图13所示. 比荷为 γ 的带正电粒子,在图中场区 a 处速度方向与 B 垂直,与电场线成30°角. 经过一定时间到达图中 b 处时,速度大小第一次增为 a 处速度大小的 $\sqrt{2}$ 倍,速度方向第一次与电场线成60°角. 不考虑重力,试求:

(1) 粒子在而后的运动过程中,速度方向与电场线方向垂直时的速度大小;

(2) 粒子在而后的运动过程中,速度方向与电场线方向平行时的速度大小;

(3) a、b 之间的距离.

解析 粒子在电场力和洛伦兹力的作用下做的是摆线运动,这里应用速度的非正交分解法将摆线运动分解为匀速直线运动和匀速圆周运动进行研究.

如图14所示,将粒子的速度 v_a 分解为竖直向上的 v_1 和与电场线成 θ_1 角的 v_2. v_1 产生的洛伦兹力和电场力平衡,即 $qv_1B = qE$,粒子参与一个速度为 $v_1 = E/B$ 的匀速直线运动;另一部分速度 v_2 使得粒子参与一个逆时针方向上的匀速圆周运动. 同理,如图15所示,粒子的速度 v_b 也可分解为竖直向上的 v_1 和与电场线成 θ_2 角的 v_2.

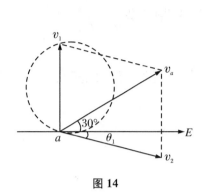

图 14

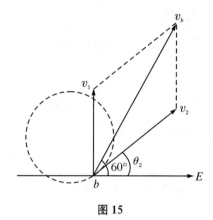

图 15

根据余弦定理,有

$$\cos 60° = \frac{v_1^2 + v_a^2 - v_2^2}{2 v_1 v_a},$$ ①

$$\cos 30° = \frac{v_1^2 + v_b^2 - v_2^2}{2 v_1 v_b}.$$ ②

根据已知条件,有

$$v_b = \sqrt{2}\, v_a.$$ ③

联立式①~③,得

$$v_a = (\sqrt{6} - 1)v_1, \quad v_b = (2\sqrt{3} - \sqrt{2})v_1, \quad v_2 = \sqrt{9 - 3\sqrt{6}}\, v_1.$$

根据正弦定理,有

$$\frac{v_1}{\sin(30° + \theta_1)} = \frac{v_2}{\sin 60°}, \quad \frac{v_1}{\sin(60° - \theta_2)} = \frac{v_2}{\sin 30°},$$

解得

$$\theta_1 = 12.37°, \quad \theta_2 = 37.10°.$$

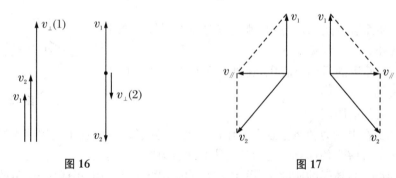

图 16   图 17

(1) 当粒子的速度方向与电场线方向垂直时,如图 16 所示,两个分速度 v_1 和 v_2 共线,则

$$v_\perp(1) = v_2 + v_1 = (\sqrt{9 - 3\sqrt{6}} + 1)v_1 = 2.29\frac{E}{B},$$

$$v_\perp(2) = v_2 - v_1 = (\sqrt{9 - 3\sqrt{6}} - 1)v_1 = 0.29\frac{E}{B}.$$

(2) 当粒子的速度与电场线方向平行时,如图 17 所示,则

$$v_{/\!/} = \sqrt{v_2^2 - v_1^2} = \sqrt{8 - 3\sqrt{6}}\, v_1 = \sqrt{8 - 3\sqrt{6}}\,\frac{E}{B} = 0.81\frac{E}{B}.$$

(3) 如图 18 所示,粒子做匀速圆周运动的周期和半径分别为

$$T = \frac{2\pi m}{qB} = \frac{2\pi}{\gamma B}, \quad R = \frac{mv_2}{qB} = \frac{\sqrt{9-3\sqrt{6}}\,mv_1}{qB} = \sqrt{9-3\sqrt{6}}\,\frac{E}{\gamma B^2}.$$

粒子由 a 运动到 b 时速度 v_2 的偏转角为

$$\theta = \theta_1 + \theta_2 = 49.47°.$$

此过程的时间为

$$t = \frac{\theta}{360°}T = \frac{0.863}{\gamma B}.$$

粒子沿 y 轴方向的位移由匀速直线运动的位移和匀速圆周运动的位移在 y 轴方向上的分量两部分构成. 匀速直线运动的位移为

$$y_1 = v_1 t = 0.863\frac{E}{\gamma B^2},$$

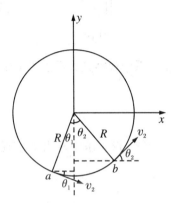

图 18

匀速圆周运动的位移在 y 轴方向上的分量为

$$y_2 = R\cos\theta_1 - R\cos\theta_2 = 0.230\frac{E}{\gamma B^2},$$

粒子沿 y 轴方向的位移为

$$y = y_1 + y_2 = 1.093\frac{E}{\gamma B^2}.$$

粒子沿 x 轴方向的位移等于匀速圆周运动的位移在 x 轴方向上的分量,为

$$x = R\sin\theta_1 + R\sin\theta_2 = 1.05\frac{E}{\gamma B^2}.$$

所以 a、b 间的距离为

$$ab = \sqrt{x^2 + y^2} = 1.52\frac{E}{\gamma B^2}.$$

09 惯性系 s、s' 间的相对关系如图 19 所示,O、O' 重合时 $t = t' = 0$. s' 系中 $t' < 0$ 时,静质量同为 m_0 的质点 A、B 分别静止在 x' 轴上 $x' = -l$、$x' = l$ 两处. $t' = 0$ 开始,A、B 在 s' 系中同时以恒定大小的加速度 a_0 朝着 O' 点做匀加速运动. s' 系中 A、B 在 O' 处相碰后成为一个大质点,设碰撞过程中 A、B 构成的系统无任何形式的能量耗散. 已知 $v = 3c/5$,$a_0 = 9c^2/(50l)$.

(1) 试求大质点在 s 系中的质量 M.

(2) s 系中 A 开始加速时,B 与 A 相距多远?B 开始加速时,A 与 B 相距多远?

解析 (1) s' 系中 A、B 碰撞前瞬时速度均为

$$u'_c = \sqrt{2a_0 l} = \frac{3}{5}c.$$

此时 A、B 质量均为

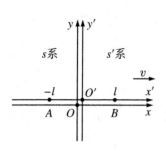

图 19

$$m' = \frac{m_0}{\sqrt{1 - \dfrac{u_c'^2}{c^2}}} = \frac{5}{4} m_0.$$

碰撞过程中能量守恒,即质量守恒,得碰撞后大质点的质量为

$$M' = 2m' = \frac{5}{2} m_0.$$

大质点在 s' 系中静止,其静止质量为

$$M_0 = M' = \frac{5}{2} m_0.$$

在 s 系中观察到大质点沿 x 轴正方向做匀速运动,速度为 v,故质量为

$$M = \frac{M_0}{\sqrt{1 - \dfrac{v^2}{c^2}}} = \frac{25}{8} m_0.$$

(2) 设 s 系中 A 开始加速的时刻为 t_A,B 开始加速的时刻为 t_B,则有

$$t_A = \frac{t_A' + \dfrac{v}{c^2} x_A'}{\sqrt{1 - \beta^2}} = \frac{\dfrac{v}{c^2} x_A'}{\sqrt{1 - \beta^2}} = -\frac{3l}{4c}, \quad t_B = \frac{t_B' + \dfrac{v}{c^2} x_B'}{\sqrt{1 - \beta^2}} = \frac{\dfrac{v}{c^2} x_B'}{\sqrt{1 - \beta^2}} = \frac{3l}{4c},$$

其中 $\beta = v/c$.

s 系中,$t_A = -3l/(4c)$ 时,B 尚未加速,A、B 相对于 s' 系均处于静止状态,利用"尺缩效应"即得

$$l_{AB}(1) = \sqrt{1 - \beta^2} \cdot 2l = \frac{8}{5} l.$$

s 系中,$t_B = 3l/(4c)$ 时,A 已于早些时刻 $t_A = -3l/(4c)$ 加速. 取下述方法求解对应的 A、B 间距 $l_{AB}(2)$.

s' 系中 B 开始加速的点事件 $\{x_B' = l, t_B' = 0\}$.

s 系中 B 开始加速的点事件 $\left\{x_B = \dfrac{x_B' + vt_B'}{\sqrt{1 - \beta^2}} = \dfrac{5}{4} l, t_B = \dfrac{3l}{4c}\right\}$.

s 系中 B 开始加速时刻测得 A 位于某处 x_A 的点事件 $\left\{x_A, t_A^* = t_B = \dfrac{3l}{4c}\right\}$.

s' 系中上述点事件 $\left\{x_A' = -l + \dfrac{1}{2} a_0 (t_A^{*\prime})^2, t_A^{*\prime} = \dfrac{t_A^* - \dfrac{v}{c^2} x_A}{\sqrt{1 - \beta^2}}\right\}$.

x_A 和 x_A' 之间的洛伦兹变换为

$$x_A' = \frac{x_A - vt_A^*}{\sqrt{1 - \beta^2}}.$$

整理,得

$$-l + \frac{1}{2} a_0 \left(\frac{t_A^* - \dfrac{v}{c^2} x_A}{\sqrt{1 - \beta^2}} \right)^2 = \frac{x_A - vt_A^*}{\sqrt{1 - \beta^2}}.$$

代入已知数据,得

$$x_A^2 - 27.2lx_A - 7.08l^2 = 0,$$

解得 $x_A = -0.26l$. s 系中 B 开始加速时的位置为

$$x_B = \frac{x'_B + vt'_B}{\sqrt{1-\beta^2}} = \frac{5}{4}l.$$

因此, s 系中 B 开始加速时, A、B 间距为

$$l_{AB}(2) = x_B - x_A = 1.51l.$$

2013 年北京大学夏令营试题解析

01 一个物体开始处于静止状态,其所受外力与时间的关系如图 1 所示,请定性作图表示这个物体的加速度与时间的关系、速度与时间的关系以及位移与时间的关系.

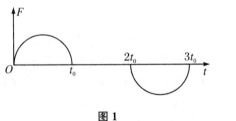

图 1

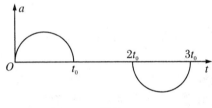

图 2

解析 加速度与时间的关系如图 2 所示,速度与时间的关系如图 3 所示,位移与时间的关系如图 4 所示.

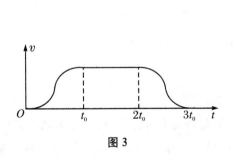

图 3

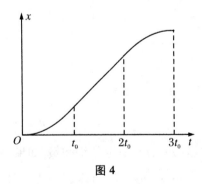

图 4

02 空间中有许多个互不接触的导体,每个导体所带电荷总量都是负的,试论证至少有一个导体,其表面上任意一点面电荷密度都是负的.

解析 静电平衡后各导体具有确定的电势,将其中电势最小者或者电势最小者之一记为 L,将其中电势最大者或电势最大者之一记为 H. 则有

$$\varphi_H > \varphi_L. \qquad ①$$

电场线的来源可能是正电荷或者是无穷远处,其终止处可能是负电荷或者是无穷远处. 假设导体 L 表面有正电荷,它发出的电场线不能到达导体 L 表面上的负电荷,否则导体 L 将不是等势体;这些电场线也不能到达其他某个导体表面上的负电荷,否则导体 L 的电势将高于那个导体的电势. 因此,这些电场线便只能伸向无穷远,故导体 L 的电势高于无穷远电势,即有

$$\varphi_L > \varphi_\infty. \qquad ②$$

对于导体 H,其表面某处必定有负电荷,这些负电荷要吸收电场线. 首先,这些电场线不能来自导体 H 表面的正电荷,否则导体 H 将不是等势体;其次,这些电场线也不能来自其他某个导体表面上的正电荷,否则导体 H 的电势将低于那个导体的电势. 因此,这些电场线便只能来自无穷远,故导体 H 的电势低于无穷远电势,即有

$$\varphi_H < \varphi_\infty. \qquad ③$$

联立式②和式③,得

$$\varphi_H < \varphi_L. \qquad ④$$

可以看出式④与式①相矛盾,故假设不成立,说明导体 L 表面不可能有正电荷. 由此可见,至少电势最小者表面将不会有正电荷,即其表面上任意一点面电荷密度都是负的.

03 如图 5 所示的光滑斜面固定在桌面上,倾斜角为 θ,斜面上有一轻质弹簧,其一端与斜面底端固定,另一端上压着一个质量为 m_1 的小方块,弹簧末端与小方块可以分离. 现有一质量为 m_2 的小方块,由静止沿斜面向下滑去,与质量为 m_1 的小方块发生完全非弹性碰撞后形成一个复合体. 已知弹簧的劲度系数为 k,重力加速度为 g.

(1) 证明复合体的运动是周期运动.

(2) 当质量为 m_2 的小方块与质量为 m_1 的小方块的初始距离 L 满足什么条件时,复合体的运动周期最短?

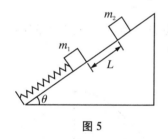

图 5

解析 (1) 根据动能定理和动量守恒定律,有

$$m_2 g L \sin\theta = \frac{1}{2} m_2 v_0^2, \qquad ①$$

$$m_2 v_0 = (m_1 + m_2) v. \qquad ②$$

联立式①和式②,解得

$$v = \frac{m_2}{m_1 + m_2} \sqrt{2gL\sin\theta}. \qquad ③$$

以后 m_1、m_2 一起压缩弹簧. 如果 v 较小,它们与弹簧不再分开,做简谐运动,周期为 $T = 2\pi\sqrt{(m_1+m_2)/k}$. 如果 v 较大,它们先做周期为 $T = 2\pi\sqrt{(m_1+m_2)/k}$ 的简谐运动,在弹簧原长处与弹簧分离,以后它们一起沿斜面向上做匀减速运动,减速到零后再反向做匀加速运动,以原速率压缩弹簧,以后这一过程重复进行. 所以无论是哪一种情况,复合体的运动都是周期运动.

(2) 复合体做完整的简谐运动时的运动周期最短. 碰撞前 m_1 压缩弹簧,其压缩量 x_1 满足

$$m_1 g \sin\theta = kx_1. \qquad ④$$

考虑临界情况,复合体做简谐运动的最高点弹簧刚好恢复原长,且复合体的速度为 0. 从碰撞结束到简谐运动最高点,根据能量守恒定律,有

$$\frac{1}{2}(m_1+m_2)v^2 + \frac{1}{2}kx_1^2 = (m_1+m_2)gx_1\sin\theta. \qquad ⑤$$

联立式③~⑤,得

$$L = \frac{m_1(m_1+m_2)(m_1+2m_2)g\sin\theta}{2km_2^2}.$$

此为 L 的最大值.

04 两个容器相连,K_1、K_2 为单向阀门,只可按如图 6 所示的方向开启,开始时活塞在最左边,活塞向右拉时 K_1 将打开,直至右容器的体积等于左容器体积 V_0. 活塞向左压时 K_1 将闭合,后 K_2 会开启将右容器中气体排入大气中,重复这两步过程逐步使左容器内气体摩尔数不断减小. 已知左容器初始压强为 p_0,温度为 T_0,外界压强为 p_0.

(1) 若拉动活塞足够慢,每次可视为等温变化,温度恒定不变,求第 n 次过程后左容器内气体压强.

(2) 若拉动活塞较快,每次可视为绝热变化,且排气过程做功很小,可忽略,求全部 n 次过程所做的总功 (已知绝热过程中 pV^γ 为定值,γ 为只与气体相关的量且为已知).

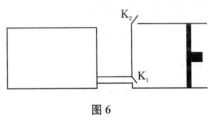

图 6

解析 (1) 设第一次拉动后气体压强为 p_1,根据玻意耳定律,有

$$p_0 V_0 = p_1 2V_0,$$

解得

$$p_1 = \frac{p_0}{2}.$$

设第二次拉动后气体压强为 p_2,根据玻意耳定律,有

$$p_1 V_0 = p_2 2V_0,$$

解得

$$p_2 = \frac{p_1}{2} = \left(\frac{1}{2}\right)^2 p_0.$$

……

第 n 次拉动后气体压强为

$$p_n = \left(\frac{1}{2}\right)^n p_0.$$

(2) 设原来左容器气体的摩尔数为 n_0,初始状态满足

$$p_0 V_0 = n_0 R T_0. \qquad ①$$

设第一次拉动后气体压强和温度分别为 p_1、T_1,则有

$$p_1 2V_0 = n_0 R T_1. \qquad ②$$

根据绝热过程条件,有

$$p_0 V_0^\gamma = p_1 (2V_0)^\gamma. \qquad ③$$

联立式①~③,得

$$T_1 = \left(\frac{1}{2}\right)^{\gamma-1} T_0.$$

第一次过程做的功为

$$W_1 = n_0 C_V (T_0 - T_1) = n_0 C_V T_0 \left[1 - \left(\frac{1}{2}\right)^{\gamma-1}\right].$$

设第二次拉动后气体压强和温度分别为 p_2、T_2,则有

$$p_2 2V_0 = \frac{n_0}{2} R T_2. \qquad ④$$

根据绝热过程条件,有

$$p_1 V_0^\gamma = p_2 (2V_0)^\gamma. \qquad ⑤$$

联立式②、式④和式⑤,得

$$T_2 = \left(\frac{1}{2}\right)^{\gamma-1} T_1 = \left(\frac{1}{2}\right)^{2(\gamma-1)} T_0.$$

第二次过程做的功为

$$W_2 = \frac{n_0}{2} C_V (T_1 - T_2) = n_0 C_V T_0 \left[1 - \left(\frac{1}{2}\right)^{\gamma-1}\right]\left(\frac{1}{2}\right)^\gamma.$$

......

第 n 次拉动后气体温度为

$$T_n = \left(\frac{1}{2}\right)^{n(\gamma-1)} T_0.$$

气体摩尔数为

$$n_n = \left(\frac{1}{2}\right)^{n-1} n_0.$$

第 n 次过程做的功为

$$W_n = n_n C_V (T_{n-1} - T_n) = n_0 C_V T_0 \left[1 - \left(\frac{1}{2}\right)^{(\gamma-1)}\right]\left(\frac{1}{2}\right)^{(n-1)\gamma}.$$

所以全部 n 次过程所做的总功为

$$\begin{aligned} W &= W_1 + W_2 + \cdots + W_n \\ &= n_0 C_V T_0 \left[1 - \left(\frac{1}{2}\right)^{\gamma-1}\right]\left[1 + \left(\frac{1}{2}\right)^\gamma + \cdots + \left(\frac{1}{2}\right)^{(n-1)\gamma}\right] \\ &= n_0 C_V T_0 \left[1 - \left(\frac{1}{2}\right)^{\gamma-1}\right] \frac{1 - \left(\frac{1}{2}\right)^{n\gamma}}{1 - \left(\frac{1}{2}\right)^\gamma} \end{aligned} \qquad ⑥$$

由绝热系数 $\gamma = C_p/C_V = (C_V + R)/C_V$,得

$$C_V = \frac{R}{\gamma - 1}. \qquad ⑦$$

联立式①、式⑥和式⑦,得

$$W = \frac{p_0 V_0}{(\gamma-1) 2^{\gamma-1}} \cdot \frac{(2^{\gamma-1} - 1)(2^{n\gamma} - 1)}{2^{n\gamma} - 2^{(n-1)\gamma}}.$$

05 如图 7 所示，光源 L 右侧有一挡板，其上有一狭缝 S，离 S 所在挡板距离 d 处又有一挡板，与前一挡板平行，其上有两狭缝 S_1 和 S_2，S_1S_2 距离为 b，离 S_1、S_2 所在挡板距离为 D 处有一光屏，已知 L、S、S_1S_2 中点都在同一直线上，且 $b \ll D$. 光源 L 发出光波的波长为 λ.

(1) 求屏上干涉条纹间距.

(2) 在如图 7 所示区域阴影部分加上折射率为 n 的介质，请说明干涉条纹将如何变化.

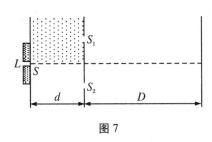

图 7

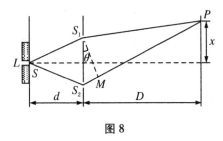

图 8

解析 (1) 如图 8 所示，在线段 PS_2 上作 $PM = PS_1$，由于 $b \ll D$，所以能够认为 $\triangle S_1 S_2 M$ 是直角三角形. 则双缝 S_1、S_2 到屏上 P 点的光程差为
$$\delta = S_2 M = b\sin\theta.$$
另一方面，有
$$x = D\tan\theta \approx D\sin\theta.$$
消去 $\sin\theta$，有
$$\delta = b\frac{x}{D}.$$
当 $\delta = \pm k\lambda (k=0,1,2,\cdots)$ 时 P 点为亮条纹，故亮条纹中心的位置为
$$x = \pm k\frac{D}{b}\lambda. \qquad \text{①}$$
相邻两个亮条纹中心距离是
$$\Delta x = \frac{D}{b}\lambda.$$

(2) 图 7 中阴影部分加上折射率为 n 的介质后，从狭缝到双缝的光程是不相等的，从而使从双缝发出的光束在屏上叠加时，产生附加的光程差，当 $b \ll D$ 时，光程差为
$$\delta = b\frac{x}{D} - (n-1)d.$$
当 $\delta = \pm k\lambda (k=0,1,2,\cdots)$ 时 P 点为亮条纹，故亮条纹中心的位置为
$$x = \pm k\frac{D}{b}\lambda + \frac{(n-1)Dd}{b}. \qquad \text{②}$$
比较式①和式②可知，各级亮条纹将上移 $(n-1)Dd/b$.

06 (1) 功率为 P 的光源向四周发出光子，光速为 c，光波的波长为 λ，普朗克常数为 h，求每秒发出的光子数.

(2) 在离光源 d 处有一挡板挡光，设挡板对光是完全吸收的，且挡板正对光源，求光子在挡板上产生的压强.

解析 (1) 单个光子的能量为

$$\varepsilon = h\nu = h\frac{c}{\lambda}.$$

光源每秒辐射的能量为 P，故每秒发出的光子数为

$$n = \frac{P}{\varepsilon} = \frac{P\lambda}{hc}.$$

(2) 光源发出的光子均匀分布在以光源为中心的球面上，以 d 为半径作一个球面，则单位时间内照到挡板单位面积上的光子数为

$$n' = \frac{n}{4\pi d^2} = \frac{P\lambda}{4\pi d^2 hc}.$$

单个光子的动量为

$$p = \frac{h}{\lambda}.$$

光压等于单位时间照到挡板单位面积上的光子动量的变化量，而挡板对光是完全吸收的，所以光压为

$$p' = \Delta p = n'p = \frac{P}{4\pi cd^2}.$$

2013年清华大学夏令营试题解析

01 如图1所示，波源 S_1 在绳的左端发出一个时间跨度为 T_1、振幅为 A_1 的三角波 a；同时，波源 S_2 在绳的右端发出一个时间跨度为 T_2、振幅为 A_2 的三角波 b. 已知 $T_1 > T_2$，左右两波沿绳的传播速度均为 v，P 点为两波源连线的中点. 下列说法正确的是（　　）.

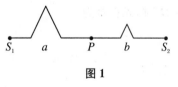

图1

A. 两列波在 P 点叠加时，P 点的位移最大可达 $A_1 + A_2$

B. a 波的波峰到达 S_2 时，b 波的波峰尚未到达 S_1

C. 两列波波峰相遇的位置在 P 点的左侧

D. 要使两列波的波峰在 P 点相遇，两列波发出的时间差为 $(T_1 - T_2)/8$

解析 两波同时由波源发出，且波速相等，因此两波的波前同时到 P 点. 波前到达 P 点后，波峰传到 P 点所需时间分别为再过 $T_1/2$ 和 $T_2/2$，由于 $T_1 > T_2$，故 a 波的波峰将晚于 b 波的波峰到达 P 点，两列波波峰将在 P 点左侧相遇，可见 P 点的最大位移不可能达 $A_1 + A_2$，故 C 选项正确而 A 选项错误. 要使两列波的波峰在 P 点相遇，两列波发出的时间差为 $(T_1 - T_2)/2$，D 选项错误. 当 a 波的波峰到达 S_2 时，b 波的波峰已经到达 S_1，B 选项错误.

02 从地面以初速度为 v_0 竖直向上抛出一质量为 m 的物体,不计空气阻力,取地面的重力势能为零,重力加速度为 g,当物体的重力势能为动能的 3 倍时,物体离地面的高度为( ).

A. $\dfrac{3v_0^2}{4g}$ B. $\dfrac{3v_0^2}{8g}$ C. $\dfrac{v_0^2}{8g}$ D. $\dfrac{v_0^2}{2g}$

解析 根据动能定理,有

$$-mgh = \dfrac{1}{2}mv^2 - \dfrac{1}{2}mv_0^2. \qquad ①$$

根据题意,有

$$mgh = 3 \times \dfrac{1}{2}mv^2. \qquad ②$$

联立式①和式②,得

$$h = \dfrac{3v_0^2}{8g}.$$

答案 B.

03 在如图 2 所示的电路中,R_1、R_2、R_3 均为可变电阻,当开关 S 闭合后,两平行金属板 MN 中有一带电液滴正好处于静止状态,为使带电液滴向上加速运动,可采取的措施是( ).

A. 增大 R_1 B. 减小 R_2
C. 减小 R_3 D. 断开开关 S

解析 电容器两极板间的电压为 R_3 两端的电压,为使带电液滴向上加速运动就要增加 R_3 两端的电压.因此可以增加 R_3 的阻值或减小 R_2 的阻值,B 选项正确.

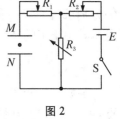

图 2

答案 B.

04 回旋加速度是加速带电粒子的装置,其核心部分是分别与高频电源的两极相连的两个"D"形金属盒,两盒间的狭缝中有周期性变化的电场,使粒子在通过狭缝时都能得到加速,两 D 形金属盒处于垂直于盒底的匀强磁场中,如图 3 所示,则下列说法中正确的是( ).

A. 只增大狭缝间的加速电压,可增大带电粒子射出时的动能
B. 只增大狭缝间的加速电压,可增大带电粒子在回旋加速器中运动的时间
C. 只增大磁场的磁感应强度,可增大带电粒子射出时的动能
D. 用同一回旋加速器可以同时加速质子($_1^1H$)和氦核($_2^4He$)

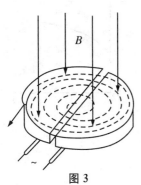

图 3

解析 根据 $qvB = mv^2/r$,可得 $E_k = mv^2/2 = q^2B^2r^2/(2m)$.

可通过增大 D 形金属盒半径或磁感应强度来增大粒子射出时的动能,故 A 选项错误而 C 选项正确.增大狭缝间的加速电压可以减少粒子做圆周运动的圈数,从而减小运动时间,B 选项错误.由于粒子运动的周期与比荷有关,所以这两种粒子的周期不同,不能被同时加速,D 选项错误.

答案 C.

05 如图 4(a)所示,MN 为很大的薄金属板(可理解为无限大),金属板原来不带电,在金属板的右侧、距金属板距离为 d 的位置上放入一个带正电、电荷量为 q 的点电荷,由于静电感应产生了如图 4(a)所示的电场分布,P 是点电荷右侧、与点电荷之间的距离也为 d 的一个点,几位同学想求出 P 点的电场强度大小,但发现问题很难,经过仔细研究,从图 4(b)所示的电场得到一些启示,经过查阅资料他们知道,图 4(a)所示的电场分布与图 4(b)中虚线右侧的电场分布是一样的,图 4(b)中两异号点电荷电荷量的大小均为 q,它们之间的距离为 $2d$,虚线是两点电荷连线的中垂线,由此他

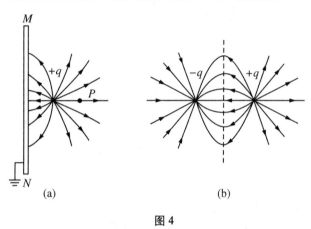

图 4

们分别求出了 P 点的电场强度大小,一共有以下四个不同的答案(答案中 k 为静电力常量),其中正确的是( ).

A. $\dfrac{8kq}{9d^2}$ B. $\dfrac{kq}{d^2}$ C. $\dfrac{3kq}{4d^2}$ D. $\dfrac{10kq}{9d^2}$

解析 比较图 4(a)所示的电场线分布特点与两个等量异号点电荷电场的电场线分布特点,可以设想把金属板右表面的感应电荷用一距金属板左表面为 d、电荷量为 $-q$ 的点电荷替代.所以 $E = kq/d^2 - kq/(3d)^2 = 8kq/(9d^2)$,A 选项正确.

答案 A.

06 一个质点运动的速度时间图像如图 5(a)所示,任意很短时间 Δt 内质点的运动可以近似视为匀速运动,该时间内质点的位移即为条形阴影区域的面积,经过累积,图线与坐标轴围成的面积即为质点在相应时间内的位移,利用这种微元累积法我们可以研究许多物理问题.图 5(b)是某物理量 y 随时间变化的图像,关于此图线与坐标轴所围成的面积,下列说法中错误的是( ).

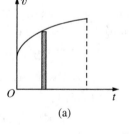
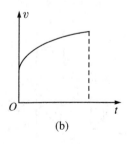

图 5

A. 如果 y 轴表示作用力,则面积等于该力在相应时间内的冲量
B. 如果 y 轴表示力做功的功率,则面积等于该力在相应时间内所做的功
C. 如果 y 轴表示流过用电器的电流,则面积等于在相应时间内流过该用电器的电量
D. 如果 y 轴表示变化磁场在金属线圈产生的电动势,则面积等于该磁场在相应时间内磁感应强度的变化量

解析 根据 $E = n\Delta\Phi/\Delta t$ 可得,$\Delta\Phi = E\Delta t/n$. 如果 y 轴表示变化磁场在金属线圈产生的电动势,且匝数 $n = 1$,则面积等于该磁场在相应时间内磁通量的变化量. D 选项错误.

答案 D.

07 低空跳伞是一种极限运动,如图 6 所示,一般在高楼、悬崖、高塔等固定物上起跳. 人在空中降落过程中所受空气阻力随下落速度的增大而变大,而且速度越大空气阻力增大得越快,因低空跳伞下落的高度有限,导致在空中调整姿态、打开伞包的时间较短,所以其危险性比高空跳伞还要高. 一名质量为 70 kg 的跳伞运动员背有质量为 10 kg 的伞包从某高层建筑跳下,且一直沿竖直方向下落. 其整个运动过程的 v-t 图像如图 7 所示,已知 2 s 末的速度为 18 m/s,10 s 末拉开绳索开启降落伞,16.2 s 时安全落地,并稳稳地站在地面上,g 取 10 m/s^2,请根据此图像估算:

(1) 起跳后 2 s 内运动员(包括其随身携带的全部装备)所受平均阻力的大小.

(2) 运动员从脚触地到最后速度减为 0 的过程中,若不计伞的质量及此过程中的空气阻力,则运动员所需承受地面的平均冲击力多大?

(3) 开伞前空气阻力对跳伞运动员(包括其随身携带的全部装备)所做的功.

图 6

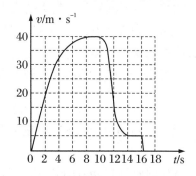

图 7

解析 (1) 由 v-t 图像可知,起跳后前 2 s 内运动员的运动近似是匀加速运动,其加速度为

$$a = \frac{v_1}{t_1} = 9.0 \text{ m/s}^2.$$

设运动员所受平均阻力为 f,根据牛顿第二定律,有

$$m_总 g - f = m_总 a,$$

解得 $f = m_总(g-a) = 80$ N.

(2) 由 v-t 图像可知,运动员脚触地时的速度 $v_2 = 5.0$ m/s,经时间 $t_2 = 0.2$ s 速度减为 0. 设此过程中运动员所受平均冲击力为 F,根据动量定理,有

$$(mg - F)t_2 = 0 - mv_2,$$

解得 $F = 2450$ N.

(3) 由 v-t 图像可知，10 s 末开伞时的速度 $v = 40$ m/s，开伞前 10 s 内运动员下落的高度约为

$$h = 30 \times 10 \text{ m} = 300 \text{ m}.$$

设 10 s 内空气阻力对运动员所做的功为 W，根据动能定理，有

$$m_总 gh + W = \frac{1}{2} m_总 v^2,$$

解得 $W = -1.76 \times 10^5$ J.

 如图 8 所示，正方形绝缘光滑水平台面 $WXYZ$ 边长 $l = 1.8$ m，距地面 $h = 0.8$ m. 平行板电容器的极板 CD 间距 $d = 0.1$ m 且垂直放置于台面. C 板位于边界 WX 上，D 板与边界 WZ 相交处有一小孔. 电容器外的台面区域内有磁感应强度 $B = 1$ T，方向竖直向上的匀强磁场. 电荷量 $q = 5 \times 10^{-13}$ C 的微粒静止于 W 处，在 CD 间加上恒定电压 $U = 2.5$ V，板间微粒经电场加速后由 D 板所开小孔进入磁场（微粒始终不与极板接触），然后由 XY 边界离开台面. 在微粒离开台面瞬时，静止于 X 正下方水平地面上 A 点的滑块获得一水平速度，在微粒落地时恰好与之相遇. 假定微粒在真空中运动，极板间电场视为匀强电场，滑块视为质点. 滑块与地面间的动摩擦因数 $\mu = 0.2$，取 $g = 10$ m/s^2.

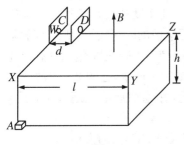

图 8

(1) 求微粒在极板间所受电场力的大小并说明两板的极性.

(2) 求由 XY 边界离开台面的微粒的质量范围.

(3) 若微粒质量 $m_0 = 1 \times 10^{-13}$ kg，求滑块开始运动时所获得的速度.

解析 (1) 微粒在极板间所受电场力大小为

$$F = q \frac{U}{d} = 1.25 \times 10^{-11} \text{ N}.$$

由微粒在磁场中的运动可判断微粒带正电荷，微粒由极板间电场加速，故 C 板为正极，D 板为负极.

(2) 设微粒的质量为 m，刚进入磁场时的速度大小为 v，根据动能定理，有

$$qU = \frac{1}{2} mv^2. \qquad ①$$

微粒在磁场中做匀速圆周运动，洛伦兹力充当向心力，设圆周运动半径为 R，有

$$qvB = m \frac{v^2}{R}. \qquad ②$$

微粒要从 XY 边界离开台面，则圆周运动的边缘轨迹如图 9 所示，半径的极小值与极大值分别为

$$R_1 = \frac{l}{2}, \quad R_2 = l - d. \qquad ③$$

联立式①~③,得
$$8.1 \times 10^{-14} \text{ kg} < m < 2.89 \times 10^{-13} \text{ kg}.$$

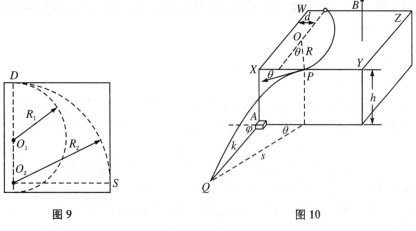

图 9   图 10

(3) 如图 10 所示,微粒在台面以速度 v 做以 O 点为圆心、以 R 为半径的圆周运动,从台面边缘 P 点沿与 XY 边界成 θ 角飞出做平抛运动,落地点为 Q,水平位移为 s,下落时间为 t. 设滑块质量为 M,滑块获得速度 v_0 后在 t 内沿与平台前侧面成 φ 角方向、以加速度 a 做匀减速直线运动到 Q,经过位移为 k. 由几何关系,可得
$$\cos\theta = \frac{l-R}{R}. \quad ④$$

根据平抛运动,有
$$s = v_0 t, \quad ⑤$$
$$h = \frac{1}{2}gt^2. \quad ⑥$$

对于滑块,根据牛顿定律及运动学方程,有
$$\mu M g = Ma, \quad ⑦$$
$$k = v_0 t - \frac{1}{2}at^2. \quad ⑧$$

根据余弦定理规律,有
$$k^2 = s^2 + (d + R\sin\theta)^2 - 2s(d + R\sin\theta)\cos\theta. \quad ⑨$$

根据正弦定理,有
$$\frac{\sin\varphi}{s} = \frac{\sin\theta}{k}. \quad ⑩$$

联立式④~⑩,得
$$v_0 = 4.15 \text{ m/s}, \quad \varphi = 53°.$$

2014年南京大学强化班招生试题解析

01 如图1所示,质量为 m 的飞行器绕中心在 O 点、质量为 M 的天体做半径为 R 的圆周运动.已知 m 在天体 M 周围的引力势能表达式为 $E_p = -GMm/r$,其中 r 为飞行器到 O 点的距离.

(1) 当飞行器经过 P 点时点火加速,变轨到椭圆轨道3上运动,最远点 Q 与 O 点的距离为 $3R$.则从轨道1转移到轨道3上,在 P 点需要获取多少动能?

(2) 求飞行器在轨道3上经过 P 点的速度 v_P 和经过 Q 点的速度 v_Q.

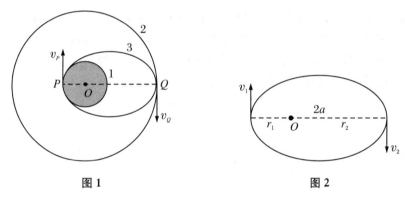

图1 图2

解析 我们先来证明飞行器在椭圆轨道上运动的机械能为 $E = -GMm/(2a)$,式中 a 为椭圆的半长轴.

如图2所示,v_1、v_2 分别为飞行器在近地点和远地点的速度,r_1、r_2 分别为近地点和远地点到地心的距离.根据机械能守恒定律,有

$$\frac{1}{2}mv_1^2 - \frac{GMm}{r_1} = \frac{1}{2}mv_2^2 - \frac{GMm}{r_2}. \quad ①$$

根据开普勒第二定律,有

$$r_1 v_1 = r_2 v_2. \quad ②$$

将式②中的 v_2 代入式①,整理得

$$\frac{1}{2}mv_1^2\left(1 - \frac{r_1^2}{r_2^2}\right) = \frac{GMm}{r_1 r_2}(r_2 - r_1). \quad ③$$

而

$$r_1 + r_2 = 2a. \quad ④$$

联立式③和式④,化简得

$$\frac{1}{2}mv_1^2 = \frac{GMm}{2a} \cdot \frac{r_2}{r_1}$$

因此，飞行器的机械能为
$$E = \frac{1}{2}mv_1^2 - \frac{GMm}{r_1} = \frac{GMm}{2a} \cdot \frac{r_2}{r_1} - \frac{GMm}{r_1} = -\frac{GMm}{2a}.$$

(1) 飞行器在轨道 1 上做圆周运动，万有引力提供向心力，有
$$G\frac{Mm}{R^2} = m\frac{v^2}{R}.$$

则飞行器的动能为
$$E_k = \frac{1}{2}mv^2 = \frac{GMm}{2R},$$

飞行器的势能为
$$E_p = -\frac{GMm}{R},$$

飞行器的机械能为
$$E_1 = E_k + E_p = \frac{GMm}{2R} - \frac{GMm}{R} = -\frac{GMm}{2R}.$$

飞行器在轨道 3 上做椭圆运动的机械能为
$$E_3 = -\frac{GMm}{4R}.$$

所以飞行器从轨道 1 转移到轨道 3 上，在 P 点需要获取的动能为
$$\Delta E_k = E_3 - E_1 = \frac{GMm}{4R}.$$

(2) 飞行器在轨道 3 上经过 P 点的速度 v_P 和经过 Q 点的速度 v_Q 满足
$$\frac{1}{2}mv_P^2 - \frac{GMm}{R} = \frac{1}{2}mv_Q^2 - \frac{GMm}{3R} = -\frac{GMm}{4R},$$

解得
$$v_P = \sqrt{\frac{3GM}{2R}}, \quad v_Q = \sqrt{\frac{GM}{6R}}.$$

02 某装置如图 3 所示，一根细线绕过光滑的定滑轮，两端分别连接质量为 M、m 的两个物块，m 下面再通过细线连接质量为 m 的物块.初始长度为 H 的轻质弹簧上端连接着 M，下端拴接在地面上.两个 m 之间用长为 L 的轻绳连接，下面的 m 离地高度也为 L，三个物体之间的质量关系为 $m<M<2m$. 现于某一时刻剪断弹簧，已知 M 在此后运动过程中始终没有与定滑轮相碰，m 触地时动能迅速消失.求此后过程中：

(1) M 上升的最大速度；

(2) M 离地的最大高度.

解析 (1) 当下面的 m 刚好着地时，M 的速度最大，三个物块组成的系统机械能守恒，则有
$$2mgL - MgL = \frac{1}{2}(2m + M)v^2,$$

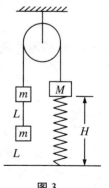

图 3

解得

$$v = \sqrt{\frac{2(2m-M)gL}{2m+M}}.\qquad ①$$

(2) 下面的 m 着地后，若上面的 m 恰能着地，即上面的 m 下降 L 时速度为零. 上面的 m 和 M 组成的系统机械能守恒，则有

$$MgL - mgL = \frac{1}{2}(M+m)v^2.$$

将式①代入，整理得

$$M = \sqrt{2}m.$$

下面我们分三种情况讨论 M 离地的最大高度.

① 若 $M = \sqrt{2}m$，M 离地的最大高度为 $H_m = H + 2L$.

② 若 $\sqrt{2}m < M < 2m$，上面的 m 将不会着地. 设上面的 m 下降 h 时速度为零，上面的 m 和 M 组成的系统机械能守恒，则有

$$Mgh - mgh = \frac{1}{2}(M+m)v^2.$$

将式①代入，解得

$$h = \frac{(M+m)(2m-M)}{(M-m)(2m+M)}L.$$

所以 M 离地的最大高度为

$$H_m = H + L + h = H + \frac{2Mm}{(M+2m)(M-m)}L.$$

③ 若 $m < M < \sqrt{2}m$，上面的 m 着地后，M 还会继续上升. 设上升的高度为 h，上面的 m 刚好着地时，上面的 m 和 M 的速度大小为 v'，根据机械能守恒定律，有

$$MgL - mgL = \frac{1}{2}(M+m)v^2 - \frac{1}{2}(M+m)v'^2.$$

将式①代入，解得

$$v'^2 = \frac{4(2m^2 - M^2)gL}{(m+M)(2m+M)}.$$

上面的 m 着地后 M 继续上升的高度为

$$h = \frac{v'^2}{2g} = \frac{2(2m^2 - M^2)L}{(m+M)(2m+M)}.$$

所以 M 离地的最大高度为

$$H_m = H + 2L + h = H + \frac{2m(4m + 3M)}{(m+M)(2m+M)}L.$$

03 质量为 m、电量为 $+q$ 的带电粒子（不计重力），从静止开始经加速电场加速后，进入半径为 R 的绝缘圆形筒内，M、N 两极板间电压为 U，圆筒中有方向垂直纸面向外的匀强磁场，如图4所示. 若要求带电粒子进入磁场后，经过与圆筒壁做数次碰撞后，又从原入口处飞出. 设在碰撞过程中带电粒子的电量保持不变，且每次与筒壁碰撞都没有机械能损失. 求

下列情况下磁感应强度 B 的大小：

(1) 与圆筒碰撞 3 次；

(2) 与圆筒碰撞 4 次；

(3) 与圆筒碰撞 n 次.

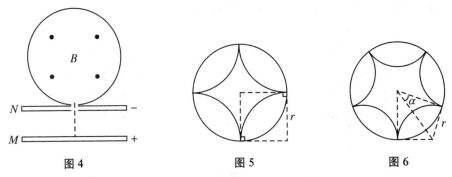

图 4　　　　　　　图 5　　　　　　　图 6

解析　(1) 设粒子刚进入磁场时的速度大小为 v，根据动能定理，有

$$qU = \frac{1}{2}mv^2. \qquad ①$$

粒子进入磁场后做匀速圆周运动，洛伦兹力充当向心力，若圆周运动半径为 R，有

$$qvB = m\frac{v^2}{r}. \qquad ②$$

粒子与圆筒碰撞 3 次的情况如图 5 所示，粒子在磁场中轨迹半径 r 与圆筒半径 R 的关系是

$$r = R. \qquad ③$$

联立式①～③，得

$$B = \frac{1}{R}\sqrt{\frac{2mU}{q}}.$$

(2) 粒子与圆筒碰撞 4 次的情况如图 6 所示，粒子在磁场中轨迹半径 r 与圆筒半径 R 的关系是

$$r = R\tan\alpha = R\tan\frac{\pi}{5}. \qquad ④$$

联立式①、式②和式④，得

$$B = \frac{1}{R\tan\frac{\pi}{5}}\sqrt{\frac{2mU}{q}}.$$

(3) 当粒子与圆筒碰撞 n 次时，粒子在磁场中轨迹半径 r 与圆筒半径 R 的关系是

$$r = R\tan\frac{\pi}{n+1}. \qquad ⑤$$

联立式①、式②和式⑤，得

$$B = \frac{1}{R\tan\frac{\pi}{n+1}}\sqrt{\frac{2mU}{q}}.$$

 如图 7(a) 所示的电路中，每一段直导线的电阻均为 R，且在 A、D 两点间加有电压 U.

(1) 求 A、D 间的等效电阻值；

(2) 如图 7(b) 所示，将图中的两段电阻丝换为两个电容均为 C 的电容器，且与电容器相连的导线电阻不计，求 A、D 间的电阻和电容器的带电量；

(3) 如图 7(c) 所示，将图中的两段电阻丝换为两个电容均为 C 的电容器，且与电容器相连的导线电阻不计，求 A、D 间的电阻和电容器的带电量.

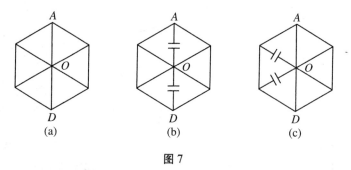

图 7

解析 由对称性，可将电路中的 O 点拆分开，图 7 中各电路的等效电路分别如图 8 所示.

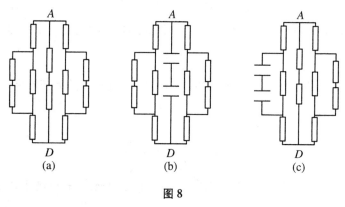

图 8

(1) A、D 间的等效电阻值为 $R_{AD} = 4R/5$.

(2) A、D 间的电阻为 $R_{AD} = 4R/3$，电容器的带电量为 $Q = CU/2$.

(3) A、D 间的电阻为 $R_{AD} = 24R/29$，电容器的带电量为 $Q = CU/6$.

05 如图 9 所示，A、B 两个气缸，在大气压为 p_0 的环境下，A、B 中各用一个质量为 m 的活塞封闭 1 mol 的同种理想气体，B 中面积为 S 的活塞连接着一根劲度系数为 k 的弹簧.

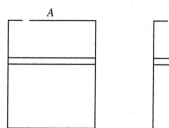 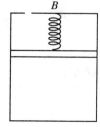

图 9

初时弹簧处在自然长度，A、B 气缸内的初始温度均为 T_0. 现使 A、B 两气缸内的气体均降低相同的温度，结果 B 内的活塞降低到原来高度的一半. 求在该过程中 A、B 两气缸内放热量 Q_A 与 Q_B 之差.

解析 A、B 两气缸内的同种理想气体的摩尔数、温度变化量相同，所以内能变化量相同. 根据热力学第一定律 $\Delta U = Q + W$，有

$$-Q_A + W_A = -Q_B + W_B,$$

则放热量 Q_A 与 Q_B 之差为

$$Q_A - Q_B = W_A - W_B.$$

设活塞的横截面积为 S,初始高度为 h_0,降温后气缸内理想气体的温度为 T,A 内活塞的高度为 h. 外界对 A 内气体做功为

$$W_A = (p_0 S + mg)(h_0 - h), \qquad ①$$

外界对 B 内气体做功为

$$W_B = (p_0 S + mg)\frac{h_0}{2} - \frac{1}{2}k\left(\frac{h_0}{2}\right)^2. \qquad ②$$

A 内气体做等压变化,根据盖-吕萨克定律,有

$$\frac{Sh_0}{T_0} = \frac{Sh}{T},$$

可得

$$h = \frac{T}{T_0} h_0. \qquad ③$$

B 内气体的初态压强为 $p_0 + mg/S$,状态方程为

$$\left(p_0 + \frac{mg}{S}\right) S h_0 = RT_0, \qquad ④$$

可得

$$h_0 = \frac{RT_0}{p_0 S + mg}. \qquad ⑤$$

B 内气体的末态压强为 $p_0 + \dfrac{mg}{S} - \dfrac{kh_0/2}{S}$,状态方程为

$$\left(p_0 + \frac{mg}{S} - \frac{kh_0/2}{S}\right) \frac{Sh_0}{2} = RT. \qquad ⑥$$

联立式④和式⑥,得

$$\frac{T}{T_0} = \frac{1}{2} - \frac{kh_0}{4(p_0 S + mg)}. \qquad ⑦$$

联立式①~③、式⑤和式⑦,得

$$W_A - W_B = \frac{3kR^2 T_0^2}{8(p_0 S + mg)^2},$$

所以有

$$Q_A - Q_B = \frac{3kR^2 T_0^2}{8(p_0 S + mg)^2}.$$

06 如图 10 所示,MN 是两种介质的分界面,下方是折射率 $n = \sqrt{2}$ 的透明介质,上方是空气. P 点、P' 点、Q 点的位置及尺寸如图,且 P、B、P' 点在一直线上,在 Q 点放置一个小物体,$AB = 2h$. QA、PP' 均与分界面 MN 垂直.

(1) 若从 Q 点发出的一束光线经过 MN 面上的 O 点(图中未标出)反射后到达 P 点,请

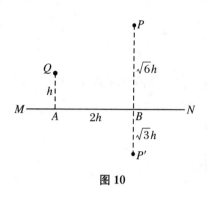

图 10

确定 O 点的位置.

(2) 若从 Q 点发出的另一束光线经过 MN 面上的 O' 点(图中未标出)进入下方透明介质,经过 P' 点. 某人从 P 点观看 P' 点,求视距离.

(3) 求第(2)问中那束光线从 $Q \to O' \to P'$ 所用时间. 设真空中的光速为 c.

解析 (1) 如图 11 所示, Q 点通过 MN 面所成的像为 Q' 点,连接 PQ' 交 MN 于 O 点,则 $\triangle AOQ' \backsim \triangle BOP$. 设 $OA = x$,有

$$\frac{x}{h} = \frac{2h-x}{\sqrt{6}h},$$

解得

$$x = \frac{2\sqrt{6}-2}{5}h.$$

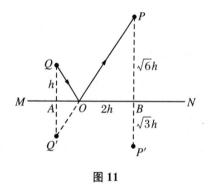

图 11

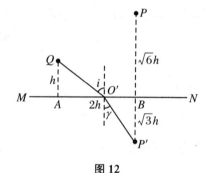

图 12

(2) 根据视深公式,可得 P' 点的视深为

$$h' = \frac{P'B}{n} = \frac{\sqrt{6}}{2}h.$$

则从 P 点观看 P' 点的视距离为

$$H = PB + h' = \frac{3\sqrt{6}}{2}h.$$

(3) 如图 12 所示,作出折射光线. 设 $AO' = x'$,有

$$\sin i = \frac{x'}{\sqrt{x'^2 + h^2}}, \quad \sin \gamma = \frac{2h - x'}{\sqrt{3h^2 + (2h - x')^2}}.$$

根据折射定律,有

$$\frac{\sin i}{\sin \gamma} = \sqrt{2}.$$

联立式①~③,得

$$x' = h.$$

则

$$QO' = \sqrt{2}h, \quad O'P' = 2h.$$

所以,光线从 $Q \to O' \to P'$ 所用时间为
$$t = \frac{QO'}{c} + \frac{O'P'}{c/n} = \frac{3\sqrt{2}h}{c}.$$

07 (1) 已知某正方体质量为 m_0,体积为 V_0.当正方体以平行于一条边的速度 $v = c/2$(c 为光速)运动时,求物体的体积和密度.

(2) 已知光在单位时间照到单位面积上的能量为 P,光的波长为 λ,该光垂直照到某物体表面时一半被吸收、一半被反射,求在 1 s 内照到物体上的光子数和所形成的光压.

解析 (1) 设正方体的边长为 l_0,则 $l_0 = \sqrt[3]{V_0}$.当正方体高速运动时,根据相对论尺缩公式,可得与运动方向平行的边长变为
$$l = l_0 \sqrt{1 - \left(\frac{v}{c}\right)^2} = \frac{\sqrt{3}}{2} l_0,$$

所以物体的体积变为
$$V = \frac{\sqrt{3}}{2} l_0^3 = \frac{\sqrt{3}}{2} V_0.$$

根据相对论质量公式,可得物体的质量变为
$$m = \frac{m_0}{\sqrt{1 - \left(\frac{v}{c}\right)^2}} = \frac{2}{\sqrt{3}} m_0.$$

所以,物体的密度变为
$$\rho = \frac{m}{V} = \frac{4m_0}{3V_0}.$$

(2) 单个光子的能量为
$$\varepsilon = h\nu = h \frac{c}{\lambda}.$$

而光在单位时间照到单位面积上的能量为 P,故在单位时间照到物体单位面积上的光子数为
$$n = \frac{P}{\varepsilon} = \frac{P\lambda}{hc}.$$

单个光子的动量为
$$p = \frac{h}{\lambda}.$$

光压等于单位时间照到物体单位面积上的光子动量的变化量,光垂直照到物体表面时一半被吸收、一半被反射,所以光压为
$$p' = \Delta p = \frac{1}{2} np + \frac{1}{2} np \times 2 = \frac{3}{2} np = \frac{3P}{2c}.$$

2013年南京大学强化班招生试题解析

01 一个位于竖直平面内、半径为 R 的光滑圆环,有一根劲度系数为 k、原长为 R 的轻质弹簧,一端固定在环顶,另一端系着质量为 m 的质点小球,小球穿在圆环上.已知 $mg = kR$. 当弹簧长度为 $1.6R$ 时,将小球从静止释放,如图1所示.求:

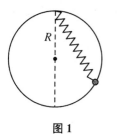

图1

(1) 释放瞬间小球的加速度及圆环对小球的支持力.

(2) 小球运动到最低点时的加速度及对圆环的作用力.

解析 (1) 当弹簧长度为 $1.6R$ 时,根据几何关系,有

$$\sin\theta = \frac{3}{5}, \quad \cos\theta = \frac{4}{5}.$$

此时弹簧的形变量为 $0.6R$,弹力 $F = 0.6mg$,将重力 mg 和弹力 F 沿圆的切向和法向分解,如图2所示.释放瞬间小球的加速度为

$$a = \frac{mg\sin 2\theta - F\sin\theta}{m} = \frac{3}{5}g,$$

圆环对小球的支持力为

$$N = F\cos\theta - mg\cos 2\theta = \frac{1}{5}mg.$$

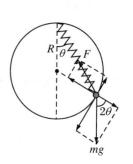

图2

(2) 小球运动到最低点时,弹簧的形变量为 R,弹力 $F' = mg$,设小球在最低点的速度为 v,根据牛顿第二定律,有

$$F' + N' - mg = ma = m\frac{v^2}{R}. \quad ①$$

以最低点为参考平面,根据机械能守恒定律,有

$$mg(2R - 1.6R\cos\theta) + \frac{1}{2}k(0.6R)^2 = \frac{1}{2}mv^2 + \frac{1}{2}kR^2. \quad ②$$

联立式①和式②,得

$$a = \frac{4}{5}g, \quad N' = \frac{4}{5}mg.$$

02 一质点小球按图3所示方向射到光滑水平台阶上,其速度方向与竖直方向之间的夹角为 θ. 已知各级台阶的高度与宽度都为 L. 小球落到台阶上的恢复系数为 e, $e = v_f/v_i$, v_f、v_i 分别为每次弹起后和弹起前的竖直分速度大小(如图4所示),小球在每节台阶上的落点相同,求小球运动的水平分速度 v_x 及每次弹起相对于弹起点的竖直高度 H.

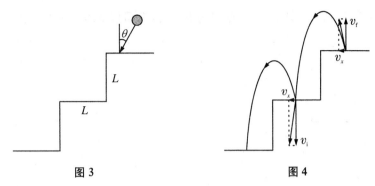

图 3　　　　　　　　图 4

解析　小球在两次碰撞间做斜抛运动,其在竖直方向的分运动为竖直上抛运动,则有
$$v_i^2 - v_f^2 = 2gL, \qquad ①$$
而
$$e = \frac{v_f}{v_i}, \qquad ②$$
联立式①和式②,得
$$v_f = e\sqrt{\frac{2gL}{1-e^2}}, \quad v_i = \sqrt{\frac{2gL}{1-e^2}}. \qquad ③$$
故小球每次弹起相对于弹起点的竖直高度为
$$H = \frac{v_f^2}{2g} = \frac{e^2 L}{1-e^2}.$$
小球在水平方向的分运动为匀速直线运动,则有
$$L = v_x t = v_x \left(\frac{v_f}{g} + \frac{v_i}{g}\right). \qquad ④$$
联立式③和式④,得
$$v_x = \sqrt{\frac{gL(1-e)}{2(e+1)}}.$$

 在如图5所示的电路中,已知每个电阻都相同,阻值均为 R.
(1) 求 a、b、c、d 任意两点间的电阻.
(2) 若将 a、c 间和 b、d 间的电阻换成电容为 C 的电容器,如图6所示.
(2.1) 在 a、b 间加电动势为 U 的电源,求电容器所带的电荷量.
(2.2) 在 b、d 间加电动势为 U 的电源,求电容器所带的电荷量.

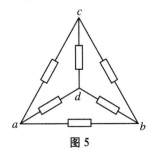　　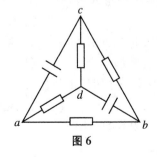

图 5　　　　　　　　图 6

解析 (1) 我们先来计算 a、b 两点间的电阻. 图 5 可以等效为一个电阻 R 与一个电桥电路并联,如图 7 所示. 当在 a、b 间加上电压后,电桥电路处于平衡状态,c、d 间无电流通过,可视为断路. 则等效电阻 R_{ab} 满足

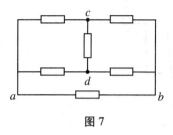

图 7

$$\frac{1}{R_{ab}} = \frac{1}{R} + \frac{1}{2R} + \frac{1}{2R},$$

解得

$$R_{ab} = \frac{R}{2}.$$

同理可得 a、b、c、d 任意两点间的电阻均为 $R/2$.

(2.1) 在 a、b 间加电动势为 U 的电源,等效电路如图 8 所示. 每个电容器两端的电压都等于 $2U/3$,所以 $Q = 2CU/3$.

(2.2) 在 b、d 间加电动势为 U 的电源,等效电路如图 9 所示. a、c 两点等电势,则 a、c 间电容器两端的电压为 0,所以 $Q_1 = 0$. b、d 间电容器两端的电压为 U,所以 $Q_2 = CU$.

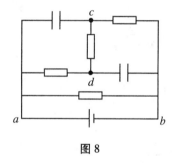

图 8

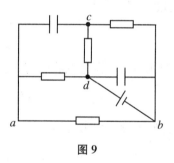

图 9

04 如图 10 所示,在质量为 m_1、比热为 c_1 的铜质容器中盛有质量为 m_2、比热为 c_2 的水,它们的共同温度为 t_{12}. 现有一块质量为 m_3、比热为 c_3、温度为 t_3 (零下)的冰块,被投入到水中,已知冰的溶解热为 L,求三者的最终温度 t. 在计算中 t_3 取负值.

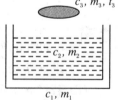

图 10

解析 在建立热平衡之后容器中可能存在三种不同的状态:① 只有水;② 冰、水混合物;③ 只有冰. 下面分别予以讨论.

① 容器释放的热量为

$$Q_1 = c_1 m_1 (t_{12} - t),$$

容器中的水释放的热量为

$$Q_2 = c_2 m_2 (t_{12} - t),$$

投入水中的冰从 t_3 升至 $0\ ℃$ 吸收的热量为

$$Q_3 = c_3 m_3 (0 - t_3),$$

$0\ ℃$ 的冰变成 $0\ ℃$ 的水吸收的热量为

$$Q_4 = m_3 L,$$

水从 $0\ ℃$ 升至 t 吸收的热量为

$$Q_5 = c_2 m_3 (t - 0),$$

热平衡方程为

$$Q_5 + Q_4 + Q_3 = Q_1 + Q_2,$$

解得

$$t = \frac{(c_1 m_1 + c_2 m_2) t_{12} + c_3 m_3 t_3 - m_3 L}{c_1 m_1 + c_2 m_2 + c_2 m_3}.$$

② 冰、水混合物的温度 $t = 0\ ℃$.

③ 容器释放的热量为

$$Q_1 = c_1 m_1 (t_{12} - t),$$

容器中的水从 t_{12} 降至 $0\ ℃$ 释放的热量为

$$Q_2 = c_2 m_2 (t_{12} - 0),$$

$0\ ℃$ 的水变成 $0\ ℃$ 的冰释放的热量为

$$Q_3 = m_2 L,$$

冰从 $0\ ℃$ 降至 t 释放的热量为

$$Q_4 = c_3 m_2 (0 - t),$$

投入水中的冰从 t_3 升至 t 吸收的热量为

$$Q_5 = c_3 m_3 (t - t_3),$$

热平衡方程为

$$Q_5 = Q_1 + Q_2 + Q_3 + Q_4,$$

解得

$$t = \frac{(c_1 m_1 + c_2 m_2) t_{12} + c_3 m_3 t_3 + m_2 L}{c_1 m_1 + c_3 m_2 + c_3 m_3}.$$

05 如图 11 所示,一束光线入射到空心球面上,光线与一条半径的夹角为 θ,光路如图所示.已知同心球的外、内半径分别为 $R_1 = 80\ \text{cm}, R_2 = 30\ \text{cm}$.

(1) 若大球外空间、两球夹层空间、小球内的折射率分别为 n_0、n_1、n_2.求证:$R_1 n_0 \sin \theta = R_2 n_2 \sin \alpha$.

(2) 若从大球面到小球面空间的折射率是渐变的,$n(r) = r n_0 / R_1 (R_2 < r < R_1)$,式中 r 为两球夹层空间中的一点到球心的距离,$n(r)$ 为该点所在处介质的折射率,光线以 $\theta = 30°$ 的入射角入射,求折射到内球的光线到球心的最近距离.

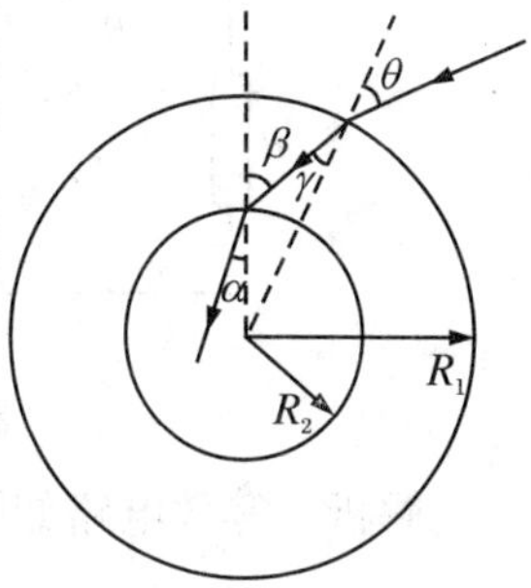

解析 (1) 根据折射定律,有

$$n_0 \sin \theta = n_1 \sin \gamma, \quad n_1 \sin \beta = n_2 \sin \alpha,$$

即

$$R_1 n_0 \sin \theta = R_1 n_1 \sin \gamma, \qquad ①$$
$$R_2 n_1 \sin \beta = R_2 n_2 \sin \alpha. \qquad ②$$

图 11

根据正弦定理,有

$$\frac{R_2}{\sin \gamma} = \frac{R_1}{\sin (\pi - \beta)},$$

即

$$R_1 \sin \gamma = R_2 \sin \beta. \qquad ③$$

联立式①～③,得

$$R_1 n_0 \sin \theta = R_2 n_2 \sin \alpha.$$

(2) 联立式①和式③,得

$$R_1 n_0 \sin \theta = R_2 n_1 \sin \beta.$$

由此可知,在球对称介质里传播的光线应有

$$r n(r) \sin \varphi(r) = 常数, \qquad ④$$

式中,r 是当前半径值,$n(r)$ 是该半径处对应的折射率,$\varphi(r)$ 是半径为 r 的球形界面上光的入射角. 将 $n(r) = r n_0 / R_1$ 代入式④,得

$$r^2 \frac{n_0}{R_1} \sin \varphi(r) = 常数.$$

当折射到内球的光线到球心的距离最近时,对应的入射角为 90°,则有

$$R_1^2 \frac{n_0}{R_1} \sin 30° = R_{\min}^2 \frac{n_0}{R_1} \sin 90°,$$

解得

$$R_{\min} = \frac{\sqrt{2}}{2} R_1.$$

06 如图 12 所示,电阻不计的平行导轨间有有效长度分别为 l_1、l_2 的导体棒 MN,在磁感应强度为 B 的匀强磁场中,紧贴着导轨以速度 v 向右匀速滑动,分别求通过电阻 R 和 r 的电流.

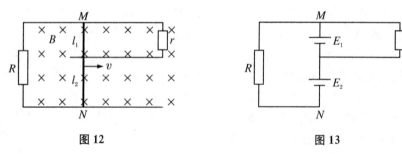

图 12　　　　图 13

解析　等效电路如图 13 所示,则有

$$I_R = \frac{E_1 + E_2}{R} = \frac{B(l_1 + l_2)v}{R}, \quad I_r = \frac{E_1}{r} = \frac{B l_1 v}{r}.$$

07　一带负电粒子以速度 $v = 20$ m/s 射入存在重力场、电场和磁场的空间中,做匀速直线运动. 已知电场强度 $E = 4$ N/m,磁感应强度 $B = 0.15$ T,电场 E 和磁场 B 方向相同,求:

(1) 粒子的比荷;

(2) 确定电场和磁场的所有可能的方向.

解析 根据带电粒子做匀速直线运动的条件,得知此带电粒子所受重力、电场力和洛伦兹力的合力为零.由此推知这三个力在同一竖直平面内,如图 14 所示,质点的速度垂直纸面向外.根据平衡条件,有

$$(mg)^2 = (qvB)^2 + (qE)^2,$$

则粒子的比荷为

$$\frac{q}{m} = \frac{g}{\sqrt{(vB)^2 + E^2}} = 2 \text{ C/kg}.$$

设电场和磁场方向与重力方向之间的夹角为 θ,则有

$$\tan\theta = \frac{qvB}{qE},$$

解得

$$\theta = \arctan\frac{vB}{E} = 37°,$$

即磁场是沿着与重力方向夹角 $\theta = 37°$ 且斜向下方的一切方向.

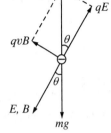

图 14

08

一初始能量为 E_i 的光子射向一静止的、质量为 m_0 的电子(此过程可以看成质点碰撞模型),碰后光子能量变为 E_f,以与原入射方向成 θ 角射出,试导出 E_i、E_f、θ、m_0、光速 c 之间的关系式.

解析 光子的动量为

$$p = \frac{h}{\lambda} = \frac{h\nu}{c} = \frac{E}{c}.$$

设碰撞后电子的动量为 mv,并将 mv 分解为相互垂直的 mv_1 和 mv_2,如图 15 所示.m 表示运动电子的质量,有

$$m = \frac{m_0}{\sqrt{1 - \frac{v_1^2 + v_2^2}{c^2}}}. \qquad ①$$

根据动量守恒定律,有

$$\frac{E_i}{c} = \frac{E_f}{c}\cos\theta + mv_1, \qquad ②$$

$$\frac{E_f}{c}\sin\theta = mv_2. \qquad ③$$

根据能量守恒定律,有

$$E_i + m_0 c^2 = E_f + mc^2. \qquad ④$$

联立式①～④,得

$$E_i E_f (1 - \cos\theta) = m_0 c^2 (E_i - E_f).$$

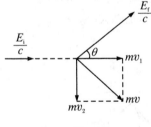

图 15

2010年南京大学强化班招生试题解析

01 如图1所示,地面上有一固定的小球,球面的斜上方 P 处有一小球.现要求确定一条从 P 到球面的光滑斜直轨道,使小球从静止开始沿轨道滑行到球面上经历时间最短.

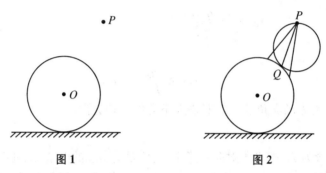

图1　　　　　　　图2

解析　如图2所示,以 P 为顶点作一球面,使其与所给球面相切于 Q,则线段 PQ 即为所求的轨道.

02 如图3所示,一个质量均匀分布的直杆搁置在质量均匀的圆环上,杆与圆环相切,系统静止在水平地面上,杆与地面接触点为 A,与环面接触点为 B.已知两个物体的质量线密度均为 ρ,直杆与地面夹角为 θ,圆环半径为 R,所有接触点的摩擦力足够大.求:

(1) 地面给圆环的摩擦力.

(2) 求 A、B 两点静摩擦系数的取值范围.

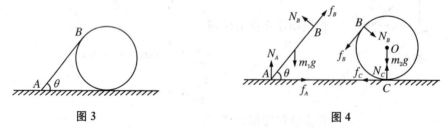

图3　　　　　　　图4

解析　(1) 杆和圆环的受力分析如图4所示.对圆环由水平方向合力为零,得
$$f_C + f_B\cos\theta = N_B\sin\theta. \quad \text{①}$$
对圆环以 O 点为轴,有 $f_B R = f_C R$,则
$$f_B = f_C. \quad \text{②}$$
对杆以 A 点为轴,有

$$m_1 g \cdot \frac{L}{2}\cos\theta = N_B L. \qquad ③$$

根据题意,得
$$m_1 = \rho L. \qquad ④$$

根据几何知识,得
$$L = \frac{R}{\tan\dfrac{\theta}{2}}. \qquad ⑤$$

联立式①~⑤,得
$$f_C = \frac{\rho g R \sin\theta \cos\theta}{2\tan\dfrac{\theta}{2}(1+\cos\theta)} = \frac{\rho g R \cos\theta}{2}, \qquad ⑥$$

$$N_B = \frac{\rho g R \cos\theta}{2\tan\dfrac{\theta}{2}}. \qquad ⑦$$

(2) 根据最大静摩擦力的公式,有
$$f_B \leqslant f_{B\max} = \mu_B N_B,$$

则
$$\mu_B \geqslant \frac{f_B}{N_B} = \frac{f_C}{N_B} = \tan\frac{\theta}{2}.$$

以杆、圆环整体为研究对象,由水平方向合力为零,得
$$f_A = f_C = \frac{\rho g R \cos\theta}{2}.$$

对杆由竖直方向合力为零,得
$$N_A + N_B \cos\theta + f_B \sin\theta = m_1 g. \qquad ⑧$$

联立式②和式④~⑧,得
$$N_A = \frac{\rho g R (2-\cos\theta)}{2\tan\dfrac{\theta}{2}}.$$

根据最大静摩擦力的公式,有
$$f_A \leqslant f_{A\max} = \mu_A N_A,$$

则
$$\mu_A \geqslant \frac{f_A}{N_A} = \frac{\tan\dfrac{\theta}{2}\cos\theta}{2-\cos\theta}.$$

03 求地球与太阳的密度之比. 已知: 地球表面的重力加速度为 $g=10\ \mathrm{m/s^2}$, 地球绕太阳运动的公转周期为 $T=365$ 天, 太阳视角为 $\theta=0.5°$, 地球上 $1°$ 的纬度长度为 $100\ \mathrm{km}$.

解析 地球绕太阳运行时, 根据万有引力定律和牛顿定律, 有
$$G\frac{M_s M_e}{r^2} = M_e \left(\frac{2\pi}{T}\right)^2 r, \qquad ①$$

其中，M_s 和 M_e 分别为太阳和地球的质量，r 为日地距离，T 为地球公转周期. 令 R_s 表示太阳半径，根据题意有

$$\theta = \frac{2R_s}{r}. \qquad ②$$

联立式①和式②，得

$$G\frac{M_s}{R_s^3} = \left(\frac{2\pi}{T}\right)^2 \left(\frac{2}{\theta}\right)^3. \qquad ③$$

根据万有引力定律和牛顿定律，对地球表面处质量为 m 的物体，有

$$G\frac{M_e m}{R_e^2} = mg, \qquad ④$$

其中 R_e 为地球半径. 根据题意，有

$$2\pi R_e = 360l. \qquad ⑤$$

联立式③和式④，得

$$G\frac{M_e}{R_e^3} = \frac{\pi g}{180l}. \qquad ⑥$$

用 ρ_s 和 ρ_e 分别表示太阳和地球的密度，则有

$$\rho_s = \frac{M_s}{\frac{4}{3}\pi R_s^3}, \quad \rho_e = \frac{M_e}{\frac{4}{3}\pi R_e^3}. \qquad ⑦$$

联立式③、式⑥和式⑦，得

$$\frac{\rho_e}{\rho_s} = \frac{gT^2\theta^3}{180l \times 32\pi}. \qquad ⑧$$

代入数据，得

$$\frac{\rho_e}{\rho_s} = 3.65.$$

04 一根长为 h 的细线，上端固定于 O 点，下端悬挂一可视为质点的小球. 现给小球一个水平初速度 v_0，大小为 $\sqrt{7gh/2}$，如图5所示.

(1) 求小球转过多大角度时开始不做圆周运动？
(2) 证明小球恰能击中最低点（初始点）.

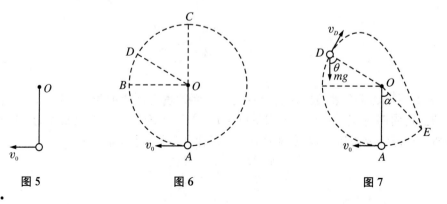

图5　　　　　图6　　　　　图7

解析 （1）如图6所示，小球在竖直平面内做圆周运动，在最高点 C 的方程为

$$F + mg = m\frac{v_C^2}{h},$$

若小球恰好到达最高点 C，则 $F = 0$，$v_C = \sqrt{gh}$. 根据动能定理，有

$$-2mgh = \frac{1}{2}mv_C^2 - \frac{1}{2}mv_0^2,$$

解得 $v_0 = \sqrt{5gh}$.

小球在 B 点的方程为

$$F = m\frac{v_B^2}{h},$$

若小球恰好到达 B 点，则 $F = 0$，$v_B = 0$. 根据动能定理，有

$$-mgh = \frac{1}{2}mv_B^2 - \frac{1}{2}mv_0^2,$$

解得 $v_0 = \sqrt{2gh}$.

当 $\sqrt{2gh} < v_0 < \sqrt{5gh}$ 时，小球将超过 B 点，但不能到达 C 点，即小球恰好到达 B、C 之间的某点 D 脱离轨道做斜上抛运动.

当小球在最低点时，给球一个 $v_0 = \sqrt{7gh/2}$ 的水平初速度，由于 $\sqrt{2gh} < v_0 < \sqrt{5gh}$，因此小球将在 B、C 之间的某点 D 脱离轨道做斜上抛运动. 小球在 D 点的方程为

$$mg\cos\theta = m\frac{v_D^2}{h}. \qquad ①$$

从 A 到 D 的过程，根据动能定理，有

$$-mg(h + h\cos\theta) = \frac{1}{2}mv_D^2 - \frac{1}{2}mv_0^2. \qquad ②$$

联立式①和式②，得

$$\cos\theta = \frac{1}{2}, \quad v_D = \sqrt{\frac{gh}{2}},$$

则 $\theta = \pi/3$，即小球转过 $2\pi/3$ 时开始不做圆周运动.

（2）如图7所示，设小球运动时间 t 后到达圆周上的 E 点，OE 与竖直方向的夹角为 α，斜上抛运动可以分解为水平方向的匀速直线运动和竖直方向的竖直上抛运动，则有

$$h\sin\theta + h\sin\alpha = v_D\cos\theta \cdot t, \qquad ③$$

$$-(h\cos\theta + h\cos\alpha) = v_D\sin\theta \cdot t - \frac{1}{2}gt^2. \qquad ④$$

联立式③和式④，得

$$\alpha = 0°,$$

所以小球做斜上抛运动后恰能击中最低点 A.

05 （1）已知月球质量约为地球质量的百分之一，月球表面重力加速度约为地球表面重力加速度的六分之一，利用地球上物体的逃逸速度估算月球上物体的逃逸速度.

（2）已知 O_2 在 $100\ ℃$ 时的热运动平均动能为 $\bar{E}_k = 3RT/(2N_A)$，式中 N_A 为阿伏伽德

罗常数,求 O_2 分子的平均速率.

解析 (1)设物体的质量为 m,地球的质量为 M_1,地球的半径为 R_1,地球表面的重力加速度为 g_1.若不考虑地球自转的影响,有

$$G\frac{M_1 m}{R_1^2} = mg_1. \quad ①$$

物体脱离地球引力的束缚,成为环绕太阳运动的一颗人造行星,物体的最小发射速度 v_1 即为逃逸速度.根据机械能守恒定律,有

$$\frac{1}{2}mv_1^2 - G\frac{M_1 m}{R_1} = 0. \quad ②$$

联立式①和式②,得

$$v_1 = \sqrt[4]{4GM_1 g_1}.$$

同理,月球上物体的逃逸速度为

$$v_2 = \sqrt[4]{4GM_2 g_2},$$

所以有

$$\frac{v_2}{v_1} = \sqrt[4]{\frac{M_2 g_2}{M_1 g_1}} = 0.2.$$

已知 $v_1 = 11.2$ km/s,则 $v_2 = 2.24$ km/s.

(2)一个氧气分子的质量为

$$m = \frac{M}{N_A},$$

所以氧气分子热运动的平均动能

$$\overline{E}_k = \frac{1}{2}m\overline{v}^2 = \frac{1}{2}\frac{M}{N_A}\overline{v}^2 = \frac{3RT}{2N_A},$$

解得

$$\overline{v} = \sqrt{\frac{3RT}{M}} = \sqrt{\frac{3 \times 8.31 \times 373}{32 \times 10^{-3}}} \text{ m/s} = 539 \text{ m/s}.$$

06 如图 8 所示为一种加速度仪的示意图.质量为 m 的振子两端连有劲度系数均为 k 的轻弹簧,电源的电动势为 E,不计内阻,滑动变阻器的总阻值为 R,有效长度为 L,系统静止时滑动触头位于滑动变阻器正中,这时电压表指针恰好在刻度盘正中.求:

(1)系统的加速度 a(以向右为正)和电压表读数 U 的函数关系式.

(2)将电压表刻度改为加速度刻度后,其刻度是均匀的还是不均匀的?为什么?

(3)若电压表指针指在满刻度的 3/4 位置,此时系统的加速度大小和方向如何?

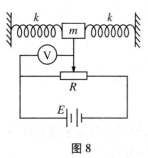

图 8

解析 (1)设电压表的满偏电压为 U_m,系统静止时,有

$$\frac{U_m}{2} = \frac{E}{R} \cdot \frac{R}{2},$$

解得 $U_m = E$.

当系统以 a 向右加速时,振子向左偏离中间位置 x 距离,根据牛顿第二定律,有

$$2kx = ma. \qquad ①$$

电压表读数为

$$U = \frac{E}{R} \cdot \frac{\frac{L}{2} - x}{L} R. \qquad ②$$

联立式①和式②,得

$$a = \frac{kL}{m} - \frac{2kL}{mE}U. \qquad ③$$

(2) 加速度 a 与电压表读数 U 是线性关系,由式③可知,$\Delta a = -2kL\Delta U/(mE)$. 所以将电压表刻度改为加速度刻度后,其刻度是均匀的.

(3) 当 $U = 3U_m/4 = 3E/4$ 时,由式③可得

$$a = -\frac{kL}{2m},$$

负号表示系统的加速度方向向左.

07 如图9所示,已知粗细均匀的圆环半径为 R,杆长为 $2R$,两个物体的单位长度电阻均为 ρ. 匀强磁场方向垂直于环面向里,大小为 B. 在 $t = 0$ 时,杆的中心与圆环相切. 现杆以速度 v 沿着垂直于杆长方向做匀速运动,求杆中电流 I 随时间 t 变化的方程.

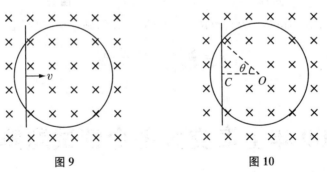

图9　　　　　　　图10

解析　设 t 时刻杆运动到图10所示位置处,则

$$OC = R - vt, \quad \cos\theta = \frac{R - vt}{R}.$$

杆中产生的感应电动势为

$$E = B \cdot 2\sqrt{R^2 - (R - vt)^2} \cdot v = 2Bv\sqrt{2Rvt - v^2 t^2}.$$

杆左侧圆弧对应的电阻为

$$R_1 = 2\rho R\theta,$$

杆右侧圆弧对应的电阻为

$$R_2 = 2\rho R(\pi - \theta),$$

并联电阻为
$$R = \frac{R_1 R_2}{R_1 + R_2} = \frac{2\rho R\theta(\pi - \theta)}{\pi}.$$

所以,杆中的电流为
$$I = \frac{E}{R + 2\rho\sqrt{2Rvt - v^2 t^2}} = \frac{B\pi v\sqrt{2Rvt - v^2 t^2}}{\rho R\theta(\pi - \theta) + \pi\rho\sqrt{2Rvt - v^2 t^2}} \quad \left(0 < t < \frac{2R}{v}\right).$$

08
一束间距为 R 的光线沿平行某一直径的方向对称地射入半径为 R 的均匀介质球中,试问:

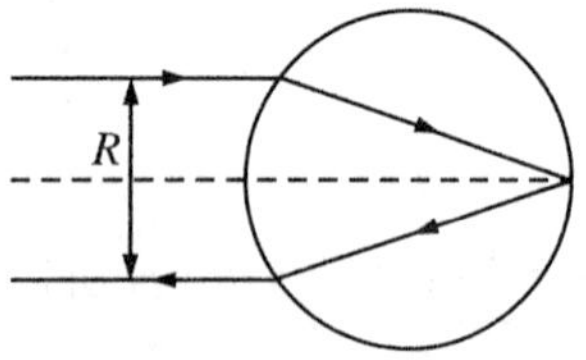

(1) 为何光不会在后表面发生全反射?

(2) 假如有一束光的光路如图 11 所示,求均匀介质球的折射率.

图 11

解析 (1) 如图 12 所示,设光在 A 处的入射角为 i,折射角为 γ,且射到球面的 B 点,由于 $OA = OB$,故 $\angle ABO = \gamma$,根据对称性,光在 B 处的折射角必为 i.所以,光不会在后表面发生全反射.

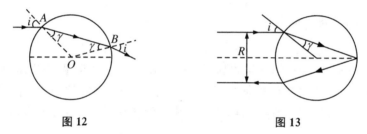

图 12　　　　　图 13

(2) 如图 13 所示,$\sin i = (R/2)/R = 1/2$,即 $i = 30°$,则 $\gamma = i/2 = 15°$.根据折射定律,有
$$n = \frac{\sin i}{\sin \gamma} = \frac{\sqrt{6} + \sqrt{2}}{2}.$$

2009 年上海交大冬令营试题解析

01
如图 1 所示,质量为 M 的板置于水平地面,其上放置一质量为 m 的物体,物体与板、板与地面间的动摩擦因数分别为 μ_1、μ_2.当作用在板上的水平拉力 $F = $ _____ 时,刚好能将板从物体下拉出.

解析 设 m 的加速度为 a_1,M 的加速度为 a_2,以 m 为研究对象,根据牛顿第二定律,有
$$\mu_1 mg = ma_1. \quad ①$$

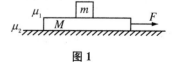

图 1

以 M 为研究对象,根据牛顿第二定律,有
$$F - \mu_1 mg - \mu_2(m+M)g = Ma_2. \qquad ②$$
将 M 刚好从 m 下抽出时,有
$$a_1 = a_2. \qquad ③$$
联立式①~③,得
$$F = (\mu_1 + \mu_2)(m+M)g.$$

02 如图2所示,在长为 L 的轻杆的两端分别固定线度可忽略的质量为 m 和 $M = 3m$ 的小球,竖直放置于光滑的平面上.如果受到空气扰动的影响,系统将倾倒.在 M 落地的瞬间,M 的速度大小为 $v_M = $ _____,该过程中系统的质心相对于小球 m 的位移大小为 _____.

图2   图3

解析 系统水平方向上动量守恒,始终为零. M 落地瞬间,M 与 m 沿杆方向速度相同,即 M 与 m 的水平速度相同且均为零,M 的速度竖直向下,根据机械能守恒定律,有
$$MgL = \frac{1}{2}Mv_M^2,$$
解得
$$v_M = \sqrt{2gL}.$$

由 $M = 3m$ 可知,系统的质心在两球连线上且距 m 为 $3L/4$ 处,如图3所示.系统质心的水平位移为零,质心对地的位移为 $3L/4$,方向竖直向下. m 对地的位移为 $3L/4$,方向水平向左.故系统的质心相对于小球 m 的位移大小为 $3\sqrt{2}L/4$.

03 如图4所示,波源 S_1 在绳的左端发出一个时间跨度为 T_1、振幅为 A_1 的三角波 a;同时,波源 S_2 在绳的右端发出一个时间跨度为 T_2、振幅为 A_2 的三角波 b.已知 $T_1 > T_2$,左、右两波沿绳的传播速度均为 v,P 点为两波源连线的中点.下列选项正确的是( ).

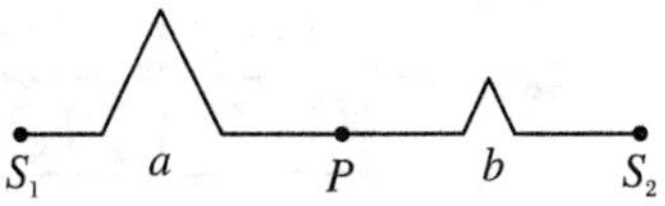

图4

A. 两列波在 P 点叠加时,P 点的位移最大可达 $A_1 + A_2$
B. a 波的波峰到达 S_2 时,b 波的波峰尚未到达 S_1
C. 两列波波峰相遇的位置在 P 点的左侧
D. 要使两列波的波峰在 P 点相遇,两列波发出的时间差为 $(T_1 - T_2)/8$

解析 两波同时由波源发出,且波速相等,因此两波的波前同时到达 P 点. 波前到达 P

点后,波峰传到 P 点所需时间分别为再过 $T_1/2$ 和 $T_2/2$,由于 $T_1>T_2$,故 a 波的波峰将晚于 b 波的波峰到达 P 点,两列波波峰将在 P 点左侧相遇,可见 P 点的最大位移不可能达 A_1+A_2,故 C 选项正确,A 选项错误.要使两列波的波峰在 P 点相遇,两列波发出的时间差为 $(T_1-T_2)/2$,D 选项错误.当 a 波的波峰到达 S_2 时,b 波的波峰已经到达 S_1,B 选项错误.

答案 C.

  对于一定质量的理想气体,下列过程违反热力学第一定律的是(　　).

A. 在恒定温度下,气体绝热膨胀

B. 气体从外界吸收热量而温度保持不变

C. 在绝热的条件下,体积不变而温度升高

D. 气体对外做功的同时向外界放出热量

解析 在恒定温度下,气体内能不变.气体绝热膨胀,对外做功,内能一定减少,A 选项过程违反热力学第一定律.气体从外界吸收热量,若同时对外做功,可以使温度保持不变,B 选项过程不违反热力学第一定律.在绝热的条件下,体积不变,则内能不变,温度不可能升高,C 选项过程违反热力学第一定律.气体对外做功的同时向外界放出热量,则内能减少,D 选项过程不违反热力学第一定律.

答案 A、C.

05　有四个物体,其中三个物体的物理性质完全相同,以 A 表示;另一个物体用 B 表示.若把一个 A 和 B 放在一起时,经过充分的热量交换,A 和 B 组成的系统的温度比 B 的温度高了 5 ℃.再把一个 A 和 $A+B$ 系统放在一起时,经过充分的热量交换,$A+A+B$ 组成的系统的温度比 $A+B$ 的温度高了 3 ℃.若把第三个 A 和 $A+A+B$ 系统放在一起时,经过充分的热量交换,系统的温度比 $A+A+B$ 的温度高了_____ ℃.(不考虑系统与外界的热量交换)

解析 设物体 A 的比热容、质量、初温分别为 c_A、m_A、T_A;物体 B 的比热容、质量、初温分别为 c_B、m_B、T_B.三次实验前后的温度列表如下,根据热平衡方程 $Q_放=Q_吸$,有

	第一次		第二次		第三次	
	第一个 A	B	第二个 A	$A+B$	第三个 A	$A+A+B$
	T_A	T_B	T_A	T_B+5	T_A	T_B+8
	T_B+5	T_B+5	T_B+8	T_B+8	$T_B+8+\Delta t$	$T_B+8+\Delta t$

$$c_A m_A[T_A-(T_B+5)] = c_B m_B \times 5, \qquad ①$$

$$c_A m_A[T_A-(T_B+8)] = c_A m_A \times 3 + c_B m_B \times 3, \qquad ②$$

$$c_A m_A[T_A-(T_B+8+\Delta t)] = 2c_A m_A \Delta t + c_B m_B \Delta t, \qquad ③$$

联立式①和式②,得

$$3c_A m_A = c_B m_B. \qquad ④$$

将式④代入式①,得

$$T_A - T_B = 20. \quad ⑤$$

将式④和式⑤代入式③,得

$$\Delta t = 2 \ ℃.$$

06 两带电量分别为 q 和 $-q$ 的点电荷相距为 l,由库仑定律可知点电荷的场强公式为 $E = kQ/r^2$(式中 r 为离开点电荷的距离),在图 5 中画出电荷连线上的场强大小随 x 的分布.

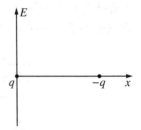

图 5

解析 首先我们可以从熟悉的等量异种点电荷的电场线分布图(图 6)定性地看出场强大小的变化情况.

若研究点 $P(x,0)$ 位于两点电荷之间,规定沿 x 轴正方向场强为正,则场强大小为

$$E = kq\left[\frac{1}{x^2} + \frac{1}{(l-x)^2}\right].$$

两点电荷中点的场强最小,为 $E_{\min} = 8kq/l^2$.

若研究点 $P(x,0)$ 位于两点电荷连线之外,则场强大小为

$$E = kq\left[\frac{1}{x^2} - \frac{1}{(x-l)^2}\right].$$

故场强大小随 x 的分布如图 7 所示,$x = 0$ 和 $x = l$ 为两条渐近线.

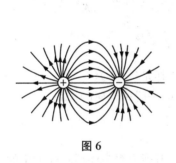

图 6

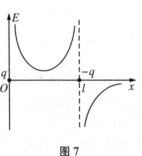

图 7

07 长度 L 远大于半径的通电螺线管内部为匀强磁场,在其轴线上的磁感应强度分布如图 8 所示,已知管口截面中心处磁感应强度为管内的一半,若在管口截面上距中心为 r(r < 管半径)处的磁感应强度为 B,则可能( ).

A. $B \geqslant B_0$ B. $\dfrac{B_0}{2} < B < B_0$ C. $B = \dfrac{B_0}{2}$ D. $B < \dfrac{B_0}{2}$

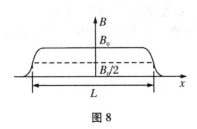

图 8

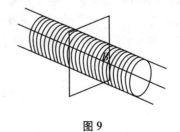

图 9

解析 长度 L 远大于半径的通电螺线管内部为匀强磁场,磁感应强度为 B_0. 如图 9 所示,我们可以将该通电螺线管一分为二,将里面的磁场看成是左、右两个半通电螺线管产生磁场的叠加.

图 10 为左、右两个半通电螺线管的纵截面图. 在距中心为 r 的(·)处,左、右两个半通电螺线管产生的磁感应强度分别为 B_1、B_2,根据对称性,有 $B_1 = B_2 = B$,且 B_1、B_2 的合磁感应强度为 B_0,如图 11 所示. 则有

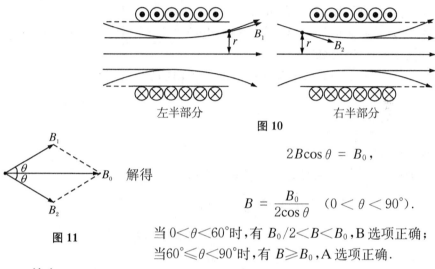

$$2B\cos\theta = B_0,$$

解得

$$B = \frac{B_0}{2\cos\theta} \quad (0 < \theta < 90°).$$

当 $0 < \theta < 60°$ 时,有 $B_0/2 < B < B_0$,B 选项正确;
当 $60° \leqslant \theta < 90°$ 时,有 $B \geqslant B_0$,A 选项正确.

答案 A、B.

08 下列关于光电效应现象的表述中,错误的表述是(　　).
A. 光电效应是指可见光照射到金属表面时有电子脱离金属的现象
B. 光电效应存在截止频率
C. 照射光光强太弱时不可能发生光电效应
D. 光电效应中,电子脱离金属的现象是在光照射到金属表面后瞬间发生的

解析 只有当入射光的频率高于金属的极限频率(截止频率),才会发生光电效应,而与入射光的强弱无关,C 选项错误.

答案 C.

09 氢原子第 n 能级的能量为 $E_n = E_1/n^2$,其中 E_1 是基态能量,而量子数 $n = 1, 2, 3, \cdots$. 假设用通过电场加速的电子来轰击氢原子使其脱离基态跃迁到激发态,电子的加速电压 ΔU 至少为_____;要使氢原子发生电离,电子的加速电压 ΔU 至少为_____.

解析 当电子的动能全部被氢原子吸收而使其脱离基态跃迁到第一激发态时,电子的加速电压 ΔU 最小. 则有

$$e\Delta U = \frac{E_1}{4} - E_1,$$

解得

$$\Delta U = -\frac{3E_1}{4e} = 10.2 \text{ V}.$$

当电子的动能全部被氢原子吸收而使其电离时,电子的加速电压 ΔU 最小.则有
$$e\Delta U = 0 - E_1,$$
解得
$$\Delta U = -\frac{E_1}{e} = 13.6 \text{ V}.$$

10 在中医疗法中,治疗感冒等有发烧症状的疾病时,讲究"捂",捂出汗后,人的体温会有明显的下降.然而,西医在对待有发烧症状的疾病时,反对"捂",提倡"流通"、"开放",特别是在处理有超过 40 ℃ 的高烧症状的疾病时更是如此.西医甚至建议通过外敷冰块等物理降温手段来达到降低体温的目的.试从热物理学原理的角度分别对中、西医的降温疗法加以评论.

解析 中医疗法中,通过人体出汗并蒸发带走体内热量,使体温下降,是从内向外降温.

西医疗法中,提倡"开放",通过皮肤与外界的热交换带走热量.特别是在处理一些有高温(而少汗)症状的紧急疾病时,通过外敷冰块等手段,通过热传导的方式带走体内热量,可以在短时间内使人体降温,避免长时间高烧对人体的损害.西医的降温措施,是从外向内降温.

11 如图 12 所示,现有一质量分布均匀的直杆,绕通过垂直于直杆的水平转轴的转动可以构成一个复摆.复摆的周期为 $T = 2\pi \sqrt{I/(mgh)}$,其中 m 为直杆的质量,g 为重力加速度,h 为转轴到直杆质量中心的距离,I 为复摆对转轴的转动惯量.按照力学原理,复摆对转轴的转动惯量可以表示为 $I = mk^2 + mh^2$,其中 k 为直杆绕通过质量中心且垂直于直杆的水平转轴的回转半径.下表为实验中测量的一组 (h, T) 值,请用作图法求细杆的 k 的取值和实验室当地的重力加速度.

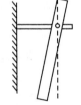

图 12

T/s	1.56	1.51	1.50	1.53	1.54	1.59
h/m	0.20	0.25	0.30	0.35	0.40	0.45

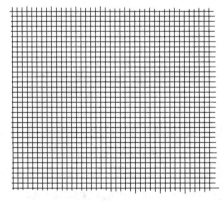

解析 由 $T = 2\pi \sqrt{I/(mgh)}$ 和 $I = mk^2 + mh^2$,得

$$T = 2\pi\sqrt{\frac{k^2 + h^2}{gh}},$$

即

$$T^2 h = \frac{4\pi^2}{g}k^2 + \frac{4\pi^2}{g}h^2.$$

列出表格,根据表中数据作出 $T^2 h$-h^2 图像,如图 13 所示.

$T^2 h$	0.49	0.57	0.68	0.82	0.95	1.14
h^2	0.0400	0.0625	0.0900	0.1225	0.1600	0.2025

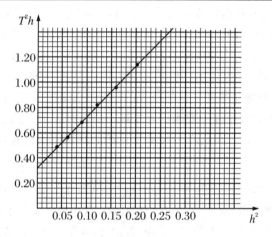

图 13

找出拟合直线上的两个点 $(0.05, 0.52)$ 和 $(0.20, 1.12)$. 求出斜率

$$k_0 = \frac{4\pi^2}{g} = \frac{1.12 - 0.52}{0.20 - 0.05} = 4.00,$$

所以重力加速度

$$g = \frac{4\pi^2}{k_0} = 9.86 \text{ m/s}^2.$$

拟合直线在 $T^2 h$ 轴上的截距 $b = 0.32$,则

$$b = \frac{4\pi^2}{g}k^2 = k_0 k^2,$$

所以回转半径

$$k = \sqrt{\frac{b}{k_0}} = 0.28 \text{ m}.$$

12 如图 14 所示,一磁感应强度为 B 的均匀磁场,分布在半径为 R 的无限长圆柱体内,设 $B = B_0 t$ ($B_0 > 0$). 现有一半径也为 R、电阻均匀分布且总电阻为 r 的金属圆环,放在垂直于磁场的平面内,金属圆环中心在均匀磁场的对称轴上. 长为 R、电阻为 r' 的直导线的两个端点 a、b 与金属圆环良好连接,求此直导线中感应电流的电流强度. (设感应电流所产生的磁场可以忽略)

解析 圆环中总的感应电动势为
$$E = \frac{\Delta \Phi}{\Delta t} = \frac{\Delta B}{\Delta t}S = B_0 \pi R^2.$$

ab 导线把金属圆环分割成长度分别为圆环总长度的 5/6 和 1/6 的上、下两段圆弧. 则上、下两段圆弧的感应电动势分别为
$$E_1 = \frac{5}{6}B_0 \pi R^2, \quad E_2 = \frac{1}{6}B_0 \pi R^2.$$

内阻分别为
$$r_1 = \frac{5}{6}r, \quad r_2 = \frac{1}{6}r.$$

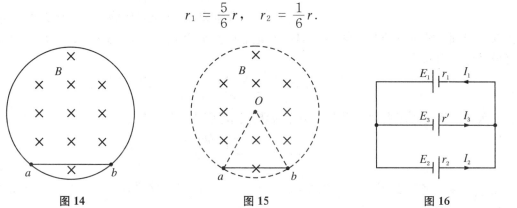

图 14　　　　　图 15　　　　　图 16

ab 导线中的感应电动势该如何求解呢？如图 15 所示，去除金属圆环并构建闭合电路 Oab，因涡旋电场方向垂直 Oa、Ob 导线，故 Oa、Ob 导线中的自由电荷不会沿导线移动，Oa、Ob 导线中无感应电动势，所以闭合电路 Oab 中的感应电动势就是 ab 导线中的感应电动势. 根据法拉第电磁感应定律，有
$$E_3 = \frac{\Delta \Phi}{\Delta t} = \frac{\Delta B}{\Delta t}S_\triangle = \frac{\sqrt{3}}{4}B_0 R^2.$$

等效电路如图 16 所示，根据基尔霍夫定律，对其中两个回路列出方程，有
$$E_1 + E_3 = I_1 r_1 + I_3 r', \quad E_1 + E_2 = I_1 r_1 + I_2 r_2.$$

根据节点电流关系可知
$$I_1 = I_2 + I_3.$$

联立以上各式，解得
$$I_3 = \frac{9\sqrt{3}B_0 R^2}{36r' + 5r}.$$

13 俄罗斯科学家根据同步卫星在地球同步轨道上的飞行原理首先提出了"太空天梯"的构想，以方便向太空实验室运送人员或补充物质. 英国科幻作家阿瑟·克拉克在他 1978 年出版的小说《天堂喷泉》中使这一构想广为人知. 太空天梯的主体是一个永久性连接太空站(同步卫星)和地面基站的缆绳，通过太阳能驱动的"爬行器"沿着缆绳可爬上太空. 试分析说明：

（1）该太空站(同步卫星)与通常意义上的地球同步卫星相比，离地面的高度哪个更大？

(2) 按照"太空天梯"的构想,"太空天梯"的地面基站能否设在中国境内?

解析 (1) 要使天梯相对于地球静止不动,由地面伸向太空,与地面之间无相互作用力,这样的天梯的下端只能位于赤道上某处,且天梯与该处地球表面垂直,并与地球同步转动. 如图 17 所示,R 表示地球半径,L 表示天梯长度.

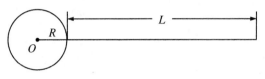

图 17

从坐标原点与地球中心固连、坐标轴指向恒星的惯性参考系来看,天梯和地球一起匀速转动. 天梯所受的外力只有地球的万有引力. 把天梯看作是由线密度为 ρ 的许多非常小的小段组成,则每小段到地球中心的距离不同,因而所受到地球引力的大小也不同,其中与地心的距离为 r_{i-1} 到 r_i 间的、长度为 Δr_i 的小段所受地球引力为

$$F_i = G\frac{M\rho\Delta r_i}{r_i^2}. \qquad ①$$

整个天梯所受的地球引力 F 就等于每小段所受地球引力之和,即

$$F = \sum_{i=1}^{n} F_i = \sum_{i=1}^{n} G\frac{M\rho\Delta r_i}{r_i^2}. \qquad ②$$

符号 $\sum_{i=1}^{n}$ 表示对所有小段求和. 因 $\Delta r_i = r_i - r_{i-1}$ 是个小量,注意到 $r_i r_{i-1} = r_i(r_i - \Delta r_i) \approx r_i^2$,因此有

$$\sum_{i=1}^{n}\frac{\Delta r_i}{r_i^2} = \sum_{i=1}^{n}\frac{r_i - r_{i-1}}{r_i r_{i-1}} = \sum_{i=1}^{n}\left(\frac{1}{r_{i-1}} - \frac{1}{r_i}\right)$$

$$= \left(\frac{1}{r_0} - \frac{1}{r_1}\right) + \left(\frac{1}{r_1} - \frac{1}{r_2}\right) + \cdots + \left(\frac{1}{r_{n-1}} - \frac{1}{r_n}\right) = \frac{1}{r_0} - \frac{1}{r_n}.$$

式中,r_0 表示天梯下端到地心的距离,r_n 表示天梯上端到地心的距离,则 $r_0 = R$,$r_n = R + L$,代入式②,得

$$F = GM\rho\left(\frac{1}{R} - \frac{1}{R+L}\right). \qquad ③$$

整个天梯的质量

$$m = \rho L. \qquad ④$$

天梯的质心位于天梯的中点,它到地心的距离

$$r_c = R + \frac{L}{2}. \qquad ⑤$$

根据质心运动定理,有

$$F = mr_c\left(\frac{2\pi}{T}\right)^2. \qquad ⑥$$

式中,T 表示地球自转的周期.

联立式③~⑥,得

$$L^2 + 3RL + 2R^2 - \frac{GMT^2}{2\pi^2 R} = 0.$$

因为 $GM = gR^2$,所以得

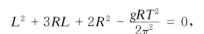

$$L^2 + 3RL + 2R^2 - \frac{gRT^2}{2\pi^2} = 0,$$

解得

$$L = \frac{-3R \pm \sqrt{R^2 + \frac{2gRT^2}{\pi^2}}}{2}.$$

根号前取正号,并注意到 $R = 6.37 \times 10^6$ m, $g = 9.8$ m/s^2, $T = 8.64 \times 10^4$ s,得

$$L = 1.44 \times 10^8 \text{ m}.$$

以同步卫星为研究对象,根据万有引力定律,有

$$G\frac{Mm}{(R+h)^2} = m\left(\frac{2\pi}{T}\right)^2(R+h), \qquad ⑦$$

解得

$$h = \sqrt[3]{\frac{GMT^2}{4\pi^2}} - R.$$

因为 $GM = gR^2$,所以得

$$h = \sqrt[3]{\frac{gR^2 T^2}{4\pi^2}} - R.$$

代入有关数据,得

$$h = 3.58 \times 10^7 \text{ m}.$$

所以 $L > h$,太空站离地面的高度更大.

(2) 按照上述讨论,"太空天梯"的地面基站只能设置在地球的赤道上,因此不能设在中国境内.

14

如图 18 所示,阻值为 R、质量为 m、边长为 l 的正方形金属框位于光滑水平面上. 金属框的 ab 边与磁场边缘平行,并以一定的初速度进入矩形磁场区域,运动方向与磁场边缘垂直. 磁场方向垂直水平面向下,在金属框运动方向上的长度为 $L(L > l)$. 已知金属框的 ab 边进入磁场后,金属框在进、出磁场阶段的运动速度与 ab 边在磁场中的位置坐标之间的关系为 $v = v_0 - cx$,式中 c 为未知的正值常量. 若金属框完全通过磁场后恰好静止,求:

(1) 磁场的磁感应强度.

(2) 从金属框开始进入磁场区域到金属框的 ab 边刚出磁场区域的运动过程中安培力所做的功.

解析 (1) 由 $v = v_0 - cx$,得

$$\Delta v = -c\Delta x.$$

等式两边同除以 Δt,有

$$\frac{\Delta v}{\Delta t} = -c\frac{\Delta x}{\Delta t}.$$

由于加速度 $a = \Delta v/\Delta t$,速度 $v = \Delta x/\Delta t$,所以上式可变为

$$a = -cv.$$

金属框在进、出磁场的过程中受到水平向左的安培力作用,则有

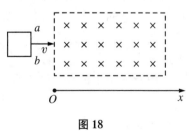

图 18

$$F = -BIl = -\frac{B^2 l^2 v}{R} = ma = -mcv,$$

解得

$$B = \frac{\sqrt{mRc}}{l}.$$

金属框完全进入磁场后,金属框中无感应电流,不受安培力作用,金属框做匀速运动.除去金属框匀速运动的位移,将金属框进、出磁场的过程对接到一起,利用 $v = v_0 - cx$,有

$$0 = v_0 - c \cdot 2l,$$

得

$$c = \frac{v_0}{2l},$$

所以

$$B = \sqrt{\frac{mRv_0}{2l^3}}.$$

(2) 金属框完全进入磁场区域时的速度

$$v = v_0 - cl = v_0 - \frac{v_0}{2l} \cdot l = \frac{v_0}{2}.$$

从金属框开始进入磁场区域到金属框的 ab 边刚出磁场区域的运动过程中安培力所做的功,等于从金属框开始进入磁场区域到金属框完全进入磁场区域的运动过程中安培力所做的功.根据动能定理,有

$$W = \frac{1}{2}m\left(\frac{v_0}{2}\right)^2 - \frac{1}{2}m(v_0)^2 = -\frac{3}{8}mv_0^2.$$

15 心脏是血液循环的动力装置.心脏中的右心房接收来自全身的静脉血,经过心脏瓣膜进入右心室,再通过右心室的压缩进入肺动脉.肺动脉把静脉血输入肺脏,进行氧和二氧化碳的交换后,富含氧气的动脉血通过肺静脉流回心脏的左心房,再进入左心室,通过左心室的压缩,动脉血通过主动脉和通往身体各部分的大动脉被输送到全身的毛细血管.正常成年人在安静时心跳频率平均为每分钟 75 次,主动脉收缩压平均为 120 mmHg,肺动脉收缩压为主动脉的 1/6.在左、右心室收缩前,心室中的血液压强接近于零(相对于大气压强).心脏中的左、右心室在每个搏动周期的血液搏出量均约为 70 mL.试估算正常成年人心脏的功率.

解析 一个标准大气压为

$$p_0 = 760 \text{ mmHg} = 1.01 \times 10^5 \text{ Pa}.$$

主动脉收缩压平均为

$$p_1 = 120 \text{ mmHg} = \frac{120}{760} \times 1.01 \times 10^5 \text{ Pa} = 1.59 \times 10^4 \text{ Pa}.$$

肺动脉收缩压平均为

$$p_2 = \frac{1}{6} p_1 = 2.66 \times 10^3 \text{ Pa}.$$

心脏每搏动一次做功为
$$W = p_1 V + p_2 V = 1.3 \text{ J}.$$
故正常成年人心脏的功率为
$$P = \frac{W}{t} = \frac{1.3 \times 75}{60} \text{ W} = 1.63 \text{ W}.$$

2008 年上海交大冬令营试题解析

01 有一劲度系数为 k 的轻弹簧,竖直放置,下端悬一质量为 m 的小球.先使弹簧为原长,而小球恰好与地面接触.再将弹簧上端缓慢地提起,直到小球离开地面 h 为止.在此过程中外力所做的功为_____.

解析 当小球离开地面 h 时,弹簧的形变量为
$$x = \frac{mg}{k}.$$
弹簧的弹性势能为
$$E_{\text{p弹}} = \frac{1}{2}kx^2 = \frac{m^2 g^2}{2k}.$$
以小球和弹簧组成的系统为研究对象,根据功能原理,有
$$W = \Delta E_{\text{p重}} + \Delta E_{\text{p弹}} = mgh + \frac{m^2 g^2}{2k}.$$

02 有一弹簧振子的振动曲线如图1所示,则该弹簧振子的周期为_____.

解析 根据图像,此振动曲线可以表示为
$$x = 6\sin\left(\frac{2\pi}{T}t + \varphi\right).$$
当 $t=0$ 时,$x=3$,得 $\varphi=\pi/6$;当 $t=1$ 时,$x=3$,则 $2\pi/T+\varphi=5\pi/6$,得 $T=3$ s.

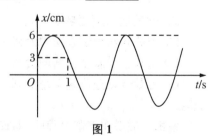

图 1

03 中国有"蜻蜓点水"的成语,如果蜻蜓在平静的湖面上由西向东飞行,并等间隔地"点水",试画出在水面上可能形成的水面波动的波阵面的情况.

解析 设蜻蜓飞行的速度为 v,水波传播的速度为 u,可得三种波阵面的情况,如图2所示.

  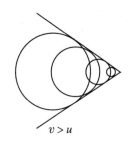

$v<u$ $\qquad$ $v=u$ $\qquad$ $v>u$

图 2

04 密立根油滴实验是利用在油滴上的电场力和重力平衡而测量电荷的,其电场由两块带电平行板产生.实验中,半径为 r、带有两个电子电荷的油滴保持静止时,两块极板的电势差为 U.当电势差增加到 $4U$ 时,半径为 $2r$ 的油滴保持静止,则该油滴所带的电荷为( ).

A. $2e$ $\qquad$ B. $4e$ $\qquad$ C. $8e$ $\qquad$ D. $16e$

解析 设油滴的密度为 ρ,当电势差为 U 时,半径为 r、带有两个电子电荷的油滴保持静止,则有

$$2e \cdot \frac{U}{d} = \rho \cdot \frac{4}{3}\pi r^3 \cdot g. \qquad ①$$

当电势差增加到 $4U$ 时,半径为 $2r$ 的油滴保持静止,设此时油滴所带的电荷为 q,则有

$$q \cdot \frac{4U}{d} = \rho \cdot \frac{4}{3}\pi (2r)^3 \cdot g. \qquad ②$$

联立式①和式②,得 $q = 4e$.

答案 B.

05 有一足够长的铜管竖直放置,内有一截面大小与铜管的内截面相同的永久磁铁块,质量为 m.不考虑磁铁与铜管间的摩擦因素,则磁铁在铜管里从静止释放后的运动规律为( ).

A. 磁铁运动速度越来越大

B. 磁铁运动速度逐渐增大到一定值时,速度保持不变

C. 磁铁运动速度逐渐增大到一定值时,速度又开始减小到一定值后保持不变

D. 磁铁运动速度逐渐增大到一定值时,速度又开始减小到一定值,之后在一定区间内变动

解析 磁铁在下落过程中,铜管的磁通量发生变化,产生感应电流,其效果是阻碍磁铁的运动.开始时磁铁的速度较小,重力大于阻力,加速度向下,故磁铁做加速运动.当速度增加到某一值时,磁铁所受的重力与阻力等值反向,磁铁处于二力平衡状态,做匀速运动.故 B 选项正确.

答案 B.

06 电源电动势的定义是:_____.当导体棒在

磁场中切割磁感线时,导致导体棒中产生动生电动势的非静电力是_____.

解析 在将单位正电荷由负极移到正极的过程中非静电力对单位正电荷所做的功;洛伦兹力.

07 如图 3 所示,质量为 m、带电量为 q 的粒子,在重力作用下由静止下落 h 高度后垂直进入一高度为 L 的匀强磁场区域,磁感应强度方向垂直纸面向里,大小为 B. 则当带电粒子最终离开该磁场区域时的速率为_____.(注:$L \ll h$)

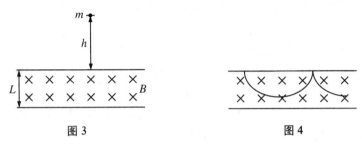

图 3 　　　　　图 4

解析 $L \ll h$ 表明粒子可以从磁场下边界离开磁场. 由于洛伦兹力不做功,只有重力做功. 根据动能定理,有

$$mg(h+L) = \frac{1}{2}mv^2,$$

解得 $v = \sqrt{2g(h+L)}$.

拓展 若无 $L \ll h$ 条件限制,粒子可能在磁场区域做滚轮线运动,出不了磁场,其运动轨迹如图 4 所示.

08 如图 5 所示为一电阻可以忽略的、水平放置的、足够长的导体线框,线框两平行导线的间距为 L,线框通过开关与一带电为 $\pm Q$ 的电容器 C 以及电阻 R_0 串联. 在导体框上有一可以自由移动的质量为 m、电阻为 R 的导体棒. 设整个系统处于均匀的磁场 B 中,磁场与线框平面垂直. 若把开关置于接通位置,电容器将通过回路放电,导体棒将在磁场中开始运动. 则导体棒运动的最大加速度为_____,最终速度为_____.(忽略各接触点的电阻)

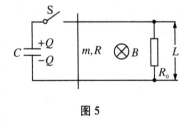

图 5

解析 S 闭合瞬间,电容器相当于无内阻、电压为 $U = Q/C$ 的电源,此时通过导体棒的电流为

$$I = \frac{U}{R} = \frac{Q}{RC}.$$

根据牛顿第二定律,有

$$BIL = ma_{max},$$

解得

$$a_{\max} = \frac{QBL}{mRC}.$$

由于 R_0 的存在,电容器会放完所有电,最终导体棒静止.

09 根据玻尔的氢原子理论,可以推出原子的能级公式为 $E = -13.6/n^2$ eV(n 取正整数),问:用动能为 12.6 eV 的电子流去轰击氢原子气体,则从氢原子的发光光谱中可能观测到_____条谱线.

解析 根据原子的能级公式得第 1、2、3、4 条轨道的能量分别为:$E_1 = -13.6$ eV,$E_2 = -3.4$ eV,$E_3 = -1.15$ eV,$E_4 = -0.85$ eV.

根据玻尔的氢原子理论,氢原子发生能级跃迁时吸收或辐射的能量等于各能级之差.当高能量的实物粒子与氢原子发生碰撞时,实物粒子的动能可全部或部分地被氢原子吸收,故只要实物粒子的动能大于或等于各能级之差,氢原子就能发生跃迁.因为 $\Delta E_{12} = 10.2$ eV $<$ 12.6 eV,$\Delta E_{13} = 12.09$ eV $<$ 12.6 eV,$\Delta E_{14} = 12.75$ eV $>$ 12.6 eV,所以氢原子能从基态吸收电子的部分能量跃迁至 $n=3$ 的激发态,发出 3→1、3→2 和 2→1 三条谱线.

10 我们夏天在大街上偶尔会看到平板卡车运输用于特殊场合降温的大型冰块,裸露在空气中的冰块上方不时看到"烟雾缭绕".有人说这是因为冰块在热空气中运动时,冰块通过与大量空气接触,吸收了空气中的热量而蒸发形成的.你认为这种说法是否正确?请给出你对这一现象的解释.

解析 不正确.因为热空气与冰接触时,温度降低,空气中的饱和水蒸气会有部分发生凝结,形成雾滴,这才是"烟雾缭绕"的原因.

11 如图 6(a)所示为两端固定的绳索在重力场中平衡时的形状,如果在悬索中央施加一外力 F,绳索变为如图 6(b)所示形状.与图 6(a)相比,图 6(b)中绳索的重心如何变化?试说明理由.

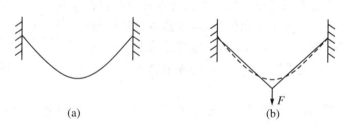

图 6

解析 与图 6(a)相比,图 6(b)中绳索的重心升高.系统处于平衡状态时,一定处于(势)能量最小状态,要改变其状态,外力只能做正功.按照功能原理,外力做正功,系统的势能增加(这里指重力势能增加),则系统的重心一定会升高.

12 利用爱因斯坦光电效应方程 $h\nu = mv^2/2 + A$ 说明为什么金属的光电效应有截止频

率(即极限频率)存在.光电效应方程中 h 为普朗克常量,ν 为入射光频率,m 为电子质量,A 为金属的电子脱出功.如果在光电效应实验中,测得某种金属的遏止电压和入射光的频率数据如下表中所列,用作图法求普朗克常量和该金属的截止频率.(已知电子电量 $e=1.602\times 10^{-19}$ C)

$\nu(10^{14}$ Hz$)$	5.644	5.888	6.098	6.303	6.501
U_a(V)	0.541	0.637	0.714	0.809	0.878

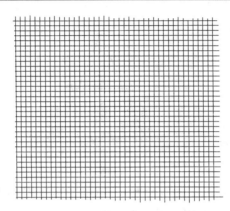

解析 由光电效应方程 $h\nu=\dfrac{1}{2}mv^2+A$,$\dfrac{1}{2}mv^2=eU_a$(U_a 表示遏止电压),得 $h\nu=eU_a+A$,找出遏止电压和入射光频率的关系为 $U_a=\dfrac{h}{e}\nu-\dfrac{A}{e}$.据表中数据作出 U_a-ν 图像,如图7所示.

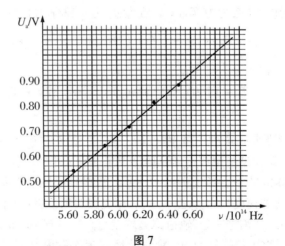

图7

找出拟合直线上的两个点 $(5.760,0.580)$ 和 $(6.400,0.840)$.求出斜率

$$k=\frac{h}{e}=\frac{0.840-0.580}{(6.400-5.760)\times 10^{14}}=4.063\times 10^{-15},$$

所以普朗克常量

$$h=ke=4.063\times 10^{-15}\times 1.602\times 10^{-19}=6.509\times 10^{-34}(\text{J}\cdot\text{s}).$$

由方程 $h\nu=eU_a+A$,得极限频率

$$\nu_0 = \frac{A}{h} = \nu - \frac{e}{h}U_a = \nu - \frac{U_a}{k} = 6.400 \times 10^{14} - \frac{0.840}{4.063 \times 10^{-15}} = 4.333 \times 10^{14} (\text{Hz}).$$

13 重为 80 kg 的人沿如图 8 所示的梯子从底部向上攀登,梯子质量为 25 kg,顶角为 30°. 已知 AC 和 CE 都为 5 m 长且用铰链在 C 点处相连. BD 为一段轻绳,两端固定在梯子高度一半处. 设梯子与地面的摩擦可以忽略,求:在人向上攀登的过程中,轻绳中张力的变化规律. (取重力加速度 $g = 10$ m/s²)

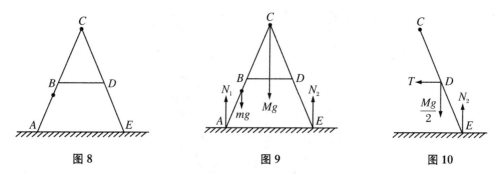

图 8　　　　　　图 9　　　　　　图 10

解析　设梯子的质量为 M,人的质量为 m,系统受外力情况如图 9 所示. 当人爬离 A 点的距离为 x 时,列出以 A 点为轴的力矩平衡方程,有

$$mg \cdot x\cos 75° + Mg \cdot AC\cos 75° = N_2 \cdot 2AC\cos 75°, \quad ①$$

解得

$$N_2 = 80x + 125. \quad ②$$

如图 10 所示,设绳中的张力为 T,以 C 点为轴,右半部分梯子的力矩平衡方程为

$$T \cdot CD\cos 15° + \frac{Mg}{2} \cdot CD\sin 15° = N_2 \cdot CE\sin 15°. \quad ③$$

联立式②和式③,得

$$T = (160x + 125)\tan 15° = 42.87x + 33.49.$$

14　(1) 已知地球质量 $m_e = 5.98 \times 10^{24}$ kg,半径 $R_e = 6378$ km,引力常数 $G = 6.67 \times 10^{-11}$ m³/kg·s². 试根据给定数据计算地球卫星速度大小的范围.

(2) 已知月球质量 $m_m = 7.36 \times 10^{22}$ kg,且资料显示月球赤道表面重力加速度大约只有地球赤道表面重力加速度的六分之一,试估算我国最近发射的"嫦娥一号"卫星的轨道运行速度和周期的大小. ("嫦娥一号"轨道离月球表面大约只有 200 km)

解析　(1) 设物体的质量为 m,物体从地球表面发射,成为绕地球运行的人造地球卫星,所需的最小发射速度 v_1 即为第一宇宙速度. 根据万有引力定律,有

$$G\frac{m_e m}{R_e^2} = m\frac{v_1^2}{R_e},$$

解得

$$v_1 = \sqrt{\frac{Gm_e}{R_e}} = 7.9 \text{ km/s}.$$

物体脱离地球引力的束缚,成为环绕太阳运动的一颗人造行星,物体的最小发射速度 v_2 即为第二宇宙速度.根据机械能守恒定律,有
$$\frac{1}{2}mv_2^2 - G\frac{m_e m}{R_e} = 0,$$
解得
$$v_2 = \sqrt{\frac{2Gm_e}{R_e}} = 11.2 \text{ km/s}.$$
所以地球卫星速度大小的范围是
$$7.9 \text{ km/s} \leqslant v \leqslant 11.2 \text{ km/s}.$$

（2）若不考虑地球自转的影响,地面上质量为 m 的物体所受的重力 mg_e 等于地球对物体的引力,即
$$G\frac{m_e m}{R_e^2} = mg_e,$$
可得
$$Gm_e = g_e R_e^2. \qquad ①$$
同理,在月球表面,有
$$Gm_m = g_m R_m^2. \qquad ②$$
根据题意,有
$$g_m = \frac{1}{6}g_e. \qquad ③$$
联立式①~③,得
$$R_m = R_e \sqrt{\frac{g_e}{g_m} \cdot \frac{m_m}{m_e}} = 1733 \text{ km}.$$
则"嫦娥一号"卫星的轨道运行速度为
$$v_m = \sqrt{\frac{Gm_m}{R_m + h}} = 1.59 \text{ km/s}.$$
周期为
$$T_m = \frac{2\pi(R_m + h)}{v_m} = 7635 \text{ s} \approx 127 \text{ min}.$$

15 目前,市面上销售一种高温高压蒸汽枪,用于家庭厨房的消毒和去污.设蒸汽枪的喷嘴截面积为 2 mm^2,喷气速度为 30 m/s,蒸汽温度为 100 °C,室温为 23 °C,试估算蒸汽枪的耗电功率.(已知水的比热容为 $c = 4.2 \times 10^3 \text{ J/(kg·°C)}$,水的汽化热为 $L = 2.26 \times 10^6 \text{ J/kg}$,水蒸气可视为理想气体)

解析 本题中水蒸气的密度未知,需作估算.水变成水蒸气,分子间距扩大 10 倍,而水的密度为 $1 \times 10^3 \text{ kg/m}^3$,故取 $\rho_汽 = 1 \text{ kg/m}^3$.
每秒喷出蒸汽的质量为
$$\Delta m = \rho_汽(vS) = 6 \times 10^{-5} \text{ kg}.$$
每秒喷出蒸汽的动能为

$$\Delta E_k = \frac{1}{2}\Delta m v^2 = 2.7 \times 10^{-2} \text{ J}.$$

每秒喷出蒸汽对应的水升温(从 23 ℃ 升到 100 ℃)需要吸热为

$$\Delta Q_1 = c \Delta m \Delta T = 2.17 \text{ J}.$$

每秒喷出的蒸汽汽化吸热为

$$\Delta Q_2 = \Delta m L = 135.6 \text{ J}.$$

故每秒喷出蒸汽需要消耗的能量为

$$\Delta E = \Delta E_k + \Delta Q_1 + \Delta Q_2 = 137.8 \text{ J}.$$

考虑到机械能损耗、热量损耗等,蒸汽枪的耗电功率要大于 137.8 W. 注意:不能用理想气体状态方程计算蒸汽的密度,因为喷出的是高压气体,在压强未知的情况下不能得到蒸汽的密度.

16 在一体积为 2 L 的密闭容器中,装有 2 g 氢气和少量的水,容器内压强 $p_0 = 17 \times 10^5$ Pa. 然后加热容器,使容器内的压强变为 $p_1 = 26 \times 10^5$ Pa,此时有部分水汽化. 已知水蒸气的摩尔质量为 $M = 18 \times 10^{-3}$ kg/mol,水的饱和蒸汽压 p_t 和温度 T 的关系如图 11 所示(图中方块点是实验数据,曲线是这些数据的拟合线);试求水的初始温度 T_0 和末温度 T_1,并估算水的质量变化量.

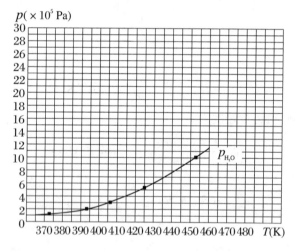

图 11

解析 我们先来介绍道尔顿分压定律、饱和汽与饱和汽压的概念.

道尔顿分压定律:包含 n 个组分的混合理想气体,其中各组分气体对系统提供的分压强分别为 $p_1, p_2, \cdots, p_n$,则混合气体的总压强等于各组分的分压强之和,即 $p = \sum_{i}^{n} p_i$.

利用克拉珀龙方程,结合独立作用原理,可以推得道尔顿分压定律. 在体积为 V 的封闭容器中,充有温度为 T 的混合气体. 为了研究问题的方便,不妨设混合气体由两种理想气体构成,其摩尔数分别为 n_1 和 n_2,各自独立产生的压强为 p_1 和 p_2,由气体特性可知,两种气体的体积均为 V,可对它们分别列出理想气体状态方程

$$p_1V = n_1RT, \qquad ①$$
$$p_2V = n_2RT. \qquad ②$$

式①和式②两式相加,得
$$(p_1+p_2)V = (n_1+n_2)RT.$$

因为混合气体的总摩尔数 $n = n_1 + n_2$,所以
$$(p_1+p_2)V = nRT. \qquad ③$$

对混合气体列出理想气体状态方程
$$pV = nRT. \qquad ④$$

联立式③和式④,得
$$p = p_1 + p_2.$$

从以上推导可以看出道尔顿分压定律的适用条件,即混合气体各成分的体积和温度必须相同.

在密闭的容器中,随着蒸发的不断进行,容器内蒸汽的密度不断增大,这时返回液体中的蒸汽的分子数也不断增多,直到单位时间内跑出液面的分子数与返回液面的分子数相等时,宏观上蒸发现象就停止了,液面上的蒸汽与液体保持动态平衡,此时的蒸汽叫做饱和汽,它的压强叫饱和汽压.液体汽化时,未达到动态平衡的蒸汽叫未饱和汽.未饱和汽近似遵循理想气体状态方程.

饱和汽压的大小与液体的种类有关,在相同的温度下,挥发性大的液体的饱和汽压大,挥发性小的液体的饱和汽压小.例如 20 ℃时乙醚的饱和汽压为 $5.87×10^4$ Pa,水为 $2.34×10^3$ Pa.水银的饱和汽压很小,20 ℃时仅为 $1.60×10^{-1}$ Pa,所以水银气压计水银柱上方的空间可以认为是真空.

对于同一种液体,饱和汽压随温度的升高而增大.如图 12 是水的饱和汽压与温度的关系图像. 100 ℃时水的饱和汽压是 760 mmHg.由图 12 可以看出,饱和汽压与温度并不是线性关系,尤其在温度较高时,饱和汽压增大得很快,其压强与温度的关系并不遵循理想气体的状态方程.

在温度不变的条件下,饱和汽压与液面上蒸汽的体积无关,也与液体上方有无其他气体无关.

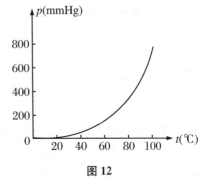

图 12

明确了上述概念后,我们来求解此题.首先注意到"少量水"的描述,所以可以忽略水的体积.对本题混合气体中的氢气而言将做等容变化,根据理想气体状态方程,有
$$p_{H_2}V = nRT,$$
则
$$p_{H_2} = 4.155×10^3 T.$$

作出氢气的 p_{H_2}-T 图线,如图 13 所示.

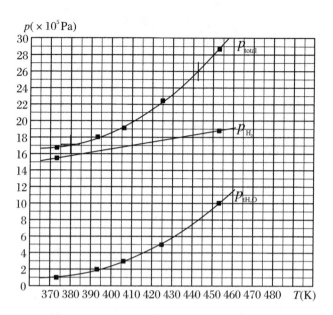

图 13

根据道尔顿分压定律,逐点将同温度下水蒸气的饱和汽压 p_{tH_2O} 和氢气的压强 p_{H_2} 相加,作出总压强 p_{total} 随温度 T 变化的曲线,如图 13 所示.

由 p_{total}-T 图线读出初始总压强 $p_0 = 17 \times 10^5$ Pa、末态总压强 $p_1 = 26 \times 10^5$ Pa 对应的温度分别为 $T_0 = (380 \pm 1)$ K、$T_1 = (442 \pm 1)$ K.

由 p_{tH_2O}-T 图线读出温度 $T_0 = (380 \pm 1)$ K、$T_1 = (442 \pm 1)$ K 对应的水蒸气的压强分别为 $p_{H_2O0} = (1.4 \pm 0.1) \times 10^5$ Pa、$P_{H_2O1} = (8 \pm 0.1) \times 10^5$ Pa.

根据理想气体状态方程,有

$$pV = nRT = \frac{m}{M}RT,$$

则

$$m = \frac{pMV}{RT}.$$

所以水质量的减少量(即水蒸气质量的增加量)

$$\Delta m = \frac{MV}{R}\left(\frac{p_{H_2O1}}{T_1} - \frac{p_{H_2O0}}{T_0}\right) = (6.25 \pm 0.10) \times 10^{-3} \text{ kg}.$$

2007 年上海交大冬令营试题解析

01 如图 1 所示,有一竖直放置的圆心在 O 点的光滑大圆环,大圆环上套有两个质量可忽略的光滑的小圆环 B 和 C. 设有一光滑的轻绳穿过两个小圆环, 在轻绳的两端 A、D 以及两环之间 E 处悬有三个重物. 设两小圆环在如图所示位置（BO、CO 分别与 FO 夹 $30°$ 角）时整个系统处于平衡状态, 则三个重物的质量 m_A、m_D 及 m_E 间的关系为 _____.

解析 由对称性可知 $m_A = m_D$, 分析 E 处的重物, 它受三个力作用, 且三个力互成 $120°$, 故有 $m_A = m_D = m_E$.

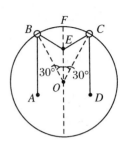

图 1

02 如图 2 所示为一同学设计的通过电压表读数显示物体质量的实验装置和电路示意图, 托盘和弹簧的质量均不计. 弹簧的上端与变阻器相连, 托盘中无重物时, 电压表的读数为零. 设变阻器的总电阻为 R, 长度为 L, 弹簧的劲度系数为 k, 不计摩擦, 则物体质量 m 与电压表读数 U 之间的关系为 _____.

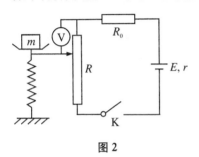

图 2

解析 由题意可知弹簧的压缩量 x 与变阻器滑片的下滑量相同. 根据胡克定律, 有

$$kx = mg,$$

解得

$$x = \frac{mg}{k}. \qquad ①$$

变阻器与电压表并联部分电阻的阻值为

$$R_x = \frac{x}{L}R. \qquad ②$$

而电压表读数为

$$U = IR_x. \qquad ③$$

根据闭合电路的欧姆定律, 得总电流为

$$I = \frac{E}{R + r + R_0}. \qquad ④$$

联立式①~④, 得

$$m = \frac{kLU(R + r + R_0)}{RgE}.$$

03 若两分子间距离发生变化, 两分子间的相互作用力和分子势能也会随之变化. 下列表述正确的是（　　）.

A. 若两分子处于平衡位置时, 分子间没有引力和斥力

B. 若两分子间距离减小时, 分子间引力和斥力都增大

C. 若两分子间距离增大时, 分子间的引力将增大, 而斥力将减小

D. 若两分子间距离增大时, 分子势能一定增大

解析 分子间的作用力随分子间距离变化的关系如图 3 所示. 若两分子处于平衡位置时, 分子间引力和斥力大小相等, 合力为 0, A

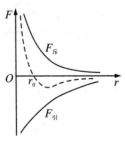

图 3

选项错误.若两分子间距离减小时,分子间引力和斥力都增大,B 选项正确.若两分子间距离增大时,分子间引力和斥力都减小,C 选项错误.若两分子间距离大于 r_0 时,分子力表现为引力,距离增大时,分子力做负功,分子势能增大.若两分子间距离小于 r_0 时,随距离的增大分子力先表现为斥力后表现为引力,分子力先做正功后做负功,分子势能先减小后增大,D 选项错误.

答案 B.

04 一个大热气球的容积为 2.1×10^4 m³,气球本身和负载质量共 4.5×10^3 kg,若此时其外部空气温度为 20 ℃,空气的密度为 1.29 kg/m³.要想使气球上升,其内部空气最低要加热到的温度为_____℃.

解析 要想使气球上升,须满足
$$mg + \rho_内 Vg = \rho_外 gV,$$
解得
$$\rho_内 = 1.0757 \text{ kg/m}^3.$$
根据理想气体的状态方程,有
$$pV = nRT = \frac{m}{M}RT = \frac{\rho V}{M}RT,$$
可得
$$\rho T = \frac{pM}{R}.$$
气球内、外大气相连通,故内、外空气压强相等,则有
$$\rho_外(20 + 273.15) = \rho_内(t + 273.15),$$
解得 $t = 78.4$ ℃.

05 如图 4 所示电路中,A、B 两灯泡原来都正常发光,突然 B 灯比原来更亮了.则电路中可能的故障为( ).

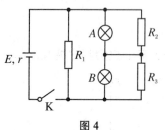

图 4

A. R_1 断路　　　　　B. R_2 断路
C. R_3 断路　　　　　D. 灯 A 断路

解析 若 R_1 断路,则总电阻增大,总电流减小,路端电压增大,即 A 灯与 B 灯电压之和增大,A、B 两灯都变亮,A 选项正确.

若 R_2 断路,则总电阻增大,总电流减小,路端电压增大,流过 R_1 的电流增大,流过 B 灯与 R_3 并联部分的电流减小,而 B 灯与 R_3 的电路结构不变,则流过 B 灯的电流减小,故 B 灯变暗,B 选项错误.

若 R_3 断路,则总电阻增大,总电流减小,路端电压增大,流过 R_1 的电流增大,流过 A 灯与 R_2 并联部分的电流减小,而 A 灯与 R_2 的电路结构不变,则 A 灯与 R_2 并联部分的电压减小,B 灯的电压增大,故 B 灯变亮,C 选项正确.

若 A 灯断路,则总电阻增大,总电流减小,路端电压增大,流过 R_1 的电流增大,流过 B

灯与 R_3 并联部分的电流减小,而 B 灯与 R_3 的电路结构不变,则流过 B 灯的电流减小,故 B 灯变暗,D 选项错误.

答案 A、C.

06 有一孤立的平行板电容器,平板面积为 S,平板间的距离为 d.设该电容器极板带电 Q 时,平板间的电势差为 U.若再在两平板间平行插入厚度为 t 且与电容器极板面积相同的金属平板,外界要做的功为_____.

解析 插入金属平板前电容器的电容为 $C = \varepsilon_r S/(4\pi k d)$,插入金属板后,此电容器可看成由插入的金属板与相对的极板组成的两电容器 C_1、C_2 串联.设两电容器的间距分别为 d_1、d_2,则有

$$C_1 = \frac{\varepsilon_r S}{4\pi k d_1}, \quad C_2 = \frac{\varepsilon_r S}{4\pi k d_2}.$$

总电容为

$$C' = \frac{C_1 C_2}{C_1 + C_2} = \frac{\varepsilon_r S}{4\pi k (d_1 + d_2)} = \frac{\varepsilon_r S}{4\pi k (d - t)} = \frac{d}{d-t} C.$$

孤立电容器的电荷量不变,故此过程中外界要做的功为

$$W = \frac{Q^2}{2C'} - \frac{Q^2}{2C} = -\frac{Q^2 t}{2Cd} = -\frac{QUt}{2d}.$$

07 设想地磁场是由地球内部的环形电流形成的,那么这一环形电流的方向应该是( ).

A. 由东向西   B. 由西向东
C. 由南向北   D. 由北向南

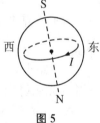

图5

解析 如图 5 所示,根据安培定则可判断环形电流的方向自东向西,A 选项正确.

答案 A.

08 一外皮绝缘的导线扭成如图 6 所示的三个圆形平面闭合回路,回路半径分别为 a、b、c,且 $a>b>c$.回路中都有均匀磁场 B,且 B 与回路平面垂直并指向内,回路外无磁场.当 B 的大小以速率 k 增大时,回路中总的感应电动势大小为_____,要求在图中标出圆回路 b 中的感应电流的方向.

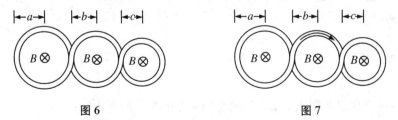

图6   图7

解析 对于半径为 a 的圆回路,根据法拉第电磁感应定律,得感应电动势大小为 $E_a =$

$\Delta BS/\Delta t = k\pi a^2$,方向为逆时针方向. 对于半径为 b 的圆回路,根据法拉第电磁感应定律,得感应电动势大小为 $E_b = \Delta BS/\Delta t = k\pi b^2$,方向为逆时针方向. 对于半径为 c 的圆回路,根据法拉第电磁感应定律,得感应电动势大小为 $E_c = \Delta BS/\Delta t = k\pi c^2$,方向为逆时针方向. 故回路中总的感应电动势大小为 $E = E_a - E_b + E_c = k\pi(a^2 - b^2 + c^2)$,圆回路 b 中的感应电流的方向如图 7 所示.

09 有一位置固定的、周期为 T 的波源 S 在流动的水面附近做竖直振动,波在水中的传播速度 u 大于水的流速 v,其发出的波的波阵面形状如图 8 所示. 设波源从 $t=0$ 时刻开始振动,以波源为原点,写出 t 时刻波前的方程_____. 若在波源的正前方和正后方(按水流方向计)分别放置两个接收器 P 和 Q,则 P、Q 接收到的水面波的频率分别为_____和_____.

解析 以水为参考系,t 时刻波前的方程为
$$x'^2 + y'^2 = (ut)^2. \qquad ①$$
回到地面参考系,则有
$$x = x' + vt, \qquad ②$$
$$y = y'. \qquad ③$$
联立式①~③,得
$$(x - vt)^2 + y^2 = (ut)^2.$$
由于波源 S、接收器 P 和 Q 都是固定的,所以 P、Q 接收到的水面波的频率均为 $1/T$.

10 如图 9 所示为光电效应实验示意图. 实验中用 A 光照射光电管时,电流表有反应,而用 B 光照射光电管时,电流表没有反应. 则(　　).

A. A 光频率大于 B 光频率
B. 发生光电效应时,电流是沿 $D \to C$ 方向
C. 电源极性可能是左边为正极,右边为负极
D. 电源极性可能是右边为正极,左边为负极

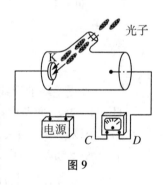

图 9

解析 实验结果表明 A 光一定会发生光电效应,B 光可能没有发生光电效应,也可能左极板上虽有光电子逸出,但由于加的是反向电压,光电子不能达到右极板,这样电路中就没有电流. 发生光电效应时,电子会从左极板运动到右极板,则电路中的电流为逆时针方向,所以电流表中的光电流沿 C 到 D 方向,故 A、C、D 选项正确.

答案 A、C、D.

11 有一同学在用单摆测定重力加速度的实验中测得如下数据:

L/m	0.50	0.80	0.90	1.00	1.20
T/s	1.42	1.80	1.91	1.99	2.21

表中 L 为摆长，T 为周期. 请利用作图法求重力加速度的值（要求结果保留三位有效数字），并用适当的公式对你的方法加以说明.

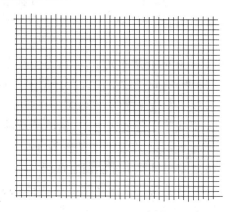

解析 由单摆周期公式 $T = 2\pi\sqrt{L/g}$，得

$$T^2 = \frac{4\pi^2}{g}L,$$

即 T^2 与 L 成正比. 求出 T^2 数据如下表所示，作出 T^2-L 图像，如图 10 所示.

L/m	0.50	0.80	0.90	1.00	1.20
T/s	1.42	1.80	1.91	1.99	2.21
T^2/s^2	2.02	3.24	3.65	3.96	4.88

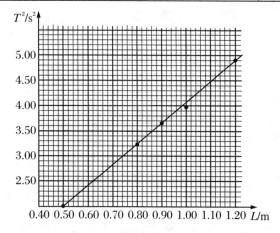

图 10

找出拟合直线上的两个点 $(0.60, 2.43)$ 和 $(1.10, 4.44)$. 求出斜率

$$k = \frac{4\pi^2}{g} = \frac{4.44 - 2.43}{1.10 - 0.60} = 4.02,$$

所以重力加速度

$$g = \frac{4\pi^2}{k} = 9.81 \text{ m/s}^2.$$

12 有一密闭的容器,内有大量的氢原子,这些氢原子均处于基态 E_0.

(1) 设某一时刻有一动能为 E_k 的电子进入该容器,并与氢原子发生碰撞,如果 E_1、E_2 分别表示氢原子的第一、二激发态的能量,且 $E_1 - E_0 < E_k < E_2 - E_0$,你认为会发生什么样的物理过程?

(2) 如果把电子换成一个具有相同能量的光子,你认为会发生什么样的物理过程?

解析 根据玻尔的氢原子理论,氢原子发生能级跃迁时吸收或辐射的能量等于各能级之差.当高能量的实物粒子与氢原子发生碰撞时,实物粒子的动能可全部或部分地被氢原子吸收,故只要实物粒子的动能大于或等于各能级之差,氢原子就能发生跃迁.但光子的能量只能全部被氢原子吸收,若不满足能级之差就不会被氢原子吸收.故当光子与氢原子碰撞时,光子的能量只有等于各能级之差时氢原子才能发生跃迁.

(1) 当电子进入容器后,与氢原子以及容器器壁发生碰撞,数次碰撞后,电子与氢原子的碰撞可能出现电子动能的减小值正好和氢原子的能级差 $E_1 - E_0$ 相同,则氢原子会从基态迁移到 E_1 态.处于 E_1 态的氢原子自发辐射,跃迁回到基态,同时放出能量为 $E_1 - E_0$ 的光子.该光子可能被其他氢原子吸收(重复跃迁过程);也可能不被其他氢原子吸收(考虑到多普勒效应).

(2) 如果电子换成相同能量的光子,上述过程不可能发生.

13 质量为 m 的行星在质量为 M 的恒星引力作用下,沿半径为 r 的圆轨道运行.要使该行星运行轨道半径增大 1%,外界要做多少功?(行星在恒星引力场中的势能为 $E_p = -GMm/r$,其中 G 为引力常量)

解析 行星在半径为 r 的圆轨道上做圆周运动,万有引力提供向心力,有

$$G\frac{Mm}{r^2} = m\frac{v^2}{r}.$$

则行星的动能为

$$E_k = \frac{1}{2}mv^2 = \frac{GMm}{2r}.$$

行星的势能为

$$E_p = -G\frac{Mm}{r}.$$

故行星的机械能为

$$E = E_k + E_p = \frac{GMm}{2r} - G\frac{Mm}{r} = -\frac{GMm}{2r}.$$

要使行星运行轨道半径增大 1%,根据功能原理,外界做功为

$$W = \Delta E = E' - E = -\frac{GMm}{2}\left(\frac{1}{1.01r} - \frac{1}{r}\right) = \frac{GMm}{202r}.$$

14 如图11所示的盒内有由三个等值的电阻 R 组成的电路,盒外有三个接线柱1、2、3. 如果测得 $R_{12}=3\ \Omega$,$R_{23}=9\ \Omega$,求1、3间的电阻 R_{13} 以及三个等值电阻的阻值 R,并画出可能的电路图.

解析 有以下两种可能:① 如图12所示,当 $R=3\ \Omega$,1、2之间连一个电阻,2、3之间连三个电阻,则 $R_{13}=6\ \Omega$. ② 如图13所示,当 $R=6\ \Omega$ 时,1、2 间并联两个电阻,两个电阻并联后再与一个电阻串联,则 $R_{13}=6\ \Omega$.

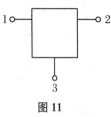

图 11

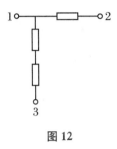

图 12

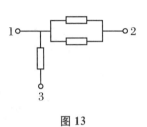

图 13

15 如图14所示,一端封闭的玻璃管开口向上,管内有一段高为 h(cm)的水银柱将一定质量的空气封闭在管中.空气柱长为 l(cm),这时水银柱上面刚好与管口相齐.设实验时大气压为 H(cmHg),问:管中空气柱长满足什么条件时,继续向管内倒入水银,水银不会溢出管口?

解析 设玻璃管截面积为 S,则倒入水银前空气柱的体积为 lS,压强为 $H+h$. 倒入水银的长度为 Δh 时,空气柱的长度减小了 Δl,当 $\Delta h \leqslant \Delta l$ 时,水银不会溢出管口.此时空气柱的体积为 $(l-\Delta l)S$,压强为 $H+h+\Delta h$.根据玻意耳定律,有
$$(H+h)lS=(H+h+\Delta h)(l-\Delta l)S,$$
解得
$$\Delta l=\frac{l\Delta h}{H+h+\Delta h}.$$
当 $\Delta h \leqslant \Delta l$ 时,水银不会溢出管口,则
$$\Delta h \leqslant \frac{l\Delta h}{H+h+\Delta h},$$
得
$$l \geqslant H+h+\Delta h.$$
按照题意,要求
$$\Delta h>0,$$
所以有
$$l>H+h.$$

图 14

16 如图15所示,有一与电容器 C 串联的光滑矩形金属轨道,轨道宽度为 L,与地面成

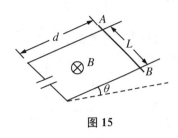

图 15

θ 角放置. 轨道上有一质量为 m、其长度方向与轨道垂直的金属杆 AB 可以在矩形轨道上自由滑动. 整个系统处于与轨道平面垂直的均匀磁场 B 中. 若金属杆 AB 原来处于离轨道底部距离为 d 的位置, 忽略整个系统的电阻, 求金属杆从静止开始滑动到矩形轨道底部所需要的时间.

解析 任一时刻金属杆切割磁感线产生的感应电动势为
$$U = BLv.$$
对金属杆, 有
$$mg\sin\theta - BIL = ma.$$
而
$$I = \frac{\Delta Q}{\Delta t} = \frac{C\Delta U}{\Delta t} = \frac{CBL\Delta v}{\Delta t} = CBLa,$$
故
$$a = \frac{mg\sin\theta}{m + CB^2L^2}.$$
金属杆做匀加速直线运动, 则
$$d = \frac{1}{2}at^2,$$
所以金属杆从静止开始滑动到矩形轨道底部所需要的时间
$$t = \sqrt{\frac{2d(m + CB^2L^2)}{mg\sin\theta}}.$$

2006 年上海交大冬令营试题解析

选择、填空题.

01 质量分别为 m_1 和 m_2 的两滑块 A 和 B 通过一轻弹簧水平连接后置于水平桌面上, 滑块与桌面间的摩擦系数均为 μ, 系统在水平拉力 F 作用下做匀速运动, 如图 1 所示. 如突然撤销拉力, 则撤销瞬间, 二者的加速度 a_A 和 a_B 分别为( ).

A. $a_A = 0, a_B = 0$ B. $a_A > 0, a_B < 0$
C. $a_A < 0, a_B > 0$ D. $a_A < 0, a_B = 0$

图 1

解析 撤销拉力瞬间, 由于弹簧两端都有物体约束, 故弹簧弹力不变, 滑块 B 的合力仍为 0, 其加速度 $a_B = 0$, 滑块 A 的合力向左, 其加速度 $a_A < 0$, 故 D 选项正确.

答案 D.

A、B 两物体做圆周运动时所需向心力 $F(r)$ 如图 2 所示,下列说法正确的是( ).

A. 当半径变化时,A、B 的线速度均不变
B. 当半径变化时,A、B 的角速度均不变
C. 当半径变化时,A 的角速度不变,B 的线速度不变
D. 当半径变化时,A 的线速度不变,B 的角速度不变

解析 A 为正比例函数,根据 $F = m\omega^2 r$,可知 A 的角速度不变. B 为反比例函数,根据 $F = mv^2/r$,可知 B 的线速度不变,故 C 选项正确.

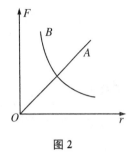

图 2

答案 C.

03 原子核能可能的释放方式是原子核的_____、_____和_____.

解析 衰变、聚变、裂变. 因为这三种反应都有质量亏损现象,所以能释放核能.

04 一定质量的理想气体,处在某一初始温度,现要使它的温度经变化后回到初始温度,下列哪个过程可实现?( )

A. 等压膨胀后等容降温　　B. 等压压缩后等容降压
C. 等容增压后等压膨胀　　D. 等容降压后等压膨胀

解析 由理想气体状态方程 $pV/T = C$(常量)可知,先等压膨胀,p 不变、V 增大则 T 增大,后等容降温,所以温度可以回到初始温度,A 选项正确. 先等压压缩,p 不变、V 减小则 T 减小,后等容降压,V 不变、p 减小则 T 减小,所以温度低于初始温度,B 选项错误. 先等容增压,V 不变、p 增大则 T 增大,后等压膨胀,p 不变、V 增大则 T 增大,所以温度高于初始温度,C 选项错误. 先等容降压,V 不变、p 减小则 T 减小,后等压膨胀,p 不变、V 增大则 T 增大,所以温度可以回到初始温度,D 选项正确.

答案 A、D.

05 如图 3 所示,三个质量相等的带电小球在光滑水平面上沿一直线排列,间距均为 L,$q_B = -3q$,$q_A = 6q$,F 为恒定外力. 为使三者始终保持间距为 L 的运动,$F = $_____,$q_C = $_____.

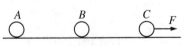

图 3

解析 要使三个质量相等的带电小球在运动过程中始终保持间距为 L,则它们的速度和加速度相同且方向向右. A 球带正电荷、B 球带负电荷,B 球受到 A 球向左的引力,由于 B 球加速度方向向右,所以 B 球应受到 C 球向右的引力,则 C 球带正电荷. 根据牛顿第二定律,有

$$k\frac{6q \cdot 3q}{L^2} - k\frac{6q \cdot q_C}{(2L)^2} = ma, \qquad ①$$

$$k\frac{3q \cdot q_C}{L^2} - k\frac{6q \cdot 3q}{L^2} = ma, \qquad ②$$

$$F - k\frac{3q \cdot q_C}{L^2} + k\frac{6q \cdot q_C}{(2L)^2} = ma. \qquad ③$$

联立式①～③,得

$$F = \frac{18kq^2}{L^2}, \quad q_C = 8q.$$

06 一弹簧振子做简谐振动的位移-时间曲线如图 4(a)所示,在图 4(b)画出该弹簧振子系统动能随时间的变化关系.

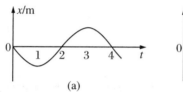
(a)
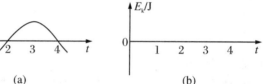
(b)

图 4

解析 由图 4(a)得

$$x = -A\sin\omega t,$$

故

$$v = \frac{dx}{dt} = -A\omega\cos\omega t,$$

则

$$E_k = \frac{1}{2}mv^2 = \frac{1}{2}mA^2\omega^2\cos^2\omega t.$$

根据倍角公式

$$\cos^2\omega t = \frac{1+\cos 2\omega t}{2},$$

故

$$E_k = \frac{1}{2}mA^2\omega^2\frac{1+\cos 2\omega t}{2} = \frac{1}{4}mA^2\omega^2 + \frac{1}{4}mA^2\omega^2\cos 2\omega t.$$

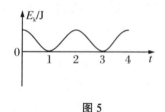

图 5

画出 E_k-t 曲线如图 5 所示.

07 自然界的基本相互作用有四种,其中_____和_____是短程作用.

解析 自然界的基本相互作用有四种,即引力相互作用、电磁相互作用、强相互作用、弱相互作用.

引力相互作用:存在于一切物体之间,相互作用的强度随距离的增大而减小.

电磁相互作用:存在于电荷与电荷、磁体与磁体、电流与电流之间,它们本质上是同一种相互作用的不同表现,作用规律与万有引力相似.

强相互作用:存在于原子核内质子与质子、质子与中子、中子与中子之间,它是短程作用,作用范围只有约10^{-15} m.

弱相互作用:这是在放射现象中发现的,也是短程作用,强度只有强相互作用的10^{-12}.

08 在水流速度为零的静止水面上,有一波源 S 在做上下振动,其发出的波的波阵面形状如图 6(a)所示.若将同样的波源置于水流速度一定的水面上(波在水中的传播速度大于水的流速),并保持波源位置不变,在图 6(b)中画出其发出的波的波阵面形状.

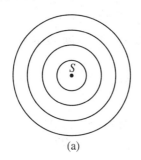
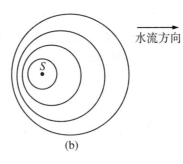

图 6

解析 波阵面形状如图 6(b)所示.

分析、论述题.

09 如图 7 所示,在升降机的天花板上固定一摆长为 l 的单摆,当升降机静止时,让摆球从 θ_0 角度处向下摆动,试分析:

(1) 当摆球摆到最高点时,升降机以加速度 g 下落,摆球相对于升降机如何运动?
(2) 当摆球摆到最低点时,升降机以加速度 g 下落,摆球相对于升降机如何运动?
(3) 若升降机以 g 为加速度加速上升,则摆球相对于升降机又如何运动?

解析 (1) 当摆球摆到最高点时,升降机以加速度 g 下落,以升降机为参考系(非惯性系),摆球还受到大小为 mg、方向竖直向上的惯性力的作用,惯性力与重力抵消.由于球摆在最高点速度为零,则绳子的拉力变为零,所以摆球相对于升降机静止.

(2) 当摆球摆到最低点时,升降机以加速度 g 下落,以升降机为参考系(非惯性系),摆球还受到大小为 mg、方向竖直向上的惯性力的作用,惯性力与重力抵消.由于摆球在最低点有水平速度,所以摆球相对于升降机做匀速圆周运动,绳子的拉力提供向心力.

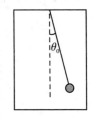

图 7

(3) 若升降机以 g 为加速度加速上升,以升降机为参考系(非惯性系),摆球还受到大小为 mg、方向竖直向下的惯性力的作用,则摆球所受的等效重力为 $2mg$,等效重力加速度为 $2g$.所以摆球相对于升降机做周期 $T=2\pi\sqrt{l/(2g)}$ 的简谐运动.

10 肥皂泡中充满氦气,飘浮在空气中,肥皂泡的壁与其中充的氦气哪个更重?说明你的分析过程.

解析 根据理想气体的状态方程,有
$$pV = nRT = \frac{m}{M}RT = \frac{\rho V}{M}RT,$$
可得
$$\rho = \frac{pM}{RT},$$
其中氦气的摩尔质量 $M=4\ \text{g/mol}$,空气的摩尔质量 $M'=29\ \text{g/mol}$.

设肥皂泡的壁的质量为 $m_{壁}$,泡内氦气的体积为 V,氦气的密度为 ρ,空气的密度为 ρ',肥皂泡飘浮在空气中,须满足
$$m_{壁}g + \rho Vg = \rho'gV,$$
则
$$m_{壁} = (\rho' - \rho)V = \frac{p(M'-M)V}{RT} = \frac{25pV}{RT}.$$
氦气质量
$$m_{氦} = \rho V = \frac{pMV}{RT} = \frac{4pV}{RT}.$$
所以肥皂泡的壁比氦气重.

计算题.

11 如图 8 所示,有一边长为 L、电阻为 R 的正方形导线框,以速度 v 水平向右匀速穿过宽度为 $2L$ 的磁场.该磁场左侧宽度为 L 的区域有磁感应强度为 B 的匀强磁场,右侧宽度为 L 的区域有磁感应强度为 $2B$ 的匀强磁场,方向均垂直纸面向里.求运动过程中导线框 a、b 两点间的电势差,并在图 9 中画出 U_{ab} 随时间 t 的变化曲线.

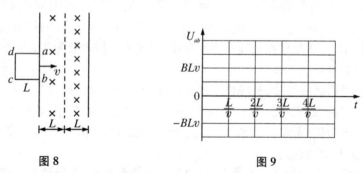

图 8　　　　　图 9

解析 $0 \sim L/v$ 这段时间,ab 边切割磁感线相当于电源,电动势为 BLv,如图 10 所示. 所以 a、b 两点间的电势差 $U_{ab} = \frac{BLv}{R} \cdot \frac{3}{4}R = \frac{3}{4}BLv$.

$L/v \sim 2L/v$ 这段时间,ab 边与 cd 切割磁感线相当于电源,电动势分别为 $2BLv$、BLv,如图 11 所示.回路电流 $I = \frac{2BLv - BLv}{R} = \frac{BLv}{R}$,则 $\varphi_b + 2BLv - I \cdot \frac{R}{4} = \varphi_a$,所以 a、b 两点

间的电势差 $U_{ab} = \varphi_a - \varphi_b = 2BLv - I \cdot \dfrac{R}{4} = \dfrac{7}{4}BLv$.

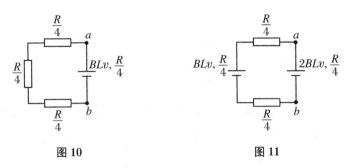

图 10   图 11

$2L/v \sim 3L/v$ 这段时间, cd 边切割磁感线相当于电源, 电动势为 $2BLv$, 如图 12 所示. 所以 a、b 两点间的电势差 $U_{ab} = \dfrac{2BLv}{R} \cdot \dfrac{R}{4} = \dfrac{1}{2}BLv$.

U_{ab} 随时间 t 的变化曲线如图 13 所示.

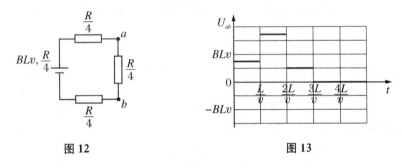

图 12   图 13

12 如图 14 所示, U 形管竖直固定在静止的平板车上, U 形管竖直部分和水平部分的长度均为 l, 管内充有水银, 两管内的水银面距离管口均为 $l/2$. 若将 U 形管管口密封, 并让 U 形管与平板车一起做匀加速运动, 运动过程中 U 形管两管内水银面的高度差为 $l/6$, 求:

(1) 小车的加速度;
(2) U 形管底部中央位置的压强.(设水银密度为 ρ, 而大气压强恰好为 $p_0 = \rho g l$, 空气温度不变)

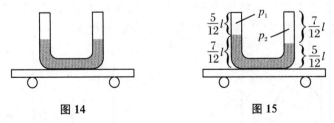

图 14   图 15

解析 (1) 两管内水银面的高度差为 $l/6$, 则左管内水银面升高 $l/12$, 右管内水银面下降 $l/12$, 如图 15 所示. 由于空气温度不变, 对左、右管内封闭气体运用玻意耳定律, 有

$$p_0 \cdot \dfrac{l}{2} S = p_1 \left(\dfrac{l}{2} - \dfrac{l}{12} \right) S, \qquad ①$$

$$p_0 \cdot \frac{l}{2} S = p_2 \left(\frac{l}{2} + \frac{l}{12}\right) S, \qquad ②$$

解得

$$p_1 = \frac{5}{6} p_0 = \frac{5}{6} \rho g l, \qquad ③$$

$$p_2 = \frac{6}{7} p_0 = \frac{6}{7} \rho g l. \qquad ④$$

以管底部水平部分的水银为研究对象,如图16所示.根据牛顿第二定律,有

$$\left(p_1 + \rho g \cdot \frac{7}{12} l\right) S - \left(p_2 + \rho g \cdot \frac{5}{12} l\right) S = \rho \cdot l S \cdot a. \qquad ⑤$$

联立式③~⑤,得

$$a = \frac{107}{210} g. \qquad ⑥$$

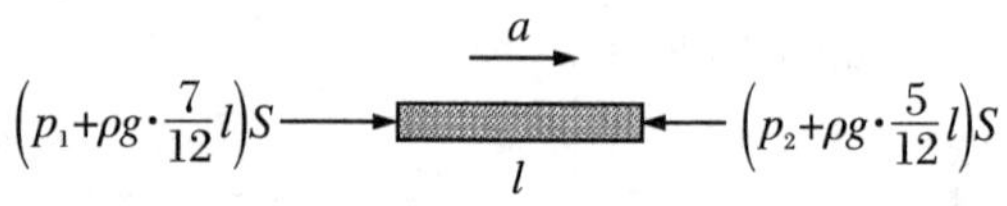

图 16

(2) 以管底部水平右半部分的水银为研究对象,如图17所示.根据牛顿第二定律,有

$$pS - \left(p_2 + \rho g \cdot \frac{5}{12} l\right) S = \rho \cdot \frac{l}{2} S \cdot a. \qquad ⑦$$

联立式④、式⑥和式⑦,得

$$p = \frac{107}{70} \rho g l.$$

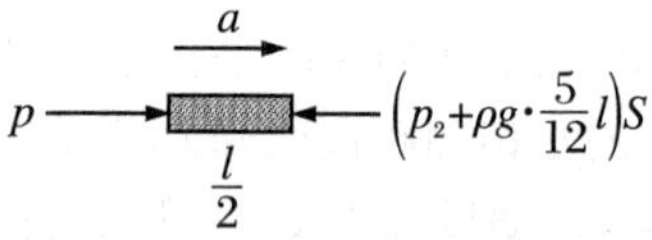

图 17

13 两个质量分布均匀的球,半径为 r,重为 G_0,置于两端开口的圆筒内,圆筒半径为 R ($r < R < 2r$),并竖直放在水平面上,如图18所示.设所有接触面均光滑,为使圆筒不至于倾倒,圆筒的最小重力 G 为多少? 如果换成有底的圆筒,情况又如何?

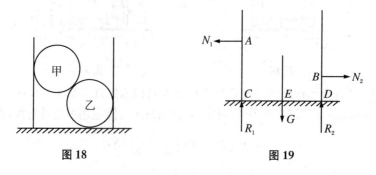

图 18   图 19

解析 圆筒的受力如图19所示,以 C 点为轴,圆筒将要倾倒时,D 处与地面无弹力,即 $R_2 = 0$.要使圆筒不倾倒,根据力矩平衡条件,有
$$N_1 \cdot AC \leqslant N_2 \cdot BD + G \cdot CE. \qquad ①$$
甲球的受力如图20所示,根据平衡条件,有
$$N_1' = G_0 \cot \theta. \qquad ②$$
把甲、乙两球作为一个整体,由水平方向受力平衡,得
$$N_1' = N_2'. \qquad ③$$
根据牛顿第三定律,有
$$N_1 = N_1', \quad N_2 = N_2'. \qquad ④$$

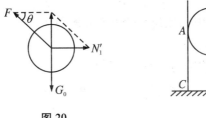

图 20　　图 21

如图21所示,由几何关系,得
$$\cot \theta = \frac{2R - 2r}{AC - BD}. \qquad ⑤$$
联立式①～⑤,得
$$G \geqslant 2G_0 \frac{R - r}{R}.$$
所以圆筒的最小重力为
$$G_{\min} = 2G_0 \frac{R - r}{R}.$$

若圆筒有底,则无论倾倒与否均可视为刚体,此时只要重力作用线不超出底面积范围,筒就不会倾倒.

14 如图22所示为体积不可压缩流体中的一小段液柱,由于体积在运动中不变,因此当 S_1 面以速度 v_1 向前运动了 Δx_1 时,S_2 面以速度 v_2 向前运动了 Δx_2,若该液柱前、后两个截面处的压强分别为 p_2 和 p_1,利用功能关系证明流体内流速大的地方压强反而小.(忽略重力的作用及高度的变化)

图 22

解析 选取一小段液柱为研究对象,根据动能定理,有
$$p_1 S_1 \Delta x_1 - p_2 S_2 \Delta x_2 = \frac{1}{2} m v_2^2 - \frac{1}{2} m v_1^2.$$
由于体积在运动中不变,相等时间里两截面流动的体积相等(流体的连续性原理),有
$$S_1 \Delta x_1 = S_2 \Delta x_2.$$
故当 $v_1 > v_2$ 时,$p_1 < p_2$,即流体内流速大的地方压强反而小.

2003年上海交大冬令营试题解析

01 如图1所示,劲度系数为 k_1 的轻质弹簧两端分别与质量为 m_1、m_2 的物块1、2拴接,劲度系数为 k_2 的轻质弹簧上端与物块2拴接,下端压在桌面上(不拴接),整个系统处于平衡状态.现施力将物块1缓慢地竖直上提,直到下面弹簧的下端刚脱离桌面,在此过程中,物块2的重力势能增加了_____,物块1的重力势能增加了_____.

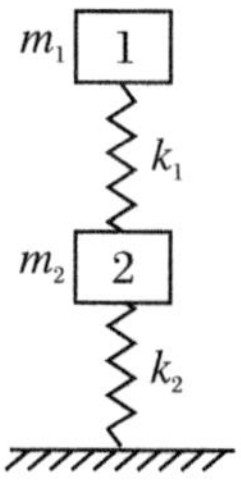

解析 原来上、下弹簧的压缩量分别为
$$x_1 = \frac{m_1 g}{k_1}, \quad x_2 = \frac{(m_1+m_2)g}{k_2}.$$

图1

下面弹簧刚离开桌面时,上面弹簧的伸长量为
$$x'_1 = \frac{m_2 g}{k_1}.$$

物块2的重力势能增加了
$$\Delta E_{p2} = m_2 g x_2 = \frac{(m_1+m_2)m_2 g^2}{k_2}.$$

物块1的重力势能增加了
$$\Delta E_{p1} = m_1 g (x_1 + x'_1 + x_2) = m_1 g^2 (m_1+m_2)\left(\frac{1}{k_1}+\frac{1}{k_2}\right).$$

02 金刚石的密度为 3.5×10^3 kg/m³,试估算碳原子的直径为_____.

解析 金刚石的摩尔体积为
$$V_{mol} = \frac{M_{mol}}{\rho}.$$

1 mol 金刚石含有 N_A 个碳原子,则一个碳原子的体积为
$$V = \frac{V_{mol}}{N_A} = \frac{M_{mol}}{\rho N_A}.$$

所以碳原子的直径大约为
$$d = \sqrt[3]{V} = \sqrt[3]{\frac{M_{mol}}{\rho N_A}} = \sqrt[3]{\frac{12 \times 10^{-3}}{3.5 \times 10^3 \times 6.02 \times 10^{23}}} \text{ m} \approx 1.79 \times 10^{-10} \text{ m}.$$

03 一端封闭的玻璃管自重为 G,内装一段高为 h 的水银柱,封闭一定质量的理想气体,现将玻璃管封闭端用弹簧秤悬起,另一端没入水银槽中,如图2所示,当玻璃管没入一定

深度后,弹簧秤的示数为 G,若当时的大气压为 p,则此时管内上方气体的压强为_____,玻璃管内、外水银面的高度差 Δx 为_____.(设玻璃管壁的厚度不计)

解析 对试管进行受力分析,试管在竖直方向上受外部大气压力、管内上方气体压力、弹簧弹力、自身重力的作用,四者满足
$$pS + G = p_\text{上} S + T,$$
其中弹簧弹力 T 等于试管重力 G,可得
$$p_\text{上} = p.$$

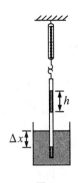

图 2

对管内水银柱进行受力分析,水银柱在竖直方向上受管内上方气体压力、管内下方气体压力、自身重力的作用,三者满足
$$p_\text{上} S + \rho \cdot hS \cdot g = p_\text{下} S. \qquad ①$$
而
$$p_\text{下} = p + \rho g \Delta x. \qquad ②$$
联立式①和式②,得
$$\Delta x = h.$$

04 两根用相同材料制成的保险丝,其直径分别为 0.5 mm 和 1 mm,熔断电流分别为 2 A 和 6 A.现将相同长度、不同粗细的两根保险丝并联接入保险丝盒,则电路中允许的最大电流为( ).

A. 6 A B. 7.5 A C. 8 A D. 10 A

解析 根据电阻定律,有
$$R = \rho \frac{l}{S} = \rho \frac{l}{\pi (d/2)^2}.$$
所以,直径分别为 0.5 mm 和 1 mm 的保险丝的电阻之比为 $R_1/R_2 = (d_2/d_1)^2 = 4$.当细保险丝达到最大电流 2 A 时,粗保险丝中的电流为 8 A,则粗保险丝会熔断.当粗保险丝达到最大电流 6 A 时,细保险丝中的电流为 1.5 A,所以电路中允许的最大电流为 7.5 A,故 B 选项正确.

答案 B.

05 雷雨天闪电时,两片云之间放电电压为 10^9 V,放电电量为 30 C,则做的功为_____kJ.

解析 电场力做功为
$$W = qU = 3 \times 10^7 \text{ kJ}.$$

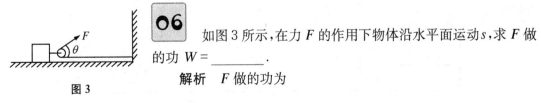

图 3

06 如图 3 所示,在力 F 的作用下物体沿水平面运动 s,求 F 做的功 $W = $_____.

解析 F 做的功为

$$W = (F + F\cos\theta)s = Fs(1 + \cos\theta).$$

07 以下关于波长的说法,正确的是(   ).
A. 在传播方向上两个振动情况完全相反的质点之间的距离是半个波长
B. 任意两个波峰之间的距离是一个波长
C. 在传播方向上两个振动情况完全相同的质点之间的距离是一个波长
D. 以上都不是

解析　在传播方向上两个振动情况完全相反的相邻质点之间的距离是半个波长,A 选项错误.两个相邻波峰之间的距离是一个波长,B 选项错误.在传播方向上两个振动情况完全相同的相邻质点之间的距离是一个波长,C 选项错误.

答案　D.

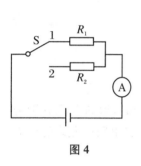

图 4

08 如图 4 所示电路,电源的内阻不能忽略.已知定值电阻 $R_1 = 10\ \Omega, R_2 = 8\ \Omega$.当单刀双掷开关 S 置于位置 1 时,电流表读数为 0.2 A.则当 S 置于位置 2 时,电流表读数的可能值为(   ).
A. 0.35 B. 0.22 A
C. 0.19 D. 0.16 A

解析　当开关 S 置于位置 1 时,有
$$I_1 = \frac{E}{r + R_1} = \frac{E}{r + 10} = 0.2\ \text{A}. \quad ①$$

当开关 S 置于位置 2 时,有
$$I_2 = \frac{E}{r + R_2} = \frac{E}{r + 8}. \quad ②$$

联立式①和式②,得
$$I_2 = \frac{0.2r + 2}{r + 8} = \frac{0.2 + 2/r}{1 + 8/r}.$$

当 $r \to 0$ 时,$I_2 \to 0.25$ A;当 $r \to \infty$ 时,$I_2 \to 0.2$ A.所以 $0.2\ \text{A} < I_2 < 0.25\ \text{A}$,故 B 选项正确.

答案　B.

09 如图 5 所示,一金属杆沿一竖直金属框从匀强磁场落下,它的速度与时间图像不可能是(   ).

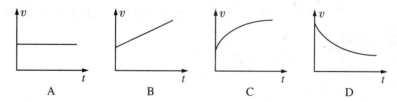

解析 若金属杆进入磁场时的安培力等于重力,则金属棒做匀速直线运动,A 选项正确.若金属杆进入磁场时的安培力小于重力,则金属棒做加速度逐渐减小的加速运动,C 选项正确.若金属杆进入磁场时的安培力大于重力,则金属棒做加速度逐渐减小的减速运动,D 选项正确.所以速度与时间图像不可能是 B 选项.

答案 B.

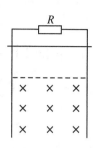

图 5

10 如图 6 所示,有明显边界 M、N 的匀强磁场宽度为 L,其外有一个与磁场垂直的正方形闭合线框边长为 d,有一个平行线框的力将此线框匀速拉进磁场,第一次拉时速度为 v_1,第二次以速度 $v_2 = 2v_1$ 拉进磁场.则在这两次拉进过程中拉力大小之比 $F_1:F_2 = \underline{\qquad}$,拉力做功之比 $W_1:W_2 = \underline{\qquad}$,拉力的功率之比 $P_1:P_2 = \underline{\qquad}$.

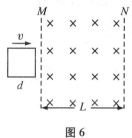

图 6

解析 由于线框做匀速运动,所以拉力大小等于安培力大小,即 $F = B^2 d^2 v / R$,所以

$$\frac{F_1}{F_2} = \frac{v_1}{v_2} = \frac{1}{2}.$$

拉力做功 $W = Fd = B^2 d^3 v / R$,所以

$$\frac{W_1}{W_2} = \frac{v_1}{v_2} = \frac{1}{2}.$$

拉力的功率 $P = Fv = B^2 d^2 v^2 / R$,所以

$$\frac{P_1}{P_2} = \left(\frac{v_1}{v_2}\right)^2 = \frac{1}{4}.$$

11 在进行白光的双缝干涉实验时,会出现彩色明暗干涉条纹,若把其中一条缝用红色滤光片盖住,另一条缝用绿色滤光片盖住,则( ).

A. 只有红色、绿色干涉条纹,其他条纹消失
B. 除了红色、绿色,其他颜色干涉条纹仍存在
C. 仍有彩色条纹,但无干涉条纹
D. 一片白光

解析 若把其中一条缝用红色滤光片盖住(只能透过红光),另一条缝用绿色滤光片盖住(只能透过绿光),那么从双缝射出的是频率不同的红光和绿光,所以不能产生干涉条纹,C 选项正确.

答案 C.

12 氢原子从 $n=6$ 的激发态自发跃迁时共能够产生 $\underline{\qquad}$ 条谱线,其中有 $\underline{\qquad}$ 条在可见光区.

解析 一群氢原子处于量子数为 n 的激发态时,可能辐射出的光谱线条数为

$$N = C_n^2 = \frac{n(n-1)}{2} = 15.$$

在这些谱线中只有 $n = 6$、5、4、3 到 $n = 2$ 的跃迁共 4 条谱线在可见光区.

13 如图 7 所示,有一些光滑木板组成同底的三角形,上端在同一竖直线上,木块沿不同倾角的板从顶端滑下,不计摩擦,则哪一块板上的木块先滑到底端? 设与水平面的夹角为 θ,某同学认为 θ 角越大加速度越大,所以板竖直时,下滑加速度为 g,木块下滑最快. 请你判断该同学的推理是否正确,并简述理由.

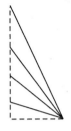

图 7

解析 设三角形的底边长为 L,物体沿斜面下滑的位移为 $x = L/\cos\theta$,木块沿木板做匀加速直线运动,加速度 $a = g\sin\theta$,由 $x = at^2/2$,解得 $t = \sqrt{4L/(g\sin 2\theta)}$. 所以当 $\theta = 45°$ 时,物体滑至底端所需时间 t 最短.

14 为精确地测量重力加速度 g,某同学制作了摆长达十几米的单摆并挂于大厅的天花板上,现有秒表和米尺(但无法测得摆长),请设计测出 g 的实验方案.

(1) 写出测量的步骤.

(2) 写出 g 的表达式.

解析 设摆长为 L_1,用秒表测出单摆的周期为 T_1,则有

$$T_1 = 2\pi\sqrt{\frac{L_1}{g}}. \quad ①$$

用米尺将摆长 L_1 减短 1 m,调整后的摆长为 L_2,用秒表测出单摆的周期为 T_2,则有

$$T_2 = 2\pi\sqrt{\frac{L_2}{g}}. \quad ②$$

联立式①和式②,得

$$g = \frac{4\pi^2(L_1 - L_2)}{T_1^2 - T_2^2} = \frac{4\pi^2}{T_1^2 - T_2^2}.$$

15 如图 8 所示的电路,三根导线中有一条断路,已知电源为两节干电池,万用表可选用直流 0.5 A 的电流挡,直流 2.5 V 的电压挡,直流 10 V 的电压挡、欧姆挡. 问:可选用何器材? 如何判断哪一条导线断路? (不断开电路)

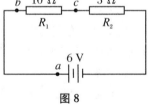

图 8

解析 因不断开电路,故不能用欧姆挡. 由于电源电压为 6 V,故不能用直流 2.5 V 的电压挡. 如将多用电表的红表笔接在 a 点,黑表笔接在 c 点,此时回路中的电流最大可能达到 1.2 A,故不能用直流 0.5 A 的电流挡. 综上所述,应选用直流 10 V 的电压挡. 红表笔接 a 点,黑表笔依次接 b、c 点,若 $U_{ab} = 6$ V,$U_{ac} = 6$ V,则表明左侧导线断路;若 $U_{ab} = 0$,$U_{ac} = 6$ V,则表明中间导线断路;若 $U_{ab} = 0$,$U_{ac} = 0$,则表明右侧导线断路.

16 气罐的体积为 V,罐内的气体压强为 p.现将贮气罐经阀门与体积为 V_0 的真空室相连,打开阀门为真空室充气,达到平衡后关闭阀门.然后换一个新的同样的贮气罐继续为真空室(已非"真空")充气……如此连续不断充气,直到真空室中气体的压强达到 p_0($p_0 < p$)为止.设充气过程中温度恒定不变,问需要多少个贮气罐?

解析 第一次充气,有
$$pV = p_1(V + V_0),$$
解得
$$p_1 = p \cdot \frac{V}{V + V_0}.$$
第二次充气,有
$$pV + p_1 V_0 = p_2(V + V_0),$$
解得
$$p_2 = p \cdot \frac{V}{V + V_0} + p \cdot \frac{V}{(V + V_0)^2} \cdot V_0.$$
第三次充气,有
$$pV + p_2 V_0 = p_3(V + V_0),$$
解得
$$p_3 = p \cdot \frac{V}{V + V_0} + p \cdot \frac{V}{(V + V_0)^2} \cdot V_0 + p \cdot \frac{V}{(V + V_0)^3} \cdot V_0^2.$$
……
第 n 次充气,有
$$p_n = p \cdot \frac{V}{V + V_0} + p \cdot \frac{V}{(V + V_0)^2} \cdot V_0 + \cdots + p \cdot \frac{V}{(V + V_0)^n} \cdot V_0^{n-1} = p\left[1 - \left(\frac{V_0}{V + V_0}\right)^n\right].$$
当真空室中气体的压强达到 p_0 时,有
$$p\left[1 - \left(\frac{V_0}{V + V_0}\right)^n\right] = p_0,$$
可得
$$\left(\frac{V_0}{V + V_0}\right)^n = \frac{p - p_0}{p}.$$
等式两边取自然对数,有
$$n = \frac{\ln \frac{p - p_0}{p}}{\ln \frac{V_0}{V + V_0}}.$$

17 如图9所示,半径为 R 的圆形区域内有随时间均匀变化的匀强磁场,磁感应强度 B 随时间 t 均匀增加的变化率为 k(k 为常数),$t = 0$ 时的磁感应强度为 B_0,B 的方向与圆形区域垂直,在图中垂直纸面向内.一长为 $2R$ 的金属直杆 AC 也处在圆形区域所在平面,并以速

度 v 扫过磁场区域. 设在 t 时刻杆位于图示位置, 此时杆的 AB 段正好在磁场内, BC 段位于磁场之外, 且 $AB = BC = R$, 求此时杆中的感应电动势.

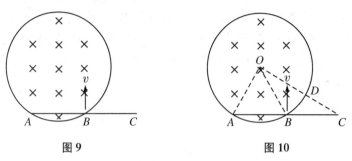

图 9　　　　　　　　　图 10

解析　此时感生电动势和动生电动势共存. 如图 10 所示, 感生电动势为 $E_{BA} = \Delta B \cdot S_{\triangle OAB}/\Delta t = \sqrt{3}kR^2/4$, B 端相当于电源正极; $E_{CB} = \Delta B \cdot S_{\text{扇} OBD}/\Delta t = k\pi R^2/12$, C 端相当于电源正极. 动生电动势为 $E'_{AB} = (B_0 + kt)Rv$, A 端相当于电源正极. 故总电动势为

$$E = E_{BA} + E_{CB} - E'_{AB} = \left(\frac{\sqrt{3}}{4} + \frac{\pi}{12}\right)kR^2 - (B_0 + kt)Rv.$$

18

开普勒总结了行星运动三定律, 其内容如下:

① 行星运动在不同的椭圆轨道上, 而太阳位于这些椭圆的一个焦点上.

② 在相同的时间内, 由太阳指向行星的矢径将扫过相同的面积.

③ 行星绕太阳运行的周期的平方与其椭圆轨道半长轴的立方成正比, 即 $T^2/a^3 = $ 常数.

靠近地球表面的重力加速度为 g, 卫星绕地做半径为 R 的匀速圆周运动, 若绕行的线速度 v 减小, 卫星沿与地面相切的椭圆轨道运动, 如图 11 所示, 则卫星多久到达地面?（已知地球半径为 r）

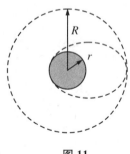

图 11

解析　以 M 表示地球的质量, m 表示卫星的质量, m' 表示地球表面处某一物体的质量, T 和 T' 分别表示卫星沿圆轨道和椭圆轨道的周期. 根据万有引力定律和牛顿第二定律, 有

$$G\frac{Mm'}{r^2} = m'g, \qquad ①$$

$$G\frac{Mm}{R^2} = m\left(\frac{2\pi}{T}\right)^2 R. \qquad ②$$

根据开普勒第三定律, 有

$$\frac{T^2}{R^3} = \frac{T'^2}{\left(\frac{R+r}{2}\right)^3}. \qquad ③$$

联立式①～③, 得

$$t = \frac{T'}{2} = \frac{\pi(R+r)}{2r}\sqrt{\frac{R+r}{2g}}.$$

第二部分
自主招生系列

2017年北京大学"博雅计划"试题解析

01 空间直角坐标系中,六个完全相同、均匀带电的正方形绝缘平板构成一个正方体,其中心 O 位于坐标原点,各棱方向与坐标轴平行.记与 z 轴平行的棱中点为 A,正方体与 x 轴的交点为 B,则 A、B、O 三点的电场强度(   ).

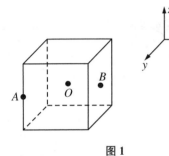

图1

A. 全部为 0
B. 全部不为 0
C. 有两个满足至少在两个方向上的分量不为 0
D. 有一个满足恰好在两个方向上的分量不为 0

解析 O 点的电场强度为 0,A 点的电场强度有 x 分量和 y 分量,B 点的电场强度只有 x 分量.D 选项正确.

02 如图 2 所示,用轻绳悬挂一带电小球 A,绳长为 l,小球质量为 m.现将一无穷远处的相同小球 B 移至图示位置,原小球偏转角度为 θ,求移动小球过程中外力做的功.

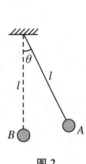 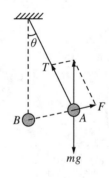

图2　　　图3

解析 以 A 球为研究对象,受力分析如图 3 所示,则有

$$F = \frac{kq^2}{\left(2l\sin\dfrac{\theta}{2}\right)^2} = 2mg\sin\dfrac{\theta}{2}.$$

电势能的增量为

$$\Delta E_{p1} = \frac{kq^2}{2l\sin\dfrac{\theta}{2}} = 4mgl\sin^2\dfrac{\theta}{2} = 2mgl(1-\cos\theta).$$

重力势能的增量为

$$\Delta E_{p2} = mgl(1-\cos\theta).$$

所以外力做功为
$$W = \Delta E_{p1} + \Delta E_{p2} = 3mgl(1-\cos\theta).$$

03 如图 4 所示，有一等腰三棱镜，底角为 θ，从侧面沿平行于底边方向射入一光束，其折射后在底面发生全反射并从另一侧面射出．已知三棱镜材料的折射率为 $\sqrt{2}$，求 θ 需满足的条件．

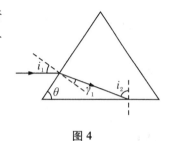

图 4

解析 第一次折射，入射角 $i_1 = 90° - \theta$，根据折射定律，有
$$\frac{\sin i_1}{\sin \gamma_1} = n,$$
解得
$$\gamma_1 = \arcsin\frac{\cos\theta}{\sqrt{2}}.$$

光线在底面发生全反射的临界角 C 与折射率 n 的关系为
$$\sin C = \frac{1}{n},$$
解得
$$C = 45°.$$

发生全反射的条件是入射角 $i_2 = \gamma_1 + \theta$ 大于临界角 C，则有
$$\arcsin\frac{\cos\theta}{\sqrt{2}} + \theta > 45°.$$

04 长度分别为 l_1 和 l_2 的两根不可伸长的细绳悬挂着质量分别为 m_1 和 m_2 的两个小球，处于静止状态，如图 5 所示．中间小球突然受到一水平方向的冲击力，瞬间获得水平向右的速度 v，求此时两绳中的拉力．

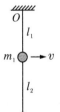

图 5

解析 m_1 相对于悬点 O 做圆周运动，根据牛顿第二定律，有
$$T_1 - m_1 g - T_2 = m_1 \frac{v^2}{l_1}. \qquad ①$$

m_2 相对于 m_1 做圆周运动，此时 m_1 的向心加速度为 $\frac{v^2}{l_1}$，m_1 是一个非惯性系，故 m_2 所受惯性力为 $m_2 \frac{v^2}{l_1}$，方向竖直向下．根据牛顿第二定律，有
$$T_2 - m_2 g - m_2 \frac{v^2}{l_1} = m_2 \frac{v^2}{l_2}. \qquad ②$$

联立式①和式②，得
$$T_1 = m_1 g + m_1 \frac{v^2}{l_1} + m_2 g + m_2 \left(\frac{v^2}{l_1} + \frac{v^2}{l_2}\right),$$
$$T_2 = m_2 g + m_2 \left(\frac{v^2}{l_1} + \frac{v^2}{l_2}\right).$$

05

一平行板电容器,极板面积为 S,板间距离为 d,与电动势为 U 的稳恒电源串联. 现将一厚度为 d、面积为 S、相对介电常数为 ε_r 的电介质插入极板之间,求该过程中外力做功的大小.

解析 插入电介质前电容器的电容为 $C_1 = \dfrac{S}{4\pi kd}$,插入电介质后电容器的电容为 $C_2 = \dfrac{\varepsilon_r S}{4\pi kd}$. 该过程中外力做功的大小为

$$W = \frac{1}{2} C_2 U^2 - \frac{1}{2} C_1 U^2 = \frac{SU^2}{8\pi kd}(\varepsilon_r - 1).$$

06

如图 6 所示,真空中有四块完全相同且彼此靠近的大金属板 A、B、C、D 平行放置,表面涂黑(可看成黑体),最外侧两块板的热力学温度各维持为 T_1 和 T_4,且 $T_1 > T_4$. 当达到热稳定时,求 B 板的温度.

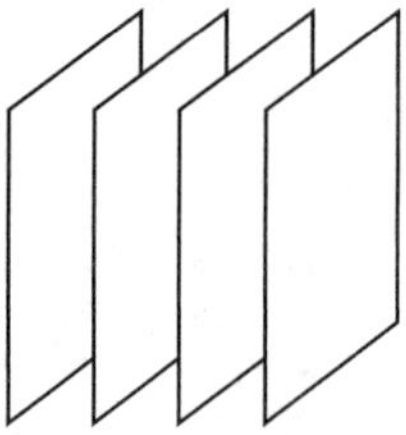

解析 温度为 T_2 的 B 板左、右侧单位时间内单位面积上净获得的辐射热量分别为

$$Q_{B左} = \sigma(T_1^4 - T_2^4), \qquad ①$$
$$Q_{B右} = \sigma(T_3^4 - T_2^4). \qquad ②$$

达到热稳定时,有

$$Q_{B左} + Q_{B右} = 0. \qquad ③$$

联立式①~③,得

$$T_1^4 + T_3^4 = 2T_2^4. \qquad ④$$

图 6

温度为 T_3 的 C 板左、右侧单位时间内单位面积上净获得的辐射热量分别为

$$Q_{C左} = \sigma(T_2^4 - T_3^4), \qquad ⑤$$
$$Q_{C右} = \sigma(T_4^4 - T_3^4). \qquad ⑥$$

达到热稳定时,有

$$Q_{C左} + Q_{C右} = 0. \qquad ⑦$$

联立式⑤~⑦,得

$$T_2^4 + T_4^4 = 2T_3^4. \qquad ⑧$$

联立式④和式⑧,得

$$T_2 = \sqrt[4]{\dfrac{2T_1^4 + T_4^4}{3}}.$$

2017年某校自主选拔试题解析

填充题.

01 在水面上方高 $h=3.6$ m 处有一灯,在灯的正下方水中的潜水者看到的灯的高度为 $h'=$ _____ m,水的折射率为 $\frac{4}{3}$.

解析 根据视深公式,有
$$h' = nh = 4.8 \text{ m}.$$

02 两个质量分别为 m_1 和 m_2 的小球带同种电荷,带电量分别为 q_1 和 q_2.用两根长分别为 l_1 和 l_2 的轻绳悬挂于同一点 O,平衡时,两绳与竖直方向的夹角分别为 α_1 和 α_2,则两角的关系为 $\dfrac{\sin \alpha_1}{\sin \alpha_2}=$ _____.

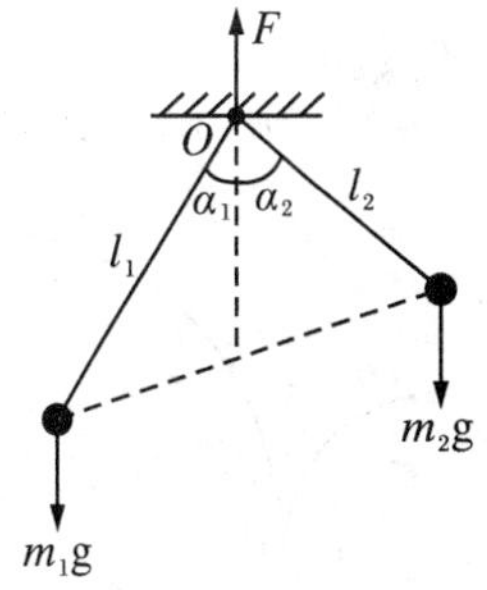

解析 将两球和轻绳看成整体,受力分析如图1所示.以 O 为转轴,根据力矩平衡条件,有
$$m_1 g l_1 \sin \alpha_1 = m_2 g l_2 \sin \alpha_2.$$
解得
$$\frac{\sin \alpha_1}{\sin \alpha_2} = \frac{m_2 l_2}{m_1 l_1}.$$

图1

03 如图2所示,一光学黑箱内有一个焦距为 20 cm 的凸透镜和一个焦距为 15 cm 的凹透镜.设平行光入射黑箱后,出来的仍为平行光,则箱内两个透镜的距离为 _____.

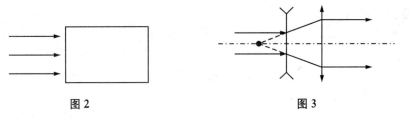

图2　　　　图3

解析 两个透镜的距离为 5 cm,光路图如图3所示.

04 在卢瑟福的 α 粒子散射实验中,某一 α 粒子经过某一原子核附近时的轨迹如图4中

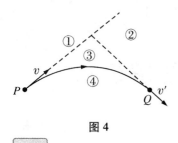

图 4

实线所示. 图中 P、Q 为轨迹上的点，虚线是过 P、Q 两点并与轨迹相切的直线，两虚线和轨迹将平面分为四个区域. 不考虑其他原子核对 α 粒子的作用，那么该原子核可能在区域 _____．

解析 曲线运动的轨迹特点是切于速度偏向力，故原子核可能在区域①.

05 图 5 为氢原子的能级示意图. 一群氢原子处于 $n = 3$ 的激发态，在向较低能级跃迁的过程中向外发出光子，用这些光照射逸出功为 2.49 eV 的金属钠. 金属钠表面所发出的光电子的初动能最大值为 _____ eV.

$n = 4$ —————— -0.85 eV
$n = 3$ —————— -1.51 eV
$n = 2$ —————— -3.40 eV

$n = 1$ —————— -13.6 eV

图 5

解析 氢原子从 $n = 3$ 能级向 $n = 1$ 能级跃迁时发出光子的能量最大，为 12.09 eV. 根据光电效应方程，有 E_{km} = 12.09 eV − 2.49 eV = 9.60 eV.

06 π^+ 粒子衰变的方程为 $\pi^+ \rightarrow \mu^+ + \nu_\mu$，如图 6 所示，其中 π^+ 子和 μ^+ 子带单位正电荷，缪子中微子 ν_μ 是中性的. 一个 π^+ 子沿垂直于磁场的方向射入置于匀强磁场中的云室，其轨迹为圆弧 AP，衰变后产生的 μ^+ 子的轨迹也在垂直于磁场的平面内，为圆弧 PD. 两轨迹在 P 点相切，它们的半径 R_{π^+} 与 R_{μ^+} 之比为 2∶1. 由此可知 μ^+ 子的动量大小与 ν_μ 粒子的动量大小之比为 _____．

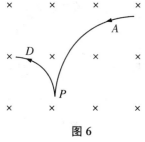

图 6

解析 π^+ 子和 μ^+ 子均做匀速圆周运动，根据牛顿第二定律，有

$$evB = m\frac{v^2}{R}.$$

故动量

$$p = mv = eBR.$$

则

$$p_{\pi^+} : p_{\mu^+} = R_{\pi^+} : R_{\mu^+} = 2 : 1.$$

根据动量守恒定律，有

$$p_{\pi^+} = p_{\nu_\mu} - p_{\mu^+},$$

故

$$p_{\mu^+} : p_{\nu_\mu} = 1 : 3.$$

07 如图 7 所示，用两根长度均为 l 的完全相同的细线将一重物悬挂在水平的天花板下，细线与天花板的夹角为 θ，整个系统静止，这时每根

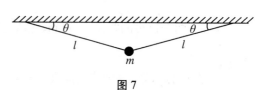

图 7

细线中的张力为 T. 现在将一根细线剪断,在这一时刻另一根细线中的张力 T' 为_____.

解析 剪断细线前,根据共点力的平衡,有
$$2T\sin\theta = mg. \qquad ①$$
剪断细线后,根据牛顿第二定律,有
$$T' - mg\sin\theta = m\frac{v^2}{l} = 0. \qquad ②$$
联立式①和式②,得
$$T' = 2T\sin^2\theta.$$

08 假设地球为质量均匀分布的球体. 已知地球表面的重力加速度在两极处的大小为 g_0,在赤道处的大小为 g,地球半径为 R,则地球自转的周期 T 为_____.

解析 以 M 表示地球质量,m 表示物体质量,根据万有引力与重力的关系,有
$$G\frac{Mm}{R^2} = mg_0, \qquad ①$$
$$G\frac{Mm}{R^2} = mg + m\left(\frac{2\pi}{T}\right)^2 R. \qquad ②$$
联立式①和式②,得
$$T = 2\pi\sqrt{\frac{R}{g_0 - g}}.$$

09 绝热容器用活塞分为两个区域,装有同样种类的理想气体,初始时两区域的体积分别为 V_0 和 $2V_0$,压强相同,温度分别为 $2T_0$ 和 $3T_0$. 通过活塞传热且活塞移动之后,达到热平衡. 此时容器两部分的体积分别为_____.

解析 以 p_1 表示初始时两区域的压强,以 p_2 表示达到热平衡时两区域的压强,以 T 表示达到热平衡时两区域的温度. 根据理想气体状态方程,有
$$\frac{p_1 V_0}{2T_0} = \frac{p_2 V_1}{T}, \qquad ①$$
$$\frac{p_1 2V_0}{3T_0} = \frac{p_2 V_2}{T}. \qquad ②$$
其中
$$V_1 + V_2 = V_0 + 2V_0. \qquad ③$$
联立式①~③,得
$$V_1 = \frac{9}{7}V_0, \quad V_2 = \frac{12}{7}V_0.$$

10 如图8所示,一个半径为 R 的实心圆盘,其中心轴与竖直方向有夹角 θ. 开始时,圆盘静止,其上表面覆盖着一层灰,没有掉落. 现将圆盘绕其中心轴旋转,其角速度从零缓慢增加至 ω,此时圆盘表面上的灰有 75% 被甩掉. 设灰尘与圆盘面的静摩擦系数为 μ,重力加速度为 g,则 ω 的值为_____.

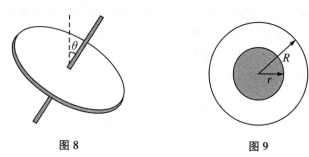

图 8　　　　　　　　图 9

解析　由于灰尘随圆盘做圆周运动,其向心力由灰尘受到的指向圆心的合力提供,在最下端时指向圆心的合力最小. 当75%的灰尘被甩掉时,剩余灰尘所在圆的半径 $r=\dfrac{R}{2}$,如图9所示. 根据牛顿第二定律,有

$$\mu mg\cos\theta - mg\sin\theta = m\omega^2 r.$$

解得

$$\omega = \sqrt{\dfrac{2g(\mu\cos\theta - \sin\theta)}{R}}.$$

解答题.

11　某同学设计了如图 10(a)所示的电路测电源电动势 E、内阻 r 和电阻 R_1 的阻值. 实验器材有:待测电源(电动势为 E,内阻为 r);待测电阻 R_1;电压表V(量程为1.5 V,内阻很大);电阻箱 $R(0\sim 99.99\ \Omega)$;开关 S_1;单刀双掷开关 S_2;导线若干.

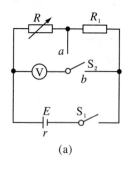 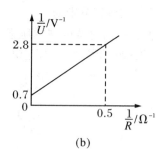

(a)　　　　　　　　(b)

图 10

(1) 先测量电阻 R_1 的阻值. 请将该同学的操作补充完整.

① 闭合 S_1,将 S_2 切换到 a,调节电阻箱,读出其示数 R_0 和对应的电压表示数 U_1;

② 保持电阻箱示数不变,将 S_2 切换到 b,读出电压表的示数 U_2;

③ 则电阻 R_1 的表达式为＿＿＿＿．

(2) 该同学已经测得电阻 $R_1=4.95\ \Omega$,继续测电源电动势 E 和内阻 r 的阻值. 做法是:闭合 S_1,将 S_2 切换到 a,多次调节电阻箱,读出多组电阻箱示数 R 和对应的电压表示数 U,由测得的数据,绘出了如图 10(b)所示的 $\dfrac{1}{U}$-$\dfrac{1}{R}$ 图线,则电源电动势 $E=$＿＿＿＿V,内阻 $r=$

_____ Ω.(保留三位有效数字)

解析 (1)当 S_2 切换到 a 时,电压表测 R 两端的电压;当 S_2 切换到 b 时,电压表测 R 及 R_1 两端的电压,根据串联分压定律,有

$$R_1 = \frac{U_2 - U_1}{U_1} R_0.$$

(2)根据闭合电路的欧姆定律,有

$$E = U + \frac{U}{R}(R_1 + r).$$

变形可得

$$\frac{1}{U} = \frac{1}{E} + \frac{R_1 + r}{E} \cdot \frac{1}{R}.$$

由数学知识可得

$$\frac{1}{E} = 0.7, \quad \frac{R_1 + r}{E} = \frac{2.8 - 0.7}{0.5}.$$

解得

$$E = 1.43 \text{ V}, \quad r = 1.05 \text{ Ω}.$$

12 图11为研究电子枪中的电子在恒定电场中运动的简化模型示意图.在 Oxy 平面的第一象限,存在以 x 轴、y 轴及双曲线 $y = \frac{L^2}{2x}$ 的一段($0 \leqslant x \leqslant L, 0 \leqslant y \leqslant L$)为边界的匀强电场区域 I,电场强度 $E_1 = E$;在第二象限存在以($-2L \leqslant x \leqslant 0, 0 \leqslant y \leqslant L$)为边界的匀强电场区域 II.一电子(电荷量大小为 e,质量为 m,不计重力)从电场 I 的边界 B 点处由静止释放,恰好从 N 点离开电场区域 II.

(1) 求电子通过 C 点时的速度大小;
(2) 求电场区域 II 中的电场强度的大小;
(3) 试证明:从 AB 曲线上的任一位置由静止释放的电子都从 N 点离开电场.

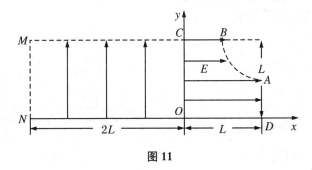

图11

解析 (1)由已知得 B 点的横坐标为 $\frac{L}{2}$,电子在电场 I 中做匀加速直线运动,到达 C 点时的速度为 v_1.根据动能定理,有

$$eE \cdot \frac{L}{2} = \frac{1}{2} mv_1^2. \qquad ①$$

解得

$$v_1 = \sqrt{\dfrac{eEL}{m}}.\qquad ②$$

（2）电子在电场区域Ⅱ中做类平抛运动，并从 N 点离开，有

$$2L = v_1 t,\qquad ③$$

$$L = \dfrac{1}{2}\dfrac{eE_2}{m}t^2.\qquad ④$$

联立式②～④，得

$$E_2 = \dfrac{E}{2}.\qquad ⑤$$

（3）设电子从 (x,y) 点释放，在电场Ⅰ中加速到 v_2，进入电场Ⅱ后做类平抛运动，并从 N 点离开，有

$$eEx = \dfrac{1}{2}mv_2^2,\qquad ⑥$$

$$2L = v_2 t,\qquad ⑦$$

$$y = \dfrac{1}{2}\dfrac{eE_2}{m}t^2.\qquad ⑧$$

联立式⑤～⑧，得

$$y = \dfrac{L^2}{2x}.$$

即从 AB 曲线上的任一位置由静止释放的电子都从 N 点离开电场.

13 如图 12 所示，一长为 L、线密度为 ρ 的细棒斜靠在半径为 R 的圆筒外侧，细棒与地面的夹角为 θ，顶端正好与圆筒相切，所有接触的位置都存在摩擦，整个系统处于静止状态.

（1）请给出细棒和圆筒的受力分析；
（2）试给出圆筒与地面之间的摩擦力；
（3）分析一下结果的合理性.

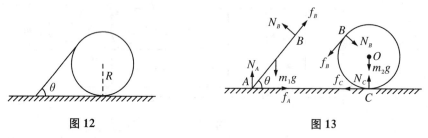

图 12　　　　　　图 13

解析　（1）细棒和圆筒的受力分析如图 13 所示.
（2）对圆筒由水平方向合力为零，得

$$f_C + f_B\cos\theta = N_B\sin\theta.\qquad ①$$

对圆筒以 O 点为轴，有

$$f_B R = f_C R.$$

则
$$f_B = f_C.\quad ②$$

对棒以 A 点为轴,有
$$m_1 g \cdot \frac{L}{2}\cos\theta = N_B L.\quad ③$$

根据题意,得
$$m_1 = \rho L.\quad ④$$

根据几何知识,得
$$L = \frac{R}{\tan\dfrac{\theta}{2}}.\quad ⑤$$

联立式①~⑤,得
$$f_C = \frac{\rho g R \sin\theta\cos\theta}{2\tan\dfrac{\theta}{2}(1+\cos\theta)} = \frac{\rho g R \cos\theta}{2},\quad ⑥$$

$$N_B = \frac{\rho g R \cos\theta}{2\tan\dfrac{\theta}{2}}.\quad ⑦$$

(3) 为使整个系统处于静止状态,A、B 两点的静摩擦系数应满足适当的条件. 根据最大静摩擦力的公式,有
$$f_B \leqslant f_{B\max} = \mu_B N_B.$$

则
$$\mu_B \geqslant \frac{f_B}{N_B} = \frac{f_C}{N_B} = \tan\frac{\theta}{2}.$$

以杆、圆环整体为研究对象,由水平方向合力为零,得
$$f_A = f_C = \frac{\rho g R \cos\theta}{2}.$$

对杆由竖直方向合力为零,得
$$N_A + N_B\cos\theta + f_B\sin\theta = m_1 g.\quad ⑧$$

联立式②和式④~⑧,得
$$N_A = \frac{\rho g R(2-\cos\theta)}{2\tan\dfrac{\theta}{2}}.$$

根据最大静摩擦力的公式,有
$$f_A \leqslant f_{A\max} = \mu_A N_A.$$

则
$$\mu_A \geqslant \frac{f_A}{N_A} = \frac{\tan\dfrac{\theta}{2}\cos\theta}{2-\cos\theta}.$$

14 如图 14 所示,磁场在以 O 为圆心、半径为 R 的圆形区域内的磁感应强度为 $3B_1$,半

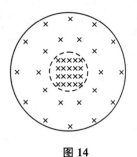

图14

径从 R 到 $3R$ 的环形区域内的磁感应强度为 B_1，其余地方没有磁场。B_1 的值从 $t=0$ 时开始线性增加，即 $B_1=\lambda t$。一个电子质量为 m，电荷量大小为 e，$t=0$ 时在环形磁场区域内静止。假设电子在以 O 点为圆心的圆周上运动，圆的半径应是多少？

解析 设电子做圆周运动的半径为 r，根据法拉第电磁感应定律，感应电动势为

$$\mathscr{E}=\frac{\Delta\Phi}{\Delta t}. \quad ①$$

其中

$$\Phi=3B_1\cdot\pi R^2+B_1(\pi r^2-\pi R^2). \quad ②$$

联立式①和式②，得

$$\mathscr{E}=\lambda\pi(2R^2+r^2).$$

所以感生电场为

$$E=\frac{\mathscr{E}}{2\pi r}=\lambda\left(\frac{R^2}{r}+\frac{r}{2}\right).$$

电子沿切线方向的加速度为

$$a=\frac{eE}{m}=\frac{e\lambda}{m}\left(\frac{R^2}{r}+\frac{r}{2}\right).$$

t 时刻电子的速度为

$$v=at=\frac{e\lambda}{m}\left(\frac{R^2}{r}+\frac{r}{2}\right)t. \quad ③$$

根据牛顿第二定律，有

$$evB_1=m\frac{v^2}{r}. \quad ④$$

联立式③和式④，得

$$r=\sqrt{2}R.$$

15 如图15所示，一颗珠子穿在一个固定在竖直平面、半径为 R 的圆环上，可以沿着圆环自由滑动。现用一个轻质橡皮筋连接圆环最顶端和珠子，初始时刻珠子静止于圆环最低端，此时圆环作用在珠子的力为其重量的两倍。轻轻拨动珠子，珠子开始沿着圆环向上滑动，当它滑过三分之一圆周时速度达到最大。试求完全放松后橡皮筋的长度。

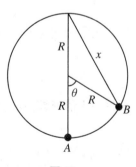

图15

解析 设完全放松后橡皮筋的长度为 x_0，当珠子沿着圆环向上滑动到 B 点时，根据机械能守恒定律，有

$$\frac{1}{2}k(2R-x_0)^2-\frac{1}{2}k(x-x_0)^2=mgR(1-\cos\theta)+\frac{1}{2}mv^2. \quad ①$$

其中

$$x = 2R\cos\frac{\theta}{2}. \qquad ②$$

联立式①和式②,得

$$\frac{1}{2}mv^2 = (-2kR^2 + 2mgR)\cos^2\frac{\theta}{2} + 2kx_0R\cos\frac{\theta}{2} + 2R(kR - kx_0 - mg).$$

令

$$y = (-2kR^2 + 2mgR)\cos^2\frac{\theta}{2} + 2kx_0R\cos\frac{\theta}{2},$$

当 y 取最大值时,有

$$\cos\frac{\theta}{2} = -\frac{b}{2a} = -\frac{2kx_0R}{2(-2kR^2 + 2mgR)} = \frac{1}{2}. \qquad ③$$

初始时刻珠子静止于圆环最低端,有

$$k(2R - x_0) = 3mg. \qquad ④$$

联立式③和式④,得

$$x_0 = \frac{R}{2}.$$

2016 年清华大学"领军计划"试题解析

01 友谊的小船说翻就翻,假如你不会游泳,就会随着小船一起沉入水底.从理论上来说,你和小船沉入水底后的水面相比于原来( ).

A. 一定上升　　　　　　　B. 一定下降
C. 一定相等　　　　　　　D. 条件不足,无法判断

解析 人和小船受到的浮力在翻船前等于重力,翻船后小于重力.根据阿基米德原理,有 $F_{浮} = \rho g V_{排}$,则 $V_{排}$ 减少,水面下降.B 选项正确.

02 如图 1 所示,在光滑地面上,物块与弹簧相连做简谐运动,小车向右做匀速直线运动,则对于弹簧和物块组成的系统,当以地面为参考系时,动量_____,机械能_____;当以小车为参考系时,动量_____,机械能_____.(填"守恒"或者"不守恒")

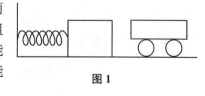

图 1

解析 墙壁对弹簧有作用力,故动量不守恒.以地面为参考系时,该力的作用点没有位移,不做功,故机械能守恒.以小车为参考系时,该力的作用点有位移,所做的功不为零,故机械能不守恒.

03 如图 2 所示,水平光滑导轨上垂直放置两根质量均为 m 且有电阻的金属杆,导轨宽处与窄处间距比为 $2:1$,空间存在竖直向下的匀强磁场. 现给左边的杆一个初速度 v_0,在系统稳定时,左杆仍在宽轨上运动,右杆仍在窄轨上运动. 则这个过程产生的热量 $Q =$ _____.

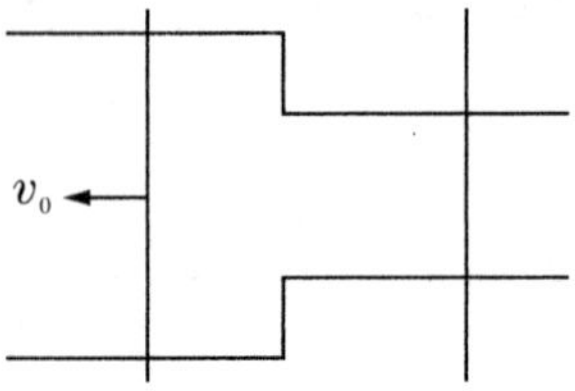

图 2

解析 当系统稳定时,设左杆速度为 v_1,右杆速度为 v_2,在此过程中金属杆的平均电流为 $\bar{I}$. 根据动量定理,有

$$-2B\bar{I}l\Delta t = mv_1 - mv_0, \quad ①$$

$$B\bar{I}l\Delta t = mv_2. \quad ②$$

联立式①和式②,得

$$v_1 + 2v_2 = v_0. \quad ③$$

系统稳定时,回路中无电流,则有

$$2Blv_1 - Blv_2 = 0. \quad ④$$

即

$$2v_1 = v_2. \quad ⑤$$

联立式③和式⑤,得

$$v_1 = \frac{1}{5}v_0, \quad v_2 = \frac{2}{5}v_0.$$

产生的热量为

$$Q = \frac{1}{2}mv_0^2 - \left(\frac{1}{2}mv_1^2 + \frac{1}{2}mv_2^2\right) = \frac{2}{5}mv_0^2.$$

04 如图 3 所示,空间存在水平向右的匀强电场 E,现有一质量为 m、带电量为 q 的小球以初速度 v_0 从地面斜向上抛出,已知 $E = \dfrac{\sqrt{3}mg}{3q}$,求小球落地点距离抛出点的最远距离.

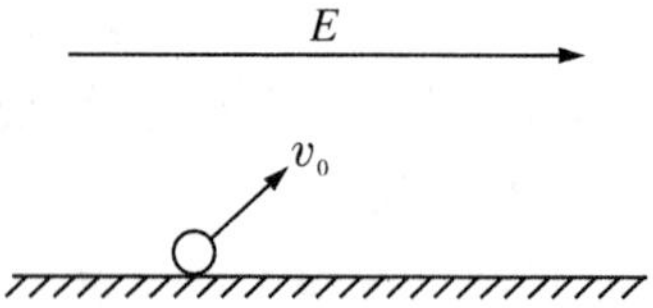

解析 小球的运动可以分解为水平方向的匀加速直线运动和竖直方向的匀变速直线运动. 设发射角为 θ,则落地时小球的运动时间为

$$t = \frac{2v_0\sin\theta}{g}.$$

此过程中小球在水平方向的位移为

$$x = v_0\cos\theta \cdot t + \frac{1}{2}\frac{qE}{m}t^2 = \frac{2v_0^2\sin\theta\cos\theta}{g} + \frac{2\sqrt{3}v_0^2\sin^2\theta}{3g}$$

$$= \frac{\sqrt{3}v_0^2}{3g}\left[2\sin\left(2\theta - \frac{\pi}{6}\right) + 1\right].$$

当 $\theta = \dfrac{\pi}{3}$ 时,x 取得最大值 $\dfrac{\sqrt{3}v_0^2}{g}$.

05

现有一轻质绳拉动小球在水平面内做匀速圆周运动,如图 4 所示.小球质量为 m,速率为 v,重力加速度为 g,轻绳与竖直方向的夹角为 θ.求在小球运动半周的过程中拉力的冲量.

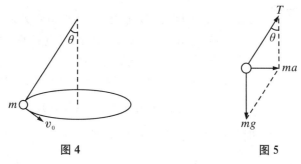

图 4 　　　　图 5

解析 小球的受力如图 5 所示.根据牛顿第二定律,有

$$mg\tan\theta = ma = m\frac{2\pi}{T}v.$$

小球在运动半周的过程中,合力的冲量为 $2mv$,重力的冲量为 $mg \cdot \dfrac{T}{2} = m\pi v\cot\theta$,所以拉力的冲量为 $mv\sqrt{4 + \pi^2\cot^2\theta}$.

06

如图 6 所示,轨道 AC 由倾角为 θ 的粗糙倾斜轨道 AB 和水平光滑轨道 BC 构成,a 球从 AB 上距离 B 点 L 处静止释放,经 B 点后在水平轨道 BC 上运动(忽略小球 a 过 B 点时速率的微小变化);b 从 C 点上方高为 $4.5L$ 处下落.a、b 两球同时释放,并在 C 处相遇,已知 a 球与轨道 AB 间的动摩擦因数 $\mu = 0.5$,BC 间距离也为 L,则 $\sin\theta = $ _____.

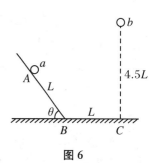

图 6

解析 a 球在斜面上运动的加速度为

$$a = g(\sin\theta - \mu\cos\theta). \qquad ①$$

a 球运动的时间为

$$t_a = \sqrt{\frac{2L}{a}} + \frac{L}{\sqrt{2aL}}. \qquad ②$$

b 球运动的时间为

$$t_b = \sqrt{\frac{9L}{g}}. \qquad ③$$

a、b 两球同时释放,并在 C 处相遇,则有

$$t_a = t_b. \qquad ④$$

联立式①~④,得

$$\sin\theta = \frac{4}{5}.$$

07

在水平面内,金属棒 MN 以角速度 ω 绕过 O 点的竖直轴顺时针旋转,空间存在竖直

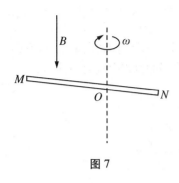

图7

向下的匀强磁场,如图7所示.已知$|MO|>|NO|$,则下列说法中正确的是(　　).

A. M点电势高于N点
B. M点电势低于N点
C. 若增大ω,则M、N两点电势差增大
D. 若增大B,则M、N两点电势差增大

解析 M、N两点电势差为

$$U_{MN} = \varphi_M - \varphi_N = \varphi_M - \varphi_O + \varphi_O - \varphi_N = U_{MO} - U_{NO}$$
$$= \frac{1}{2}B(|MO|^2 - |NO|^2)\omega > 0.$$

A选项正确.当ω或B增大时,U_{MN}增大,C、D选项正确.

08 如图8所示电路中,小灯泡规格为"6 V,3 W",$R_3 = 4\ \Omega$,电源内阻$r = 1\ \Omega$,电压表、电流表均为理想电表.闭合开关,调节滑动变阻器阻值,使电压表示数为0,此时灯泡恰好正常发光,电流表的示数为1 A.则电源电动势$E = $_____,电源输出功率$P = $_____,$R_2 = $_____.

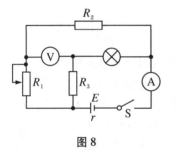

图8

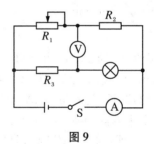

图9

解析 这是一个桥式电路,等效电路图如图9所示.当电压表示数为0时,电桥处于平衡状态.流过小灯泡的电流为0.5 A,R_3两端的电压为2 V,电源内阻的分压为1 V,故电源电动势$E = 9$ V.电源输出功率$P = 8$ W.两个支路的电流均为0.5 A,R_2两端的电压为6 V,故$R_2 = 12\ \Omega$.

09 弹性绳原长为L($\sqrt{2}R < L < 2R$),劲度系数为k,上端拴在半径为R的光滑圆轨的顶端,下端系一重量为G的小球,小球套在圆轨上.平衡时,弹性绳与竖直方向夹角为θ.用L,R,k,G表示此时弹性绳的弹力.

图10

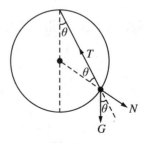

图11

解析 小球受力如图11所示，根据平衡条件，有

$$T\sin\theta = G\sin 2\theta. \quad ①$$

根据胡克定律，有

$$T = k(2R\cos\theta - L). \quad ②$$

联立式①和式②，得

$$\cos\theta = \frac{kL}{2(kR-G)}, \quad T = \frac{kLG}{kR-G}.$$

10 在质量均匀分布的星球（近似为球体）的北极和南极打一条竖直贯通的通道，一小球从北极由静止释放进入该通道，小球运动过程中不与通道发生碰撞，则小球做_____运动．

解析 设星球质量为 M，半径为 R，小球质量为 m．当小球运动到距球心为 r 时，小球受到的引力为

$$F = G\frac{\left(\frac{r}{R}\right)^3 Mm}{r^2} = G\frac{Mm}{R^3}r.$$

所以小球做的是简谐运动．

11 潜水员为测量某湖水深度，测得湖面气温 $t_1 = 27\ ℃$，大气压强 $p = 1.0\times 10^5\ \text{Pa}$．现将一盛有空气的试管从湖面带入湖底，整个过程管口始终向下．潜至湖底后水充满试管的一半，湖底温度 $t_2 = 7\ ℃$，则湖深约为（　　）．

A. 5 m　　　　B. 10 m　　　　C. 15 m　　　　D. 20 m

解析 试管在湖面时，管内气体的压强为 $p_1 = p$，体积为 V，温度为 $T_1 = 300\ \text{K}$．试管在湖底时，管内气体的压强为 $p_2 = p + \rho g h$，体积为 $\frac{V}{2}$，温度为 $T_2 = 280\ \text{K}$．根据理想气体的状态方程，有

$$\frac{p_1 V}{T_1} = \frac{p_2 \frac{V}{2}}{T_2}.$$

解得

$$h \approx 8.7\ \text{m}.$$

B 选项正确．

12 如图12所示，一用钉鞘锁定的导热活塞将导热气缸分成体积相等的左右两室，开始时气体压强之比为 $p_左 : p_右 = 5 : 3$，拔出钉鞘后活塞移动并最终保持稳定状态，外界温度恒定，则（　　）．

A. 稳定后左右两室体积比为 5∶3

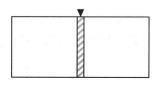

图12

B. 左室气体对右室气体做功

C. 左室气体吸热

D. 右室气体吸热

解析 根据玻意耳定律,有
$$p_左 V = pV_左,\quad ①$$
$$p_右 V = pV_右.\quad ②$$

联立式①和式②,得
$$V_左 : V_右 = 5 : 3.$$

A 选项正确. 左室气体膨胀,对右室气体做功,B 选项正确. 两室气体内能不变,根据热力学第一定律 $\Delta U = Q + W$ 知,左室气体吸热,右室气体放热,C 选项正确,D 选项错误.

13 有一左端封闭、右端开口的均匀 U 形管,左管内有一段水银分割出两端长度相等的气柱,如图 13 所示,现向右管缓慢注入水银,设平衡后上段气体长 l_1,下段气体长 l_2,则 l_1 与 l_2 的关系为( ).

A. $l_1 > l_2$

B. $l_1 = l_2$

C. $l_1 < l_2$

D. 无法确定,视注入水银的量

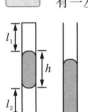

图 13

解析 设左管内水银柱长为 h,玻璃管的横截面积为 S,两段气体的初始长度为 l,上段气体的初始压强为 p,平衡后的压强为 p_1. 根据玻意耳定律,有
$$p(Sl) = p_1(Sl_1),$$
$$(p + \rho gh)(Sl) = (p_1 + \rho gh)(Sl_2).$$

解得
$$l_1 = \frac{p}{p_1}l, \quad l_2 = \frac{p + \rho gh}{p_1 + \rho gh}l.$$

由"糖水不等式"$\frac{a}{b} < \frac{a+m}{b+m}$,得 $l_1 < l_2$,C 选项正确.

14 在高为 h 的立柱上放一质量为 M 的球,质量为 m 的子弹以一定初速度水平射向球并从球中穿出,球与子弹的落地点距立柱水平距离分别为 S 和 s,重力加速度为 g,则子弹的初速度为_____.

解析 根据动量守恒定律,有
$$mv_0 = mv + MV. \quad ①$$

根据平抛运动的规律,有
$$s = vt, \quad ②$$
$$S = Vt, \quad ③$$
$$h = \frac{1}{2}gt^2. \quad ④$$

联立式①～④,得
$$v_0 = \left(s + \frac{M}{m}S\right)\sqrt{\frac{g}{2h}}.$$

15 在高为 H 处平抛一物体,同时在其正下方水平地面上斜抛一物体,两者同时落到地面上同一点,则斜抛物体的射高为_____.

解析 设斜抛初速度的竖直分量为 v_y,则有
$$\sqrt{\frac{2H}{g}} = \frac{2v_y}{g}.$$

斜抛物体的射高为
$$h = \frac{v_y^2}{2g} = \frac{H}{4}.$$

16 从地面以初速度 v_0 竖直向上抛出一小球,与此同时,在该小球上抛能达到的最高处有另外一个小球以初速度 v_0 竖直向下抛出.忽略空气阻力,则两球相遇时速度之比为_____.

解析 根据竖直上抛运动和竖直下抛运动的规律,有
$$v_0 t - \frac{1}{2}gt^2 + v_0 t + \frac{1}{2}gt^2 = \frac{v_0^2}{2g}.$$

解得
$$t = \frac{v_0}{4g}.$$

则两球相遇时速度之比为
$$\frac{v_0 - gt}{v_0 + gt} = \frac{3}{5}.$$

17 质量分别为 m_1、m_2($m_1 > m_2$)的两物体具有相同的初动能,现分别给其与速度方向相反的阻力 f_1、f_2 使其减速,经过时间 t 后两物体同时停止,运动距离分别为 s_1、s_2,则 f_1 _____ f_2,s_1 _____ s_2.(填">""<"或"=")

解析 由 $p = \sqrt{2mE_k}$,得 $p_1 > p_2$.根据动量定理,有
$$ft = p,$$

则 $f_1 > f_2$.

根据动能定理,有
$$fs = E_k,$$

则 $s_1 < s_2$.

18 如图 14 所示,水平细绳与一弹簧作用于小球使其处于静止状态,若剪断细绳,则在剪断细绳的一瞬间( ).

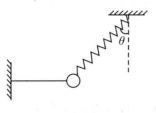

A. 小球竖直方向加速度为 0
B. 小球水平方向加速度为 0
C. 弹簧弹力为 $mg\cos\theta$
D. 弹簧弹力为 $\dfrac{mg}{\cos\theta}$

图 14

解析 剪断细绳的一瞬间,弹簧弹力不变,仍为 $\dfrac{mg}{\cos\theta}$. 此时重力和弹簧弹力的合力水平向右,小球水平方向加速度为 $g\tan\theta$. A、D 选项正确.

19 如图 15 所示,光滑平行 U 形轨道相距为 L,倾角为 θ,一质量为 m、电阻为 R、长为 L 的导体棒置于距导轨底端 L 处.空间存在竖直向上的变化磁场,磁感应强度 $B = B_0 + kt$ ($k > 0$).现在导体棒上加一沿斜面向上的力,使导体棒始终保持静止,重力加速度为 g,则 t 时刻的力 $F =$ _____.

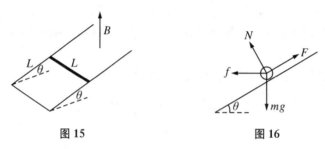

图 15　　　　图 16

解析 根据法拉第电磁感应定律,有
$$E = \dfrac{\Delta B}{\Delta t}S = kL^2\cos\theta.$$
回路中的感应电流
$$I = \dfrac{E}{R} = \dfrac{kL^2\cos\theta}{R}.$$
导体棒受到的安培力
$$f = BIL = \dfrac{(B_0 + kt)kL^3\cos\theta}{R}.$$
导体棒的受力如图 16 所示,根据平衡条件,有
$$F = f\cos\theta + mg\sin\theta = \dfrac{(B_0 + kt)kL^3\cos^2\theta}{R} + mg\sin\theta.$$

20 导体球壳内有一点 P,壳外有一正点电荷位于 Q 处,现将该电荷的电荷量加倍,则 P 点电势_____(填"升高""降低"或"不变");P 点场强_____(填"升高""降低"或"不变").

解析 处于静电平衡状态的整个导体是个等势体,内部的场强处处为零.当电荷量加倍时,P 点电势升高,场强不变.

下列物理学家及其成果,已经获得诺贝尔奖的有( ).
A. 伦琴发现 X 射线
B. 爱因斯坦发现相对论
C. 普朗克提出量子论
D. LIGO(激光干涉引力波观测站)探测到引力波

解析 爱因斯坦由于发现了光电效应的规律而获得 1921 年的诺贝尔物理学奖. A、C、D 选项正确.

22 像在实物的上方叫上现折射,反之则叫下现折射,则天气炎热的高速公路上看到的"水纹"一样的东西属于_____;"海市蜃楼"属于_____.

解析 参见本书第 15 页第 4 题.

23 波长均为 λ 的两束平行光如图 17 所示打在光屏上,发生干涉现象,干涉条纹的间距为( ).

A. $\dfrac{\lambda}{\sin\alpha + \sin\beta}$ B. $\dfrac{\lambda}{\cos\alpha + \cos\beta}$ C. $\dfrac{\lambda}{|\sin\alpha - \sin\beta|}$ D. $\dfrac{\lambda}{|\cos\alpha - \cos\beta|}$

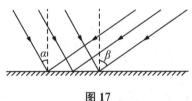

图 17

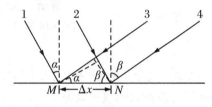

图 18

解析 如图 18 所示,设点 M、N 处为相邻亮条纹,条纹间距为 Δx. 则光线 1、3 的光程差满足
$$r_3 - r_1 = m\lambda.$$
光线 2、4 的光程差满足
$$r_4 - r_2 = n\lambda.$$
两式做差,有
$$(r_3 - r_4) + (r_2 - r_1) = (m - n)\lambda = \lambda.$$
过点 M、N 分别作光线 2、3 的垂线,则有
$$\Delta x \cdot \sin\alpha + \Delta x \cdot \sin\beta = \lambda.$$
解得
$$\Delta x = \dfrac{\lambda}{\sin\alpha + \sin\beta}.$$
A 选项正确.

引力波是时空的涟漪. 在北京时间 2016 年 2 月 11 日,美国科学家通过两个相距

3000公里的监测站探测到了来自于宇宙深处距离地球数亿光年的两个巨大的黑洞猛烈撞击并融合所产生的引力波.双黑洞的初始质量分别是太阳的52倍和14倍,合并后的黑洞质量是太阳的62倍.下列说法中正确的是(　　).

A. 引力波在宇宙中的传递是能量的传递

B. 引力波先后到达两个监测站的时间差不会超过 10 ms

C. 引力波在真空中以光速传递

D. 双黑洞合并过程质量守恒

解析 引力波在空间传播的方式与电磁波类似,以光速传播,携带有一定的能量和信息.引力波先后到达两个监测站的时间差不会超过 $\dfrac{3\times 10^6 \text{ m}}{3\times 10^8 \text{ m/s}} = 10^{-2}$ s = 10 ms. A、B、C 选项正确.双黑洞合并过程质量不守恒,质量亏损产生的能量以引力波的形式释放出来,D 选项错误.

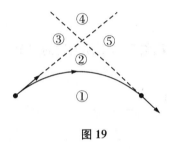

图 19

25 在卢瑟福的 α 粒子散射实验中,某一 α 粒子经过某一原子核附近时的轨迹如图 19 中实线所示.两虚线和轨迹将平面分为五个区域.不考虑其他原子核对 α 粒子的作用,那么该原子核可能在区域_____.

解析 曲线运动的轨迹特点是切于速度偏向力,故原子核可能在区域④.

26 已知空气分子的平均动能为 kT,则在常温下,质量为 $m = 4.7\times 10^{-23}$ kg 的空气分子的德布罗意波波长的数量级为_____.

解析 玻尔兹曼常量 $k = 1.38\times 10^{-23}$ J/K,常温 $T = 298$ K,普朗克常量 $h = 6.63\times 10^{-34}$ J·s.空气分子的德布罗意波波长为

$$\lambda = \dfrac{h}{p} = \dfrac{h}{\sqrt{2mE_k}} = \dfrac{h}{\sqrt{2mkT}} \approx 10^{-12} \text{ m}.$$

27 质量为 m 的小球从高为 h 的地方释放,如果在光滑轨道上的 A 点飞出,求 h 的值;如果是从轨道的 B 点(圆弧的最高点)飞出,求 h 的值.(图 20 中两虚线夹角为 60°,圆弧曲率半径为 R)

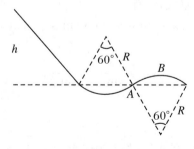

图 20

解析 小球在 A 点脱离轨道做斜上抛运动. 小球在 A 点的方程为

$$mg\cos 30° = m\frac{v_A^2}{R}. \qquad ①$$

根据动能定理,有

$$mgh = \frac{1}{2}mv_A^2. \qquad ②$$

联立式①和式②,得

$$h = \frac{\sqrt{3}}{4}R.$$

小球在 B 点脱离轨道做平抛运动,小球在 B 点的方程为

$$mg = m\frac{v_B^2}{R}. \qquad ③$$

根据动能定理,有

$$mg[h - R(1 - \cos 30°)] = \frac{1}{2}mv_B^2. \qquad ④$$

联立式③和式④两式,得

$$h = \frac{3 - \sqrt{3}}{2}R.$$

28 如图 21 所示,两物块重叠放置,从距地面 $h = 5$ m 高的地方静止释放,假定所有碰撞均为弹性碰撞,B 碰地后静止,A 弹起的高度为 h',那么（　　）.

A. $h' = 20$ m　　　　B. $h' = 10$ m
C. $m_A = 3m_B$　　　D. $m_A = 2m_B$

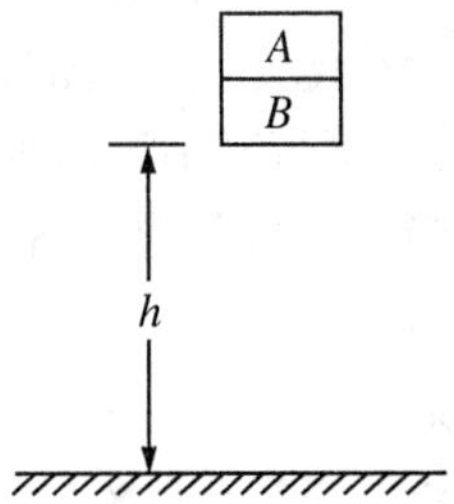

解析 根据机械能守恒定律和动量守恒,有

$$(m_A + m_B)gh = m_A gh', \qquad ①$$
$$m_B\sqrt{2gh} - m_A\sqrt{2gh} = m_A\sqrt{2gh'}. \qquad ②$$

联立式①和式②,得

$$h' = 20 \text{ m}, \quad m_B = 3m_A.$$

A 选项正确.

图 21

29 一束由红、黄、绿三种单色光组成的光线从一平板玻璃砖的上表面以 60° 角入射,经两次折射后从玻璃砖的下表面射出,已知该玻璃对红光的折射率为 1.5,则最先射出的是_____.

解析 某单色光的光路图如图 22 所示. 设玻璃砖的厚度为 d,则单色光穿过玻璃所用的时间为

$$t = \frac{d}{v\cos\alpha}. \qquad ①$$

光在玻璃中的传播速度为

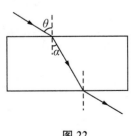

图 22

$$v = \frac{c}{n}. \qquad ②$$

根据折射定律,有

$$n = \frac{\sin\theta}{\sin\alpha}. \qquad ③$$

联立式①~③,得

$$t = \frac{2d\sin\theta}{c\sin 2\alpha}. \qquad ④$$

红、黄、绿三种单色光所对应的物理量的角标分别记为 1、2、3,则有

$$n_3 > n_2 > n_1 = 1.5.$$

于是

$$\alpha_3 < \alpha_2 < \alpha_1 < 45°,$$
$$2\alpha_3 < 2\alpha_2 < 2\alpha_1 < 90°,$$
$$\sin 2\alpha_3 < \sin 2\alpha_2 < \sin 2\alpha_1 < 1.$$

由式④,得

$$t_3 > t_2 > t_1.$$

所以最先射出的是红光.

30 如图 23 所示,在空间有匀强磁场,磁感应强度的方向垂直于纸面向里,大小为 B. 光滑绝缘空心细管的长度为 h,管内有一质量为 m、带正电 q 的小球. 开始时小球相对管静止,管带着小球沿垂直于管长度方向匀速运动,速率为 u. 设重力及其他阻力均可忽略不计,当小球离开管口后,在磁场中做圆周运动的半径为( ).

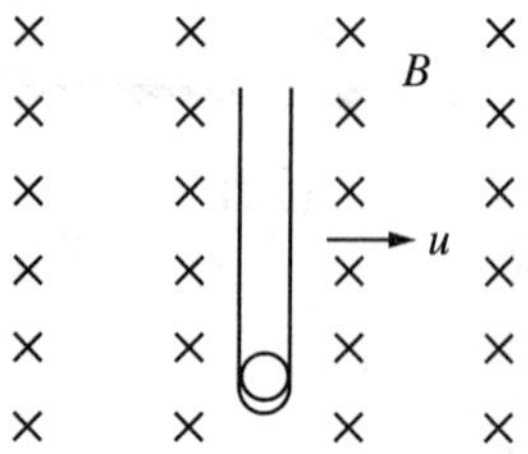

A. $\dfrac{mu}{qB}\sqrt{1+\dfrac{2qBh}{mu}}$ B. $\dfrac{mu}{qB}\sqrt{\dfrac{2qBh}{mu}}$

C. $\dfrac{mu}{qB}\sqrt{\dfrac{qBh}{2mu}}$ D. $\dfrac{mu}{qB}\sqrt{1+\dfrac{qBh}{2mu}}$

解析 小球沿管长度方向做匀加速直线运动,加速度 $a = \dfrac{quB}{m}$. 小球离开管口时的速度 $v = \sqrt{u^2+2ah} = u\sqrt{1+\dfrac{2qBh}{mu}}$,所以轨道半径 $r = \dfrac{mv}{qB} = \dfrac{mu}{qB}\sqrt{1+\dfrac{2qBh}{mu}}$,A 选项正确.

图 23

2016 年某校自主选拔试题解析

本试卷共七大题,满分 100 分.解答应写出必要的文字说明、方程式和主要演算步骤.

01 利用图 1(a)所示的实验装置及数字化信息系统获得了小车加速度 a 与钩码的质量 m 的对应数据,如图 1(b)所示.实验中小车(含发射器)的质量为 $M = 200$ g,实验时选择了不可伸长的轻质细绳和轻的定滑轮,小车加速度由位移传感器及其相连的计算机得到.回答下列问题:

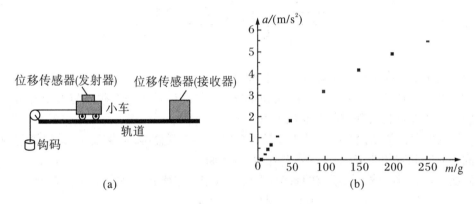

图 1 实验装置及其 a-m 关系图

(1) 根据该实验数据的结果,小车的加速度 a 与钩码的质量 m 的关系如何?

(2) 由图 1(b)可知,a-m 图线不经过原点,可能的原因是什么?如何消除?

(3) 若利用该实验装置来验证"在小车质量不变的情况下,小车的加速度与作用力成正比"的结论,并直接以钩码所受重力 mg 作为小车受到的合外力,则实验中应采取何改进措施?

解析 (1) 小车的加速度 a 与钩码的质量 m 成非线性关系.

(2) a-m 图线不经过原点的原因是存在摩擦力,可调节轨道的倾斜角以平衡摩擦力.

(3) 钩码的质量 m 应远小于小车的质量 M.

02 如图 2 所示,在内截面面积为 S 的长直均匀玻璃管里用水银柱封闭一定质量的空气,然后竖直倒插入水银槽内,稳定时露出槽内水银面的水银柱高为 h.

(1) 试求玻璃管顶离槽内水银面的高度 H 与管内的空气压强 p 的关系;

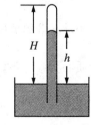

图 2

(2) 保持温度 T 不变,慢慢向上稍微提升玻璃管(管口仍在槽内水银面下),管内的空气的体积 V 和压强 p 以及水银柱高度 h 各自如何变化?

(3) 若开始时管内没有封入空气,倒插后提升玻璃管,水银柱高度如何变化?

解析 (1) 根据理想气体状态方程,有

$$p(H-h)S = C \text{ (常量)}.$$

(2) 高度 h 增大,压强 p 减小,体积 V 增大.

(3) 在玻璃管足够长的条件下,水银柱的高度先增大后不变.

03 如图 3 所示,劲度系数为 $k = 1$ N/m 的轻弹簧连接着两个质量均为 $m = 2$ kg 的小球,静止于光滑水平桌面上. 另一质量为 $M = 10$ kg 的小球 1 以速度 v_0 撞向小球 2, v_0 的方向沿着两小球 2 和 3 的连线方向,设碰撞为弹性的且碰撞时间极短.

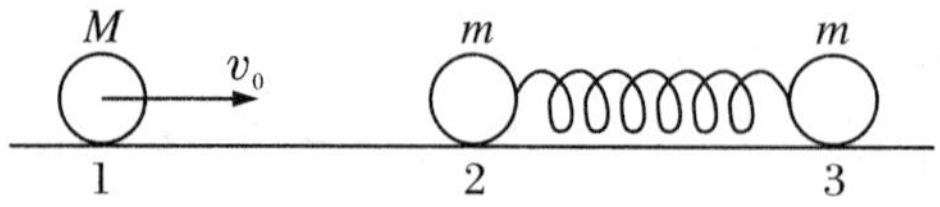

图 3

(1) 试问第一次碰撞刚结束时三个小球的速度分别是多少?

(2) 第一次碰撞后,小球 1、2 有可能再次发生碰撞,试求第一次碰撞与可能的第二次碰撞之间小球 1、2 的位置随时间的变化关系.

(3) 试由前面的结论判断小球 1、2 是否会发生第二次碰撞. 如果发生,试估算前两次碰撞之间的时间间隔约为多少. 如果不会发生,解释原因.

解析 (1) 对小球 1、2 组成的系统,根据动量守恒定律和机械能守恒定律,有

$$Mv_0 = Mv_1 + mv_2, \quad ①$$

$$\frac{1}{2}Mv_0^2 = \frac{1}{2}Mv_1^2 + \frac{1}{2}mv_2^2. \quad ②$$

联立式①和式②,得

$$v_1 = \frac{M-m}{M+m}v_0 = \frac{2}{3}v_0,$$

$$v_2 = \frac{2M}{M+m}v_0 = \frac{5}{3}v_0.$$

(2) 小球 1 的位置随时间的变化关系为

$$x_1 = \frac{2}{3}v_0 t.$$

小球 2、3 组成的系统不受外力,故质心做匀速直线运动,质心速度为 $v_C = \frac{mv_2}{m+m} = \frac{5}{6}v_0$. 以质心为参考系,小球 2 做简谐运动且对应的弹簧劲度系数为 $2k$,则 $\omega = \sqrt{\frac{2k}{m}}$, $A = \frac{v_2 - v_C}{\omega} = \frac{5}{6}v_0\sqrt{\frac{m}{2k}}$. 所以小球 2 的位置随时间的变化关系为

$$x_2 = \frac{5}{6}v_0\sqrt{\frac{m}{2k}}\sin\sqrt{\frac{2k}{m}}t.$$

(3) 若小球 1、2 发生第二次碰撞,则 $x_1 = x_2$,即
$$\frac{2}{3}v_0 t = \frac{5}{6}v_0 t + \frac{5}{6}v_0\sqrt{\frac{m}{2k}}\sin\sqrt{\frac{2k}{m}}t.$$
化简,得
$$-t = 5\sin t.$$
求解超越方程,得
$$t = 4.1 \text{ s}.$$

04 电鳗、电鳐等电鱼能借助起电斑的生物电池产生电流.起电斑是生理发电装置.如图 4 所示的南美洲电鳗体中的起电斑并排成 140 行,每行串有 5000 个起电斑,沿着身体延伸分布.经检测,每个起电斑能产生 0.15 V 的电动势并具有 0.25 Ω 的内阻.该起电斑阵列一端在该动物的头部而另一端接近其尾部,借电鳗周围的水形成回路.此种装置能击晕或击毙游近电鳗的鱼,但不会伤害电鳗自己.试定量解释这两方面的原因,假设电鳗周围的水具有等效电阻 800 Ω.

图 4

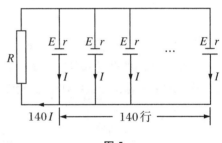

图 5

解析 等效电路如图 5 所示,每行电动势 $E = 0.15 \text{ V} \times 5000 = 750 \text{ V}$,内阻 $r = 0.25 \text{ Ω} \times 5000 = 1250 \text{ Ω}$,等效电阻 $R = 800 \text{ Ω}$.根据基尔霍夫定律,有
$$E = 140IR + Ir.$$
解得
$$I = \frac{1}{151} \text{ A}.$$
所以等效电阻两端的电压 $U_R = 140IR \approx 741.72 \text{ V}$,内阻电压 $U_r = Ir \approx 8.28 \text{ V}$.可见,电鳗周围的水中的电压很大,而电鳗体内的电压很低,电流很小.

05 如图 6 所示,一金属导线单位长度的电阻为 ρ,折成等腰直角三角形,直角边长为 a,在 $t=0$ 时刻从图示位置开始以匀速 v 进入以 $B = B_0 - kt$ 规律变化的均匀磁场中,其中 k 为大于零的常数.当三角形的水平直角边进入一半时,求:

(1) 导线内的动生电动势;
(2) 导线内的感生电动势;
(3) 导线内的电流强度.

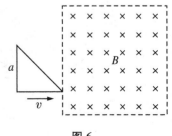

图 6

解析 （1）当三角形的水平直角边进入一半时，磁感应强度为

$$B = B_0 - k \cdot \frac{a}{2v}.$$

则动生电动势为

$$E_\text{动} = B \cdot \frac{a}{2} \cdot v = \frac{B_0 a v}{2} - \frac{k a^2}{4}.$$

（2）感生电动势为

$$E_\text{感} = \left|\frac{\Delta B}{\Delta t}\right| \cdot S = \frac{1}{8} k a^2.$$

（3）感应电动势为

$$E = |E_\text{动} - E_\text{感}| = \left|\frac{B_0 a v}{2} - \frac{3 k a^2}{8}\right|.$$

则电流强度为

$$I = \frac{E}{R} = \frac{\left|\dfrac{B_0 a v}{2} - \dfrac{3 k a^2}{8}\right|}{(2+\sqrt{2})a\rho} = \frac{|4 B_0 v - 3 k a|}{8(2+\sqrt{2})\rho}.$$

06 如图 7 所示，三棱镜的顶角 α 为 $60°$，在三棱镜两侧对称位置上放置焦距均为 $f = 30$ cm 的两个完全相同的凸透镜 L_1 和 L_2. 若在前焦平面上距主光轴下方 $h = 15$ cm 处放一单色光源 S，发现其像 S' 与 S 对于该光学系统是左右对称的. 试求该三棱镜的折射率 n.

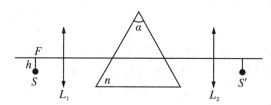

图 7

解析 根据对称性作出通过凸透镜光心的光线，如图 8 所示. 根据折射定律，有

$$n = \frac{\sin\left(\theta + \dfrac{\alpha}{2}\right)}{\sin \dfrac{\alpha}{2}}. \qquad ①$$

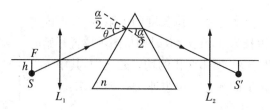

图 8

根据几何关系,有
$$\sin\theta = \frac{h}{\sqrt{h^2+f^2}}, \qquad ②$$
$$\cos\theta = \frac{f}{\sqrt{h^2+f^2}}. \qquad ③$$

联立式①～③,得
$$n = 1.67.$$

07 在一个验证光的波粒二象性的康普顿散射实验中,具有电子静止能量的硬光子射向静止的电子.碰撞后光子的动量为反冲电子动量的一半,求反冲电子的运动速度.

解析 设碰撞后反冲电子的动量为 p,则光子的动量为 $\frac{1}{2}p$.根据能量守恒定律,有
$$2m_0c^2 = \frac{1}{2}pc + \sqrt{p^2c^2 + m_0^2c^4}.$$

式中 m_0 表示电子的静止质量.解得
$$p = \frac{2\sqrt{13}-4}{3}m_0c. \qquad ①$$

设反冲电子的速度为 v,则有
$$p = \frac{m_0}{\sqrt{1-\left(\frac{v}{c}\right)^2}}v. \qquad ②$$

联立式①和式②,得
$$v = 0.73c.$$

2015 年某校自主选拔试题解析

本试卷共七大题,满分 100 分.解答应写出必要的文字说明、方程式和主要演算步骤.

01 如图 1 所示,山坡上两相邻高压塔 A、B 之间架有匀质粗铜线,平衡时铜线弧形下垂,最低点在 C,已知弧线 BC 的长度是 AC 的 3 倍,而左塔 B 处铜线切线与竖直方向成 $\beta = 30°$ 角.问右塔 A 处铜线切线与竖直方向成角 α 为多大?

解析 设 A 端、B 端的张力分别为 T_A、T_B,铜线总重为 mg.对 ABC 整体在水平方向作受力分析,有
$$T_A\sin\alpha = T_B\sin\beta. \qquad ①$$

对 AC 段在竖直方向作受力分析,有

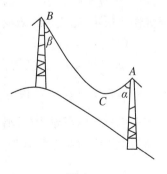

图 1

$$T_A \cos\alpha = \frac{1}{4}mg. \qquad ②$$

对 BC 段在竖直方向作受力分析,有

$$T_B \cos\beta = \frac{3}{4}mg. \qquad ③$$

联立式①~③,得

$$\tan\alpha = 3\tan\beta.$$

所以 $\alpha = 60°$.

02 如图2所示电路包含一个理想电源和两个电阻 R_1 和 R_2,用一个学生实验用电压表对该电路进行测量,测得电阻 R_1、R_2 和电源上的电压分别为 2.0 V、3.0 V 和 6.0 V,试问电阻 R_1 和 R_2 两端的实际电压分别是多少?

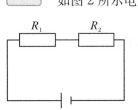

图 2

解析 由理想电源可知,电源电动势 $E = 6.0\text{ V}$. 设电压表内阻为 R_V,根据串联分压定律,有

$$\frac{R_1 R_V}{R_1 + R_V} : R_2 = 2.0\text{ V} : (6.0 - 2.0)\text{V}, \qquad ①$$

$$R_1 : \frac{R_2 R_V}{R_2 + R_V} = (6.0 - 3.0)\text{ V} : 3.0\text{ V}. \qquad ②$$

联立式①和式②,得

$$R_1 = \frac{R_V}{3}, \quad R_2 = \frac{R_V}{2}.$$

所以电阻 R_1 和 R_2 两端的实际电压分别是

$$U_1 = \frac{R_1}{R_1 + R_2}E = 2.4\text{ V},$$

$$U_2 = \frac{R_2}{R_2 + R_1}E = 3.6\text{ V}.$$

03 一平行板电容器两极板的面积都是 S,相距为 d,分别维持电势 $U_A = U$ 和 $U_B = 0$ 不变. 现将一块带有电荷量 q 的导体薄片(其厚度可略去不计)放在两极板的正中间,薄片的面积也是 S,如图3所示,略去边缘效应,求:

(1) 薄片的电势;

(2) 导体薄片受到的库仑力.

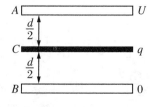

图 3

解析 (1) A、C 板与 C、B 板构成的两个平行板电容器的电容均为 $C = \dfrac{2\varepsilon_0 S}{d}$. 设 A 板下表面所带电荷量为 Q,则 C 板上表面所带电荷量为 $-Q$,C 板下表面所带电荷量为 $Q + q$,B 板上表面所带电荷量为 $-(Q+q)$. 各板间电势差关系为

$$U_{AC} + U_{CB} = U.$$

故有
$$\frac{Q}{C} + \frac{Q+q}{C} = U.$$
解得
$$Q = \frac{CU - q}{2}.$$
所以薄片 C 的电势为
$$\varphi_C = U_{CB} = \frac{Q+q}{C} = \frac{U}{2} + \frac{q}{2C} = \frac{U}{2} + \frac{qd}{4\varepsilon_0 S}.$$

(2) A、C 板间的场强与 C、B 板间的场强分别为
$$E_{AC} = \frac{U_{AC}}{\frac{d}{2}} = \frac{U}{d} - \frac{q}{2\varepsilon_0 S},$$
$$E_{CB} = \frac{U_{CB}}{\frac{d}{2}} = \frac{U}{d} + \frac{q}{2\varepsilon_0 S}.$$

则 A、B 板在 C 板处产生的场强为
$$E = \frac{E_{AC}}{2} + \frac{E_{CB}}{2} = \frac{U}{d}.$$

所以薄片 C 受到的库仑力为
$$F = qE = q\frac{U}{d}.$$

04 如图 4 所示,两个带电小球所带电量相同,符号相反,质量分别是 m 和 $2m$. 初始时刻,它们间距为 d,小球 $2m$ 静止,小球 m 沿着与两者连线相垂直的方向以速度 v 运动. 随后,它们多次处于相距 $3d$ 的位置上. 求小球所带的电荷量.

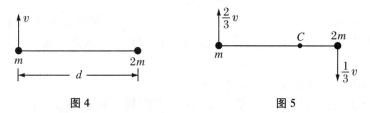

图 4 　　　　　图 5

解析 两个小球组成的系统不受外力,故质心做匀速直线运动,质心速度为 $v_C = \frac{1}{3}v$.

如图 5 所示,以质心为惯性参考系,两个质点的初速度分别为 $\frac{2}{3}v$ 和 $\frac{1}{3}v$,方向相反. 当带电量 q 过小时,两球将相距无穷远. 根据能量守恒定律,有
$$\frac{1}{2}m\left(\frac{2}{3}v\right)^2 + \frac{1}{2}\cdot 2m\left(\frac{1}{3}v\right)^2 - k\frac{q^2}{d} < 0.$$

式中 0 表示两球恰好相距无穷远时的能量. 解得

$$q > \sqrt{\frac{mv^2 d}{3k}}.$$

当带电量 q 过大时,两球相距将小于 $3d$. 根据角动量守恒定律和能量守恒定律,有

$$\frac{1}{2}m\left(\frac{2}{3}v\right)^2 + \frac{1}{2}\cdot 2m\left(\frac{1}{3}v\right)^2 - k\frac{q^2}{d} \geqslant \frac{1}{2}m\left(\frac{2}{9}v\right)^2 + \frac{1}{2}\cdot 2m\left(\frac{1}{9}v\right)^2 - k\frac{q^2}{3d}.$$

因末状态两球连线方向上可能有速度,右端未计入此部分动能,所以取"≥"号. 解得

$$q \leqslant \sqrt{\frac{4mv^2 d}{9k}}.$$

所以小球所带的电荷量满足

$$\sqrt{\frac{mv^2 d}{3k}} < q \leqslant \sqrt{\frac{4mv^2 d}{9k}}.$$

 0.1 mol 的理想气体经历如图 6 所示的 $BCAB$ 循环过程. 问在此过程中气体所能达到的最高温度 T 为多少?($R = 8.31 \text{ J}\cdot\text{mol}^{-1}\cdot\text{K}^{-1}$)

解析 在 $BCAB$ 循环过程中,BAC 段处在 BC 段的下方,故 p、V 乘积的最大值出现在 BC 段. 根据图 6 中的数据,可得 BC 段的直线方程为

$$p = 2.0 - 0.5V.$$

(p 以 10^5 Pa 为单位,V 以 10^{-3} m^3 为单位.) 根据理想气体状态方程,有

$$T = \frac{pV}{nR} = \frac{(2.0 - 0.5V)V}{0.1 \times 8.31}$$
$$= \frac{-0.5(V-2)^2 + 2.0}{0.1 \times 8.31}.$$

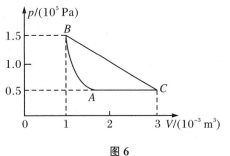

图 6

当 $V = 2\times 10^{-3}$ m^3 时,$T_{\max} = 240.67$ K.

06 容器中有两层液体. 上层厚为 h_1,折射率为 n_1,下层液体足够厚,折射率为 n_2,已知 $n_2 > n_1$,一木棒与液面法线成小角度插入容器中,其端点离液面深度为 $h_1 + h_2$.

(1) 从上面看,小木棒成什么形状?

(2) 木棒端点的视像离上层液面多深?

解析 (1) 从上面看,木棒成折线形,在各界面处好像折断了一样.

(2) 木棒端点发出的近轴光线在各个界面所成像的位置可采用逐次成像法和视深公式处理.

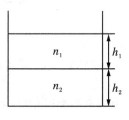

图 7

如图 7 所示,从上层液体内看,木棒端点距上层液体下表面 $h_2' = \frac{n_1}{n_2}h_2$,距上层液体上表面 $h_2'' = h_2' + h_1 = \frac{n_1}{n_2}h_2 + h_1$,从空气中看,木棒端点距上层液体上表面 $h_1' = \frac{h_2''}{n_1} = \frac{h_1}{n_1} + \frac{h_2}{n_2}$.

μ子是第二代轻子,静止质量为 $m_0 = 106 \text{ MeV}/c^2$,固有寿命为 $\tau_0 = 2.20 \times 10^{-6}$ s.

(1) 设在离地面 $h = 10^4$ m 的高处产生一个带基本正电荷的 μ^+ 子,则它具有多大的能量 E 才能在地面上被探测到?

(2) 由于地磁场的影响,μ^+ 子的轨道会偏转. 设在地球赤道平面上方 $h = 10^4$ m 处产生的 μ^+ 子竖直入射,则到达地面时偏离原来方向多远? 假定地磁场能延伸到 10^4 m 的高空,大小为 $B = 1$ Gs(高斯),沿地轴方向. ($e = 1.6 \times 10^{-19}$ C,1 MeV $= 1.6 \times 10^{-13}$ J)

解析 (1) 以地面为参考系,μ子的寿命为

$$\tau = \frac{\tau_0}{\sqrt{1 - \left(\dfrac{v}{c}\right)^2}}. \qquad ①$$

要使 μ 子能在地面上被探测到,则有

$$v\tau \geq h. \qquad ②$$

μ 子具有的动能为

$$E = \frac{m_0}{\sqrt{1 - \left(\dfrac{v}{c}\right)^2}} c^2 - m_0 c^2. \qquad ③$$

联立式①~③,得

$$E \geq 1504 \text{ MeV}.$$

所以 μ^+ 子要至少具有 1504 MeV 的能量才能在地面上被探测到.

(2) μ^+ 子在地磁场中做匀速圆周运动,其偏转轨迹如图 8 所示. 偏转半径为

$$R = \frac{mv}{eB} = \frac{m_0}{\sqrt{1 - \left(\dfrac{v}{c}\right)^2}} \frac{v}{eB} = \frac{m_0 h}{eB\tau_0} = 5.35 \times 10^4 \text{ m}.$$

所以 μ^+ 子到达地面时偏转的水平距离为

$$d = R - \sqrt{R^2 - h^2} = 943 \text{ m}.$$

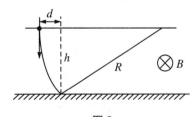

图 8

2014年"华约"自主招生试题解析

本试卷共七大题. 解答应写出必要的文字说明、方程式和主要演算步骤.

01 如图1所示，货物传送带与地面夹角为 θ（$\tan\theta = 3/4$），下端 A 与上端 B 之间的长度 $L = 20$ m. 传送带以 4 m/s 的速度顺时针转动，将质量 $m = 4$ kg 的小物块轻放在传送带下端 A 处，物块与传送带之间的动摩擦因数为 $\mu = 5/4$，取重力加速度 $g = 10$ m/s². 求：

(1) 物块从传送带下端 A 到上端 B 的时间 t；
(2) 传送带对物块所做的功 W.

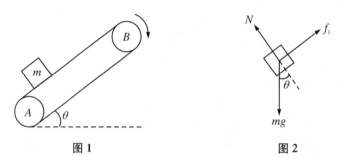

图1　　　　　图2

解析　(1) 设重物所受支持力为 N，所受滑动摩擦力为 f_1，受力分析如图2所示. 则有

$$N = mg\cos\theta = \frac{4}{5}mg, \quad f_1 = \mu N = mg.$$

物块放上传送带后先做匀加速运动，根据牛顿第二定律，有

$$f_1 - mg\sin\theta = ma,$$

解得

$$a = \frac{2}{5}g = 4 \text{ m/s}^2,$$

匀加速所用时间为

$$t_1 = \frac{v}{a} = 1 \text{ s},$$

匀加速的位移为

$$s_1 = \frac{1}{2}at_1^2 = 2 \text{ m}.$$

由于 $\mu > \tan\theta$，当物块速度与传送带速度相同时，两者相对静止. 物块做匀速运动的时间为

$$t_2 = \frac{L - s_1}{v} = 4.5 \text{ s},$$

所以物块从传送带下端 A 到上端 B 的时间为
$$t = t_1 + t_2 = 5.5 \text{ s}.$$
（2）物块做匀加速运动时，滑动摩擦力做功为
$$W_1 = f_1 s_1 = mg s_1 = 80 \text{ J},$$
物块做匀速运动时，静摩擦力做功为
$$W_2 = f_2(L - s_1) = mg\sin\theta(L - s_1) = 432 \text{ J},$$
所以传送带对物块所做的功为
$$W = W_1 + W_2 = 512 \text{ J}.$$

02 已知地球半径为 R_0，地球表面重力加速度为 g，地球自转周期为 T_0。质量分别为 m_1 和 m_2、相距为 r 的两个物体万有引力势能为 $E_p = -Gm_1 m_2/r$。求：

（1）地球同步卫星在轨道上运行的速度 v_C；

（2）在赤道上竖直发射该同步卫星的最小速度 v_L。

解析 （1）以 M 表示地球的质量，m 表示同步卫星的质量，m' 表示地球表面处某一物体的质量，r 表示同步卫星的轨道半径。根据万有引力定律和牛顿第二定律，有

$$G\frac{Mm'}{R_0^2} = m'g, \qquad ①$$

$$G\frac{Mm}{r^2} = m\left(\frac{2\pi}{T_0}\right)^2 r. \qquad ②$$

联立式①和式②，得

$$r = \sqrt[3]{\frac{gR_0^2 T_0^2}{4\pi^2}},$$

则地球同步卫星在轨道上运行的速度为

$$v_C = \omega r = \frac{2\pi}{T_0} r = \frac{2\pi}{T_0}\sqrt[3]{\frac{gR_0^2 T_0^2}{4\pi^2}} = \sqrt[3]{\frac{2\pi gR_0^2}{T_0}}.$$

（2）根据机械能守恒定律，有

$$\frac{1}{2}mv_L^2 - G\frac{Mm}{R_0} = \frac{1}{2}mv_C^2 - G\frac{Mm}{r},$$

解得

$$v_L = \sqrt{2gR_0 - \left(\frac{2\pi gR_0^2}{T_0}\right)^{\frac{2}{3}}}.$$

03 静止在匀强磁场中的放射性原子核 X 衰变为两个粒子 a 和 b，衰变后粒子 a 的运动速度与磁场垂直。粒子 a 和 b 的轨道半径之比 $R_a : R_b = 45 : 1$，周期之比 $T_a : T_b = 10 : 13$。已知该衰变过程中的质量亏损为 Δm，假定衰变过程中释放的核能全部转化成粒子的动能，求：

（1）粒子 a 和 b 的电荷数之比 q_a/q_b；

（2）粒子 a 和 b 的质量之比 m_a/m_b；

(3) 原子核 X 的电荷数 Z 和质量数 A;

(4) 粒子 a 的动能 E_{ka}.

解析 (1) 根据圆轨道半径公式 $R = mv/(qB)$,及动量守恒定律 $m_a v_a = m_b v_b$,有

$$\frac{R_a}{R_b} = \frac{q_b}{q_a},$$

解得

$$\frac{q_a}{q_b} = \frac{1}{45}.$$

(2) 根据 $T = 2\pi m/(qB)$,有

$$\frac{T_a}{T_b} = \frac{m_a}{m_b} \cdot \frac{q_b}{q_a},$$

解得

$$\frac{m_a}{m_b} = \frac{q_a}{q_b} \cdot \frac{T_a}{T_b} = \frac{2}{117}.$$

(3) 根据电荷数守恒和质量数守恒,有

$$Z = q_a + q_b = 46q_0, \quad A = m_a + m_b = 119 m_0,$$

其中 q_0 和 m_0 为定值,单位分别为一个单位正电荷和一个原子质量单位,可推测 $q_0 = 2, m_0 = 2$. 则原子核 X 为 $^{238}_{92}\text{U}$, 此衰变为 $^{238}_{92}\text{U}$ 的 α 衰变.

(4) 根据动能和动量的关系式 $E_k = p^2/(2m)$,有

$$\frac{E_{ka}}{E_{kb}} = \frac{m_b}{m_a} = \frac{117}{2}. \qquad ①$$

衰变过程中释放的核能全部转化成粒子的动能,则

$$\Delta mc^2 = E_{ka} + E_{kb}. \qquad ②$$

由式①和式②解得

$$E_{ka} = \frac{117}{119} \Delta mc^2.$$

04 暑假,小丽到叔叔的光具店帮忙. 叔叔给她一个薄透镜、一支小蜡烛和一座光屏,让她测量透镜的焦距. 小丽想了一下,试了几次,最后把点着的蜡烛与光屏放在较远的两边,相距 $L = 1.80$ m. 然后把透镜从蜡烛处开始缓缓向光屏移动,直到光屏上出现一个清晰的像;接着再把透镜向前移动 $D = 0.72$ m,又在光屏上出现了一个清晰的像. 求透镜的焦距 f.

解析 如图 3 所示,第一次是放大、倒立的实像,物距为 u_1,像距为 v_1,则

$$u_1 + v_1 = L. \qquad ①$$

根据透镜成像公式,有

$$\frac{1}{u_1} + \frac{1}{v_1} = \frac{1}{f}. \qquad ②$$

如图 4 所示,第二次是缩小、倒立的实像,物距 $u_1' = u_1 + D$,像距 $v_1' = v_1 - D$. 根据透镜成像公式,有

$$\frac{1}{u_1 + D} + \frac{1}{v_1 - D} = \frac{1}{f}. \qquad ③$$

联立式①~③,得
$$f = 0.378 \text{ m}.$$

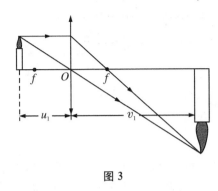

图3

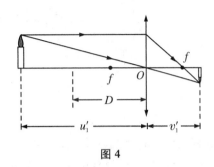

图4

05 冬天我国一些城市实行水暖供热,户外温度为 -5 ℃时,某房屋的室内温度为 22 ℃;户外温度为 -15 ℃时,室内温度为 16.5 ℃.假定暖气管与室内空气、室内与户外间的热量传递均与温度差成正比.

(1) 估算该房屋内暖气管的温度.

(2) 为节省能源,对该房屋进行适当的保温改造,将室内传递至户外的热量减少 20%.若室内暖气管温度仍维持第(1)问中的温度不变,当户外温度为 -15 ℃时,求室内温度.

解析 (1) 设暖气管与室内空气的热量传递系数为 k_1,室内与户外间的热量传递系数为 k_2,暖气管的温度为 T_0.室内温度分别为 $T_1 = 22$ ℃、$T_1' = 16.5$ ℃时,户外温度分别为 $T_2 = -5$ ℃、$T_2' = -15$ ℃.根据能量守恒定律,有

$$k_1(T_0 - T_1) = k_2(T_1 - T_2), \qquad ①$$
$$k_1(T_0 - T_1') = k_2(T_1' - T_2'). \qquad ②$$

联立式①和式②,得
$$T_0 = 55 \text{ ℃}.$$

(2) 设此时室内温度为 T_1'',根据能量守恒定律,有
$$k_1(T_0 - T_1'') = (1 - 20\%)k_2(T_1'' - T_2'). \qquad ③$$

联立式①和式③,得
$$T_1'' \approx 20.4 \text{ ℃}.$$

06 一继电器控制电路如图5所示,电池都是电动势为 E、内阻为 r 的一号干电池.灯泡规格一样,继电器也完全相同,其线圈的电阻值为 $12r$(远大于灯泡阻值).仅当继电器线圈中电流大于 $I_0 = E/(15r)$ 时,继电器才吸合.滑动变阻器电阻可调范围足够大,与变阻器相连的保护电阻阻值 $r_0 = 2r$.开始时电键断开,变阻器滑动头置于最左边.

(1) 电键 K 闭合后,电路中各灯泡会产生什么现象?

(2) 电键 K 保持闭合,使变阻器滑动头向右移动,在移动过程中电路中各灯的发光情况与第(1)问相比有什么变化?

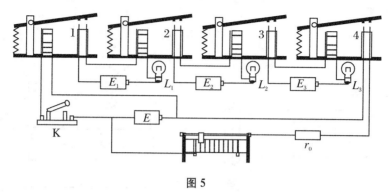

图5

解析 (1)电键K闭合后,E 和最左侧继电器线圈电阻串联形成回路,回路中的电流为 $E/(13r)>I_0$,继电器吸合接通1处电路.因 E_1、L_1 和左侧第二个继电器线圈电阻串联,L_1 点亮,同时继电器吸合接通2处电路.这样,各灯泡由左到右依次发光.当接通位置4处的电路后,可算出第一个继电器线圈中电流为 $E/(19r)<I_0$,继电器打开,L_1 熄灭,以后各灯从左到右依次熄灭.接下来再重复以上过程,并且不断循环往复.

(2)在变阻器移动到某一位置前,各灯的发光情况与第(1)问相同,移动到某一位置后,灯泡不再熄灭,始终保持发光.下面,我们来计算一下此时变阻器的阻值.如图6所示,设 R_0 为第一个继电器的线圈电阻,R 为滑动变阻器的电阻,通过电源的总电流为

$$I = \frac{E}{\frac{R_0(R+r_0)}{R_0+R+r_0}+r},\qquad ①$$

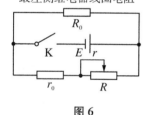

最左侧继电器线圈电阻

图6

通过最左侧继电器线圈中的电流为

$$I' = \frac{R+r_0}{R_0+R+r_0}I. \qquad ②$$

要使灯泡亮、暗情况刚开始与第(1)问不同时,要求

$$I' = I_0. \qquad ③$$

联立式①~③,得

$$R = 4r.$$

07

两个点电荷固定在 x 轴上,从左到右分别记为 Q_1、Q_2.经测量,在 $x>0$ 的轴上电子的电势能曲线如图7所示.其中 x_0 是电势能为零的点的坐标,x_1 是电势能为极值的点的坐标.电子与电量为 Q 的点电荷距离为 r 时,电势能为 $W_e = -keQ/r$.求:

(1)电荷 Q_1 的位置 $x(Q_1)$;
(2)电荷 Q_2 的位置 $x(Q_2)$;
(3)两电荷电量之比 Q_1/Q_2.

解析 由于在 $x=0$ 处,电子的电势能趋于正无穷,所以在 $x=0$ 处有一个负电荷.当 x 从0增大时,电势能没有出现负无穷,即没有经过正电荷,这表明正电荷必定在原点的左侧.即产生题中所给的电势能曲线的两个点电荷,一个是位于原点的负电荷 Q_2,另一

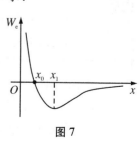

图7

个是位于原点左侧、横坐标为 x_2 的正电荷 Q_1. $x = x_0$ 处电势能为零,则有

$$-\frac{keQ_1}{x_0 - x_2} - \frac{keQ_2}{x_0} = 0. \quad \text{①}$$

$x = x_1$ 处电势能为极小值,这表明该点是电子的平衡位置,位于该点的电子受到的电场力等于零,即电场强度为零,则有

$$\frac{kQ_1}{(x_1 - x_2)^2} = -\frac{kQ_2}{x_1^2}. \quad \text{②}$$

联立式①和式②,得

$$x_2 = 2x_1 - \frac{x_1^2}{x_0}, \quad \frac{Q_1}{Q_2} = -\left(\frac{x_1}{x_0} - 1\right)^2.$$

2013年"华约"自主招生试题解析

本试卷共七大题.解答应写出必要的文字说明、方程式和主要演算步骤.

01 (1) 质量约 1 T 的汽车在 10 s 内由静止加速到 60 km/h. 如果不计阻力,发动机的平均输出功率约为多大?

(2) 汽车速度较高时,空气阻力不能忽略. 将汽车简化为横截面积约 1 m² 的长方体,并以此模型估算汽车以 60 km/h 行驶时为克服空气阻力而增加的功率.(已知空气密度 $\rho = 1.3$ kg/m³)

(3) 数据表明,汽车行驶过程中所受阻力 F 与速度平方 v^2 的关系如图 1 所示. 假定除空气阻力外,汽车行驶所受的其他阻力与速度无关,试估计其他阻力的大小.

解析 (1) 根据动能定理,有

$$Pt = \frac{1}{2}mv^2,$$

代入数据,解得

$$P = 1.4 \times 10^4 \text{ W}.$$

(2) 设汽车的横截面积为 S,当汽车以一定的速度运动时,将推动前方的空气使之获得相应的速度,则在 Δt 时间内,质量为 Δm 的空气柱所获得的动能为

$$\Delta E_k = \frac{1}{2}(\Delta m)v^2 = \frac{1}{2}(\rho S \Delta t)v^2,$$

故汽车需增加的功率为

$$P = \frac{\Delta E_k}{\Delta t} = \frac{1}{2}\rho S v^3,$$

代入数据,解得

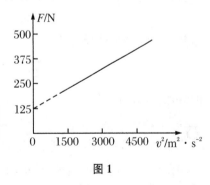

图 1

$$P = 3 \times 10^3 \text{ W}.$$

(3) 设其他阻力为 f,则
$$F = kv^2 + f.$$
图 1 中图线的延长线与纵轴的交点即为其他阻力 f,则
$$f = 125 \text{ N}.$$

02

核聚变发电有望提供人类需要的丰富清洁能源. 氢核聚变可以简化为 4 个氢核 ($_1^1\text{H}$) 聚变生成氦核 ($_2^4\text{He}$),并放出 2 个正电子 ($_1^0\text{e}$) 和 2 个中微子 ($_0^0\text{v}$).

(1) 写出氢核聚变反应方程;
(2) 计算氢聚变生成一个氦核所释放的能量;
(3) 计算 1 kg 氢 ($_1^1\text{H}$) 完全聚变所释放的能量;它相当于多少质量的煤完全燃烧放出的能量?(1 kg 煤完全燃烧放出的能量约为 3.7×10^7 J)

已知:$m_{_1^1\text{H}} = 1.6726216 \times 10^{-27}$ kg, $m_{_2^4\text{He}} = 6.646477 \times 10^{-27}$ kg, $m_{_1^0\text{e}} = 9.109382 \times 10^{-31}$ kg, $m_{_0^0\text{v}} \approx 0$, $c = 2.99792458 \times 10^8$ m/s.

解析 (1) 核反应方程为 $4_1^1\text{H} \longrightarrow {_2^4\text{He}} + 2_1^0\text{e} + 2_0^0\text{v}$.

(2) 核反应前后的质量亏损为
$$\Delta m = 4m_{_1^1\text{H}} - m_{_2^4\text{He}} - 2m_{_1^0\text{e}},$$
根据质能方程可得释放的能量为
$$\Delta E = \Delta mc^2 = (4m_{_1^1\text{H}} - m_{_2^4\text{He}} - 2m_{_1^0\text{e}})c^2,$$
代入数据,解得
$$\Delta E = 3.79 \times 10^{-12} \text{ J}.$$

(3) 1 kg 氢 ($_1^1\text{H}$) 完全聚变所释放的能量为
$$E = \frac{1 \text{ kg}}{4m_{_1^1\text{H}}} \cdot \Delta E,$$
代入数据,解得
$$E = 5.67 \times 10^{14} \text{ J},$$
这相当于完全燃烧质量为
$$m = \frac{5.67 \times 10^{14}}{3.7 \times 10^7} = 1.53 \times 10^7 \text{ kg}$$
的煤所放出的能量.

03

明理同学平时注意锻炼身体,力量较大,最多能提起 $m = 50$ kg 的物体. 一重物放置在倾角 $\theta = 15°$ 的粗糙斜坡上,重物与斜坡间的摩擦因数为 $\mu = \sqrt{3}/3$. 试求该同学向上拉动的重物质量 M 的最大值.

解析 设重物所受支持力为 F_N,所受摩擦力为 F_f,拉力 F 与斜面间的夹角为 α,受力分析如图 2 所示. 根据牛顿第二定律,有

$$F\cos\alpha - Mg\sin\theta - F_f = Ma, \qquad ①$$
$$F\sin\alpha + F_N - Mg\cos\theta = 0, \qquad ②$$

$$F_f = \mu F_N. \qquad ③$$

联立式①～③,得

$$M = \frac{F(\cos\alpha + \mu\sin\alpha)}{g(\sin\theta + \mu\cos\theta) + a}. \qquad ④$$

由数学知识得

$$M = \frac{F\sqrt{1+\mu^2}\sin(\alpha+\beta)}{g(\sin\theta + \mu\cos\theta) + a}. \qquad ⑤$$

当 $\sin(\alpha+\beta) = 1$ 时,式⑤分子有最大值;当 $a = 0$ 时,即重物刚好能被拉动,式⑤分母有最小值. 所以重物质量的最大值为

$$M_{\max} = \frac{F\sqrt{1+\mu^2}}{g(\sin\theta + \mu\cos\theta)} = \frac{m\sqrt{1+\mu^2}}{\sin\theta + \mu\cos\theta}.$$

代入数据,得

$$M_{\max} = 50\sqrt{2}\ \text{kg}.$$

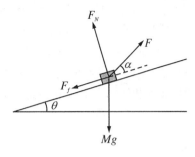

图 2

04 如图 3 所示,电阻为 R 的长直螺线管,其两端通过电阻可忽略的导线相连接. 一个质量为 m 的小条形磁铁从静止开始落入其中,经过一段距离后以速度 v 做匀速运动. 假设小磁铁在下落过程中始终沿螺线管的轴线运动且无翻转.

(1) 定性分析说明:小磁铁的磁性越强,最后匀速运动的速度就越小;

(2) 小磁铁做匀速运动时在回路中产生的感应电动势约为多少?

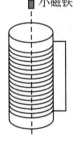

图 3

解析 (1) 两种情况下,小磁铁从同一位置下落相同的高度,减少的重力势能是相同的. 根据能量转化和守恒定律,减少的重力势能转化成磁场能和动能的总和是相同的. 根据楞次定律,产生感应电流的磁场总是阻碍原来磁场的变化. 小磁铁从静止沿轴线竖直落入螺线管的过程中,通过螺线管的磁通量增大,产生感应电流的磁场与原磁场方向相反,但合磁场的强度依然是增大的. 小磁铁的磁性越强,下落过程中的合磁场都是处处越强,所以产生的磁场能越大,小磁铁产生的动能就越小,故小磁铁最后匀速运动的速度就越小.

(2) 小磁铁做匀速运动时,重力做功的功率为

$$P_G = mgv. \qquad ①$$

螺线管中感应电流的电功率为

$$P_E = \frac{E^2}{R}. \qquad ②$$

根据能量转化和守恒定律,有

$$P_G = P_E. \qquad ③$$

联立式①～③,得

$$E = \sqrt{mgvR}.$$

05 自行车车胎打足气后骑着很轻快. 由于慢撒气——缓慢漏气,车胎内气压下降了四

分之一.求漏掉气体占原来气体的比例 η.假设漏气过程是绝热的,一定质量的气体,在绝热过程中其压强 p 和体积 V 满足关系 $pV^\gamma =$ 常量,式中参数 γ 是与胎内气体有关的常数.

解析 设漏气前车胎内气压为 p,体积为 V,漏气后车胎内气压下降了四分之一,即压强变为 $3p/4$,体积仍为 V.假设如果不漏气,当气压为 $3p/4$ 时,体积为 V'.根据绝热过程中压强 p 和体积 V 满足的关系式,有

$$pV^\gamma = \frac{3}{4}pV'^\gamma.$$

解得

$$V' = \left(\frac{4}{3}\right)^{\frac{1}{\gamma}} V.$$

所以漏掉气体占原来气体的比例为

$$\eta = \frac{V' - V}{V'} = 1 - \left(\frac{3}{4}\right)^{\frac{1}{\gamma}}.$$

06

如图 4 所示,在光学用直导轨型支架上,半径为 R 的球面反射镜放置在焦距为 f 的凸透镜右侧,其中心位于凸透镜的光轴上,并可沿凸透镜的光轴左右调节.

(1) 固定凸透镜与反射镜之间的距离 l,将一点光源放置于凸透镜的左侧光轴上,调节光源在光轴上的位置,使该光源的光线经凸透镜—反射镜—凸透镜后,成实像于点光源处.该点光源与凸透镜之间的距离 d 可能是多少?

(2) 根据第(1)问的结果,若固定距离 d,调节 l 以实现同样的实验目的,则 l 的调节范围是多少?

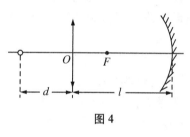

图 4

解析 (1) 可分下列三种情况讨论.

第一种情况:调节光源与透镜之间的距离(物距)d,使物距大于焦距,即满足 $d > f$,这时点光源经透镜可成实像于透镜右侧光轴上的 C 点.并且当 C 点又恰好处在球面反射镜的球心位置时,经透镜折射后会聚于 C 点的光线继续传播到反射镜,经反射镜反射后将沿同一路径返回,根据光路的可逆性,所有这些光线都将会聚于点光源处,如图 5 所示.

由以上分析可知,像距 v 满足

$$v = l - R. \quad ①$$

透镜成像公式为

$$\frac{1}{d} + \frac{1}{v} = \frac{1}{f}. \quad ②$$

联立式①和式②,得

$$d = \frac{f(l - R)}{l - R - f}.$$

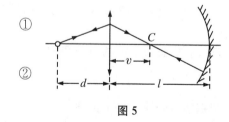

图 5

第二种情况:调节光源与透镜之间的距离(物距)d,使物距大于焦距,即满足 $d > f$,这时点光源经透镜可成实像于透镜右侧光轴上的 C 点.并且当 C 点正好处于球面反射镜的对称中心时,从主光轴上方(或下方)会聚于 C 点的光线经球面反射镜反射后,将从主光轴下方

(或上方)射向透镜,再经凸透镜折射后,将会聚于点光源处.如图6所示.

由以上分析可知,像距 v 满足
$$v = l.$$ ③

透镜成像公式为
$$\frac{1}{d} + \frac{1}{v} = \frac{1}{f}.$$ ④

联立式③和式④,得
$$d = \frac{fl}{l-f}.$$

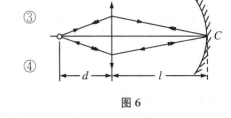

图6

第三种情况:调节光源与透镜之间的距离(物距)d,使物距小于焦距,即满足 $d<f$,这时点光源经透镜可成虚像于透镜左侧光轴上的 C 点.并且当 C 点又恰好处在球面反射镜的球心位置时,反向延长线过 C 点的光线经球面反射镜反射后将沿同一路径返回,根据光路的可逆性,所有这些光线都将会聚于点光源处,如图7所示.

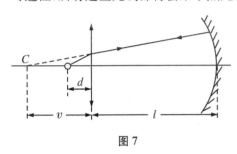

图7

由以上分析可知,像距 v 满足
$$v = l - R, \quad v < 0.$$ ⑤

透镜成像公式为
$$\frac{1}{d} + \frac{1}{v} = \frac{1}{f}.$$ ⑥

联立式⑤和式⑥,得
$$d = \frac{f(R-l)}{R+f-l}.$$

(2) 对于第一种情况,点光源经透镜折射后成实像,并且像距满足 $v>f$,再由几何关系 $v=l-R$,所以 l 的调节范围是:$l>R+f$.

对于第二种情况,点光源经透镜折射后成实像,并且像距满足 $v>f$,再由 $v=l$,所以 l 的调节范围是:$l>f$.

对于第三种情况,点光源经透镜折射后成虚像,并且像距满足 $|v|>d$,$v<0$,再由几何关系 $v=l-R$,所以 l 的调节范围是:$l<R-d$.

07 "顿牟缀芥"是两千多年前我国古人对摩擦起电现象的观察记录,经摩擦后带电的琥珀能吸起小物体.现用下述模型分析探究.

在某处固定一个电荷量为 Q 的点电荷,在其正下方 h 处有一个原子.在点电荷产生的电场(场强为 E)作用下,原子的负电荷中心与正电荷中心会分开很小的距离 l,形成电偶极子.描述电偶极子特征的物理量称为电偶极矩 p,$p=ql$,这里 q 为原子核的电荷.实验显示,$p=\alpha E$,α 为原子的极化系数,反映其极化的难易程度.被极化的原子与点电荷之间产生作用力 F.在一定条件下,原子会被点电荷"缀"上去.

(1) F 是吸引力还是排斥力? 简要说明理由;
(2) 若固定点电荷的电荷量增加一倍,力 F 如何变化? 即求 $F_{(2Q)}/F_{(Q)}$ 的值;
(3) 若原子与点电荷间的距离减小一半,力 F 如何变化? 即求 $F_{(h/2)}/F_{(h)}$ 的值.

解析 (1) 如图8所示,当原子被极化时,负电荷被吸引而移向 Q,正电荷被排斥而远

离 Q. 这样异性电荷之间的吸引力大于同性电荷之间的排斥力,总的效果是吸引,故 F 是吸引力.

(2) 被极化的原子与点电荷之间产生的作用力为

$$F = \frac{kQq}{\left(h-\frac{l}{2}\right)^2} - \frac{kQq}{\left(h+\frac{l}{2}\right)^2} = kQq\frac{2hl}{\left(h^2-\frac{l^2}{4}\right)^2} = kQq\frac{2hl}{h^4\left(1-\frac{l^2}{4h^2}\right)^2}.$$

由于 $h \gg l$,可略去 $l^2/(4h^2)$ 项的贡献,则

$$F = \frac{2kQql}{h^3}. \qquad ①$$

而电偶极矩

$$p = ql, \qquad ②$$
$$p = \alpha E. \qquad ③$$

点电荷 Q 在其正下方 h 处原子所在位置产生的电场强度为

$$E = \frac{kQ}{h^2}. \qquad ④$$

联立式①~④,得

$$F = \frac{2\alpha k^2 Q^2}{h^5}. \qquad ⑤$$

若固定点电荷的电荷量增加一倍,由式⑤,可得

$$\frac{F_{(2Q)}}{F_{(Q)}} = 4.$$

(3) 若原子与点电荷间的距离减小一半,由式⑤,可得

$$\frac{F_{(h/2)}}{F_{(h)}} = 32.$$

2013 年清华大学保送生考试试题解析

01 如图 1 所示,置于光滑水平面上的长木板 B 的左端有一物体 A,A、B 间有摩擦,现用恒力 F 将 A 拉至 B 的右端,第一次将 B 固定在水平面上,F 做的功为 W_1,产生的内能增量为 ΔE_1,第二次使 B 可自由滑动,F 做的功为 W_2,产生的内能增量为 ΔE_2,则(   ).

A. $W_1 = W_2$,$\Delta E_1 = \Delta E_2$
B. $W_1 = W_2$,$\Delta E_1 < \Delta E_2$
C. $W_1 < W_2$,$\Delta E_1 = \Delta E_2$
D. $W_1 < W_2$,$\Delta E_1 < \Delta E_2$

解析 设 A、B 间的摩擦力为 f,木板长为 l,第一次木板固定,则

$$W_1 = Fl, \quad \Delta E_1 = fl.$$

第二次木板不固定,当用恒力 F 将 A 拉至 B 的右端时,设木板的位移为 s,则

$$W_2 = F(l+s), \quad \Delta E_2 = fl.$$

所以有

$$W_1 < W_2, \quad \Delta E_1 = \Delta E_2.$$

答案 C.

02 一单摆挂在木板上的小钉上,木板质量远大于单摆质量.木板平面在竖直平面内,并可以沿两竖直轨道无摩擦地自由下落,如图 2 所示.现使单摆摆动起来,当单摆离开平衡位置但未达到最高点时木板开始自由下落,则摆球相对于板(   ).

A. 静止 　　　　　　　　　B. 仍做简谐运动

C. 做匀速率圆周运动 　　　D. 做非匀速率圆周运动

解析 以木板这个非惯性系为参考系,摆球还受到大小为 mg、方向竖直向上的惯性力,惯性力与重力抵消,小球将做匀速率圆周运动,绳子的拉力提供向心力.

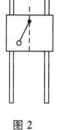

图 2

答案 C.

03 假设某一循环由等温过程和绝热过程组成,如图 3 所示,可以认为(   ).

A. 此循环过程违反热力学第一定律,但不违反热力学第二定律

B. 此循环过程违反热力学第二定律,但不违反热力学第一定律

C. 此循环过程既违反热力学第一定律,也违反热力学第二定律

D. 此循环过程既不违反热力学第一定律,也不违反热力学第二定律

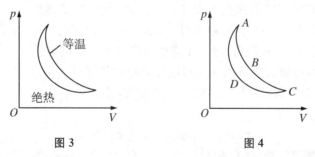

图 3　　　　　　图 4

解析 如图 4 所示,设等温线 ABC 与绝热线 ADC 相交于 A、C 两点.按如图曲线做一个正循环 $A \to B \to C \to D \to A$,经一个循环 $\Delta U = 0$,气体对外界做功,只有等温过程 $A \to B \to C$ 吸热,相当于从单一热源吸收热量,使之完全变成功,而不产生其他影响,这违反了热力学第二定律.

再单独考虑绝热过程 $C \to D \to A$,$Q = 0$,气体体积减小,外界对气体做功,即 $W > 0$.由于 A、C 两点在同一等温线上,温度相同,则 $\Delta U = 0$.此过程 $\Delta U \neq Q + W$,这违反了热力学第一定律.

答案 C.

04 把静止的电子加速到动能为 0.25 MeV,则它增加的质量约为原有质量的( )倍.
A. 0.1　　　B. 0.2　　　C. 0.5　　　D. 0.9

解析 电子动能的表达式为
$$E_k = mc^2 - m_0c^2 = \Delta mc^2,$$
则
$$\Delta m = \frac{E_k}{c^2}.$$
所以有
$$\frac{\Delta m}{m_0} = \frac{E_k}{m_0 c^2} = \frac{0.25 \times 10^6 \times 1.6 \times 10^{-19}}{9.1 \times 10^{-31} \times (3 \times 10^8)^2} \approx 0.5.$$

答案 C.

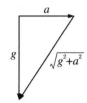

图 5

05 一辆列车以加速度 a 前进,车上有一物体自由下落,则地面观察者看到物体的加速度大小为_____,车内观察者看到物体的加速度大小为_____.

解析 地面观察者看到物体做平抛运动,物体的加速度大小为 g. 如图 5 所示,车内观察者看到物体的加速度大小为 $\sqrt{g^2 + a^2}$.

06 如图 6 所示,光滑水平桌面上的球 1、2、3、4 是完全相同的弹性小球,球 2、3、4 静止,球 1 以速度 v_0 正对着球 2 撞去,球 1、2 的球心连线正好过球 3、4 的切点,则碰撞之后静止的是球_____,运动的球中速度最小的是球_____.

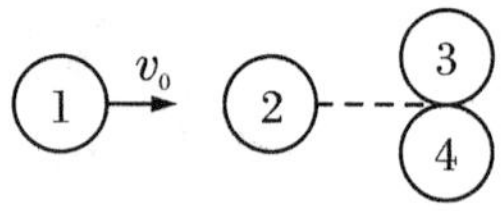

解析 球 1 与球 2 碰撞后交换速度,球 1 速度变为 0,球 2 速度变为 v_0. 球 2 与球 3、4 碰撞过程中,球 2 对球 3、4 的作用力分别沿球 2、3 和球 2、4 的连心线.故碰撞后,球 3、4 速度方向与球 2 入射方向分别在两边成 30°角,速度大小均为 v_3,而球 2 碰撞后的速度为 v_2. 取球 2 入射方向为正方向,球 2、3、4 组成一个系统,该系统不受外力,根据动量守恒定律,有

$$mv_0 = mv_2 + 2mv_3\cos 30°. \qquad ①$$

整个碰撞过程中系统机械能守恒,有

$$\frac{1}{2}mv_0^2 = \frac{1}{2}mv_2^2 + 2 \times \frac{1}{2}mv_3^2. \qquad ②$$

联立式①和式②,得

$$v_2 = -\frac{1}{5}v_0, \quad v_3 = \frac{2\sqrt{3}}{5}v_0.$$

负号表示球 2 会反向运动,与球 1 碰撞后再次交换速度,则碰撞之后静止的是球 2,运动的球中速度最小的是球 1.

07

三等长绝缘棒连成正三角形,每根棒上均匀分布等量同号电荷,测得图 7 中 P、Q 两点(均为相应正三角形的中心)的电势分别为 U_P 和 U_Q,若撤去 BC 棒,则 P、Q 两点的电势分别为 $U_P' = \underline{\qquad}$,$U_Q' = \underline{\qquad}$.

解析 根据对称性,AB、BC、AC 三棒在 P 点产生的电势及 AC 棒在 Q 点产生的电势相同,设为 U_1;AB、BC 棒在 Q 点产生的电势相同,设为 U_2.则根据电势叠加原理,有

$$U_P = 3U_1, \qquad ①$$
$$U_Q = U_1 + 2U_2. \qquad ②$$

联立式①和式②,得

$$U_1 = \frac{1}{3}U_P, \quad U_2 = \frac{1}{2}U_Q - \frac{1}{6}U_P.$$

撤去 BC 棒后,P、Q 两点的电势分别变为

$$U_P' = 2U_1 = \frac{2}{3}U_P, \quad U_Q' = U_1 + U_2 = \frac{1}{2}U_Q + \frac{1}{6}U_P.$$

08

试举出近 5 年来获得诺贝尔物理学奖的项目.

解析 2013 年诺贝尔物理学奖被授予比利时物理学家弗朗索瓦·恩格勒特和英国物理学家彼得·希格斯,以表彰他们描述了粒子物理学的标准模型,并成功预测希格斯玻色子的存在.

2012 年诺贝尔物理学奖被授予法国物理学家塞尔日·阿罗什和美国物理学家大卫·维因兰德,以表彰他们提出了突破性的实验方法,使测量和操控单个量子体系成为可能.

2011 年诺贝尔物理学奖被授予美国加州大学伯克利分校天体物理学家萨尔·波尔马特、美国/澳大利亚物理学家布莱恩·施密特及美国科学家亚当·里斯,以表彰他们通过观测遥远超新星发现宇宙的加速膨胀.

2010 年诺贝尔物理学奖被授予英国曼彻斯特大学科学家安德烈·海姆和康斯坦丁·诺沃肖洛夫,以表彰他们在石墨烯材料方面的卓越研究.

2009 年诺贝尔物理学奖被授予英国华裔科学家高锟及美国科学家威拉德·博伊尔和乔治·史密斯.高锟在"有关光在纤维中的传输以用于光学通信方面"取得了突破性成就.威拉德·博伊尔和乔治·史密斯发明了半导体成像器件——电荷耦合器件(CCD)图像传感器.

2008 年度诺贝尔物理学奖被授予美国科学家南部阳一郎及日本科学家小林诚和利川敏英.南部阳一郎因发现次原子物理的对称性自发破缺机制而获奖,日本科学家小林诚和利川敏英因发现对称性破缺的来源而获此殊荣.

2007 年诺贝尔物理学奖由法国科学家阿尔贝·费尔和德国科学家彼得·格林贝格尔分享.这两名科学家获奖的原因是先后独立发现了"巨磁电阻"效应.

历史上曾有李政道、杨振宁、丁肇中、朱棣文、崔琦、高锟等六名华人获得诺贝尔物理学奖.

09 有 5 对接线柱,每一对之间分别接有:1.5 V 干电池、电阻、电容、二极管及阻值比前述电阻阻值小很多的电感.请用万用电表判断每对接线柱之间分别是什么元件?简要说明步骤及原理.

解析 先用多用电表电压挡测每一对接线柱,若有电压示数,说明被测元件为干电池;对其他四对接线柱,用多用电表欧姆挡正反两次测量,若两次测量结果不同,则被测元件为二极管;若两次测量数值相同,则无穷大阻值的是电容;阻值接近零的为低阻电感;阻值为中间值的元件为电阻.

10 一轻弹簧两端分别固连着两个小球 A、B,若将小球 B 固定,测得小球 A 的振动频率为 f_A.若将小球 A 固定,测得小球 B 的振动频率为 f_B.现将此系统自由地平放在光滑水平面上,求此系统的自由振动频率.

解析 当系统在光滑水平面上振动时,所受合力为零,故系统动量守恒,且系统动量为零.所以该系统的质心静止不动,质心两边相当于两个"独立"的弹簧振子,即质心左边相当于一个由原长为 l_1 的弹簧与小球 A 组成的弹簧振子,质心右边相当于一个由原长为 l_2 的弹簧与小球 B 组成的弹簧振子.根据质心位置公式,有

$$m_1 l_1 = m_2 l_2. \qquad ①$$

设 l_1 那段弹簧的劲度系数为 k_1,l_2 那段弹簧的劲度系数为 k_2,当原长为 l 的整根弹簧伸长为 x 时,长 l_1 的那段弹簧伸长 xl_1/l,长 l_2 的那段弹簧伸长 xl_2/l,根据弹簧上弹力处处相等,有

$$k_1 \frac{x}{l} l_1 = k_2 \frac{x}{l} l_2. \qquad ②$$

两段弹簧串联,有

$$\frac{1}{k} = \frac{1}{k_1} + \frac{1}{k_2}. \qquad ③$$

联立式①~式③,得

$$k_1 = \frac{m_1 + m_2}{m_2} k, \quad k_2 = \frac{m_1 + m_2}{m_1} k.$$

所以,系统的自由振动频率为

$$f = \frac{1}{2\pi} \sqrt{\frac{k_1}{m_1}} = \frac{1}{2\pi} \sqrt{\frac{k_2}{m_2}} = \frac{1}{2\pi} \sqrt{\frac{m_1 + m_2}{m_1 m_2} k} = \sqrt{\frac{1}{(2\pi)^2} \left(\frac{1}{m_1} + \frac{1}{m_2} \right) k} = \sqrt{f_A^2 + f_B^2}.$$

11 如图 8 所示,某质子加速器使每个质子获得动能 $E_k = 2$ keV,很细的质子束射向一个远离加速器、半径为 r 的金属球,从球心到质子束延长线的垂直距离为 $d = r/2$.假定质子与金属相碰后将其电荷全部交给金属球,经足够长时间后,求金属球的最高电势值(以无穷远处的电势为零).

解析 设质子初速度为 v_0,当金属球充电到电势为 U 时,质子与金属球相切而过,此时速度设为 v.由于质子在向金属球运动时,只受库仑力且力的方向沿球径向,故质子对球心

O 的角动量守恒,有
$$mv_0 d = mvr,$$
解得
$$v = \frac{v_0}{2}.$$

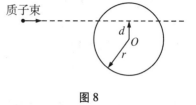

图 8

根据动能定理,有
$$-eU = \frac{1}{2}mv^2 - \frac{1}{2}mv_0^2,$$
解得
$$U = \frac{3}{4e} \cdot \frac{1}{2}mv_0^2 = \frac{3}{4e}E_k = 1500 \text{ V}.$$

12 如图 9 所示,坐标原点 $O(0,0)$ 处有一带电粒子源,向 $y \geqslant 0$ 一侧沿 Oxy 平面内的各个不同方向发射带正电的粒子,粒子的速率都是 v,质量均为 m,电荷量均为 q. 有人设计了一方向垂直于 Oxy 平面、磁感应强度大小为 B 的均匀磁场区域,使上述所有带电粒子从该磁场区域的边界射出时,均能沿 x 轴正方向运动. 试求出此边界线的方程,并画出此边界线的示意图.

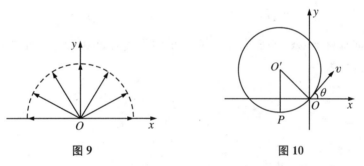

图 9　　　　　图 10

解析 先设磁感应强度为 B 的匀强磁场方向垂直 Oxy 平面向里,且无边界. 考察从粒子源发出的速率为 v、方向与 x 轴夹角为 θ 的粒子,在磁场的洛伦兹力作用下粒子做圆周运动,圆轨道经过坐标原点 O,且与速度方向相切,若圆轨道的半径为 R,有
$$qvB = m\frac{v^2}{R}, \quad\quad ①$$
得
$$R = \frac{mv}{qB}. \quad\quad ②$$
圆轨道的圆心 O' 在过坐标原点 O 且与速度方向垂直的直线上,至原点的距离为 R,如图 10 所示. 通过圆心 O' 作平行于 y 轴的直线与圆轨道交于 P 点,粒子运动到 P 点时其速度方向恰好是沿 x 轴正方向,故 P 点就在磁场区域的边界上. 对于不同入射方向的粒子,对应的 P 点的位置不同,所有这些 P 点的连线就是所求磁场区域的边界线. P 点的坐标为
$$x = -R\sin\theta, \quad\quad ③$$
$$y = -R + R\cos\theta. \quad\quad ④$$

这就是磁场区域边界的参数方程,消去参数 θ,得
$$x^2 + (y + R)^2 = R^2. \quad ⑤$$
根据式②和式⑤,得
$$x^2 + \left(y + \frac{mv}{qB}\right)^2 = \frac{m^2v^2}{q^2B^2}. \quad ⑥$$
这是半径为 R、圆心 O'' 的坐标为 $(0,-R)$ 的圆,作为题目所要求的磁场区域的边界线,应是如图11所示的半个圆周,故磁场区域的边界线的方程为
$$x^2 + \left(y + \frac{mv}{qB}\right)^2 = \frac{m^2v^2}{q^2B^2} \quad (x \leqslant 0, y \leqslant 0). \quad ⑦$$

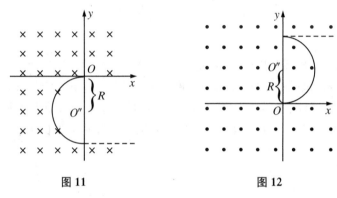

图 11　　　　　图 12

若磁场方向垂直于 Oxy 平面向外,则磁场的边界线为如图12所示的半圆,此时磁场区域的边界线的方程为
$$x^2 + \left(y - \frac{mv}{qB}\right)^2 = \frac{m^2v^2}{q^2B^2} \quad (x \geqslant 0, y \geqslant 0). \quad ⑧$$

2012年"华约"自主招生试题解析

选择题. 本大题共七小题,在每小题给出的四个选项中,有一个或多个选项符合题目要求.

01 带有等量异种电荷的板状电容器不是平行放置的,图1中的电场线描绘正确的是( ).

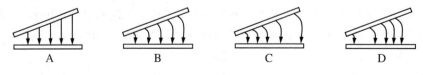

图 1

解析 对于非平行板电容器,由电势差与电场强度的关系式 $U = \bar{E}d$($\bar{E}$ 为平均电场强度)可知,极板距离 d 越大,则平均电场强度 $\bar{E}$ 越小,电场线越稀疏.

答案 C.

02 一铜板暴露在波长 $\lambda = 200$ nm 的紫外光中,观测到有电子从铜板表面逸出.当在铜板所在空间加一方向垂直于板面、大小为 15 V/m 的电场时,电子能运动到距板面的最大距离为 10 cm.已知光速 c 与普朗克常数 h 的乘积为 1.24×10^{-6} eV·m,则铜板的截止波长约为( ).

A. 240 nm   B. 260 nm   C. 280 nm   D. 300 nm

解析 根据光电效应方程,有

$$E_k = h\frac{c}{\lambda} - W_0, \quad ①$$

$$W_0 = h\frac{c}{\lambda_0} \quad (\lambda_0 \text{ 表示截止波长}). \quad ②$$

根据动能定理,有

$$-eEd = 0 - E_k. \quad ③$$

联立式①~③,得

$$\lambda_0 = 264 \text{ nm}.$$

答案 B.

03 如图 2 所示,若实心玻璃管长 $l = 40$ cm,宽 $d = 4$ cm,玻璃的折射率 $n = 2/\sqrt{3}$,光从管的左端正中心射入,则光最多可以在管中反射几次?( )

A. 5 次   B. 6 次   C. 7 次   D. 8 次

解析 光在玻璃管内的入射角越小,反射的次数就越多,所以最小的入射角就是临界角,由 $\sin C = 1/n = \sqrt{3}/2$,得临界角 $C = 60°$.每反射一次,光在玻璃管轴线方向上前进的距离为 $x = d\tan C = 4\sqrt{3}$ cm,所以光最多可以在管中反射的次数为 $N = l/x \approx 5.8$. $N >$ 5.5,说明第 6 次全反射已经发生,但光最终不是从管右端的正中心射出.

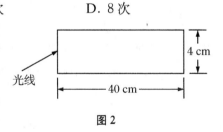

图 2

答案 B.

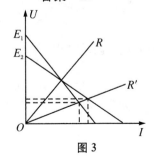

图 3

04 两电源电动势分别为 E_1、E_2($E_1 > E_2$),内阻分别为 r_1、r_2.当这两个电源分别和一阻值为 R 的电阻连接时,电源输出功率相等.若将 R 减小为 R',电源输出功率分别为 P_1、P_2,则( ).

A. $r_1 < r_2, P_1 < P_2$ B. $r_1 > r_2, P_1 > P_2$

C. $r_1 < r_2, P_1 > P_2$ D. $r_1 > r_2, P_1 < P_2$

解析 根据题设条件作出两个电源、阻值 R 和 R' 的 U-I 特性曲线,如图3所示,可得 $r_1>r_2$,$P_1<P_2$.

答案 D.

05 如图4所示,绝热隔板 K 把绝热的气缸分隔成体积相等的两部分,K 与气缸壁的接触是光滑的.两部分中分别装有质量相同、温度相同的同种气体 a、b(可视为理想气体),并达到平衡.通过电热丝对气体 a 加热一段时间,a 和 b 各自达到新的平衡,则(   ).

A. a 的体积增大,压强减小
B. b 的温度升高
C. a 的分子运动比 b 的分子运动更剧烈
D. a 增加的内能小于 b 增加的内能

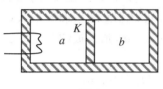

图 4

解析 当 a 加热时活塞向右移动,a 对 b 做正功.又因为气缸和隔板 K 绝热,所以气体 b 和外界没有热交换,由热力学第一定律可知,气体 b 的内能增加,温度升高,B 选项正确. 由理想气体的状态方程 $pV/T = C$(常量)知,V_b 减小、T_b 增大,则 p_b 增大.a、b 达到新的平衡后,压强相等,则 p_a 也增大,A 选项错误.对 a、b 气体,有 $p_aV_a/T_a = p_bV_b/T_b$,因 $p_a = p_b$、$V_a > V_b$,则 $T_a > T_b$,故 C 选项正确,D 选项错误.

答案 B、C.

06 如图5所示,一简谐横波沿 x 轴正方向传播,图中实线为 $t = 0$ 时刻的波形图,虚线为 $t = 0.286$ s 时刻的波形图.该波的周期 T 和波长 λ 可能正确的是(   ).

A. 0.528 s,2 m   B. 0.528 s,4 m
C. 0.624 s,2 m   D. 0.624 s,4 m

解析 设波动方程为 $y = A\cos\left(\dfrac{2\pi}{T}t - \dfrac{2\pi}{\lambda}x + \varphi_0\right)$.
由 $t=0$ 时刻的波形图可知,$x=0$ 处质点的位移为 $-\sqrt{2}/2$ cm,$x=0.5$ m 处质点的位移为 0,代入波动方程,有

$$-\dfrac{\sqrt{2}}{2} = \cos\varphi_0, \quad 0 = \cos\left(-\dfrac{\pi}{\lambda} + \varphi_0\right).$$

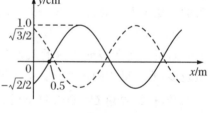

图 5

解得

$$\varphi_0 = \dfrac{3}{4}\pi, \quad \lambda = 4 \text{ m}.$$

由 $t = 0.286$ s 时刻的波形图可知,$x=0$ 处质点的位移为 $\sqrt{3}/2$ cm,代入波动方程,有

$$\dfrac{\sqrt{3}}{2} = \cos\left(\dfrac{2\pi}{T}\times 0.286 + \dfrac{3}{4}\pi\right),$$

解得

$$T = 0.528 \text{ s}.$$

答案 B.

07 铁路上使用一种电磁装置向控制中心传输信号以确定火车的位置. 能产生匀强磁场的磁铁被安装在火车首节车厢下面, 如图6所示(俯视图). 当它经过安放在两铁轨间的线圈时, 便会产生一个电信号, 通过和线圈相连的电压传感器被控制中心接收, 从而确定火车的位置. 现一列火车以加速度 a 驶来, 则电压信号关于时间的图像为( ).

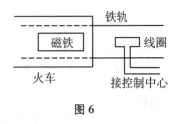

图6

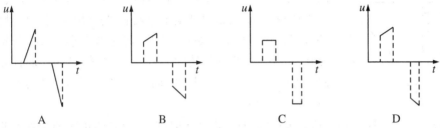

解析 火车以加速度 a 驶来, 速度均匀增大, 根据法拉第电磁感应定律, 磁铁进出线圈时产生的感应电动势也均匀增大, 则电压信号也均匀增大. 由于线圈宽度一定, 故磁铁离开线圈的时间比进入线圈的时间要短, 故 D 选项正确.

答案 D.

实验题. 根据题目要求作答.

08 利用光电计时器测量重力加速度的实验装置如图7所示. 所给器材有: 固定在底座上带有刻度的竖直钢管, 钢球吸附器(固定在钢管顶端, 可使钢球在被吸附一段时间后由静止开始自由下落), 两个光电门(用于测量钢球从第一光电门到第二光电门所用的时间间隔), 接钢球用的网兜.

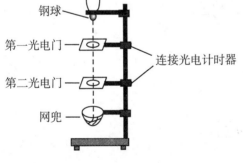

图7

实验时, 将第一光电门固定在靠近钢球开始下落的位置. 测量并求出钢球下落不同路程的平均速度, 通过作图得出重力加速度的数值.

(1) 写出实验原理;
(2) 写出实验步骤, 并指明需测量的物理量.

解析 (1) 设小球经过第一光电门时的速度为 v_0, 则 $h = v_0 t + \frac{1}{2}gt^2$, 等式两边同除以 t, 得 $\frac{h}{t} = v_0 + \frac{1}{2}gt$. 用 $\frac{h}{t}$ 作为纵坐标, t 作为横坐标, 画出 $\frac{h}{t}$-t 图线, 图线的斜率为 $\frac{g}{2}$.

(2) ① 按图7所示安装实验器材, 让小球、两个光电门和网兜在同一竖直线上;
② 量出两个光电门中心间的距离 h, 释放小球, 记录小球经过两个光电门的时间 t;

③ 改变第二个光电门的位置,多次重复实验步骤②;

④ 根据实验数据作出 $\frac{h}{t}$-t 图线,根据图线的斜率 k 可求出重力加速度 $g = 2k$.

推理、论证题.解答时应写出必要的文字说明和推理过程.

09 如图 8 所示,平行长直金属导轨水平放置,导轨间距为 l,一端接有阻值为 R 的电阻;整个导轨处于竖直向下的匀强磁场中,磁感应强度大小为 B;一根质量为 m 的金属杆置于导轨上,与导轨垂直并接触良好.已知金属杆在导轨上开始运动时的初速度大小为 v_0,方向平行于导轨.忽略金属杆与导轨的电阻,不计摩擦.证明金属杆运动到总路程的 λ($0 \leqslant \lambda \leqslant 1$)倍时,安培力的瞬时功率为 $P = (1-\lambda)^2 B^2 l^2 v_0^2 / R$.

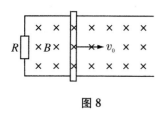

图 8

解析 取金属杆开始运动时为计时起点.设在 t 时刻(金属杆停止运动时刻之前),金属杆的速度为 v,则金属杆所受安培力大小为

$$F = \frac{B^2 l^2}{R} v. \quad ①$$

规定向右的方向为正,在 t 到 $t + \Delta t$ 时间内,根据动量定理,有

$$-F \Delta t = m \Delta v. \quad ②$$

联立式①和式②,得

$$-\frac{B^2 l^2}{R} v \Delta t = m \Delta v. \quad ③$$

对运动过程求和,有

$$-\frac{B^2 l^2}{R} \sum v \Delta t = m \sum \Delta v. \quad ④$$

又

$$v = \frac{\Delta x}{\Delta t}, \quad ⑤$$

联立式④和式⑤,得

$$-\frac{B^2 l^2}{R} \sum \Delta x = m \sum \Delta v. \quad ⑥$$

所以有

$$-\frac{B^2 l^2}{R} x = m(v - v_0), \quad ⑦$$

其中 x 为金属杆的路程.

当 $v = 0$ 时,由式⑦可求得金属杆运动的总路程为

$$x_m = \frac{mRv_0}{B^2 l^2}. \quad ⑧$$

总路程的 λ 倍为

$$x_\lambda = \frac{\lambda m R v_0}{B^2 l^2}. \qquad ⑨$$

由式⑦和式⑨可求得此时的瞬时速度为

$$v_\lambda = v_0 - \frac{B^2 l^2}{mR} x_\lambda = (1-\lambda) v_0. \qquad ⑩$$

所以，安培力的瞬时功率为

$$P = F v_\lambda = \frac{B^2 l^2 v_\lambda^2}{R} = \frac{(1-\lambda)^2 B^2 l^2 v_0^2}{R}.$$

计算题. 解答时应写出必要的文字说明、方程式和主要演算步骤. 只写出最后结果的不能得分.

10 如图9所示，在 $0 \leqslant x \leqslant a$ 的区域有垂直于纸面向里的匀强磁场，磁感应强度的大小为 B；在 $x > a$ 的区域有垂直于纸面向外的匀强磁场，磁感应强度的大小也为 B. 质量为 m、电荷量为 $q (q > 0)$ 的粒子沿 x 轴从原点 O 射入磁场.

(1) 若粒子在磁场中的轨道半径为 $\sqrt{2} a$，求其轨迹与 x 轴交点的横坐标；

(2) 为使粒子返回原点，粒子的入射速度应为多大？

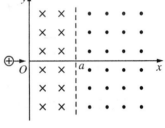

图9

解析 (1)粒子在磁场中的运动轨迹如图10所示，与 x 轴的交点为 C，O_1、O_2 分别为轨迹的圆心. 过 O_2 分别作 x 轴、y 轴的垂线，垂足分别为 B、A. 由几何关系，得

$$O_1 A = O_2 A = 2a, \quad O_2 B = OA = O_1 A - O_1 O = (2-\sqrt{2})a,$$

则

$$BC = \sqrt{(O_2 C)^2 - (O_2 B)^2} = 2\sqrt{\sqrt{2}-1}\, a.$$

所以轨迹与 x 轴交点的横坐标为

$$x = O_2 A + BC = 2(1+\sqrt{\sqrt{2}-1})a.$$

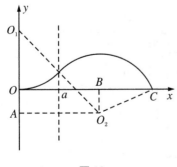

图10

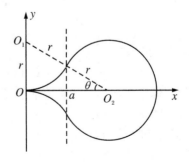

图11

(2) 为使粒子返回原点，由对称性，其在磁场中的运动轨迹如图11所示. 设粒子做圆周

运动的半径为 r，由几何关系，得
$$\theta = 30°,$$
则
$$r = \frac{a}{\cos\theta} = \frac{2}{3}\sqrt{3}a.$$
设粒子的入射速度为 v，由 $r = mv/(qB)$，得
$$v = \frac{2\sqrt{3}qBa}{3m}.$$

11 如图12所示，一小球从某一高度水平抛出后，恰好落在第1级台阶的紧靠右边缘处，反弹后再次下落至第3级台阶的紧靠右边缘处. 已知小球从第一、二次与台阶相碰之间的时间间隔为 0.3 s，每级台阶的宽度和高度均为 18 cm. 小球每次与台阶碰撞后速度的水平分量保持不变，而竖直分量大小变为碰前的 1/4，重力加速度 $g = 10 \text{ m/s}^2$.

(1) 求第一次落点与小球抛出点间的水平距离和竖直距离；

(2) 分析说明小球是否能够与第5级台阶相撞.

解析 (1) 设台阶的宽度与高度均为 L，小球抛出时的初速度为 v_0，第一次与台阶碰撞前、后的速度的竖直分量大小分别为 v_{y1} 和 v'_{y1}，两次与台阶碰撞的时间间隔为 t_0，根据斜抛运动的规律，有

$$2L = v_0 t_0, \quad ①$$
$$-2L = v'_{y1} t_0 - \frac{1}{2}g t_0^2. \quad ②$$

又
$$v_{y1} = 4v'_{y1}, \quad ③$$

联立式①～③，得
$$v_0 = v_{y1} = 1.2 \text{ m/s}. \quad ④$$

设小球从抛出到第一次与台阶碰撞所用时间为 t，根据平抛运动的规律，有
$$x = v_0 t, \quad ⑤$$
$$y = \frac{1}{2}g t^2, \quad ⑥$$
$$v_{y1} = gt. \quad ⑦$$

联立式④～⑦，得
$$x = 0.144 \text{ m}, \quad y = 0.072 \text{ m}.$$

(2) 设小球第二次与台阶碰撞前速度的竖直分量为 v_{y2}，则
$$v_{y2}^2 - v'^2_{y1} = 2g \cdot 2L. \quad ⑧$$

联立式③、式④和式⑧，得
$$v_{y2} = 2.7 \text{ m/s}.$$

由于 $v_{y2} > v_{y1}$，则 $v'_{y2} > v'_{y1}$，小球在空中运动的时间将大于 0.3 s，水平位移将大于 $2L$，所以小球不会与第5级台阶相撞.

2012年清华大学保送生考试试题解析

01 如图1所示,一根光滑的均匀细杆绕通过转轴 O 点的竖直线转动,将一小球从顶端 O 点自由释放.设小球、杆和地球系统的机械能为 E,球、杆绕过 O 点的竖直线的角动量为 L,下列说法正确的是( ).

A. E、L 均不变
B. E 不变,L 不变
C. E 不变,L 变化
D. E、L 均变化

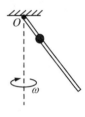

图1

解析 对小球、杆和地球组成的系统因只有重力做功,故系统的机械能守恒.球、杆系统所受重力的方向竖直向下,与过 O 点的竖直线平行,由于平行于轴的力对物体绕轴转动不起作用,故重力对竖直线的力矩为零,而球、杆之间弹力的力矩相互抵消,所以球、杆绕过 O 点的竖直线的角动量守恒. A 选项正确.

答案 A.

02 理想气体无法通过相变变成液体,这是因为( ).

A. 气体分子之间无作用力
B. 理想气体没有分子势能
C. 理想气体分子体积很小
D. 理想气体分子没有碰撞

解析 理想气体的特点有:① 永不停歇地进行着无规则热运动;② 具有无限的可压缩性,即粒子本身的体积忽略不计;③ 除了短暂的碰撞过程外,粒子间作用力为零;④ 粒子不断相互碰撞或与器壁碰撞(产生压力),两次碰撞间粒子做匀速直线运动,分子间的碰撞完全是弹性的.在统计力学中,它可以看成是有一定内部结构、无相互作用势能的大量分子的集合.

理想气体的状态方程就显示了理想气体是没有相变的(对应一定的 p 和 T,只有唯一的 V),只能用于描述单一的气相的性质,其相图上没有相变过程,这是因为理想气体分子大小为0,而且分子之间没有作用力,无论靠得多近也不会成为凝聚体,所以说理想气体是没有相变的.

另外,从能量角度来讲,相变过程伴随着分子力做功,相变是需要相变潜热的,可是理想气体无所谓引力势能,所以理想气体无法通过相变变成液体这个特性可以说是包含在理想气体模型中的.总之,相变是物质内部粒子间相互作用(倾向于使系统有序)与粒子自身热运动相互竞争的结果,若无相互作用则不可能有相变.

本题中理想气体压强与碰撞有关,气体分子之间要发生碰撞,碰撞时有作用力,故 A、D 选项均错误.理想气体分子体积是不考虑的,能否相变与分子体积无关,故 C 选项错误.

答案 B.

03

如图 2 所示，AB 为一定量的理想气体的绝热线，当它以图示 $A \to B \to C \to A$ 过程变化时，下列关于气体吸热、放热的表述，正确的是（　　）.

A. 始终吸热　　　　B. 始终放热

C. 有时吸热，有时放热，但吸热等于放热

D. 有时吸热，有时放热，但吸热大于放热

E. 有时吸热，有时放热，但吸热小于放热

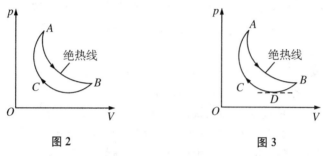

图 2　　　　　　　　　图 3

解析　作虚线与 BCA 线相切于 D 点，如图 3 所示. 当理想气体沿 $B \to D$ 过程变化时，根据理想气体的状态方程 $pV/T = C$（常量）知，p 减小、V 减小，则 T 减小，气体内能减小，即 $\Delta U < 0$. 气体体积减小，外界对气体做功，则 $W > 0$. 根据热力学第一定律 $\Delta U = Q + W$，得 $Q < 0$，气体放热.

对整个循环过程 $A \to B \to C \to A$ 进行分析，经一个循环，$\Delta U = 0$，气体对外界做功，则 $W < 0$. 根据热力学第一定律 $\Delta U = Q + W$，得 $Q > 0$，气体吸热.

所以整个循环过程气体有时吸热，有时放热，但吸热大于放热.

答案　D.

04

无限大带电平板上方的场强 E 为定值，它的大小与下列哪一项是成正比的？σ 为带电平板的带电面密度.（　　）

A. $k\sigma$　　　B. k/σ　　　C. $k\sigma^2$　　　D. σ/k

解析　在真空中的任何静电场中，通过任一闭合曲面 S 的电通量 Φ_E 等于闭合曲面内全部电荷的代数和 $\sum q$ 除以 ε_0，这就是真空中静电场的高斯定理. 即

$$\Phi_E = \frac{1}{\varepsilon_0} \sum_i q_i.$$

电通量是指穿过某一截面的电场线的条数，其大小为 $\Phi_E = ES\sin\theta$，θ 为截面与电场线的夹角，这是一个与磁通量类似的概念. 只有当带电体系具有一定的对称性时，我们才有可能利用高斯定理求场强.

下面我们来求解无限大带电平板上方的场强. 作一圆柱形高斯面，其轴线垂直于带电平板，两底面与带电平板平行且与带电平板等距，如图 4 所示. 通过圆柱形高斯面的电通量为

$$\Phi_E = 2\Phi_{\text{底}} + \Phi_{\text{侧}} = 2ES.$$

圆柱形高斯面内的电荷量为

根据高斯定理,有

$$2ES = \frac{\sigma S}{\varepsilon_0}.$$

解得

$$E = \frac{\sigma}{2\varepsilon_0}.$$

所以无限大均匀带电平板两侧是匀强电场.

答案 A.

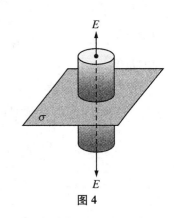

图 4

05 利用千分尺原理制成的读数显微镜,放大率显示为 $50\times$,准确度达到 10^{-2} mm,现读到 0.501 mm,则测量数据最终应该记为( ).
A. 0.50 mm   B. 0.501 mm   C. 0.501×50 mm   D. $0.501/50$ mm

解析 读数显微镜是光学精密机械仪器中的一种读数装置,适用于有关计量单位(如工厂的计量室或精密刻度车间)对分划尺或度盘的刻线进行对准检查和测定工作.其构造分为机械部分和光具部分,光具部分是一个长焦显微镜,测量数据最终应该记为 0.501 mm.

答案 B.

06 若地球质量不变,但地球的半径减小 1%,则其表面的重力加速度改变_____%,地球的转动动能改变_____%.(用"+"、"-"分别表示增加、减少)

解析 若不考虑地球自转的影响,地面上质量为 m 的物体所受的重力等于地球对物体的引力,则

$$mg = G\frac{Mm}{R^2},$$

解得

$$g = G\frac{M}{R^2}.$$

若地球的半径减小 1%,则地球表面的重力加速度改变的百分比为

$$\frac{\Delta g}{g}\times 100\% = \frac{GM/(0.99R)^2 - GM/R^2}{GM/R^2}\times 100\% \approx 2\%.$$

地球的转动动能

$$E_k = \frac{1}{2}I\omega^2 = \frac{1}{2}\cdot\frac{2}{5}MR^2\cdot\omega^2 = \frac{1}{5}MR^2\omega^2.$$

若地球的半径减小 1%,假设角速度不变,则地球的转动动能改变的百分比为

$$\frac{\Delta E_k}{E_k}\times 100\% = \frac{M(0.99R)^2\omega^2/5 - MR^2\omega^2/5}{MR^2\omega^2/5}\times 100\% \approx -2\%.$$

07 量纲计算:表示电子精细结构常数 $\frac{e^2}{4\pi\varepsilon_0 hc}$ 的量纲.因为 $\frac{e^2}{4\pi\varepsilon_0}$ 的量纲是_____,$\frac{1}{hc}$

的量纲是_____,所以 $\dfrac{e^2}{4\pi\varepsilon_0 hc}$ 的量纲是_____. 设[L]、[M]、[T]分别是长度、质量、时间的量纲.

解析 简单起见,我们不用严格的量纲符号而用熟悉的物理量单位解决此题. 根据库仑定律,有 $F = \dfrac{1}{4\pi\varepsilon_0}\dfrac{e^2}{r^2}$,得 $\dfrac{e^2}{4\pi\varepsilon_0} = Fr^2$,则 $\dfrac{e^2}{4\pi\varepsilon_0}$ 的单位是 $N \cdot m^2 = (kg \cdot m \cdot s^{-2})(m^2) = kg \cdot m^3 \cdot s^{-2}$,所以 $\dfrac{e^2}{4\pi\varepsilon_0}$ 的量纲是$[L^3 M T^{-2}]$. hc 的单位是 $(J \cdot s)(m \cdot s^{-1}) = (N \cdot m \cdot s)(m \cdot s^{-1}) = (kg \cdot m \cdot s^{-2} \cdot m \cdot s)(m \cdot s^{-1}) = kg \cdot m^3 \cdot s^{-2}$,则 $\dfrac{1}{hc}$ 的单位是 $kg^{-1} \cdot m^{-3} \cdot s^2$,所以 $\dfrac{1}{hc}$ 的量纲是$[L^{-3} M^{-1} T^2]$. 所以 $\dfrac{e^2}{4\pi\varepsilon_0 hc}$ 是无量纲的常数.

08 一个气泡从湖底升至水面,体积变为原来的 10 倍,则湖水深约为_____m.

解析 忽略气泡的表面张力,气泡上升过程视为等温过程,根据玻意耳定律,有
$$(p_0 + \rho g h)V = p_0 \cdot 10V,$$
解得
$$h = \dfrac{9p_0}{\rho g} = \dfrac{9 \times 1 \times 10^5}{1 \times 10^3 \times 10}\ m = 90\ m.$$

09 一平行板电容器接在电源两端,断开电源,将其拉开一段距离,做功为 A;接通电源时,拉开相同距离,做功为 B,则 A 与 B 哪个大? 答:_____大,理由:_____
_____.

解析 我们先来研究一下电容器两极板间的作用力. 如图 5 所示,根据本考卷第 4 题的结论,无限大均匀带电平面两侧的电场强度为
$$E_+ = E_- = \dfrac{\sigma}{2\varepsilon_0}.$$

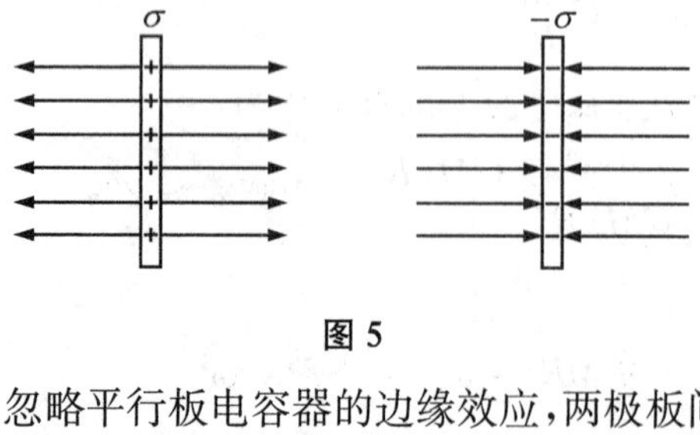

图 5 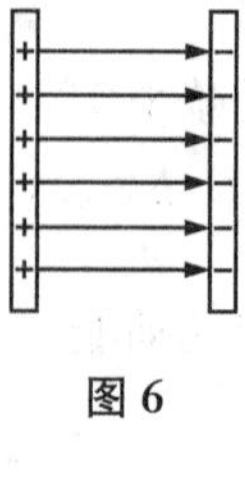   图 6

如图 6 所示,忽略平行板电容器的边缘效应,两极板间的电场强度为
$$E = E_+ + E_- = \dfrac{\sigma}{\varepsilon_0}.$$
设电容器带电量为 Q,极板面积为 S,则两极板间的作用力为
$$F = Q \cdot \dfrac{E}{2} = \dfrac{Q^2}{2\varepsilon_0 S}.$$

注意:这里是 $E/2$ 而不是 E,是因为极板自己产生的电场不会给自己力的作用.

断开电源时,电容器所带电荷量 Q 不变,两极板间的作用力 F 不变,则拉开距离 L 做功 $A = FL$.

接通电源时,两极板间的电压 U 不变,两极板间距离 d 增大时,电容 C 减小,电容器所带电荷量 Q 减少,两极板间的作用力 F 减小,所以拉开相同距离做的功 $B < A$.

10 在离海平面 200 m 高的悬崖上有一个雷达,可以发射波长为 5 m 的无线电波. 若在离悬崖 20 km 且离海平面 125 m 上方处接收到的电磁波信号最强. 今有一架飞机在离悬崖 20 km 处从接近海平面处开始竖直向上飞行,则其在另一处离海平面最近处接收到的信号最强的点距海平面_____ m.

解析 雷达和海平面类似洛埃镜装置,如图 7 所示,洛埃镜是类双缝干涉实验之一,故我们可以利用双缝干涉实验原理解决此题.

我们把雷达通过海平面反射的无线电波看成是雷达在海平面成的虚像发出的,雷达与虚像间的距离 $d = 400$ m,两者到"屏"的距离 $l = 20$ km. 利用双缝干涉实验的结论,可得相邻信号最强的点的距离 $\Delta x = l\lambda/d = 250$ m,则另一处离海平面最近处接收到的信号最强的点距海平面 $h = 250$ m + 125 m = 375 m.

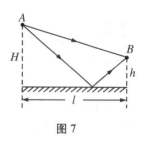

图 7

11 如图 8 所示,一个沙漏(古代的一种计时器)置于一个盘秤上,初始时瓶中的所有沙子都放在上面的容器中,瓶的质量为 M,瓶中的沙子质量为 m,在 $t = 0$ 时,沙子开始释放流入下面的容器,沙子以质量变化率为 $\Delta m/\Delta t = \lambda$ 离开上面的容器,画出(并定性标明)一个图,给出在 $t > 0$ 的全部时间内秤的读数.

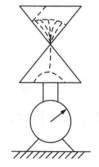

图 8

解析 在 $t_1 = \sqrt{2h/g}$ 时刻,刚好有沙子落到容器底部. 当 $0 \leq t \leq t_1$ 时,上面容器的沙子不断减少,时间 t 内下落沙子的质量为 λt,取整体为研究对象,空中的沙子处于完全失重状态,所以秤的读数为

$$W_1 = (M + m)g - \lambda tg,$$

则 t_1 时刻秤的读数为 $(M + m)g - \lambda \sqrt{2gh}$.

在 $t_2 = m/\lambda$ 时刻,沙子刚好全部离开上面的容器. 当 $t_1 \leq t \leq t_2$ 时,不断有沙子离开上面的容器,同时不断有沙子落到容器底部,空中的沙子质量与 t_1 时刻相同,为 λt_1. 设在 $\Delta t (\Delta t \to 0)$ 时间内,有质量为 $\Delta m = \lambda \Delta t$ 的沙子落到容器底部,速度从 $v = \sqrt{2gh}$ 减为 0,设此过程 Δm 受容器底部的平均作用力为 F,规定竖直向下为正方向,根据动量定理,有

$$(\Delta mg - F)\Delta t = 0 - \Delta m \cdot v,$$

解得

$$F = \Delta mg + \frac{\Delta m}{\Delta t} \cdot v = \lambda g \Delta t + \lambda \sqrt{2gh} \approx \lambda \sqrt{2gh},$$

所以秤的读数为

$$W_2 = [(M + m)g - \lambda t_1 g] + \lambda \sqrt{2gh} = (M + m)g.$$

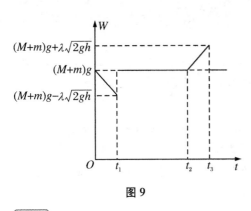

图9

在 $t_3 = m/\lambda + \sqrt{2h/g}$ 时刻,沙子刚好全部落到容器底部.当 $t_2 \leqslant t \leqslant t_3$ 时,时间 $t - t_2$ 内有质量为 $\lambda(t - t_2)$ 的沙子落到容器底部,所以秤的读数为

$$W_3 = (M + m)g + \lambda(t - t_2)g,$$

则 t_3 时刻秤的读数为 $(M + m)g + \lambda\sqrt{2gh}$.

当 $t \geqslant t_3$ 时,秤的读数为

$$W_4 = (M + m)g.$$

秤的读数与时间的关系如图9所示.

12 A、B、C 为三个气体系统,当 A 与 C 热平衡时,有 $p_A V_A - n a p_A V_A - p_C V_C = 0$.当 B 与 C 热平衡时,有 $p_B V_B - n a p_B V_B - p_C V_C = 0$.试运用热力学第零定律求 A、B、C 的状态方程.

解析 当 A 与 C 热平衡时,A 与 C 温度相同,设气体状态关于温度的函数为 $f(T)$,则有 $p_A V_A - n a p_A V_A = p_A V_A (1 - na)$,$A$ 的状态方程为

$$p_A V_A (1 - na) = f(T).$$

B 与 C 热平衡时,B 与 C 温度相同,B 的状态方程为

$$p_B V_B (1 - na) = f(T).$$

C 的状态方程为

$$p_C V_C = f(T).$$

13 运用合适的原理和可以测得的数据估测地球的质量和太阳的质量.说明你的方法.

解析 估测地球质量的方法:

(1) 若不考虑地球自转的影响,地面上质量为 m 的物体所受的重力 mg 等于地球对物体的引力,即

$$G \frac{Mm}{R^2} = mg,$$

解得

$$M = \frac{gR^2}{G}.$$

测得地球表面的重力加速度 g 和地球半径 R 即可得到地球质量 M.

(2) 根据万有引力定律,有

$$G \frac{Mm}{r^2} = m \left(\frac{2\pi}{T}\right)^2 r.$$

解得

$$M = \frac{4\pi^2 r^3}{GT^2}.$$

测得月球绕地球的轨道半径 r 和公转周期 T 即可得到地球质量 M.

估测太阳质量的方法：
根据万有引力定律，有
$$G\frac{Mm}{r^2} = m\left(\frac{2\pi}{T}\right)^2 r.$$
解得
$$M = \frac{4\pi^2 r^3}{GT^2}.$$
测得地球绕太阳的轨道半径 r 和公转周期 T 即可得到太阳质量 M.

14 物理学家在微观领域发现了"电子偶数"这一现象．所谓"电子偶数"就是由一个负电子和一个正电子绕它们的质量中心旋转形成的相对稳定的系统．已知正、负电子的质量均为 m_e，电量大小均为 e，普朗克常数为 h，静电力恒量为 k.

（1）用玻尔模型推算"电子偶数"的基态半径；

（2）求赖曼线产生光子的最高频率．

解析 （1）库仑力提供电子做匀速圆周运动的向心力，则
$$k\frac{e^2}{(2r_n)^2} = m\frac{v_n^2}{r_n}. \quad ①$$

"电子偶数"的量子化条件为
$$2m_e v_n r_n = n\frac{h}{2\pi}. \quad ②$$

联立式①和式②，得"电子偶数"中第 n 个能级电子的轨道半径为
$$r_n = \frac{n^2 h^2}{4\pi^2 k e^2 m_e}. \quad ③$$

当 $n=1$ 时，基态半径为
$$r_1 = \frac{h^2}{4\pi^2 k e^2 m_e}.$$

（2）正、负电子的势能为
$$E_p = -k\frac{e^2}{2r_n}. \quad ④$$

正电子和负电子的动能分别为
$$E_{k+} = E_{k-} = \frac{1}{2}m_e v_n^2. \quad ⑤$$

联立式①和式③～⑤，得"电子偶数"的总能量为
$$E_n = E_p + E_{k+} + E_{k-} = -\frac{m_e \pi^2 k^2 e^4}{n^2 h^2}.$$

赖曼线紫外光谱为高能级电子跃迁至基态轨道时产生，最高频率的光子为从 $n\to\infty$ 跃迁至 $n=1$ 时产生，则
$$h\nu_{\max} = E_\infty - E_1 = \frac{m_e \pi^2 k^2 e^4}{h^2},$$

解得 $\nu_{\max} = m_e \pi^2 k^2 e^4 / h^3$.

2011年"华约"自主招生样题解析

选择题. 在每小题给出的四个选项中,有一个或多个选项符合题目要求,把符合题目要求的选项前的字母填在答题卡上.

01 如图1所示,试管开口朝下插入盛有水的广口瓶中,在某一高度处静止时,管内封有一定的空气,若向广口瓶中再缓慢地倒入一些水,试管仍保持竖直,则试管将( ).

A. 加速上浮
B. 加速下沉
C. 保持静止
D. 以原静止位置为平衡位置上下振动

图1

解析 倒入水后,试管中空气柱下方压强增大,水会进入试管中,管内封闭气体的体积相应减小,这样排开水的体积也会减小,因而管所受浮力会减小,试管将向下加速运动. 而一旦试管向下运动,水会进一步进入管中. 这样试管会继续加速向下运动,管的加速度还会变大.

答案 B.

02 如图2所示,刚性细直棒长为$2l$,质量不计,其一端O用光滑铰链与固定转轴连接,在细棒的中点固定一个质量为$4m$的小球A,在细棒的另一端固定一个质量为m的小球B. 将棒置于水平位置由静止开始释放,棒与球组成的系统将在竖直平面内做无摩擦的转动,则该系统在由水平位置转至竖直位置的过程中( ).

A. 系统的机械能守恒
B. 棒对A、B两球都不做功
C. A球通过棒对B球做正功
D. B球通过棒对A球做正功

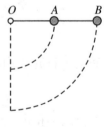

图2

解析 取A、B两球和杆组成的系统为研究对象,在杆摆动的过程中,只有重力对系统做功,所以系统的机械能守恒. 设A、B球运动到最低点时的速度分别为v_A和v_B,有

$$4mgl + mg \cdot 2l = \frac{1}{2} \cdot 4mv_A^2 + \frac{1}{2}mv_B^2 \qquad ①$$

又因为小球做圆周运动,则

$$\omega_A = \omega_B, \quad v_A = r_A\omega_A, \quad v_B = r_B\omega_B.$$

所以有

$$v_B = 2v_A. \qquad ②$$

联立式①和式②,得

$$v_B^2 = 6gl. \qquad ③$$

根据动能定理,对于 B 球,有

$$mg \cdot 2l + W = \frac{1}{2}mv_B^2. \qquad ④$$

联立式③和式④,得

$$W = mgl.$$

答案 A、C.

03 两个完全相同的导体球,皆带等量的正电荷 Q,现使两球互相接近到一定程度时,则( ).

A. 两球表面都将有正、负两种电荷分布

B. 两球中至少有一个表面上有正、负两种电荷分布

C. 无论接近到什么程度两球表面都不会有负电荷分布

D. 是否有正、负电荷分布要视电荷 Q 的大小而定

解析 用反证法.设此相互接近的两导体球为 A 和 B,在达到静电平衡时,都带有异号电荷,则 A 球上正电荷所发电场线就有部分终止于 B 球的负电荷上,如图3(a)所示,因而 A 球上正电荷处的电势 U_{A+} 就高于 B 球上负电荷处的电势 U_{B-},即 $U_{A+} > U_{B-}$.可这样一来,作为等势体的 B 球上的正电荷所发电场线,不仅不可能终止于本身的负电荷上,也不可能终止于 A 球的负电荷上,而只能终止于无限远处.因若有 B 上发的电场线终止于 A 上,则有 $U_{B+} > U_{A-}$,于是会导致 $U_{A+} > U_{B-} = U_{B+} > U_{A-}$,即出现了在静电平衡时导体球 A 不是等势体($U_{A+} > U_{A-}$)的荒谬结果.这就是说不可能有电场线终止于 A 球上,也即导体球 A 上只有正电荷,不能有负电荷.又由于 A、B 两导体球完全相同,且皆带等量正电荷,故同理也可用上述方法证明导体球 B 上也只有正电荷而无负电荷.

答案 C.

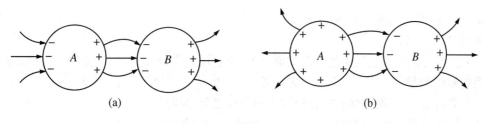

图3

实验题.

04 一电流表的内阻 R_g 约在 $1 \sim 2\ \text{k}\Omega$ 之间,现在测量它的内阻,提供的器材如下表:

编号	器材名称及技术指标	编号	器材名称及技术指标
A	待测电流表 G(量程 250 μA)	B	电源 E(4 V,内阻 0.6 Ω)
C	电阻箱 R_A(0~9999 Ω)	D	滑动变阻器 R_1(0~9999 Ω,1 A)
E	滑动变阻器 R_2(0~250 Ω,0.6 A)	F	滑动变阻器 R_3(0~1 kΩ,0.3 A)
G	标准电流表 G(量程 250 μA)	H	电键 S_1、S_2 及导线若干

今有甲、乙两同学,用不同的测量方法来测出内阻.

(1) 甲同学利用图 4 的电路图来测得内阻,其实验步骤如下:

① 先按电路图接好各元件,并使滑动头 P 先置于 b 端,断开电键 S_1,且使电阻箱阻值为零.

② 闭合电键 S_1,调节滑动头 P 于某一位置,使 G 表达满刻度 I_g.

③ 调节电阻箱阻值,使 G 表半偏($I_g/2$),记下电阻箱读数 R.

④ 即得待测电流表内阻 $R_g = R$.

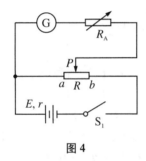

图 4

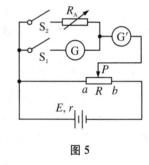

图 5

乙同学利用图 5 的电路图来测得内阻,其实验步骤如下:

① 先按电路图接好各元件,并使滑动头 P 先置于 b 端,断开电键 S_1、S_2,且使电阻箱阻值为零.

② 闭合电键 S_1,调节滑动头 P 于某一位置,使 G 表达满刻度 I_g.

③ 断开电键 S_1,闭合电键 S_2,调节电阻箱阻值,使 G′ 表电流仍为 I_g,记下电阻箱读数 R.

④ 即得待测电流表内阻 $R_g = R$.

请回答以下问题:

(1) 在不考虑操作过程中的失误的前提下,仅就电路设计而言,你认为能更准确地测出电流表内阻值的是_____同学设计的方案.

(2) 请指出甲、乙两同学在操作过程中的失误之处并纠正之.

(3) 你认为测量精度较差的一个设计方案中,(a) 其测量误差的主要来源是_____.(b) 这一测量值对实际的内阻而言是偏大还是偏小? (c) 要使这一测量值的误差尽量小,则滑动变阻器应选择_____,其理由是_____.

解析 (1) 乙,因为他用的方法是替代法,不存在系统误差.

(2) 甲、乙两同学共同的错误是都使滑动头 P 先置于 b 端,应使滑动头 P 先置于 a 端,这样能保证合上电键时各表安全.另外乙同学应使电阻箱阻值为最大值,否则在断开 S_1、闭

合 S_2 时会使 G' 表超过量程.

(3) 甲同学采用的是半偏法测电阻,这种方法的稳定性体现在电路并联部分电压的稳定. 即在电阻箱加入后,并联部分的电压基本不变,这样由 G 表半偏便有 $R_g = R_A$(此处的 R_A 指电阻箱实际接入电路的阻值). 因此,为提高实验精度,需尽可能地提高并联部分的电压稳定性. 为此,我们可以使电阻箱的阻值远远大于滑动变阻器的阻值. 当然,这种方法也有一定的系统误差. R_A 的加入会导致并联部分的总电阻增大,其在整个电路的分压也大于开始的 U_g. 而 G 表半偏时两端电压为 $U_g/2$,所以 $U_A > U_g/2$. 二者串联,所以 $R_A > R_g$,会有一个偏大的系统误差.

(a) 甲同学的做法中,在 R_A 加入后,会使总电阻变大,回路中总电流相应变小,aP 两端电压变大,由于 G 表仍半偏,则加在电阻箱 R_A 两端的电压将大于 $U_g/2$.

(b) 由 $(U_g/2)/R_g = U_A/R_A$ 及 $U_A > U_g/2$,得 $R_A > R_g$,故会使测量值偏大.

(c) 选 E,理由是:变阻器的阻值越小,由于 R_A 加入引起回路的总电阻变化越小,U_A 就越接近 $U_g/2$.

计算题.

05 在地球大气中存在由土壤中放射性元素产生的和来自宇宙射线中的正、负带电离子,其电量均为 e,某区域中正、负离子的密度分别为 $n_+ = 620$ cm^{-3},$n_- = 550$ cm^{-3}. 同时,大气中存在电场,场强 $E = 120$ V/m,并测得大气的电导率 $\gamma = 2.70 \times 10^{-14}$ S/m. 若大气中的电流是正、负离子定向漂移运动的结果,并假设正、负离子有相同的漂移速度 v_d,且已知大气中的电流密度 j 与场强 E 之间满足的关系为 $j = \gamma E$,则 v_d 为多大?

解析 电流密度为单位面积的电流强度,则有
$$j = \gamma E = \frac{I}{S}. \qquad ①$$
根据电流的微观表达式,有
$$I = (n_+ + n_-)eSv. \qquad ②$$
联立式①和式②,得
$$v_d = \frac{\gamma E}{(n_+ + n_-)e} = 1.73 \times 10^{-2} \text{ m/s}.$$

06 磁流体发电机的工作原理如图 6 所示. 横截面为矩形的管道长为 l、宽为 a、高为 b,上、下两个侧面是绝缘体,相距为 a 的两个侧面是电阻可略的导体,这两个侧面与负载电阻 R_L 相连. 整个管道处于匀强磁场区域,B 垂直于上、下侧且指向上方. 管道内沿长度方向有电阻率为 ρ 的电离气体,气体流速处处相同,所受摩擦阻力的大小与流速成正比. 今在管的两端维持恒定的压强差 p,设无磁场时气体的流速为 v_0. 试求有磁场存在时,此发电机的电动势 E.

解析 无磁场时,管两端的压力差为

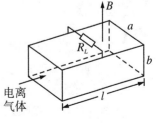

图 6

$$F = pab.$$

气体所受摩擦阻力为

$$f_0 = kv_0,$$

式中 k 为比例系数. 根据力的平衡，有

$$F = f_0,$$

得

$$k = \frac{pab}{v_0}.$$

有磁场存在时，将电离气体等效成长为 a 的导体棒切割磁感线，设气体流速为 v，则产生的感应电动势为

$$E = Bav.$$

回路中的电流为

$$I = \frac{Bav}{R_L + \rho a/(bl)}.$$

电流 I 受到的安培力为

$$F_{安} = BIa = \frac{B^2 a^2 v}{R_L + \rho a/(bl)}.$$

设 f 为存在磁场时的摩擦阻力，有

$$f = kv = \frac{pabv}{v_0}.$$

根据力的平衡，有

$$pab = F_{安} + f.$$

根据上述各式解得

$$E = \frac{Bav_0}{1 + B^2 av_0/\{pb[R_L + \rho a/(bl)]\}}.$$

2011 年"华约"自主招生试题解析

选择题. 本大题共七小题，在每小题给出的四个选项中，有一个或多个选项符合题目要求.

 根据玻尔原子理论，当某个氢原子吸收一个光子后（　　）.

A. 氢原子所在的能级下降　　　　B. 氢原子的电势能增大
C. 电子绕核运动的半径减小　　　D. 电子绕核运动的动能增加

解析　氢原子吸收光子后会从低能级向高能级跃迁，电子绕核运动的半径增大，A、C 选项错误. 在此过程中库仑力做负功，氢原子的电势能增大，B 选项正确. 电子绕核做匀速圆周

运动,库仑力提供向心力,则有 $ke^2/r^2 = mv^2/r$,得 $E_k = mv^2/2 = ke^2/(2r)$,半径增大,动能减小,D 选项错误.

答案 B.

02

如图 1 所示,纸面内两根足够长的细杆 AB、CD 都穿过小环 M,杆 AB 可以在纸面内绕过 A 点并与纸面垂直的定轴转动,若杆 AB 从图示位置开始,按照图中箭头所示的方向,以匀角速度转动,则小环 M 的加速度( ).

A. 逐渐增大   B. 先减小后增大

C. 先增大后减小   D. 逐渐减小

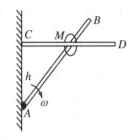

图 1

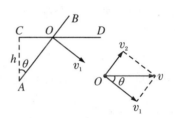

图 2

解析 如图 2 所示,设杆 AB 与环 M 相交于 O 点,问题的约束条件是杆上 O 点与环上 O 点有相同的垂直杆 AB 方向的速度 v_1,这个速度正是杆上 O 点关于 A 点的转动速度;环 M 相对杆 AB 滑动,速度为 v_2. 则

$$v_1 = \omega \cdot OA = \omega \cdot \frac{h}{\cos\theta}, \quad v = \frac{v_1}{\cos\theta} = \frac{\omega h}{\cos^2\theta}.$$

故环的加速度

$$a = \frac{dv}{dt} = \frac{dv}{d\theta} \cdot \frac{d\theta}{dt} = \omega \frac{dv}{d\theta} = \frac{2\omega^2 h \sin\theta}{\cos^3\theta}.$$

当 θ 增加时,$\sin\theta$ 增加,$\cos\theta$ 减小,a 增加,所以 A 选项正确.

答案 A.

03

在杨氏双缝干涉实验中,如果单色光源 S 从如图 3 所示的中轴位置沿垂直 SO 的方向向上移动一段微小的距离. 则中心干涉条纹向何方向移动?相邻明条纹的间距如何变化?( )

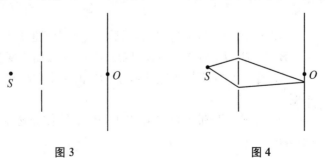

图 3   图 4

A. 相邻明条纹的间距不变，中心干涉明条纹向上移动
B. 相邻明条纹的间距变大，中心干涉明条纹向下移动
C. 相邻明条纹的间距不变，中心干涉明条纹向下移动
D. 相邻明条纹的间距变小，中心干涉明条纹向上移动

解析 光源 S 向上移动一段微小的距离后，由 S 发出的光到达 O 点下方某点的光程差为零，故中心干涉明条纹向下移动，如图 4 所示．根据相邻明条纹间的距离公式 $\Delta x = l\lambda/d$ 知，由于 l、d、λ 不变，则条纹间距不变，C 选项正确．

答案 C．

04 一质点沿直线做简谐振动，相继通过距离为 16 cm 的两点 A 和 B，历时 1 s，并且在 A、B 两点处具有相同的速率，再经过 1 s，质点第二次通过 B 点，该质点运动的周期和振幅分别为（　　）．

A. 3 s, $8\sqrt{3}$ cm　　B. 3 s, $8\sqrt{2}$ cm　　C. 4 s, $8\sqrt{3}$ cm　　D. 4 s, $8\sqrt{2}$ cm

解析 根据题意知 A、B 两点关于平衡位置 O 对称，如图 5 所示．根据对称性知质点从 O 到 B 的时间和从 B 到 C 的时间均为 0.5 s，所以周期为 4 s．从质点经过平衡位置 O 开始计时，则简谐运动的方程为 $x = A\sin\left(\dfrac{2\pi}{T}t\right) = A\sin\left(\dfrac{\pi}{2}t\right)$，当 $t = 0.5$ s 时，质点通过 B 点，$x = 8$ cm，代入方程解得 $A = 8\sqrt{2}$ cm，D 选项正确．

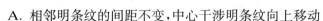
图 5

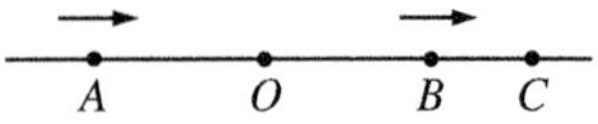

05 如图 6 所示，水流以和水平方向成角度 α 的方向冲入到水平放置的水槽中，则从左面流出的水量和从右面流出的水量的比值可能为（　　）．

A. $1 + 2\sin^2\alpha$　　　　B. $1 + 2\cos^2\alpha$
C. $1 + 2\tan^2\alpha$　　　　D. $1 + 2\cot^2\alpha$

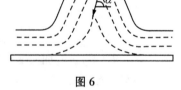
图 6

解析 当 $\alpha = 0$ 时，水应全部从左面流出，比值为无穷大，所以 D 选项正确．

答案 D．

06 如图 7 所示，带电质点 P_1 固定在光滑的水平绝缘桌面上，在桌面上距 P_1 一定距离有另一个带电质点 P_2，P_2 在桌面上运动，某一时刻质点 P_2 的速度沿垂直于 P_1、P_2 的连线方向，则（　　）．

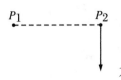
图 7

A. 若 P_1、P_2 带同种电荷，以后 P_2 一定做速度变大的曲线运动
B. 若 P_1、P_2 带同种电荷，以后 P_2 一定做加速度变大的曲线运动
C. 若 P_1、P_2 带异种电荷，以后 P_2 的速度大小和加速度大小可能都不变
D. 若 P_1、P_2 带异种电荷，以后 P_2 可能做加速度、速度都变小的曲线运动

解析 若 P_1、P_2 带同种电荷,两电荷间的斥力做正功,且斥力与速度方向不在一条直线上,P_2 做速度变大的曲线运动,A 选项正确.在运动过程中,两电荷的距离不断增大,由库仑定律可知电荷间的斥力变小,则 P_2 的加速度变小,B 选项错误.若 P_1、P_2 带异种电荷,两电荷间的库仑力恰好提供向心力,则 P_2 做匀速圆周运动,C 选项正确.若两电荷间的库仑力不足以提供向心力,则 P_2 做离心运动,D 选项正确.

答案 A、C、D.

07 空间某区域内存在匀强磁场,磁场的上、下边界水平,方向和竖直平面(纸面)垂直,两个由完全相同的导线制成的刚性线框 a 和 b,其形状分别是周长为 $4l$ 的正方形和周长为 $6l$ 的矩形,线框 a 和 b 在竖直平面内从如图 8 所示位置开始自由下落,若从开始下落到线框完全离开磁场的过程中安培力对两线框的冲量分别为 I_a、I_b,则 $I_a : I_b$ 为 ( ).

A. $3:8$ B. $1:2$
C. $1:1$ D. $3:2$

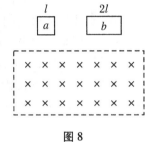

图 8

解析 线框在进入和离开磁场的过程中,受安培力 $F = B^2L^2v/R$ 的作用.设安培力在 Δt 时间内对线框的冲量为 ΔI,则

$$\Delta I = F\Delta t = \frac{B^2L^2}{R}v\Delta t = \frac{B^2L^2}{R}\Delta x.$$

那么整个过程中安培力的冲量为

$$I = \sum \Delta I = \frac{B^2L^2}{R}\sum \Delta x = \frac{B^2L^2}{R}x,$$

所以有

$$\frac{I_a}{I_b} = \frac{\frac{B^2l^2}{4R} \cdot 2l}{\frac{B^2(2l)^2}{6R} \cdot 2l} = \frac{3}{8}.$$

答案 A.

实验题.根据题目要求作答.

08 当压强不变且温度变化量 ΔT 不太大时,液体或固体在某一温度下的体膨胀系数 α 可以表示为 $\alpha = \Delta V/(V\Delta T)$,其中 V 为该温度时的体积,ΔV 为体积的变化量.一般来说,在常温下液体和固体的体膨胀系数分别在 10^{-3}/K 量级和 $10^{-6} \sim 10^{-5}$/K 量级.

如图 9 所示的装置可以用来测量控温箱中圆筒形玻璃容器内液体的体膨胀系数,实验步骤如下:

① 拿掉浮标,将液体的温度调控为接近室温的某一温度 T_0,测量液柱的高度 h.

② 放入浮标,保持压强不变,将液体的温度升高一个不太大的量 ΔT,用精密的位置传感器确定指针高度的变化量 Δh.

图9

③ 利用步骤①和②中测得的数据计算液体在 T_0 时的体膨胀系数 α.

回答下列问题：

(1) 不考虑温度变化导致的液体密度变化,写出用测量量表示的 α 的表达式.

(2) ① 在温度升高的过程中,液体密度变化会对用上面的表达式计算出的结果有什么影响？为什么？

② 在所用的浮标为直立圆柱体时,某同学对如何减小这一影响提出以下几条建议,其中有效的是_____.(填入正确选项前的字母)

A. 选用轻质材料制成的浮标　　　B. 选用底面积较大的浮标
C. 选用高度较小的浮标　　　　　D. 尽量加大液柱的高度 h
E. 尽量选用底面积大的玻璃容器

解析 (1) 不考虑温度变化导致的液体密度变化,则液体的体积为 $V = Sh$,体积的变化为 $\Delta V = S\Delta h$,其中 S 为圆筒形玻璃容器的截面积.所以体膨胀系数为

$$\alpha = \frac{\Delta V}{V\Delta T} = \frac{\Delta h}{h(T - T_0)}.$$

(2) ① 考虑温度变化导致的液体密度变化时,用上式计算出的体膨胀系数比实际值要小.原因如下：温度升高导致液体密度减小,浮子侵入液体中的深度增加,测量出的 Δh 会下降,所以算出的 α 会变小.

② 消除误差的方法是：增加液柱高度 h 或降低浮子浸入液体中的高度,A、B、D 选项正确.

推理、论证题.解答时应写出必要的文字说明和推理过程.

09 在压强不太大、温度不太低的情况下,气体分子本身的大小比分子间的距离小很多,因而在理想气体模型中通常忽略分子的大小.已知液氮的密度 $\rho = 810$ kg·m^{-3},氮气的摩尔质量 $M_{mol} = 28 \times 10^{-2}$ kg·mol^{-1}.假设液氮可看作由立方体分子堆积而成,根据所给数据对标准状态下的氮气做出估算,说明上述结论的合理性.

解析 液氮的摩尔体积为

$$V_{mol} = \frac{M_{mol}}{\rho} = \frac{28 \times 10^{-2}}{810} \text{ m}^3 \cdot \text{mol}^{-1} = 3.5 \times 10^{-5} \text{ m}^3 \cdot \text{mol}^{-1}.$$

1 mol 液氮含有 N_A 个分子,则一个液氮分子的体积为

$$V = \frac{V_{mol}}{N_A} = \frac{3.5 \times 10^{-5}}{6.02 \times 10^{23}} \text{ m}^3 \approx 5.8 \times 10^{-29} \text{ m}^3.$$

由于液氮可看作由立方体分子堆积而成,所以一个液氮分子自身的边长为

$$d = \sqrt[3]{V} = \sqrt[3]{5.8 \times 10^{-29}} \text{ m} \approx 3.9 \times 10^{-10} \text{ m}.$$

标准状态下氮气的摩尔体积为 $V'_{mol} = 22.4 \times 10^{-3}$ m^3·mol^{-1},则一个氮气分子占据的体积为

$$V' = \frac{V'_{\text{mol}}}{N_A} = \frac{22.4 \times 10^{-3}}{6.02 \times 10^{23}} \text{ m}^3 \approx 3.7 \times 10^{-26} \text{ m}^3.$$

所以氮气分子间的距离为

$$d' = \sqrt[3]{V'} = \sqrt[3]{3.7 \times 10^{-26}} \text{ m} \approx 3.3 \times 10^{-9} \text{ m}.$$

由于 $d' = 8.5d$，可见气体分子本身的大小比分子间的距离小很多.

计算题.解答时应写出必要的文字说明、方程式和主要演算步骤.只写出最后结果的不能得分.

10 竖直墙面与水平地面均光滑，质量分别为 $m_A = m$、$m_B = 3m$ 的 A、B 两物体如图 10 所示放置，其中 A 紧靠墙壁，A、B 之间由质量不计的轻弹簧相连，现对 B 物体缓慢施加一个向左的力，该力做功 W，使 A、B 间弹簧压缩但系统静止，然后突然撤去向左的推力解除压缩，求：

(1) 从撤去外力到物体 A 运动，墙壁对 A 的冲量多大？

(2) A、B 都运动后，A、B 两物体的最小速度各为多大？

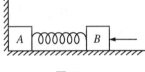

图 10

解析 (1)压缩弹簧时，外力做的功全部转化为弹性势能；撤去外力后，当弹簧恢复原长，弹性势能全部转化为 B 的动能，设此时 B 的速度为 v_0，则

$$W = E_p = \frac{1}{2}m_B v_0^2,$$

解得

$$v_0 = \sqrt{\frac{2W}{3m}}.$$

此过程中墙壁对 A 的冲量大小等于弹簧对 A 的冲量大小，也等于弹簧对 B 的冲量大小，根据动量定理，有

$$I = m_B v_0 = \sqrt{6mW}.$$

(2) 当弹簧恢复原长时，A 的速度最小，则 $v_{A\min} = 0$。A、B 都运动后，B 先做减速运动，A 做加速运动，当 A、B 速度相等时弹簧拉伸最长.此后 B 继续做减速运动，A 继续做加速运动，当弹簧再次恢复原长时，A 的速度增加到最大值，B 的速度减小到最小值，整个运动过程如图 11 所示.

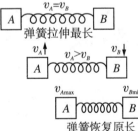

图 11

整个运动过程中，系统的动量守恒、机械能守恒，则有

$$m_B v_0 = m_A v_{A\max} + m_B v_{B\min}, \quad \frac{1}{2}m_B v_0^2 = \frac{1}{2}m_A v_{A\max}^2 + \frac{1}{2}m_B v_{B\min}^2,$$

联立解得

$$v_{B\min} = \frac{m_B - m_A}{m_B + m_A}v_0 = \sqrt{\frac{W}{6m}}.$$

11 在 xOy 平面内，$x>0$、$y>0$ 的空间区域内存在匀强电场，场强大小为 100 V/m；$x>0$，$y<3$ m 的区域内存在垂直于 xOy 平面的磁场．现有一带负电的粒子，电量为 $q=2\times10^{-7}$ C，质量为 $m=2\times10^{-6}$ kg，从坐标原点 O 以一定的初动能射出，经过点 $P(4,3)$ 时，其动能变为初动能的 0.2 倍，速度方向平行于 y 轴正方向．最后，粒子从 y 轴上点 $M(0,5)$ 射出电场，此时动能变为过 O 点时初动能的 0.52 倍．粒子重力不计．

(1) 写出在线段 OP 上与 M 点等电势的点 Q 的坐标；

(2) 求粒子由 P 点运动到 M 点所需的时间．

解析 (1) 设粒子在 P 点时的动能为 E_k，则初动能为 $5E_k$，在 M 点动能为 $2.6E_k$．由于洛伦兹力不做功，粒子从 O 点到 P 点和从 O 点到 M 点的过程中只有电场力做功，根据动能定理，有

$$W_{OP} = -qU_{OP} = E_k - 5E_k, \quad W_{OM} = -qU_{OM} = 2.6E_k - 5E_k,$$

可得

$$U_{OP} = \frac{4E_k}{q}, \quad U_{OM} = \frac{2.4E_k}{q}.$$

如图 12 所示，由几何关系知 $OP=5$ m，沿 OP 方向的电势每米下降 $0.8E_k/q$，则 $OQ=3$ m．设 OP 与 x 轴的夹角为 θ，则 $\sin\theta=3/5$，$\cos\theta=4/5$．所以 Q 点的坐标为

$$x_Q = OQ\cos\theta = 2.4 \text{ m}, \quad y_Q = OQ\sin\theta = 1.8 \text{ m}.$$

(2) 因 M、Q 两点电势相同，则 MQ 为等势线．由 $k_{MQ}\cdot k_{OP}=-1$，可知 $MQ\perp OP$，所以电场强度沿 OP 方向．对电场强度分解得 $E_x = E\cos\theta = 100\times4/5$ V/m $=80$ V/m．粒子由 P 点运动到 M 点，水平方向受到 qE_x 的作用，做初速度为 0 的匀加速直线运动，则

$$x_P = \frac{1}{2}\frac{qE_x}{m}t^2.$$

代入数据，解得

$$t = 1 \text{ s}.$$

2010 年"华约"自主招生样题解析

选择题．在每小题给出的四个选项中，有一个或多个选项符合题目要求，把符合题目要求的选项前的字母填在答题卡上．

01 如图 1 所示，水平高台上有一小车，水平地面上有一拖车，两车之间用一根不可伸长

的绳跨过定滑轮相连.拖车从滑轮正下方以恒定速度沿直线运动,则在拖车行进的过程中,小车的加速度(   ).

　　A. 逐渐减小　　　　B. 逐渐增大
　　C. 先减小后增大　　D. 先增大后减小

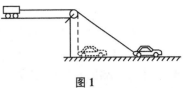

图 1

解析　将拖车的运动依据实际效果分解为沿绳的分运动(分速度 $v_1 = v\cos\theta$)和垂直于绳的分运动(分速度 $v_2 = v\sin\theta$),如图 2 所示.众所周知,加速度是表示速度变化快慢的物理量.加速度改变与其同向或反向速度的大小,改变与其垂直速度的方向.拖车的分速度 v_1 和 v_2 的大小和方向都在变化,因此拖车的加速度应该有 4 个分量,如图 3 所示.加速度 a_1 改变分速度 v_1 的大小,使 v_1 增大,加速度 a_1' 改变分速度 v_1 的方向;加速度 a_2 改变分速度 v_2 的大小,使 v_2 减小,加速度 a_2' 改变分速度 v_2 的方向.

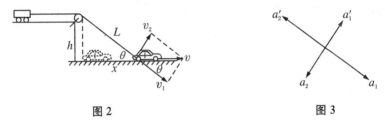

由于拖车以恒定速度沿直线运动,所以拖车加速度的 4 个分量合成后为零,即
$$a_1 = a_2', \quad a_1' = a_2.$$
小车的加速度 $a = a_1 = a_2' = v_2^2/L$,其中 L 为绳长,且 $L = h/\sin\theta$,则
$$a = \frac{v_2^2}{L} = \frac{(v\sin\theta)^2}{h/\sin\theta} = \frac{v^2\sin^3\theta}{h}.$$

v、h 为定值,θ 角逐渐减小,故小车的加速度 a 也逐渐减小,A 选项正确.

答案　A.

注:若把题干条件稍作改动,将"拖车从滑轮正下方以恒定速度沿直线运动"改为"拖车从滑轮正下方以恒定加速度 a 做初速度为零的匀加速直线运动",小车的加速度又将如何变化呢?请同学们自己作答.

02　图 4 为测量油箱中油的深度的油量计,它是由许多透明等厚的薄塑料片叠合而成. 每个薄片侧面的形状有如一矩形加一等腰直角三角形,薄片的长度不等,由很短到接近油箱深度.把这一油量计固定在油箱盖上,通过油箱盖的矩形窗口可以看到油量计的上底面.把油量计竖直插入油箱,从底面上明暗分界线的位置可以知道油的深度.已知透明塑料和油的折射率分别为 n 和 n',当油箱中有适量油时,下列判断正确的是(   ).

　　A. 油量计的上底面左明右暗,$n > \sqrt{2}$,$n' > n/\sqrt{2}$
　　B. 油量计的上底面左明右暗,$n < \sqrt{2}$,$n' > \sqrt{2}n$

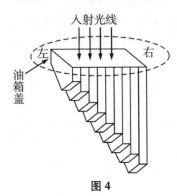

图 4

C. 油量计的上底面右明左暗，$n > \sqrt{2}$，$n' > n/\sqrt{2}$

D. 油量计的上底面右明左暗，$n < \sqrt{2}$，$n' > \sqrt{2}n$

解析 假设油量的高度刚好够到中间的那一格，则左边的部分没有够到油，右边的部分浸入油. 入射光线自上而下射入油量计，左边光线在塑料和空气的界面处发生全反射，返回油量计的上端面并射出，进入观察者眼中，人看起来是明亮的. 右边光线在塑料和油的界面处发生折射，进入油中，人看起来是暗的.

左边光线在塑料和空气的界面处发生全反射，入射角为45°，大于临界角 C，则

$$\sin 45° > \sin C = \frac{1}{n},$$

解得

$$n > \sqrt{2}.$$

右边光线在塑料和油的界面处发生折射，设折射角为 θ，根据折射定律，有

$$n\sin 45° = n'\sin \theta. \qquad ①$$

而折射角

$$\theta < 90°, \qquad ②$$

联立式①和式②，得

$$n' > \frac{n}{\sqrt{2}}.$$

综上所述，A 选项正确.

答案 A.

03 如图5所示，空间存在一有理想边界的条形匀强磁场区域，磁场方向与竖直平面（纸面）垂直. 一个质量为 m、边长为 l 的刚性正方形导线框，在此平面内沿竖直方向运动. $t = 0$ 时刻导线框的上半部分恰好进入磁场，速度为 v_0. 经历一段时间后，当导线框上边离开磁场距磁场边界距离为 $l/2$ 时，速度刚好为零. 此后，导线框下落，经过一段时间到达初始位置. 则（　　）.

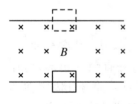

图5

A. 在上升过程中安培力做的功比下落过程中的少

B. 在上升过程中重力冲量的大小比下落过程中的大

C. 在上升过程中安培力冲量的大小与下落过程中的相等

D. 在上升过程中导线框电阻消耗的电能比下落过程中的大

解析 线圈在上升过程中，进入和穿出磁场时受到重力和安培力的作用，两者方向都向下. 在下落过程中，进入和穿出磁场时受到重力和安培力的作用，两者方向相反. 所以上升过程中的加速度比下落过程中的大，而上升过程中的位移与下落过程中的相等，则上升过程中的时间比下落过程中的少，所以在上升过程中重力冲量的大小比下落过程中的小，B 选项错误. 线圈在进入和离开磁场的过程中，受安培力 $F = B^2 l^2 v / R$ 的作用. 设安培力在 Δt 时间内对线框的冲量为 ΔI，则

$$\Delta I = F\Delta t = \frac{B^2 l^2}{R} v \Delta t = \frac{B^2 l^2}{R} \Delta x.$$

那么在上升(下落)过程中安培力的冲量为
$$I = \sum \Delta I = \frac{B^2 l^2}{R} \sum \Delta x = \frac{B^2 l^3}{R},$$
C 选项正确.因为线圈在同一位置时,上升过程中的速度都比下落过程中的大,所以上升过程中安培力做功比下落过程中的多,A 选项错误.克服安培力做功等于导线框电阻消耗的电能,D 选项正确.

答案 C、D.

实验题.

04

现要对一量程为 5 V 的非理想电压表在 0.3~5 V 间若干点的测量误差进行检测(即求电压表的表盘示值与用某种途径得到的标准值之差 ΔU).给定的器材有:输出电压在 0~6 V 间可调的直流电源 E_1;电动势为 6 V、内阻可忽略的直流电源 E_2;量程为 0.1 A 的标准电流表,其内阻不可忽略;阻值为 50.00 Ω 的标准电阻 R_0;滑动变阻器 R_1、R_2,阻值变化范围分别为 0~500 Ω 和 0~10 Ω;阻值约为 20 Ω 的固定电阻 R';带可调保护电阻的检流计;开关 3 个:S_1、S_2、S_3;导线若干.测量原理电路图如图 6 所示.

(1) 请按实验原理图写出主要实验步骤;
(2) 说明实验原理图中两个滑动变阻器的作用.

解析 (1) ① 如图 6 所示连接电路.
② 闭合 S_1,调节 E_1 的输出电压,使电流表的示数 I 在 0.006~0.1 A 之间.利用公式 $U_0 = IR_0$,计算出此时 R_0 两端的电压 U_0.
③ 闭合 S_2,调节 R_1,使电压表示数与 U_0 尽量接近.
④ 将检流计的保护电阻调至最大,闭合 S_3.
⑤ 调节 R_1、R_2 使检流计示数减小;同时减小保护电阻数值,直至保护电阻为零时检流计示数也为零.
⑥ 记下此时电压表的示值 U,计算 $\Delta U = U - U_0$.
⑦ 多次改变 E_1 的数值并重复步骤②~⑥.

(2) 改变 R_1,电路总电阻变化大,对负载电流影响也大,所以 R_1 是粗调,R_2 是细调.

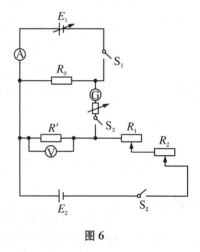

图 6

推理、论证题.

05

静电学理论指出,对于真空区域,只要不改变该区域内的电荷分布及区域边界的电势分布,此区域内的电场分布就不会发生改变.试由上述结论及导体静电平衡的性质论证:

在一接地的无穷大导体平板上方与导体板相距 h 处放置一电荷量为 Q 的点电荷,则导体板对该点电荷作用力的大小为 $F = kQ^2/(4h^2)$(k 为静电力常数),如图 7 所示.

图 7　　　　　　　　　图 8

解析　在点电荷 Q 的电场作用下,导体板上出现感应电荷分布.若 Q 为正,则感应电荷为负.空间中的电场是由给定的点电荷 Q 以及导体板上的感应电荷共同激发的,而另一方面,感应电荷分布又是在总电场作用下达到平衡的结果.平衡的条件就是导体的静电条件,即导体表面是电势为零的等势面.电场分布大致如图 8 所示,图中的电场线和导体板处处垂直.

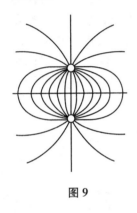

比较上述电场线分布的特点与两个等量异号点电荷电场的电场线分布特点,可以设想把导体板上表面的感应电荷用一电荷量为 $Q' = -Q$ 的点电荷替代.设点电荷 Q 所在位置为 A 点,将点电荷 Q' 放置在 B 点,B 点的选择满足 A、B 两点的连线垂直于导体表面,且 $AB = 2h$,此时空间电场的分布如图 9 所示.

这样的替代既没有改变求解区域内的电荷分布,又满足了导体板上表面所在位置电势为零的条件.因此,在零等势面上方区域内电场分布与题给电场分布相同,所以对于求解区域而言,用放在 B 点处电荷量为 $Q' = -Q$ 的点电荷替代导体板上表面的感应电荷是合理的.根据库仑定律,有

$$F = \frac{kQ^2}{4h^2}.$$

图 9

计算题.

06　一质点从高处自由下落距离 h 后,落到倾角为 45°的很长的光滑斜面上,并与斜面发生多次弹性碰撞.如图 10 所示选取直角坐标,重力加速度为 g.求:

(1) 经过 n 次($n = 1, 2, 3, \cdots$)碰撞后质点刚弹起时速度的 x 分量 u_n 和 y 分量 v_n;

(2) 任意两次碰撞之间的时间间隔.

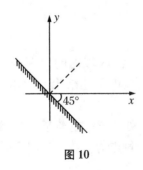　　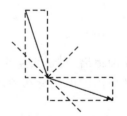

碰撞使速度的两个分量互换

图 10　　　　　　　　图 11

解析 解法一.

(1) 设第 1 次碰撞前瞬间 x 方向和 y 方向的分速度分别为 u_0 和 v_0. 根据自由落体运动规律,有
$$u_0 = 0, \quad v_0 = \sqrt{2gh}.$$

由于斜面的倾角为 $45°$,由弹性碰撞前后的能量和动量关系可知,每次碰撞均使速度的两个分量互换,如图 11 所示. 第 1 次碰撞后的瞬间 x 方向和 y 方向的分速度分别为
$$u_1 = \sqrt{2gh}, \quad v_1 = 0. \qquad ①$$

设从第 $n-1$ 次碰撞到第 n 次碰撞的时间间隔为 $\Delta t (n=2,3,\cdots)$,初速度的 x 分量和 y 分量分别为 u_{n-1} 和 v_{n-1},末速度的相应分量分别为 u_n' 和 v_n',由于此过程中水平分速度不变,竖直方向为下抛运动且斜面倾角为 $45°$,故
$$u_{n-1}\Delta t = v_{n-1}\Delta t + \frac{1}{2}g(\Delta t)^2.$$

由此得
$$\Delta t = \frac{2(u_{n-1} - v_{n-1})}{g}. \qquad ②$$

由此可以推出
$$u_n' = u_{n-1}, \quad v_n' = v_{n-1} + g\Delta t = 2u_{n-1} - v_{n-1}.$$

第 n 次碰撞后水平分速度和竖直分速度互换,有
$$u_n = 2u_{n-1} - v_{n-1} \quad (n=2,3,4,\cdots), \qquad ③$$
$$v_n = u_{n-1} \quad (n=2,3,4,\cdots). \qquad ④$$

由式③、式④及式①可得
$$u_2 = 2u_1, \quad v_2 = u_1; \quad u_3 = 3u_1, \quad v_3 = 2u_1.$$

用数学归纳法,设
$$u_n = nu_1 = n\sqrt{2gh}, \quad v_n = (n-1)u_1 = (n-1)\sqrt{2gh}. \qquad ⑤$$

将式③和式④中的 n 用 $n+1$ 替代,并将式⑤代入,得
$$u_{n+1} = 2u_n - v_n = 2nu_1 - (n-1)u_1 = (n+1)u_1,$$
$$v_{n+1} = u_n = nu_1 = [(n+1) - 1]u_1.$$

式⑤得证.

(2) 将式⑤代入式②,得
$$\Delta t = \frac{2u_1}{g} = 2\sqrt{\frac{2h}{g}},$$

即任意两次碰撞之间的时间间隔都相等.

解法二.

第 1 次碰撞后的瞬间 x 方向和 y 方向的分速度分别为 $u_1 = \sqrt{2gh}$,$v_1 = 0$. 第 1 次与斜面碰撞前,质点运动的时间为 $t_1 = \sqrt{2h/g}$. 由弹性碰撞前、后的能量和动量关系可知,每次碰撞均使速度的两个分量互换,水平方向做匀速运动,竖直方向做匀加速度运动,从一个落点到下一个落点,水平位移和竖直位移相等. 作出两个速度分量的 v-t 图像,如图 12 所示,斜线表示速度的 y 分量,水平线表示速度的 x 分量. 质点在 $t_1, 3t_1, 5t_1, 7t_1, \cdots$ 时刻与斜面

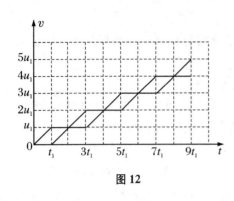

图 12

发生碰撞.

(1) 由此可得,速度的 x 分量为
$$u_n = nu_1 = n\sqrt{2gh},$$
速度的 y 分量为
$$v_n = (n-1)u_1 = (n-1)\sqrt{2gh}.$$
(2) 任意两次碰撞之间的时间间隔为
$$\Delta t = 2t_1 = 2\sqrt{\frac{2h}{g}}.$$

2010年"华约"自主招生试题解析

选择题. 在每小题给出的四个选项中,有一个或多个选项符合题目要求.

01 在光滑的水平面上有一质量为 M、倾角为 θ 的光滑斜面,其上有一质量为 m 的物块,如图 1 所示. 物块在下滑的过程中对斜面压力的大小为(   ).

A. $\dfrac{Mmg\cos\theta}{M + m\sin\theta\cos\theta}$
B. $\dfrac{Mmg\cos\theta}{M - m\sin\theta\cos\theta}$
C. $\dfrac{Mmg\cos\theta}{M + m\sin^2\theta}$
D. $\dfrac{Mmg\cos\theta}{M - m\sin^2\theta}$

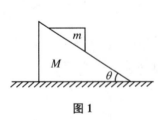

图 1

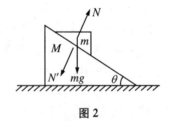

图 2

解析 如图 2 所示,设斜面对物块的支持力为 N,物块对斜面的压力为 N',由于 M、m 两物体在垂直于斜面方向上任意时间内位移相等,所以两物体的加速度在垂直斜面方向上的投影必定相等. M 的加速度必沿水平方向,设其大小为 a,则其在垂直于斜面方向的投影为 $a\sin\theta$,故 m 的加速度在此方向上的投影也为 $a\sin\theta$. 再设斜面对物块的支持力为 N,物块对斜面的压力为 N',则

(对 M) $N'\sin\theta = Ma$, ①

(对 m) $mg\cos\theta - N = ma\sin\theta$, ②

其中
$$N = N'.$$ ③

联立式①～③,得
$$N' = \frac{Mmg\cos\theta}{M + m\sin^2\theta}.$$

答案 C.

02 如图3所示,用等长绝缘线分别悬挂两个质量、电量都相同的带电小球 A 和 B,两线上端固定于 O 点,B 球固定在 O 点正下方.当 A 球静止时,两悬线夹角为 θ.能保持夹角 θ 不变的方法是（　　）.

A. 同时使两悬线长度减半

B. 同时使 A 球的质量和电量都减半

C. 同时使两球的质量和电量都减半

D. 同时使两悬线长度和两球的电量都减半

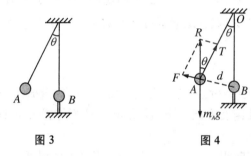

图3　　　　　图4

解析 设两球质量分别为 m_A、m_B,带电量分别为 q_A、q_B,悬线长度为 l,两球间距离为 d.以 A 球为研究对象,受力分析如图4所示,根据库仑定律,有
$$F = k\frac{q_A q_B}{d^2}. \qquad ①$$
根据平衡条件,有
$$R = T = m_A g. \qquad ②$$
则
$$F = 2m_A g \sin\frac{\theta}{2}. \qquad ③$$
联立式①和式③,得
$$\sin\frac{\theta}{2} = k\frac{q_A q_B}{2m_A g d^2}. \qquad ④$$

由四个选项所提供的信息可知,我们应构建夹角 θ 与悬线长度、小球质量和电量的关系式.在 $\triangle OAB$ 中,根据几何关系,有
$$\sin\frac{\theta}{2} = \frac{d}{2l}. \qquad ⑤$$
联立式④和式⑤,得
$$\sin^3\frac{\theta}{2} = k\frac{q_A q_B}{8m_A g l^2}.$$

将各选项中的变量代入,易知 B、D 选项正确.

答案 B、D.

03

匀强磁场中有一长方形导线框,分别以相同的角速度绕如图5(a)、(b)、(c)、(d)所示的固定转轴旋转,分别用 I_a、I_b、I_c、I_d 表示四种情况下线框中电流的有效值,则( ).

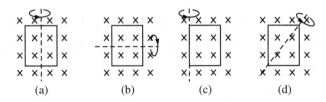

图 5

A. $I_a = I_d$ B. $I_a > I_b$ C. $I_b > I_c$ D. $I_c = I_d$

解析 线圈在匀强磁场中转动,产生的感应电动势与固定转轴所处的位置无关.由 $E_m = NBS\omega$,$E_m = \sqrt{2}E$,$I = E/R$ 联立求解可得 $I = NBS\omega/(\sqrt{2}R)$,选项 A、D 正确.

答案 A、D.

04

如图6所示,在 xOy 平面内有一列沿 x 轴传播的简谐横波,频率为 2.5 Hz. 在 $t = 0$ 时,P 点位于平衡位置,且速度方向向下,Q 点位于平衡位置下方的最大位移处. 则在 $t = 0.35$ s 时,P、Q 两质点的( ).

A. 位移大小相等、方向相反
B. 速度大小相等、方向相同
C. 速度大小相等、方向相反
D. 加速度大小相等、方向相反

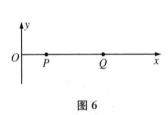

图 6

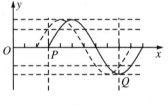

图 7

解析 由 $T = 1/f$ 得周期 $T = 0.4$ s,若波沿 x 轴正方向传播,在 $t = 0$ 时的波形如图7中的实线所示. 当 $t = 0.35$ s $= 7T/8$ 时,波传播了 $7\lambda/8$,将波形图沿 x 轴正方向平移 $7\lambda/8$ 与沿 x 轴负方向平移 $\lambda/8$ 得到的结果一样,如图7中的虚线所示,可得 A、B、D 选项正确.若波沿 x 轴负方向传播,答案不变.

答案 A、B、D.

05

在光电效应实验中,先后用频率相同但光强不同的两束光照射同一个光电管.若实验 a 中的光强大于实验 b 中的光强,实验所得光电流 I 与光电管两端所加电压 U 之间的关系曲线分别以 a、b 表示,则图8中可能正确的是( ).

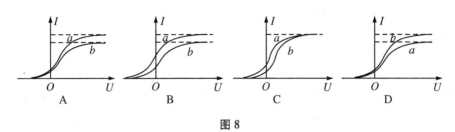

图8

解析 由光电效应的实验规律,饱和光电流的大小与入射光的强度成正比,C、D 选项错误.由光电效应方程 $\frac{1}{2}mv_m^2 = h\nu - W_0$,$\frac{1}{2}mv_m^2 = eU_c$($U_c$ 表示反向遏止电压),得 $eU_c = h\nu - W_0$,所以 U_c 决定于入射光的频率,而图线与 U 轴的交点坐标值为反向遏止电压,故 B 选项错误,A 选项正确.

答案 A.

06 如图9所示,圆形区域内有一垂直纸面的匀强磁场,P 为磁场边界上的一点.有无数带有同样电荷、具有同样质量的粒子在纸面内沿各个方向以同样的速率通过 P 点进入磁场.这些粒子射出边界的位置均处于边界的某一段弧上,这段圆弧的弧长是圆周长的1/3.将磁感应强度的大小从原来的 B_1 变为 B_2,结果相应的弧长变为原来的一半,则 B_2/B_1 等于( ).

A. 2　　　　B. 3　　　　C. $\sqrt{2}$　　　　D. $\sqrt{3}$

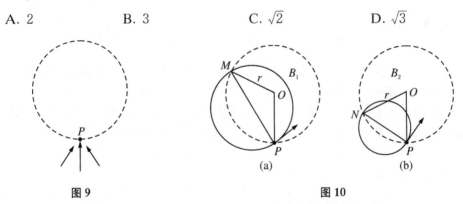

图9　　　　**图10**

解析 设圆形区域磁场的半径为 r,当磁感应强度的大小为 B_1 时,从 P 点入射的粒子射出磁场时与磁场边界的最远交点为 M,则该带电粒子在磁场中的运动轨迹是以 PM 为直径的圆,如图10(a)所示.由题意知 $\angle POM = 120°$,由几何关系得轨迹圆半径为 $R_1 = \sqrt{3}r/2$.当磁感应强度的大小为 B_2 时,从 P 点入射的粒子射出磁场时与磁场边界的最远交点为 N,则该带电粒子在磁场中的运动轨迹是以 PN 为直径的圆,如图10(b)所示.由题意知 $\angle PON = 60°$,由几何关系得轨迹圆半径为 $R_2 = r/2$.因 $R = mv/(qB) \propto 1/B$,故 $B_2/B_1 = R_1/R_2 = \sqrt{3}$,D 选项正确.

答案 D.

07 在光滑的水平桌面上有两个质量均为 m 的小球,由长度为 $2l$ 的拉紧细线相连.以一恒力作用于细线中点,恒力的大小为 F,方向平行于桌面.两球开始运动时,细线与恒力方向垂直.在两球碰撞前瞬间,两球的速度在垂直于恒力方向的分量为( ).

A. $\sqrt{\dfrac{Fl}{2m}}$　　B. $\sqrt{\dfrac{Fl}{m}}$　　C. $2\sqrt{\dfrac{Fl}{m}}$　　D. $\sqrt{\dfrac{2Fl}{m}}$

解析　以两球开始运动时细线的中点为坐标原点,以恒力 F 的方向为 x 轴正方向,建立直角坐标系,如图 11 所示.设从开始运动到两球碰撞前瞬间,任一小球在 x 方向的位移为 s,则 F 的作用点的位移为 $s+l$.细线的质量不计,F 对细线所做的功等于细线对小球所做的功,根据动能定理,有

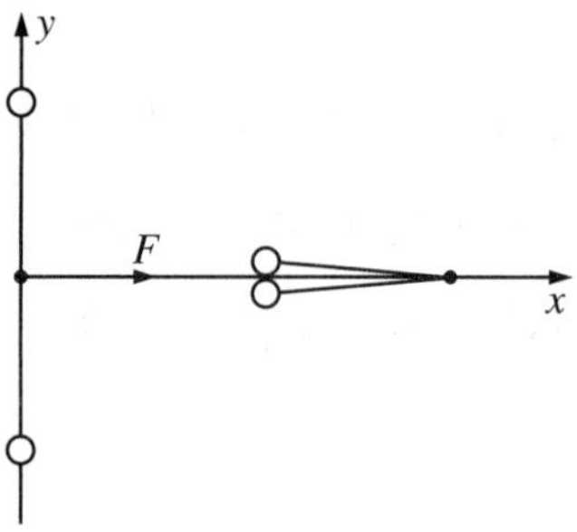

$$F(s+l) = 2 \times \dfrac{1}{2}mv^2 = 2 \times \dfrac{1}{2}m(v_x^2 + v_y^2).　①$$

对任一小球,在 x 方向做初速度为零的匀加速直线运动,则

$$F = 2ma_x,　②$$
$$v_x^2 = 2a_x s.　③$$

图 11

联立式①～③,得

$$v_y = \sqrt{\dfrac{Fl}{m}}.$$

答案　B.

实验题.根据题目要求作答.

08　图 12 为一直线运动加速度测量仪的原理示意图. A 为 U 形底座,其内部放置一绝缘滑块 B;B 的两侧各有一弹簧,它们分别固连在 A 的两个内侧壁上;滑块 B 还与一阻值均匀的碳膜电阻 CD 的滑动头相连(B 与 A 之间的摩擦及滑动头与碳膜之间的摩擦均忽略不计),如图 13 所示.电阻 CD 及其滑动头与另外的电路相连(图中未画出).

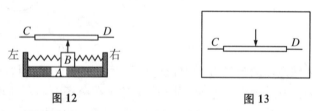

图 12　　　　　图 13

工作时将底座 A 固定在被测物体上,使弹簧及电阻 CD 均与物体的运动方向平行.当被测物体加速运动时,物块 B 将在弹簧的作用下,以同样的加速度运动.通过电路中仪表的读数,可以得知加速度的大小.

已知滑块 B 的质量为 0.60 kg,两弹簧的劲度系数均为 2.0×10^2 N/m,CD 的全长为 9.0 cm,被测物体可能达到的最大加速度为 20 m/s^2(此时弹簧仍为弹性形变);另有一电动势为 9.0 V、内阻可忽略不计的直流电源,一理想指针式直流电压表及开关、导线.

设计一电路,用电路中电压表的示值反映加速度的大小.要求:

① 当加速度为零时,电压表指针在表盘中央;

② 当物体向左以可能达到的最大加速度加速运动时,电压表示数为满量程.(所给电压表可以满足要求)

(1) 完成电路原理图.
(2) 完成下列填空:(不要求有效数字)
① 所给的电压表量程为_____V;
② 当加速度为零时,应将滑动头调在距电阻的 C 端_____cm 处;
③ 当物体向左做减速运动,加速度的大小为 10 m/s² 时,电压表示数为_____V.

解析 (1) 电路原理图如图 14 所示.

(2) 当加速度为零时,应将滑动头调在距电阻的 C 端 l_0 处,如图 15 所示.此时电压表指针在表盘中央,$U_1 = \dfrac{U}{2}$.

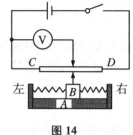

图 14

当物体向左以最大加速度 $a = 20$ m/s² 加速运动时,弹簧的形变量为 x_2,如图 16 所示.根据胡克定律和牛顿第二定律,有

$$2kx_2 = ma_m. \quad \text{①}$$

此时电压表示数为满量程,$U_2 = U$.根据电阻和电压的比例关系,有

$$\dfrac{E}{l} = \dfrac{U/2}{l_0} = \dfrac{U}{l_0 + x_2}. \quad \text{②}$$

联立式①和式②,并代入数据,得

$$l_0 = 3.0 \text{ cm}, \quad U = 6.0 \text{ V}.$$

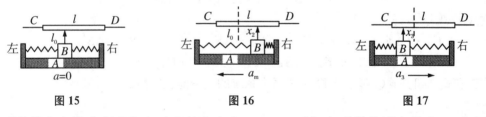

图 15　　　　　　　图 16　　　　　　　图 17

当物体向左做减速运动,加速度的大小为 $a_3 = 10$ m/s² 时,弹簧的形变量为 x_3,如图 17 所示.根据胡克定律和牛顿第二定律,有

$$2kx_3 = ma_3. \quad \text{③}$$

此时电压表示数为 U_3.根据电阻和电压的比例关系,有

$$\dfrac{E}{l} = \dfrac{U_3}{l_0 - x_3}. \quad \text{④}$$

联立式③和式④,并代入数据,得

$$U_3 = 1.5 \text{ V}.$$

推理、论证题.解答时应写出必要的文字说明和推理过程.

09 A、B、C 三个物体(均可视为质点)与地球构成一个系统,三个物体分别受恒外力 F_A、F_B、F_C 的作用.在一个与地面保持静止的参考系 S 中,观测到此系统在运动过程中动量守恒、机械能也守恒. S' 系是另一个相对 S 系做匀速直线运动的参考系,讨论上述系统的动量和机械能在 S' 系中是否也守恒.(功的表达式可用 $W_F = \boldsymbol{F} \cdot \boldsymbol{S}$ 的形式,式中 $\boldsymbol{F}$ 为某个恒力,$\boldsymbol{S}$ 为在力 $\boldsymbol{F}$ 作用下的位移)

解析 在 S 系中,由系统在运动过程中动量守恒可知
$$\boldsymbol{F}_A + \boldsymbol{F}_B + \boldsymbol{F}_C = 0. \qquad ①$$
设在很短的时间间隔 Δt 内,A、B、C 三个物体的位移分别为 $\Delta \boldsymbol{S}_A$、$\Delta \boldsymbol{S}_B$ 和 $\Delta \boldsymbol{S}_C$,根据机械能守恒,有
$$\boldsymbol{F}_A \cdot \Delta \boldsymbol{S}_A + \boldsymbol{F}_B \cdot \Delta \boldsymbol{S}_B + \boldsymbol{F}_C \cdot \Delta \boldsymbol{S}_C = 0, \qquad ②$$
并且系统没有任何能量损耗,能量只在动能和势能之间转换.

由于受力与惯性参考系无关,故在 S' 系的观察者看来,系统在运动过程中所受外力之和仍为零,即
$$\boldsymbol{F}_A + \boldsymbol{F}_B + \boldsymbol{F}_C = 0. \qquad ③$$
所以,在 S' 系的观察者看来动量仍守恒.

设在同一时间间隔 Δt 内,S' 系相对 S 系的位移为 $\Delta \boldsymbol{S}'$,在 S' 系观察 A、B、C 三个物体的位移分别为 $\Delta \boldsymbol{S}'_A$、$\Delta \boldsymbol{S}'_B$ 和 $\Delta \boldsymbol{S}'_C$,且有
$$\begin{cases} \Delta \boldsymbol{S}_A = \Delta \boldsymbol{S}' + \Delta \boldsymbol{S}'_A \\ \Delta \boldsymbol{S}_B = \Delta \boldsymbol{S}' + \Delta \boldsymbol{S}'_B \\ \Delta \boldsymbol{S}_C = \Delta \boldsymbol{S}' + \Delta \boldsymbol{S}'_C \end{cases}. \qquad ④$$
在 S' 系的观察者看来外力做功之和为
$$\boldsymbol{F}_A \cdot \Delta \boldsymbol{S}'_A + \boldsymbol{F}_B \cdot \Delta \boldsymbol{S}'_B + \boldsymbol{F}_C \cdot \Delta \boldsymbol{S}'_C. \qquad ⑤$$
联立式④和式⑤,得
$$\begin{aligned} &\boldsymbol{F}_A \cdot (\Delta \boldsymbol{S}_A - \Delta \boldsymbol{S}') + \boldsymbol{F}_B \cdot (\Delta \boldsymbol{S}_B - \Delta \boldsymbol{S}') + \boldsymbol{F}_C \cdot (\Delta \boldsymbol{S}_C - \Delta \boldsymbol{S}') \\ &= \boldsymbol{F}_A \cdot \Delta \boldsymbol{S}_A + \boldsymbol{F}_B \cdot \Delta \boldsymbol{S}_B + \boldsymbol{F}_C \cdot \Delta \boldsymbol{S}_C - (\boldsymbol{F}_A + \boldsymbol{F}_B + \boldsymbol{F}_C) \cdot \Delta \boldsymbol{S}'. \end{aligned} \qquad ⑥$$
由式①和式②可知式⑥等于 0,即在 S' 系中系统的机械能也守恒.

计算题.解答时应写出必要的文字说明、方程式和主要演算步骤.只写出最后结果的不能得分.

如图 18 所示,卫星携带一探测器在半径为 $3R$(R 为地球半径)的圆轨道上绕地球飞行.在 a 点,卫星上的辅助动力装置短暂工作,将探测器沿运动方向射出(设辅助动力装置喷出的气体质量可忽略).若探测器恰能完全脱离地球的引力,而卫星沿新的椭圆轨道运动,其近地点 b 距地心的距离为 nR(n 略小于 3),求卫星与探测器的质量比.(质量分别为 M、m 的两个质点相距为 r 时的引力势能为 $-GMm/r$,式中 G 为引力常量)

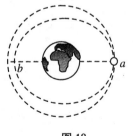

图 18

解析 设地球质量为 M,卫星质量为 m,探测器质量为 m',当卫星与探测器一起绕地球做圆周运动时,根据万有引力定律和牛顿第二定律,有

$$\frac{GM(m+m')}{(3R)^2} = (m+m')\frac{v^2}{3R}, \quad ①$$

解得

$$v = \sqrt{\frac{GM}{3R}}. \quad ②$$

设分离后探测器的速度为 v'，探测器恰能完全脱离地球的引力，则它到达无穷远处时速度为零，根据机械能守恒定律，有

$$\frac{1}{2}m'v'^2 - \frac{GMm'}{3R} = 0, \quad ③$$

解得

$$v' = \sqrt{\frac{2GM}{3R}} = \sqrt{2}\,v. \quad ④$$

设分离后卫星在远地点的速度为 v_a，在近地点的速度为 v_b，根据机械能守恒定律，有

$$\frac{1}{2}mv_a^2 - \frac{GMm}{3R} = \frac{1}{2}mv_b^2 - \frac{GMm}{nR}. \quad ⑤$$

根据开普勒第二定律，有

$$3Rv_a = nRv_b. \quad ⑥$$

联立式②、式⑤和式⑥，得

$$v_a = \sqrt{\frac{2n}{3+n}}\,v. \quad ⑦$$

根据分离前后动量守恒，有

$$(m+m')v = mv_a + m'v'. \quad ⑧$$

联立式④、式⑦和式⑧，得

$$\frac{m}{m'} = \frac{\sqrt{2}-1}{1-\sqrt{\dfrac{2n}{3+n}}}.$$

11 如图19所示，三个面积均为 S 的金属板 A、B、C 水平放置，A、B 相距 d_1，B、C 相距 d_2，A、C 接地，构成两个平行板电容器；上板 A 中央有小孔 D；B 板开始不带电. 质量为 m、电荷量为 $q(q>0)$ 的液滴从小孔 D 上方高度为 h 处的 P 点由静止一滴一滴落下. 假设液滴接触 B 板可立即将电荷全部传给 B 板. 油滴间的静电相互作用可忽略，重力加速度取 g.

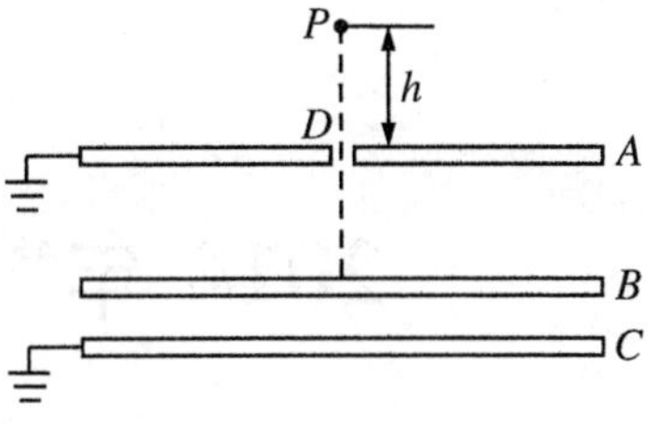

(1) 若某带电液滴在 A、B 板之间做匀速直线运动，此液滴是从小孔 D 上方落下的第几滴？

(2) 若发现第 N 滴带电液滴在 B 板上方某点转为向上运动，求此点与 A 板的距离 H. (以空气为介质的平行板电容器的电容 $C = S/(4\pi kd)$，式中 S 为极板面积，d 为极板间距，k 为静电力常量)

图19

解析 (1) 根据题意，A、B 板与 B、C 板构成的两个平行板电容器的电容分别为

$$C_1 = \frac{S}{4\pi k d_1},\qquad\qquad\qquad ①$$

$$C_2 = \frac{S}{4\pi k d_2}.\qquad\qquad\qquad ②$$

设第 n 滴带电液滴可在 A、B 板之间做匀速直线运动. 此时 B 板上有 $n-1$ 滴液滴，B 板所带电荷量为

$$Q_1 + Q_2 = (n-1)q,\qquad\qquad ③$$

式中 Q_1 和 Q_2 分别为 B 板上、下两个表面上的电荷量.

两电容器并联，电压相同，设电压为 U，则

$$Q_1 = C_1 U,\qquad\qquad\qquad ④$$

$$Q_2 = C_2 U.\qquad\qquad\qquad ⑤$$

A、B 板之间的电场强度为

$$E_1 = \frac{U}{d_1}.\qquad\qquad\qquad ⑥$$

由于第 n 滴带电液滴在 A、B 板之间做匀速直线运动，则

$$qE_1 = mg.\qquad\qquad\qquad ⑦$$

联立式①～⑦，得

$$n = \frac{mgS}{4\pi k q^2}\left(1 + \frac{d_1}{d_2}\right) + 1.$$

(2) 当第 $N-1$ 滴带电液滴滴在 B 板上时，第(1)问中的式①、式②、式④和式⑤仍有效，相应的电容器的电压以及其上、下表面所带电荷量分别为 U'、Q_1' 和 Q_2'. B 板所带电荷量为

$$Q_1' + Q_2' = (N-1)q.\qquad\qquad ⑧$$

按题意，第 N 滴带电液滴会在下落到离 A 板距离为 H($H < d_1$) 时速度为零，此时 A、B 板之间的电场强度为

$$E' = \frac{U'}{d_1}.\qquad\qquad\qquad ⑨$$

根据动能定理，有

$$mg(h + H) - qE'H = 0.\qquad\qquad ⑩$$

联立式①～②、④～⑤、⑧～⑩，得

$$H = \frac{mghS(1 + d_1/d_2)}{4\pi k q^2(N-1) - mgS(1 + d_1/d_2)}.$$

2014 年"北约"自主招生试题解析

单项选择题.

01 今有一个相对地面静止，悬浮在赤道上空的气球. 对于一个站在宇宙背景惯性系的

观察者,仅考虑地球相对其的自转运动,则以下对气球受力的描述正确的是(　　).

A. 该气球受地球的引力,空气浮力和空气阻力
B. 该气球受力平衡
C. 地球引力大于空气浮力
D. 地球引力小于空气浮力

解析 站在宇宙背景惯性系的观察者看来,气球随着地球一起在自转,所受地球引力与空气浮力的合力提供气球绕地心做圆周运动的向心力,故地球引力大于空气浮力,C 选项正确.

答案 C.

  下列过程:
(a) 水在 1 atm、25 ℃下蒸发; (b) 冰在 1 atm、25 ℃下融化; (c) 理想气体准静态绝热膨胀; (d) 理想气体准静态等温膨胀; (e) 理想气体准静态等压加热; (f) 理想气体向真空绝热膨胀.

其中系统对外做正功的是(　　).

A. a、c、d、e   B. a、b、c、e   C. b、d、e、f   D. b、c、d、f

解析 水在 1 atm、25 ℃下蒸发时体积增大,系统对外界做正功.冰在 1 atm、25 ℃下融化,体积减小,外界对系统做正功.理想气体准静态绝热膨胀、理想气体准静态等温膨胀、理想气体准静态等压加热时气体体积增大,系统对外界做正功.理想气体向真空绝热膨胀时系统对外界不做功.故 A 选项正确.

答案 A.

  有两个惯性系 1 和 2,彼此相对做匀速直线运动,下列叙述中正确是(　　).

A. 在参考系 1 看来,2 中的所有物理过程都变快了;在参考系 2 看来,1 中的所有物理过程都变慢了
B. 在参考系 1 看来,2 中的所有物理过程都变快了;在参考系 2 看来,1 中的所有物理过程都变快了
C. 在参考系 1 看来,2 中的所有物理过程都变慢了;在参考系 2 看来,1 中的所有物理过程都变快了
D. 在参考系 1 看来,2 中的所有物理过程都变慢了;在参考系 2 看来,1 中的所有物理过程都变慢了

解析 在不同的惯性参考系中观察某两个事件,它们的时间间隔不一样.在与事件发生者相对静止的观察者测出两事件发生的时间间隔为 $\Delta\tau$,与事件发生者相对运动的观察者测得两事件发生的时间间隔为 Δt.则

$$\Delta t = \frac{\Delta\tau}{\sqrt{1-(v/c)^2}} > \Delta\tau.$$

所以两个参考系中的观察者都会认为对方参考系中的物理过程变慢了,D 选项正确.

答案 D.

下列说法中正确的是（   ）.
A. 卢瑟福实验中发现许多α粒子被金箔大角度散射,这表明α粒子很难进入金箔原子内部
B. β衰变中产生的β射线是原子核外电子挣脱原子核束缚之后形成的电子束
C. 通过化学反应无法改变放射性元素的半衰期
D. 比结合能较小的原子核不稳定,容易发生裂变

解析 卢瑟福实验发现,绝大多数α粒子穿过金箔后,基本上仍沿原来的方向前进,但有少数α粒子(约占八千分之一)发生了大角度偏转,偏转的角度甚至大于90°,也就是说它们几乎被"撞了回来".卢瑟福分析了实验数据后发现,事实应该是:占原子质量绝大部分的带正电的那部分物质集中在很小的空间范围.这样才会使α粒子在经过时受到很强的斥力,才可能使α粒子发生大角度的偏转.A 选项错误.

β衰变的实质在于核内的中子($_0^1 n$)转化成了一个质子和一个电子,其转化方程是$_0^1 n \longrightarrow {_1^1 H} + {_{-1}^0 e}$.这种转化产生的电子发射到核外,就是β粒子.B 选项错误.

放射性元素衰变的快慢是由核内部自身的因素决定的,跟原子所处的化学状态和外部条件没有关系.C 选项正确.

比结合能越大,原子核中核子结合得越牢固,原子核越稳定.轻核和重核的比结合能都较小,比结合能较小的核将会向比结合能较大的核转化,例如轻核聚变与重核裂变.D 选项错误.

答案 C.

填空题.

如图1所示,半径为 R 的光滑细圆环轨道,其外壁被固定在竖直平面上.轨道正上方和正下方分别有质量为 $2m$ 和 m 的静止小球,它们由长为 $2R$ 的轻杆固定.已知圆环轨道内壁开有环形小槽,可使轻杆无摩擦、无障碍地绕着其中心点转动.今对上方小球施加小扰动,则此后过程中该小球的速度最大值为＿＿＿；当其达到速度最大值时,两小球对轨道作用力的合力大小为＿＿＿.

解析 当质量为 $2m$ 的球运动到最低点时,小球的速度最大,根据机械能守恒定律,有

$$2mg \cdot 2R - mg \cdot 2R = \frac{1}{2}(m+2m)v^2,$$

解得

$$v = \sqrt{\frac{4}{3}gR}.$$

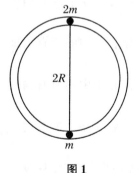

图1

取竖直向上为正方向,对系统运用牛顿第二定律,有

$$F - 3mg = 2m\frac{v^2}{R} - m\frac{v^2}{R},$$

解得
$$F = \frac{13}{3}mg.$$

根据牛顿第三定律,两小球对轨道作用力的合力为 $F' = 13mg/3$,方向竖直向下.

06 一个空的可乐瓶中封入高压理想气体,在打开瓶盖后的短时间内,外界对瓶内气体做_____(可填"正功"、"负功"或"不做功"),瓶内气体温度_____(可填"升高"、"降低"或"可能升高也可能降低").

解析 短时间的膨胀由于来不及和外界发生热交换,可近似看作绝热过程.气体膨胀对外界做正功(外界对气体做负功),气体内能减小,温度降低.

07 空间有一孤立导体,其上带有固定量的正电荷,该空间没有其他电荷存在.为了测量该导体附近某一点 P 的电场强度,我们在 P 点放置一带电量为 q 的点电荷,测出 q 受到的静电力 F,如果 q 为正,F/q _____(可填"大于"或"小于")P 点的原电场强度;如果 q 为负,F/q _____(可填"大于"或"小于")P 点的原电场强度.

解析 受检验电荷的影响,导体上的电荷将会发生重新分布,从而影响场强的大小.如果检验电荷为正,由于同种电荷相互排斥,导体上的部分正电荷远离检验电荷,检验点的场强变小.如果检验电荷为负,由于异种电荷相互吸引,导体上的部分正电荷靠近检验电荷,检验点的场强变大.

08 已知普朗克常量为 $h = 2\pi \cdot 197$ MeV·fm/c,电子的质量为 $m_e = 0.51$ MeV/c^2,其中 $c = 3.0 \times 10^8$ m/s 为真空光速,1 fm $= 10^{-15}$ m,则动能为 1.0 eV 的自由电子的物质波长为 $\lambda_e =$ _____ m.具有如上波长的光子的能量为 $E_\lambda =$ _____ eV.(所填答案均保留一位有效数字)

解析 动能为 1.0 eV 的自由电子的物质波长为
$$\lambda_e = \frac{h}{p} = \frac{h}{m_e v} = \frac{h}{\sqrt{2m_e E_k}} \approx 1 \times 10^{-9} \text{ m}.$$

具有如上波长的光子的能量为
$$E_\lambda = h\frac{c}{\lambda_e} = cp = c\sqrt{2m_e E_k} \approx 1 \times 10^3 \text{ eV}.$$

计算题.解答时应写出必要的文字说明、方程式和主要演算步骤,只写出最后结果不能得分.

09 两个质点之间只有万有引力作用,其质量、间距和速度如图 2 所示.若两个质点能相距无穷远,速率 v_0 需要满足什么条件?(两个质量分别为 m_1、m_2 的质点,相距 r 时,其间万有引力势能为 $E_p = -Gm_1m_2/r$)

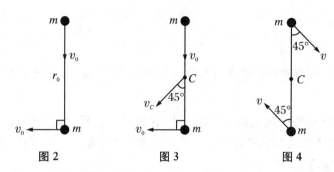

图2　　　　　　　图3　　　　　　　图4

解析　两个质点组成的系统不受外力,故质心做匀速直线运动.如图3所示,由质心速度的定义式 $v_C = \Delta r_C/\Delta t = (\sum_i m_i v_i)/m$,得质心速度为 $v_C = \sqrt{2}v_0/2$.如图4所示,以质心为惯性参考系,两个质点的初速度为 $v = \sqrt{2}v_0/2$,方向相反.在以后的运动过程中,两个质点的速度总是等值反向.在质心系中,两个质点能相距无穷远的最小速度为零,则有

$$\frac{1}{2}m\left(\frac{\sqrt{2}}{2}v_0\right)^2 \times 2 - G\frac{m^2}{r_0} \geqslant 0,$$

解得

$$v_0 \geqslant \sqrt{\frac{2Gm}{r_0}}.$$

10 某半径为 r 的类地行星表面有一单色光源 P,其发出的各方向的光经过厚度为 $(\sqrt{2}-1)r$、折射率为 $n=2$ 的均匀行星大气层射向太空.取包含 P 和行星中心 O 的某一截面(如图5所示),设此截面内,一卫星探测器在半径为 $4r/(\sqrt{3}+1)$ 的轨道上绕行星做匀速圆周运动.忽略行星表面对光的反射.求:

(1) 大气外表面发光区域在截面上形成的弧长.

(2) 卫星探测器运行时,只能在轨道某些部分观测到光,求这部分轨道的弧长.

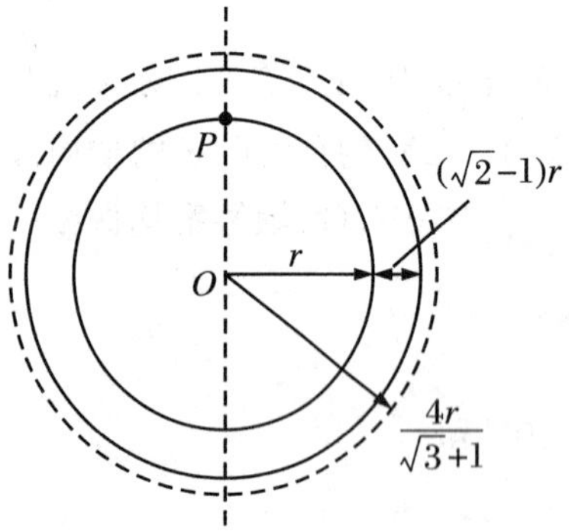

解析　(1) 光源 P 发出的光线在大气外表面发生全反射的临界角 C 与折射率 n 的关系为

$$\sin C = \frac{1}{n},$$

图5

解得

$$C = \frac{\pi}{6}.$$

如图6所示,根据正弦定理,有

$$\frac{\sqrt{2}r}{\sin \alpha} = \frac{r}{\sin C},$$

解得

$$\alpha = \frac{3\pi}{4}.$$

所以

$$\beta = \pi - \frac{3\pi}{4} - \frac{\pi}{6} = \frac{\pi}{12}.$$

则大气外表面发光区域在截面上形成的弧长为

$$l = 2\beta \cdot \sqrt{2}r = \frac{\sqrt{2}}{6}\pi r.$$

(2) 如图 6 所示,根据几何关系,有

$$\cos\gamma = \frac{\sqrt{2}r}{4r/(\sqrt{3}+1)} = \frac{\sqrt{6}+\sqrt{2}}{4},$$

解得

$$\gamma = \frac{\pi}{12}.$$

所以能观测到光的轨道弧长

$$L = 2(\beta + \gamma) \cdot \frac{4r}{\sqrt{3}+1} = \frac{4}{3(\sqrt{3}+1)}\pi r.$$

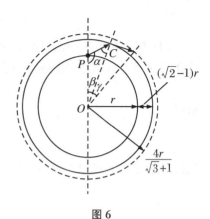

图 6

11 如图 7 所示,在宽度分别为 l_1 和 l_2 的两个毗邻的条形区域内,分别有匀强磁场和匀强电场,磁场方向垂直于图平面朝里,电场方向与电磁场分界线平行朝右. 一个带正电的粒子以速度 v 从磁场区域上边界的 P 点偏左斜向射入磁场,然后以垂直于电磁场分界线的方向进入电场,最后从电场区下边界上 Q 点射出. 已知 P、Q 连线垂直于电场方向,粒子轨道与电磁场分界线的交点到 P、Q 连线的距离为 d. 不计重力,试以 l_1、l_2、v 和 d 为已知量,导出:
(1) 粒子运动过程中的最大速率 v_{max}.
(2) 磁感应强度大小(作为分子)与电场强度大小(作为分母)的比值 γ.
(3) 粒子在磁场中的运动时间(作为分子)与在电场中的运动时间(作为分母)的比值 β.

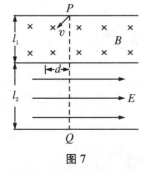

图 7

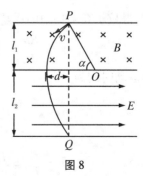

图 8

解析 (1) 粒子的运动轨迹如图 8 所示. 粒子在电场中做类平抛运动,可以分解为竖直方向的匀速直线运动和水平方向的匀加速直线运动,则有

$$l_2 = vt_2, \qquad ①$$

$$d = \frac{1}{2}\frac{qE}{m}t_2^2. \qquad ②$$

联立式①和式②,得粒子到达 Q 点时的水平速度为

$$v_x = \frac{qE}{m}t_2 = \frac{2dv}{l_2}.$$

粒子到达 Q 点时的速度最大,为

$$v_{\max} = \sqrt{v^2 + v_x^2} = v\sqrt{1 + \frac{4d^2}{l_2^2}}.$$

(2) 粒子在磁场中做匀速圆周运动,由于粒子在分界线处的速度与分界线垂直.圆心 O 应在分界线上,OP 长度即为粒子运动的圆弧的半径 R.根据几何关系,有

$$R^2 = l_1^2 + (R - d)^2,$$

解得

$$R = \frac{l_1^2 + d^2}{2d}. \quad ③$$

根据洛伦兹力公式和牛顿第二定律,有

$$qvB = m\frac{v^2}{R}. \quad ④$$

联立式③和式④,得

$$B = \frac{2dmv}{q(l_1^2 + d^2)}.$$

联立式①和式②,得

$$E = \frac{2dmv^2}{ql_2^2}.$$

所以

$$\gamma = \frac{B}{E} = \frac{l_2^2}{v(l_1^2 + d^2)}.$$

(3) 设粒子在磁场中的运动轨迹所对应的圆心角为 α,则有

$$\sin\alpha = \frac{l_1}{R}. \quad ⑤$$

联立式③和式⑤,得粒子在磁场中的运动时间为

$$t_1 = \frac{R\alpha}{v} = \frac{l_1^2 + d^2}{2dv}\arcsin\frac{2dl_1}{l_1^2 + d^2}.$$

粒子在电场中的运动时间为

$$t_2 = \frac{l_2}{v}.$$

所以

$$\beta = \frac{t_1}{t_2} = \frac{l_1^2 + d^2}{2dl_2}\arcsin\frac{2dl_1}{l_1^2 + d^2}.$$

12 在实验室参考系,有一个静止的光源与一静止的接收器,它们相距 l_0,光源和接收器均浸在均匀无限的液体介质(静止折射率为 n)中.试对下列三种情况计算光源发出讯号到接收器接到讯号所经历的时间.

(1) 液体介质相对于光源—接收器装置静止.
(2) 液体沿着光源—接收器连线方向以速度 v 流动.
(3) 液体垂直于光源—接收器连线方向以速度 v 流动.

解析 记实验室参考系为 S,选取液体介质为参考系 S',光在 S' 系中沿各个方向的传播速度均为 c/n.

(1) S 系与 S' 系相对静止,光源发出讯号到接收器接到讯号所经历的时间为
$$\Delta t_1 = \frac{l_0}{c/n} = \frac{nl_0}{c}.$$

(2) 取光源—接收器为 x 轴方向,设光在 S 系中的速度为 u_x,在 S' 系中的速度为 $u'_x = c/n$.根据相对论速度变换公式,有
$$u_x = \frac{u'_x + v}{1 + \frac{u'_x v}{c^2}} = \frac{c/n + v}{1 + \frac{cv/n}{c^2}} = \frac{c^2 + ncv}{nc + v}.$$

则光源发出讯号到接收器接到讯号所经历的时间为
$$\Delta t_2 = \frac{l_0}{u_x} = \frac{nc + v}{c^2 + ncv} l_0.$$

(3) 设在 S' 系中观察者接到讯号的时间为 $\Delta t'_3$,如图 9 所示,根据几何关系,有

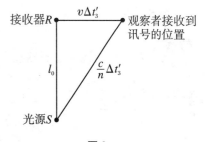

图 9

$$l_0^2 + (v\Delta t'_3)^2 = \left(\frac{c}{n}\Delta t'_3\right)^2,$$

解得
$$\Delta t'_3 = \frac{l_0}{\sqrt{(c/n)^2 - v^2}}.$$

在 S 系中接收器接到讯号的时间 Δt_3 与在 S' 系中观察者接到讯号的时间 $\Delta t'_3$ 满足
$$\Delta t'_3 = \frac{\Delta t_3}{\sqrt{1 - (v/c)^2}}.$$

所以
$$\Delta t_3 = \sqrt{1 - \left(\frac{v}{c}\right)^2} \Delta t'_3 = \frac{\sqrt{1 - (v/c)^2}}{\sqrt{(c/n)^2 - v^2}} l_0.$$

2013 年"北约"自主招生试题解析

单项选择题.

 简谐机械波在同一种介质中传播时,下述结论中正确的是(　　).

A. 频率不同时,波速不同,波长也不同　　B. 频率不同时,波速相同,波长则不同
C. 频率不同时,波速相同,波长也相同　　D. 频率不同时,波速不同,波长则相同

解析 机械波在介质中传播的速度由介质决定,在同一种介质中传播时,波速相同.由波长、波速、频率的关系 $\lambda = v/f$ 可知,频率不同时,则波长不同,B 选项正确.

答案 B.

02

一个具有放射性的原子核 A 放射一个 β 粒子后变成原子核 B,原子核 B 再放射一个 α 粒子后变成原子核 C,可以肯定的是(　　).

A. 原子核 A 比原子核 B 多 2 个中子
B. 原子核 A 比原子核 C 多 2 个中子
C. 原子核 A 的中性原子中的电子数,比原子核 B 的中性原子中的电子数少 1
D. 原子核 A 的中性原子中的电子数,比原子核 C 的中性原子中的电子数少 1

解析 设原子核 A 的质量数为 X、电荷数为 Y.根据质量数守恒和电荷数守恒,得衰变方程为 ${}_Y^X A \longrightarrow {}_{-1}^{0} e + {}_{Y+1}^{X} B$,${}_{Y+1}^{X} B \longrightarrow {}_2^4 He + {}_{Y-1}^{X-4} C$.可见 ${}_Y^X A$ 比 ${}_{Y+1}^{X} B$ 多 1 个中子、少 1 个电子,故 A 选项错误,C 选项正确. ${}_Y^X A$ 比 ${}_{Y-1}^{X-4} C$ 多 3 个中子、多 1 个电子,故 B、D 选项均错误.

答案 C.

03

人在平面镜前看到站在自己身边的朋友在镜中的像时,虽然上下不颠倒,左右却互换了.今将两块相互平行的平面反射镜如图 1 所示放置,观察者 A 在图示右侧位置可看到站在图示左侧位置的朋友 B,则 A 看到的像必定是(　　).

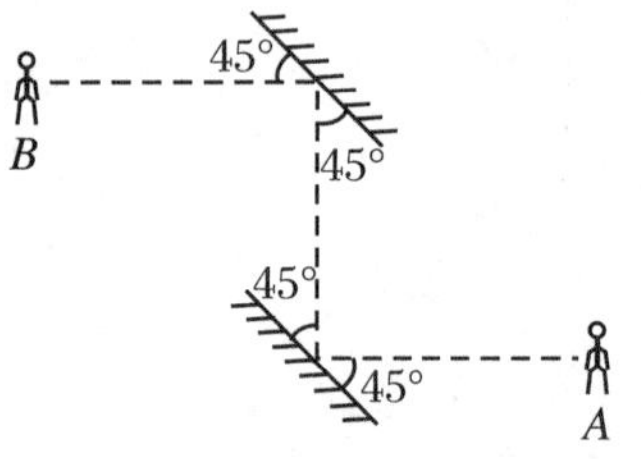

A. 上下不颠倒,左右不互换
B. 上下不颠倒,左右互换
C. 上下颠倒,左右不互换
D. 上下颠倒,左右互换

图 1

解析 这是一个类似潜望镜的双平面镜光学系统,在潜望镜中看到的像是与实物大小相同、上下不颠倒、左右不互换的虚像,A 选项正确.

答案 A.

04

在一个绝热的竖直气缸里面放有一定质量的理想气体,绝热的活塞原来是固定的.现拆去销钉(图中未画出),气体因膨胀把活塞及重物举高后如图 2 所示.则在此过程中气体的(　　).

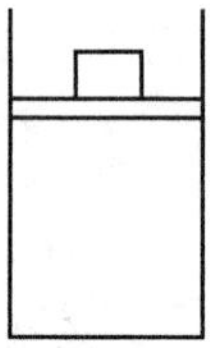

A. 压强不变,温度升高　　B. 压强不变,温度降低
C. 压强减小,温度升高　　D. 压强减小,温度降低

图 2

解析 缸内气体膨胀,对外做功,即 $W<0$,缸内气体与外界无热交换,即 $Q=0$,由热力学第一定律 $\Delta U = Q + W$ 可知,$\Delta U <0$,即缸内气体的内能减小,温度降低.由理想气体的状态方程 $pV/T = C$(常量)可知,V 增大、T 减小则 p 减小,D 选项正确.

填空题.

05 北京家庭采用电压为 220 V 的供电,香港家庭采用电压为 200 V 的供电.北京厨房内一只"220 V,50 W"照明用的灯泡,若改用 200 V 的供电,使用相同的时间可以节省电能百分之_____.如果采用 200 V 供电的同时,又不减弱厨房照明亮度,则原灯泡电阻丝要换成电阻为_____Ω 的新电阻丝.

解析 以 R 表示灯泡电阻丝的电阻,改用 200 V 的供电,使用相同的时间可以节省电能的百分比

$$\eta = \frac{220^2/R - 200^2/R}{220^2/R} \times 100\% \approx 17.4\%.$$

不减弱厨房照明亮度,则灯泡的功率仍为 50 W,新电阻丝的电阻 $R' = 200^2/50 \ \Omega = 800 \ \Omega$.

06 将地球半径 R、自转周期 T、地面重力加速度 g 取为已知量,则地球同步卫星的轨道半径为_____R,轨道速度对第一宇宙速度的比值为_____.

解析 以 M 表示地球的质量,m 表示同步卫星的质量,m' 表示地球表面处某一物体的质量,r 表示同步卫星的轨道半径.根据万有引力定律和牛顿第二定律,有

$$G\frac{Mm'}{R^2} = m'g, \qquad ①$$

$$G\frac{Mm}{r^2} = m\left(\frac{2\pi}{T}\right)^2 r. \qquad ②$$

联立式①和式②,得

$$r = \sqrt[3]{\frac{gR^2T^2}{4\pi^2}} = \sqrt[3]{\frac{gR^3T^2}{4\pi^2 R}} = \sqrt[3]{\frac{gT^2}{4\pi^2 R}}\, R.$$

同步卫星的轨道速度 $v = 2\pi r/T = \sqrt[3]{2\pi gR^2/T}$,第一宇宙速度 $v' = \sqrt{gR}$,所以

$$\frac{v}{v'} = \sqrt[3]{\frac{2\pi}{T}\sqrt{\frac{R}{g}}}.$$

07 如图 3 所示,与水平地面夹角为锐角的斜面,自底端 A 向上有三个等间距点 B_1、B_2 和 B_3,即 $AB_1 = B_1B_2 = B_2B_3$.小滑块 P 以初速度 v_0 从 A 出发,沿斜面向上运动.先设置斜面与滑块间处处无摩擦,则滑块到达 B_3 位置刚好停下,而后下滑.若设置斜面 AB_1 部分与滑块间有处处相同的摩擦,其余部位与滑块间仍无摩擦,则滑块上行到 B_2 位置刚好停下,而后下滑.滑块下滑到 B_1 位置时速度大小为_____,回到 A 端时速度大小为_____.

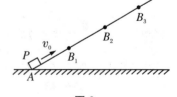

图 3

解析 以 m 表示滑块的质量,当斜面与滑块间无摩擦时,滑块到达 B_3 位置克服重力做功 $mv_0^2/2$.由于 $AB_1 = B_1B_2 = B_2B_3$,所以滑块在 AB_1、B_1B_2、B_2B_3 滑动过程中克服重力做功相等,为 $mv_0^2/6$.当斜面 AB_1 部分与滑块间有摩擦时,滑块上行到 B_2 位置刚好停下,则滑

块在 AB_1 滑动过程中克服摩擦力做功等于无摩擦时在 B_2B_3 滑动过程中克服重力做功,为 $mv_0^2/6$. 设滑块从 B_2 位置下滑到 B_1 位置时速度大小为 v_1,重力做功 $mv_0^2/6$,根据动能定理,有 $mv_0^2/6 = mv_1^2/2$,解得 $v_1 = \sqrt{3}v_0/3$. 设滑块从 B_1 位置回到 A 端时速度大小为 v_2,该过程中重力做的正功与摩擦力做的负功相抵消,根据动能定理,有 A、B_1 两位置的动能相等,所以 $v_2 = \sqrt{3}v_0/3$.

08 如图 4 所示,边长为 a 的等边三角形区域内有匀强磁场,磁感应强度 B 的方向垂直图平面朝外. 边长为 a 的等边三角形导体框架 ABC,在 $t = 0$ 时恰好与磁场区域的边界重合,而后以周期 T 绕其中心沿顺时针方向匀速旋转,于是在框架 ABC 中有感应电流. 规定电流按 $A—B—C—A$ 方向流动时电流强度取为正,反向流动时取为负. 设框架 ABC 的总电阻为 R,则从 $t = 0$ 到 $t_1 = T/6$ 时间内平均电流强度 $I_1 = $ _____;从 $t = 0$ 到 $t_2 = T/2$ 时间内平均电流强度 $I_2 = $ _____.

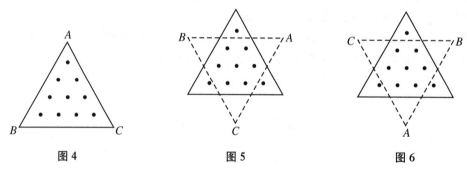

图 4   图 5   图 6

解析 如图 5 所示,根据楞次定律,$0 \sim T/6$ 时间内感应电流的方向为 $A—B—C—A$,方向为正. 再由法拉第电磁感应定律,感应电动势的平均值

$$E_1 = \Delta\Phi/\Delta t = B\frac{3 \times \frac{\sqrt{3}}{4}\left(\frac{a}{3}\right)^2}{T/6} = \frac{\sqrt{3}Ba^2}{2T},$$

所以平均电流强度 $I_1 = E_1/R = \sqrt{3}Ba^2/(2RT)$.

如图 6 所示,根据楞次定律,$0 \sim T/2$ 时间内感应电流的方向为 $A—B—C—A$,方向为正. 再由法拉第电磁感应定律,感应电动势的平均值

$$E_2 = \Delta\Phi/\Delta t = B\frac{3 \times \frac{\sqrt{3}}{4}\left(\frac{a}{3}\right)^2}{T/2} = \frac{\sqrt{3}Ba^2}{6T},$$

所以平均电流强度 $I_2 = E_2/R = \sqrt{3}Ba^2/(6RT)$.

计算题. 解答时应写出必要的文字说明、方程式和主要演算步骤,只写出最后结果不能得分.

09 某车辆在平直路面上作行驶测试,测试过程中速度 v(带有正、负号)和时间 t 的关

系如图7所示.已知该过程发动机和车内制动装置对车辆所做总功为零,车辆与路面间的摩擦因数 μ 为常量,试求 μ 值.数值计算时,重力加速度取 10 m/s^2.

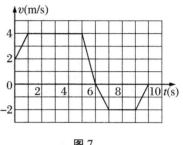

图7

解析 由 $v\text{-}t$ 图像可知,车辆的初速度 $v_0 = 2 \text{ m/s}$,末速度为零,整个运动过程的总路程可以通过图像的面积得出,为 $s = 27 \text{ m}$.以 m 表示车辆的质量,根据动能定理,有

$$-\mu m g s = 0 - \frac{1}{2} m v_0^2,$$

得

$$\mu = \frac{v_0^2}{2gs}.$$

代入数据,可得

$$\mu = \frac{1}{135} \approx 0.0074.$$

10 如图8所示,在水平 $O\text{-}xy$ 坐标平面的第一象限上,有一个内外半径几乎同为 R 的半圆形固定细管道,圆心位于 $x = R$、$y = 0$ 处,坐标平面上有电场强度沿着 y 轴正方向的匀强电场.带电质点 P 在管道内,从 $x = 0$、$y = 0$ 位置出发,在管道内无摩擦地运动,其初始动能为 E_{k0}.P 运动到 $x = R$、$y = R$ 位置时,其动能减少了 $1/2$.

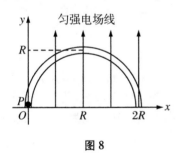

图8

(1)试问 P 所带电荷是正的,还是负的?为什么?

(2)P 所到位置可用该位置的 x 坐标来标定,试在 $0 \leqslant x \leqslant 2R$ 范围内导出 P 的动能 E_k 随 x 变化的函数.

(3)P 在运动过程中受管道的弹力 N 也许是径向朝里的(即指向圆心的),也许是径向朝外的(即背离圆心的).通过定量讨论,判定在 $0 \leqslant x \leqslant 2R$ 范围内是否存在 N 径向朝里的 x 取值区域,若存在,请给出该区域;继而判定在 $0 \leqslant x \leqslant 2R$ 范围内是否存在 N 径向朝外的 x 取值区域,若存在,请给出该区域.

解析 (1)P 运动到 $x = R$、$y = R$ 位置时,其动能减少了 $1/2$,说明 P 受到的电场力沿着 y 轴负方向,与电场的方向相反,所以 P 带负电.

(2)设 P 所受电场力为 F,所到位置的坐标为 (x, y),根据动能定理,有

$$-Fy = E_k - E_{k0}. \qquad ①$$

P 运动到 $x = R$、$y = R$ 位置时,其动能减少了 $1/2$,根据动能定理,有

$$-FR = \frac{1}{2} E_{k0} - E_{k0}. \qquad ②$$

半圆形细管道的方程为

$$(x - R)^2 + y^2 = R^2. \qquad ③$$

联立式①~③,得

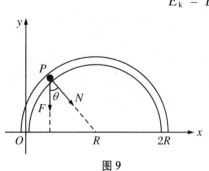

图9

$$E_k = E_{k0}\left[1 - \frac{\sqrt{R^2 - (x-R)^2}}{2R}\right],$$ ④

化简,得

$$E_k = E_{k0}\left(1 - \frac{\sqrt{-x^2 + 2Rx}}{2R}\right).$$

(3) 如图9所示,任意选取 P 在运动过程中的某个位置,假设 P 在该位置所受管道的弹力 N 是径向朝里的,根据牛顿第二定律,有

$$F\cos\theta + N = m\frac{v^2}{R}.$$ ⑤

利用几何关系

$$\cos\theta = \frac{y}{R} = \frac{\sqrt{R^2-(x-R)^2}}{R},$$ ⑥

将式④变形,可得

$$m\frac{v^2}{R} = \frac{2E_{k0}}{R}\left[1 - \frac{\sqrt{R^2-(x-R)^2}}{2R}\right].$$ ⑦

联立式②和式⑤~⑦,得

$$N = \frac{2E_{k0}}{R}\left[1 - \frac{3\sqrt{R^2-(x-R)^2}}{4R}\right].$$ ⑧

根据式⑧,在 $0 \le x \le 2R$ 范围内,弹力 N 均大于零,所以 P 在运动过程中受管道的弹力 N 一直是径向朝里的.

11 质量为 M、半径为 R 的匀质水平圆盘静止在水平地面上,盘与地面间无摩擦. 圆盘中心处有一只质量为 m 的小青蛙(可处理成质点),小青蛙将从静止跳出圆盘. 为解答表述一致,将青蛙跳起后瞬间相对地面的水平分速度记为 v_x,竖直向上的分速度记为 v_y,合成的初始速度大小记为 v,将圆盘后退的速度记为 u.

(1) 设青蛙跳起后落地点在落地时的圆盘外.

(1.1) 对给定的 v_x,可取不同的 v_y,试导出跳起过程中青蛙所做功 W 的取值范围,答案中可包含的参量为 M、R、m、g(重力加速度)和 v_x.

(1.2) 将(1.1)问所得 W 取值范围的下限记为 W_0,不同的 v_x 对应不同的 W_0 值,试导出其中的最小值 W_{min},答案中可包含的参量为 M、R、m 和 g.

(2) 如果在原圆盘边紧挨着另外一个相同的静止空圆盘,青蛙从原圆盘中心跳起后瞬间,相对地面速度的方向与水平方向夹角为 $45°$,青蛙跳起后恰好能落在空圆盘的中心. 跳起过程中青蛙所做功记为 W',试求 W' 与(1.2)问所得 W_{min} 间的比值 $\gamma = W'/W_{min}$,答案中可包含的参量为 M 和 m.

解析 (1) 跳起过程中青蛙所做功为

$$W = \frac{1}{2}Mu^2 + \frac{1}{2}m(v_x^2 + v_y^2).$$ ①

根据水平方向动量守恒,有

$$mv_x = Mu. \qquad ②$$

以圆盘为参考系，青蛙跳起后在水平方向的相对速度 $v_{相对} = v_x + u$. 而青蛙的落地点在落地时的圆盘外，青蛙在水平方向的相对位移满足 $x_{相对} \geq R$. 又 $x_{相对} = v_{相对} t = (v_x + u)2v_y/g$，则 $(v_x + u)2v_y/g \geq R$，所以

$$v_y \geq \frac{gR}{2(v_x + u)}. \qquad ③$$

联立式①～③，得

$$W \geq \frac{m(M+m)}{2M}v_x^2 + \frac{mM^2g^2R^2}{8(M+m)^2v_x^2}.$$

W 取值范围的下限为

$$W_0 = \frac{m(M+m)}{2M}v_x^2 + \frac{mM^2g^2R^2}{8(M+m)^2v_x^2}.$$

利用均值不等式 $a + b \geq 2\sqrt{ab}$（a，b 为正数），得

$$W_0 \geq 2\sqrt{\frac{m(M+m)}{2M}v_x^2 \cdot \frac{mM^2g^2R^2}{8(M+m)^2v_x^2}} = \frac{1}{2}\sqrt{\frac{m^2M}{M+m}}gR.$$

所以

$$W_{\min} = \frac{1}{2}\sqrt{\frac{m^2M}{M+m}}gR.$$

(2) 若青蛙跳起后瞬间合成的初始速度大小记为 v，v 与水平方向夹角 $\theta = 45°$. 青蛙做斜上抛运动，落在紧邻空圆盘的中心，水平位移

$$2R = \frac{2v^2\sin\theta\cos\theta}{g} = \frac{v^2\sin 2\theta}{g},$$

可得

$$v = \sqrt{\frac{2gR}{\sin 2\theta}} = \sqrt{2gR}.$$

起跳前、后水平方向动量守恒，满足 $mv\cos\theta = Mu$，可得

$$u = \frac{mv\cos\theta}{M} = \frac{m}{M}\sqrt{gR}.$$

跳起过程中青蛙所做功为

$$W = \frac{1}{2}Mu^2 + \frac{1}{2}mv^2 = \frac{mgR}{M}\left(\frac{m}{2} + M\right).$$

所以

$$\gamma = \frac{W'}{W_{\min}} = \frac{(m+2M)}{M}\sqrt{\frac{M+m}{M}}.$$

12 如图 10 所示，在一竖直平面内有水平匀强磁场，磁感应强度 B 的方向垂直该竖直平面朝里. 竖直平面中 a、b 两点在同一水平线上，两点相距 l. 带电量 $q>0$、质量为 m 的质点 P，以初速度 v 从 a 对准 b 射出. 略去空气阻力，不考虑 P 与地面接触的可能性，设定 q、m 和 B 均为不可改取的给定量.

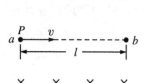

图 10

(1) 若无论 l 取什么值，均可使 P 经直线运动通过 b 点，试问 v 应取什么值？

(2) 若 v 为(1)中可取值之外的任意值，则 l 取哪些值，可使 P 必定会经曲线运动通过 b 点？

(3) 对每一个满足(2)中要求的 l 值，计算各种可能的曲线运动对应的 P 从 a 到 b 所经过的时间。

(4) 对每一个满足(2)中要求的 l 值，试问 P 能否从 a 静止释放后也可以通过 b 点？若能，再求 P 在而后运动过程中可达到的最大运动速率 $v_{\max}$。

解析 (1) 质点 P 经直线运动通过 b 点，则其在竖直方向上受力平衡，有 $mg = qvB$，所以 $v = mg/(qB)$。

(2) 当 $v > mg/(qB)$ 时，令 $v = v_1 + v_2 = mg/(qB) + (v - mg/(qB))$，即将 v 等效看作两部分速度的合成。对于 $v_1 = mg/(qB)$ 这部分速度，其产生的洛伦兹力与重力平衡，因此这部分速度保持恒定，P 参与一个 x 轴正方向上的速度为 $v_1 = mg/(qB)$ 的匀速直线运动；另一部分速度 $v_2 = v - mg/(qB)$，使得 P 参与一个以 x 轴为切线、以 $\dfrac{m(v - mg/(qB))}{qB}$ 为半径的逆时针方向上的匀速圆周运动。其函数图像即 P 的运动轨迹分为以下三种情况，如图 11 所示。

当 $v < mg/(qB)$ 时，令 $v = v_1 - v_2 = mg/(qB) - (mg/(qB) - v)$。对于 $v_1 = mg/(qB)$ 这部分速度，其产生的洛伦兹力与重力平衡，因此这部分速度保持恒定，P 参与一个 x 轴正方向上的速度为 $v_1 = mg/(qB)$ 的匀速直线运动；另一部分速度 $v_2 = mg/(qB) - v$，使得 P 参与一个以 x 轴为切线、以 $\dfrac{m(mg/(qB) - v)}{qB}$ 为半径的逆时针方向上的匀速圆周运动。P 的运动轨迹如图 12 所示。

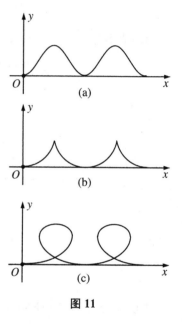

图 11

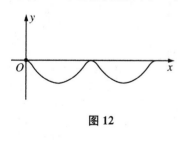

图 12

综上所述，当 $v \ne mg/(qB)$ 时，P 在 xOy 平面内参与了两个运动，一个是 x 轴正方向上的速度为 $v_1 = mg/(qB)$ 的匀速直线运动，另一个是以 x 轴为切线、以 $\dfrac{m|v - mg/(qB)|}{qB}$ 为半径、以 $2\pi m/(qB)$ 为周期的逆时针方向上的匀速圆周运动。所以 P 在一个周期内沿 x 轴方向前进的距离为

$$s = v_1 T = \dfrac{2\pi m^2 g}{q^2 B^2}.$$

要使 P 必定会经曲线运动通过 b 点，则 a、b 两点间的距离等于 s 的整数倍，即

$$l = ns = \dfrac{2\pi n m^2 g}{q^2 B^2} \quad (n = 1, 2, 3, \cdots).$$

(3) P 从 a 到 b 所经过的时间为

$$t = nT = \frac{2\pi nm}{qB} \quad (n = 1,2,3,\cdots).$$

(4) P 从 a 点静止释放，则初速度为零，我们可以将其等效成向右的速度 v 和向左的速度 v 的合成. 向右的速度产生的洛伦兹力和重力平衡，则 $qvB = mg$. 因此向右的速度保持恒定，P 参与一个 x 轴正方向上的速度为 v 的匀速直线运动；而向左的速度 v，使得 P 参与一个以 x 轴为切线、以 $2\pi m/(qB)$ 为周期的逆时针方向上的匀速圆周运动. P 的运动轨迹如图 13 所示.

所以 P 在一个周期内沿 x 轴方向前进的距离为

$$s = vT = \frac{2\pi m^2 g}{q^2 B^2}.$$

要使 P 通过 b 点，则 a、b 两点间的距离等于 s 的整数倍，即

$$l = ns = \frac{2\pi n m^2 g}{q^2 B^2} \quad (n = 1,2,3,\cdots).$$

图 13

与(2)中的 l 值相同.

当 P 运动到最低点时，圆周运动的线速度也向右，则 P 在该点的实际速度即为运动过程中的最大速度，即

$$v_{\max} = 2v = \frac{2mg}{qB}.$$

2013 年北京大学保送生考试试题解析

01 (1) 有一质量为 m 的物块，放在倾角为 φ 的斜面上，物块与斜面间的动摩擦因数为 μ. 问 μ 最小为多少时物块可保持静止.

(2) 有一质量为 m_1 的物块，与斜面接触光滑，另有一质量 m_2 的物块，与斜面间的动摩擦因数为 μ，斜面的倾角为 φ，m_1 在 m_2 的上方，初状态均保持静止.

(2.1) 将 m_1 由静止释放，与 m_2 碰撞后粘连在一起向下运动，若两物块向下运动速度不断减小，求 μ 的范围.

(2.2) 若 m_2 距底部 $2l$，m_1 在 m_2 的上方与 m_2 相距 l，m_1 由静止释放，与 m_2 碰撞后粘连在一起向下运动，到斜面底部正好静止，物块的大小忽略不计，如图 1 所示，求 μ 的值.

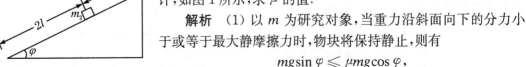

图 1

解析 (1) 以 m 为研究对象，当重力沿斜面向下的分力小于或等于最大静摩擦力时，物块将保持静止，则有

$$mg\sin\varphi \leqslant \mu mg\cos\varphi,$$

解得

$$\mu \geqslant \tan\varphi,$$

所以
$$\mu_{\min} = \tan\varphi.$$

(2.1) 以 m_1、m_2 整体为研究对象,当重力沿斜面向下的分力小于滑动摩擦力时,两物块向下运动速度不断减小,则有
$$(m_1 + m_2)g\sin\varphi \leqslant \mu m_2 g\cos\varphi,$$

解得
$$\mu \geqslant \frac{m_1 + m_2}{m_2}\tan\varphi.$$

(2.2) 设 m_1 由静止释放、下滑至 m_2 处时的速度为 v_1,根据动能定理,有
$$m_1 g \cdot l\sin\varphi = \frac{1}{2}m_1 v_1^2. \qquad ①$$

m_1 与 m_2 碰撞后粘连在一起,设速度为 v_2,根据动量守恒定律,有
$$m_1 v_1 = (m_1 + m_2)v_2. \qquad ②$$

联立式①和式②,得
$$v_2 = \frac{m_1}{m_1 + m_2}\sqrt{2gl\sin\varphi}.$$

m_1 与 m_2 一起向下运动到斜面底部静止,根据动能定理,有
$$(m_1 + m_2)g \cdot 2l\sin\varphi - \mu m_2 g\cos\varphi \cdot 2l = 0 - \frac{1}{2}(m_1 + m_2)v_2^2,$$

解得
$$\mu = \frac{3m_1^2 + 4m_1 m_2 + 2m_2^2}{2m_2(m_1 + m_2)}\tan\varphi.$$

02

大量实验证明,1 mol 气体的压强 p、体积 V 与温度 t(摄氏温标)存在如下关系:在等容和等压情况下分别有 $p = a(1+\beta t)$、$V = b(1+\beta t)$.

(1) 求出压强 p、体积 V 与温度 t 之间的关系,要求:不含 a、b,结果保留三位有效数字.

(2) 已知在温度为 100 ℃、压强为 101 kPa 时,1 mol 气体体积为 30.6 L. 请:

(2.1) 求出 β 的数值及单位.

(2.2) 列出 a、b 的表达式.

解析 解法一.

(1) 气体有三个状态参量,由已知的等容和等压情况下的两函数表达式可知,a 是体积 V 的函数即 $a(V)$,b 是压强 p 的函数即 $b(p)$.

引入一个中间状态 B,从状态 A 到状态 B 是等容过程,从状态 B 到状态 C 是等压过程,状态参量如图2所示.

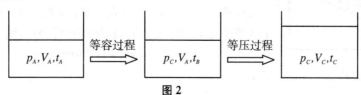

图2

从状态 A 到状态 B，根据 $p = a(1+\beta t)$，有
$$\frac{p_A}{1+\beta t_A} = \frac{p_C}{1+\beta t_B}. \qquad ①$$
从状态 B 到状态 C，根据 $V = b(1+\beta t)$，有
$$\frac{V_A}{1+\beta t_B} = \frac{V_C}{1+\beta t_C}. \qquad ②$$
联立式①和式②，得
$$\frac{p_A V_A}{1+\beta t_A} = \frac{p_C V_C}{1+\beta t_C},$$
即
$$\frac{pV}{1+\beta t} = C. \qquad ③$$
式中，C 是与 p、V、t 无关的常量．

已知标准状况下（$t=0\ ℃$，$p=1.01\times 10^5\ \text{Pa}$），1 mol 任何气体的体积皆为 22.4 L，代入式③，得
$$C = 2.26\times 10^3,$$
所以压强 p、体积 V 与温度 t 之间的关系为
$$\frac{pV}{1+\beta t} = 2.26\times 10^3. \qquad ④$$

(2.1) 将 $t=100\ ℃$，$p=101\ \text{kPa}$，$V=30.6\ \text{L}$ 代入式④，得
$$\beta = 3.67\times 10^{-3}/℃.$$

(2.2) 式④可整理成
$$p = \frac{2.26\times 10^3}{V}(1+\beta t), \quad V = \frac{2.26\times 10^3}{p}(1+\beta t).$$
所以
$$a = \frac{2.26\times 10^3}{V}, \quad b = \frac{2.26\times 10^3}{p}.$$

解法二．
1 mol 理想气体的状态方程为
$$pV = RT,$$
则
$$p = \frac{RT}{V} = \frac{8.31}{V}(t+273.15) = \frac{8.31\times 273.15}{V}\left(1+\frac{1}{273.15}t\right) = \frac{2.27\times 10^3}{V}\left(1+\frac{1}{273.15}t\right).$$
$$V = \frac{RT}{p} = \frac{8.31}{p}(t+273.15) = \frac{8.31\times 273.15}{p}\left(1+\frac{1}{273.15}t\right) = \frac{2.27\times 10^3}{p}\left(1+\frac{1}{273.15}t\right).$$
与 $p=a(1+\beta t)$、$V=b(1+\beta t)$ 比较，可得
$$a = \frac{2.27\times 10^3}{V}, \quad b = \frac{2.27\times 10^3}{p}, \quad \beta = \frac{1}{273.15}/℃.$$

如图 3 所示，有一线圈 $ABCDEF$，$AB = EF = 3a$，$BC = DE = a$，$AF = BE = CD = l$，

AF、BE、CD 的电阻均为 r，其余电阻不计，PQ 左侧存在垂直于纸面向里的匀强磁场，大小为 B，线圈在外力作用下向右以速度 v 做匀速直线运动，CD 始终与 PQ 保持平行．

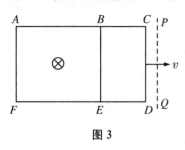

图 3

(1) 问 CD 边越过 PQ 瞬间，AF、BE、CD 中通过的电流分别为多少？

(2) 从 CD 边越过 PQ 开始到 AF 边离开磁场为止，外力做功为多少？

解析 (1) CD 边越过 PQ 瞬间，AF、BE 切割磁感线产生感应电动势，等效电路图如图 4 所示．电动势为
$$E = Blv.$$

电路中的总电阻为
$$R = r + \frac{r}{2} = \frac{3r}{2}.$$

所以，CD 中通过的电流为
$$I_{CD} = \frac{E}{R} = \frac{2Blv}{3r}.$$

AF、BE 中通过的电流为
$$I_{AF} = I_{BE} = \frac{1}{2} I_{CD} = \frac{Blv}{3r}.$$

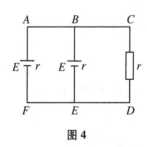

图 4

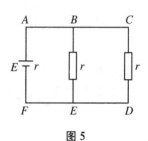

图 5

(2) 整个过程分成两个阶段，从 CD 边越过 PQ 开始到 BE 边抵达 PQ 边缘为第一阶段，电路产生的焦耳热为
$$Q_1 = I_{CD}^2 Rt = \left(\frac{2Blv}{3r}\right)^2 \cdot \frac{3r}{2} \cdot \frac{a}{v} = \frac{2B^2 l^2 va}{3r}.$$

从 BE 边越过 PQ 开始到 AF 边离开磁场为止为第二阶段，AF 切割磁感线产生感应电动势，等效电路图如图 5 所示．电动势为
$$E = Blv.$$

电路中的总电阻为
$$R = r + \frac{r}{2} = \frac{3r}{2}.$$

所以 AF 中通过的电流为
$$I_{AF} = \frac{E}{R} = \frac{2Blv}{3r}.$$

电路产生的焦耳热为

$$Q_2 = I_{AF}^2 R t = \left(\frac{2Blv}{3r}\right)^2 \cdot \frac{3r}{2} \cdot \frac{3a}{v} = \frac{2B^2 l^2 va}{r}.$$

整个过程电路产生的焦耳热为

$$Q = Q_1 + Q_2 = \frac{8B^2 l^2 va}{3r}.$$

由于线圈做匀速直线运动,故外力做功等于克服安培力做功,也等于电路产生的焦耳热,所以

$$W = \frac{8B^2 l^2 va}{3r}.$$

04 (1) 如图 6(a)所示,有一块厚为 d 的玻璃砖,折射率为 n,在其左侧面距左边 x 处有一点光源 A.

(1.1) 从 P 点向左看去,问 A 点由如图 6(a)所示的两条光线确定的像 A' 在玻璃砖左侧面多远处?

(1.2) 在 1.1 中对 i 取小角度时近似结果为多少?

(2) 如图 6(b)所示,有两块等腰直角三角形棱镜,折射率为 $n' = 3/2$,从 P 点向左看去,问 A 点经玻璃砖系统成像的 A' 点在何处?

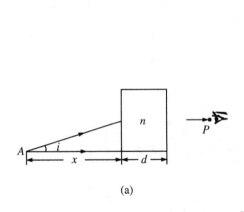

(a)

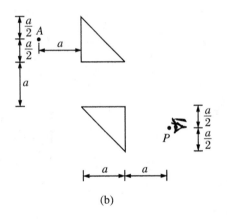

(b)

图 6

解析 (1.1) 如图 7 所示,光线以入射角 i 入射到玻璃砖左侧面上的 B 点,折射角为 γ,从玻璃砖右侧面上的 C 点射出. 玻璃砖将使光线发生侧移,利用沿光轴的光线和与光轴成 i 角的光线来确定像 A',设 A 与 A' 之间距离为 Δx.

根据折射定律,有

$$n = \frac{\sin i}{\sin \gamma},$$

则

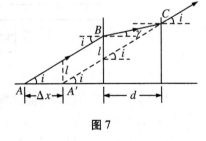

图 7

$$\sin\gamma = \frac{\sin i}{n}, \quad \cos\gamma = \sqrt{1-\left(\frac{\sin i}{n}\right)^2}, \quad \tan\gamma = \frac{\sin i/n}{\sqrt{1-(\sin i/n)^2}} = \frac{\sin i}{\sqrt{n^2-\sin^2 i}}.$$

根据几何关系,有
$$l = d(\tan i - \tan\gamma),$$

则
$$\Delta x = \frac{l}{\tan i} = d\left(1-\frac{\tan\gamma}{\tan i}\right) = d\left(1-\frac{\sin i/\sqrt{n^2-\sin^2 i}}{\tan i}\right) = d\left(1-\frac{\cos i}{\sqrt{n^2-\sin^2 i}}\right).$$

所以像 A' 距玻璃砖左侧面
$$x' = x - \Delta x = x - d\left(1-\frac{\cos i}{\sqrt{n^2-\sin^2 i}}\right).$$

(1.2) 当 i 取小角度时,有
$$\sin i \approx 0, \quad \cos i \approx 1,$$

则
$$x' = x - d\left(1-\frac{1}{n}\right).$$

(2) 点光源 A 发出的近轴光线在棱镜各个面所成像的位置可采用逐次成像法和视深公式处理,如图 8 所示.

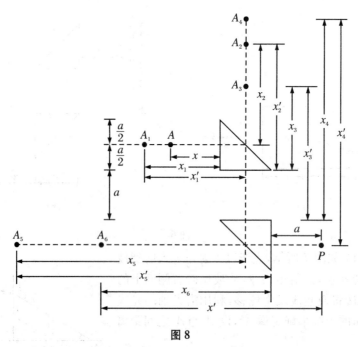

图 8

A 与第一个三棱镜竖直面的物距为 $x = a$,经过竖直面折射后(光疏到光密)成像为 A_1,A_1 与竖直面的像距为 $x_1 = n'x = 3a/2$.

第一次折射所成的像 A_1 作为下一次反射的物,A_1 与第一个三棱镜斜面的物距为 $x_1' = x_1 + a/2 = 2a$,经过斜面发生全反射后成像为 A_2,A_2 与第一个三棱镜斜面的像距为 $x_2 = x_1' = 2a$.

第一次全反射所成的像 A_2 作为下一次折射的物, A_2 与第一个三棱镜水平面的物距为 $x'_2 = x_2 + a/2 = 5a/2$, 经过水平面折射后(光密到光疏)成像为 A_3, A_3 与第一个三棱镜水平面的像距 $x_3 = x'_2/n' = 5a/3$.

A_3 与第二个三棱镜水平面的物距为 $x'_3 = x_3 + a = 8a/3$, 经过水平面折射后(光疏到光密)成像为 A_4, A_4 与水平面的像距为 $x_4 = n'x'_3 = 4a$.

A_4 与第二个三棱镜斜面的物距为 $x'_4 = x_4 + a/2 = 9a/2$, 经过斜面发生全反射后成像为 A_5, A_5 与斜面的像距为 $x_5 = x'_4 = 9a/2$.

A_5 与第二个三棱镜竖直面的物距为 $x'_5 = x_5 + a/2 = 5a$, 经过竖直面折射后(光密到光疏)成像为 A_6, A_6 与竖直面的像距为 $x_6 = x'_5/n' = 10a/3$.

所以从 P 点向左看去, A 点经玻璃砖系统成像的 $A_6(A')$ 点距 P 点 $x' = x_6 + a = 13a/3$.

05 氢(H)有两种同位素,一种是氘(D),由一个质子和一个中子组成;另一种是氚(T),由一个质子和两个中子组成. 它们会发生核反应:$D + T \longrightarrow {}^4_2He + {}^1_0n$. 已知:$m_D = 2.014102u$, $m_T = 3.0160497u$, $m_\alpha = 4.002603u$, $m_n = 1.008665u$.

(1.1) 若忽略 D、T 的初始动能,求反应后中子的动能.

(1.2) 若考虑 D、T 的初始动能,要使反应后中子的动能最小,则反应前 D、T 的最小动能分别为多少? 试说明(1.1)中忽略初始动能是否合理. 在计算相互作用时将两核当做质点.(当两核接触时即可发生反应,D、T 的核半径均为 $r = 2 \times 10^{-15}$ m)

(2) 煤的燃烧热约为 3.3×10^7 J/kg,1 L 海水中含氘 0.03 g,假设反应后动能转化率为 50%,则 1 L 海水中的氘完全反应后产生的热量相当于多少 kg 煤完全燃烧产生的热量?

解析 (1.1) 核反应中的质量亏损为
$$\Delta m = m_D + m_T - m_\alpha - m_n = 0.0188837u,$$
核反应释放的能量为
$$\Delta E = \Delta m \times 931.5 = 17.6 \text{ MeV}.$$
若忽略 D、T 的初始动能,根据动量守恒定律,反应后中子和 α 粒子的动量等值、反向,利用动能和动量的关系式
$$E_k = \frac{p^2}{2m},$$
得中子和 α 粒子动能的比值为
$$\frac{E_{kn}}{E_{k\alpha}} = \frac{m_\alpha}{m_n} = 4.$$
核反应释放的能量转化为中子和 α 粒子的动能,即
$$\Delta E = E_{kn} + E_{k\alpha} = \frac{5}{4}E_{kn}.$$
所以
$$E_{kn} = \frac{4}{5}\Delta E = 14.08 \text{ MeV}.$$

(1.2) 设反应前 D、T 的动量分别为 p_D 和 p_T,则它们的动能分别为 $E_{kD} = p_D^2/(2m_D)$、

$E_{kT} = p_T^2/(2m_T)$. 通常情况应讨论粒子间的斜碰，而根据题意将两核当做质点，故只考虑最简单的一维碰撞，并设反应后中子的最小动能为零.

根据动量守恒定律,有
$$p_T + p_D = m_\alpha v_\alpha + 0. \quad ①$$

根据能量守恒定律,有
$$\frac{p_T^2}{2m_T} + \frac{p_D^2}{2m_D} + \Delta E = \frac{1}{2}m_\alpha v_\alpha^2. \quad ②$$

联立式①和式②,得
$$\frac{p_T^2 + 2p_T p_D + p_D^2}{m_\alpha} = \frac{p_T^2}{m_T} + \frac{p_D^2}{m_D} + 2\Delta E. \quad ③$$

式③可整理成关于 p_D 的一元二次方程
$$\left(\frac{1}{m_D} - \frac{1}{m_\alpha}\right)p_D^2 - \frac{2p_T}{m_\alpha}p_D + \left(\frac{1}{m_T} - \frac{1}{m_\alpha}\right)p_T^2 + 2\Delta E = 0.$$

代入数据,得
$$0.2467 p_D^2 - 0.4997 p_T p_D + 0.0817 p_T^2 + 35.2 = 0.$$

该方程有解的条件是 $\Delta \geqslant 0$,即
$$(0.4997 p_T)^2 - 4 \times 0.2467 \times (0.0817 p_T^2 + 35.2) \geqslant 0,$$

可得
$$p_T^2 \geqslant 205.4392.$$

所以
$$E_{kT} = \frac{p_T^2}{2m_T} \geqslant 34.06 \text{ MeV}.$$

同理可将式③整理成关于 p_T 的一元二次方程,求解得
$$p_D^2 \geqslant 68.0270, \quad E_{kD} = \frac{p_D^2}{2m_T} \geqslant 16.8877 \text{ MeV}.$$

由此可见,反应前 D、T 的最小动能和核反应释放的能量 $\Delta E = 17.6$ MeV 为同一数量级,所以(1.1)中忽略初始动能不合理.

(2) 1 L 海水中含有氘核的个数为
$$N = \frac{0.03}{2}N_A.$$

核反应释放的能量为
$$E = \frac{0.03}{2}N_A \cdot \Delta E.$$

对应的煤的质量为
$$m = \frac{0.03 N_A \cdot \Delta E \cdot 50\%/2}{3.3 \times 10^7} = 385 \text{ kg}.$$

06 如图 9 所示,第二象限中存在水平向右的匀强电场 E_0,在横坐标为 $-A$、纵坐标大于零且小于 $y*$ 的地方排列着质量为 m、电荷量为 $q>0$ 的粒子,在第一象限的虚线上方存在竖直向下的匀强电场 E,电场边界为一条曲线,且 $E = 4E_0$,不计粒子重力和粒子之间的相

互作用力,所有的粒子由静止同时释放都能运动到点$(A,0)$.

(1) 粒子运动到点$(A,0)$的时间是否与粒子的初位置有关? 为什么?

(2) 求出第一象限内电场的边界线(即图中虚线)方程.

(3) 求出$y*$的最大值y_0,并作出由$(0,y_0)$和$(0,3y_0/4)$进入第一象限的粒子在第一象限内的运动轨迹.

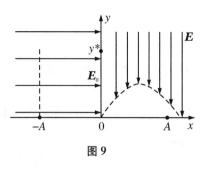

图9

解析 (1) 所有的粒子由静止同时释放,根据动能定理,有

$$qE_0 A = \frac{1}{2}mv_0^2. \quad ①$$

所有粒子进入第一象限时的水平速度都相等,以后在水平方向做匀速直线运动,故经过相同位移所用时间都相同.

(2) 粒子在第一象限的电场中做类平抛运动,以后做匀速直线运动.如图10所示,设某粒子从电场分界线上坐标为(x,y)的点射出,则粒子在电场中的运动时间为

$$t = \frac{x}{v_0}. \quad ②$$

粒子在竖直方向的速度为

$$v_y = a_y t = \frac{4qE_0}{m}t. \quad ③$$

根据几何关系,有

$$\tan\alpha = \frac{v_y}{v_0} = \frac{y}{A-x}. \quad ④$$

联立式①~④,得

$$y = -\frac{2}{A}x^2 + 2x.$$

可见,第一象限内电场的分界线方程为抛物线方程.

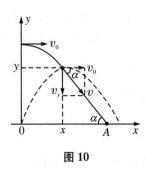

图10

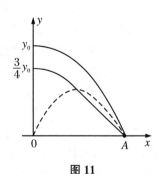

图11

(3) 由分界线方程可知,点$(A,0)$恰好在边界线上.由点$(0,y_0)$进入第一象限的粒子将一直做类平抛运动到点$(A,0)$,则有

$$A = v_0 t, \qquad ⑤$$
$$y* = \frac{1}{2} \cdot \frac{4qE_0}{m} \cdot t^2. \qquad ⑥$$

联立式①、式⑤和式⑥,得
$$y* = A.$$

由 $(0, y_0)$ 和 $(0, 3y_0/4)$ 进入第一象限的粒子,在第一象限内的运动轨迹如图 11 所示.

07

如图 12 所示,一根劲度系数为 k 的轻弹簧,一端固定,另一端系一厚度为 b、质量为 M 的木块,木块放于光滑水平面上,现有一质量为 m 的子弹以水平速度 v_0 射入木块或穿透木块,在子弹射入木块或穿透木块过程中,受到木块的阻力为一常量 F. 试求木块第一次向右运动过程中,速度可能达到的最大值,以及相应的子弹初速度 v_0 应满足的条件. 已知 $kb \geq 2F$,$4m \geq 5M$.

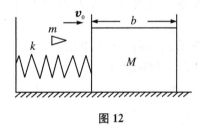

图 12

解析 子弹射入木块的过程中受到的阻力为 F,子弹做匀减速直线运动,子弹的加速度为 $a = F/m$. 根据牛顿第三定律,木块受到的反作用力大小为 F,使木块向右运动,运动过程中还受到弹簧的弹力. 类比重力场中的竖直弹簧振子,木块在向右的恒力 F 和向左的弹簧弹力作用下做简谐运动,简谐运动的周期为 $T = 2\pi\sqrt{M/k}$、振幅为 $A = F/k$. 木块第一次向右运动过程中,速度可能达到的最大值 v_m 就是木块在平衡位置处的速度,则有

$$\frac{1}{2}kA^2 = \frac{1}{2}Mv_m^2,$$

解得
$$v_m = \frac{F}{\sqrt{kM}},$$

所用时间
$$t = \frac{T}{4} = \frac{\pi}{2}\sqrt{\frac{M}{k}}.$$

若子弹速度 v_0 较小,木块尚未到达平衡位置时,两者速度相同,这种情况下木块不能达到 v_m. 因此当木块到达平衡位置时,两者恰好共速,此时子弹速度 v_0 最小. 则有
$$v_m = v_{0\min} - at,$$

解得
$$v_{0\min} = \frac{F}{\sqrt{kM}} + \frac{\pi F}{2m}\sqrt{\frac{M}{k}}.$$

若子弹速度 v_0 较大,木块尚未到达平衡位置时,子弹已射出木块,这种情况下木块不能达到 v_m. 因此当木块到达平衡位置时,子弹恰好射出木块,此时子弹速度 v_0 最大. 则有
$$A + b = v_{0\max}t - \frac{1}{2}at^2,$$

解得
$$v_{0\max} = \frac{8mF + 8mbk + \pi^2 MF}{4\pi m \sqrt{kM}}.$$

所以,子弹初速度 v_0 应满足的条件为
$$\frac{F}{\sqrt{kM}} + \frac{\pi F}{2m}\sqrt{\frac{M}{k}} \leqslant v_0 \leqslant \frac{8mF + 8mbk + \pi^2 MF}{4\pi m \sqrt{kM}}.$$

2012 年"北约"自主招生试题解析

单项选择题.

01 两质量相同的卫星绕地球做匀速圆周运动,运动半径之比为 $R_1 : R_2 = 1 : 2$,则关于两卫星的下列说法,正确的是( ).

A. 向心加速度之比为 $a_1 : a_2 = 1 : 2$ B. 线速度之比为 $v_1 : v_2 = 2 : 1$
C. 动能之比为 $E_{k1} : E_{k2} = 2 : 1$ D. 运动周期之比为 $T_1 : T_2 = 1 : 2$

解析 以 M 表示地球质量,m 表示卫星质量,根据万有引力定律和牛顿第二定律,有
$$G\frac{Mm}{R^2} = ma = m\frac{v^2}{R} = m\left(\frac{2\pi}{T}\right)^2 R,$$

解得
$$a = \frac{GM}{R^2}, \quad v = \sqrt{\frac{GM}{R}}, \quad T = 2\pi\sqrt{\frac{R^3}{GM}}.$$

所以向心加速度之比为
$$a_1 : a_2 = R_2^2 : R_1^2 = 4 : 1,$$

线速度之比为
$$v_1 : v_2 = \sqrt{R_2} : \sqrt{R_1} = \sqrt{2} : 1,$$

动能之比为
$$E_{k1} : E_{k2} = v_1^2 : v_2^2 = 2 : 1,$$

运动周期之比为
$$T_1 : T_2 = \sqrt{R_1^3} : \sqrt{R_2^3} = 1 : 2\sqrt{2}.$$

答案 C.

02 如图1所示,通有恒定电流的长直导线 MN 右侧放置一个矩形导线框 $abcd$,其中 ad 边与导线 MN 平行. 在下列几种情况下,导线框内不能产生感应电流的是( ).

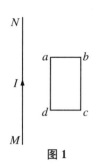

图1

A. 线框以直导线 MN 为轴旋转

B. 线框以 ad 边为轴旋转

C. 线框以 ab 边为轴旋转

D. 线框沿图平面朝右平动

解析 产生感应电流的条件是穿过线框 $abcd$ 的磁通量发生变化. 直导线所产生的磁场是一个以导线为中心的环形场,以直导线为轴旋转,磁通量不会发生改变,所以不能产生感应电流,故 A 选项正确.

答案 A.

03 相同材料制成的圆环 A 和圆盘 B,厚度相同,且两者起始温度和质量也相同,把它们都竖立在水平地面上,现给它们相同的热量,假设它们不与任何其他物体进行热交换,则升温后的圆环 A 的温度 t_A 与圆盘 B 的温度 t_B 的大小关系是(　　).

A. $t_A > t_B$　　B. $t_A < t_B$　　C. $t_A = t_B$　　D. 无法确定

解析 由于圆环 A 和圆盘 B 的材料、厚度和质量均相同,则圆环 A 的直径比圆盘 B 的直径大,如图 2 所示. 两者吸收相同的热量后,不仅内能增加,而且由于热膨胀导致重心升高,重力势能也增加,根据能量守恒定律,有 $Q = \Delta U + \Delta E_p$. 在热膨胀过程中 A 重心升高的高度大于 B 重心升高的高度,则 A 增加的重力势能大于 B 增加的重力势能,所以 A 增加的内能小于 B 增加的内能,故 $t_A < t_B$,B 选项正确.

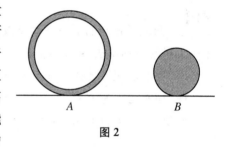

图2

答案 B.

填空题.

04 一个质量为 m、初速度大小为 v_0 的小球与另一个质量为 M(未知)、静止的小球发生弹性正碰. 若碰后 m 球的速率为 $v_0/2$ 且与原方向相反,则 $M = $ ＿＿＿＿;若碰后 m 球速率为 $v_0/3$ 且与原方向相同,则 $M = $ ＿＿＿＿.

解析 若碰后 m 球的速率为 $v_0/2$ 且与原方向相反,根据动量守恒定律和机械能守恒定律,有

$$mv_0 = -m\frac{v_0}{2} + Mv, \quad \frac{1}{2}mv_0^2 = \frac{1}{2}m\left(\frac{v_0}{2}\right)^2 + \frac{1}{2}Mv^2.$$

联立解得

$$M = 3m.$$

若碰后 m 球速率为 $v_0/3$ 且与原方向相同,根据动量守恒定律和机械能守恒定律,有

$$mv_0 = m\frac{v_0}{3} + Mv, \quad \frac{1}{2}mv_0^2 = \frac{1}{2}m\left(\frac{v_0}{3}\right)^2 + \frac{1}{2}Mv^2.$$

联立解得
$$M = \frac{m}{2}.$$

05 如图3所示，两平面反射镜 A 和 B 斜交，交点为 O，两镜夹角为 $36°$，两反射镜的反射面相对.在两反射镜之间有一物点 S，观察者位于两镜之间，观察者在 A 镜中最多可以看到_____个 S 点像；在 B 镜中最多可以看到_____个 S 点像.

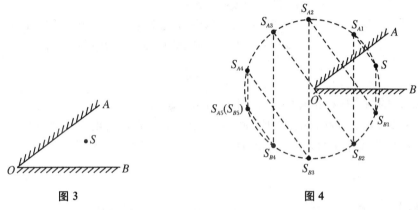

图3　　　　　　　　　　图4

解析 S 点通过平面反射镜 A 和 B 所成的像的个数为 $n = 360°/36° - 1 = 9$. 如图4所示，这些像均在以 O 为圆心、以 OS 为半径的圆周上，其中 S_{A5} 和 S_{B5} 重合. 所以观察者在 A 镜和 B 镜中分别最多可以看到5个 S 点像.

06 固定在地面上的两激光器 A 和 B 相距为 l_0，有大木板平行贴近地面以速度 $v = 0.6c$ 相对地面沿 AB 连线方向高速运动. 在地面参考系的某时刻,两激光器同时发射激光在运动木板上形成点状灼痕 A' 和 B'. 此后,让大木板缓慢减速至静止后,测量两灼痕的间距为 $l =$ _____l_0. 随原木板高速运动的惯性参考系的观察者认为,两束激光不是同时发出,应存在发射时间差 $\Delta t' =$ _____l_0/c.

解析 哪个参考系中同时刻痕,则哪个参考系中的距离为表观长度（因为固有长度不需要同时刻痕）. 所以地面观测的长度 l_0 才是表观长度. 木板上的灼痕间距是固有长度,所以
$$l = \frac{l_0}{\sqrt{1-(v/c)^2}} = \frac{5}{4}l_0.$$

地面看两束光同时,而木板上认为 B 激光器先射中灼痕 B', 此时 A 尚未到达灼痕 A' 的位置,如图5所示. 根据相对运动原理,时间差应为
$$\Delta t' = \frac{l - \sqrt{1-(v/c)^2}\, l_0}{v} = \frac{3}{4}\frac{l_0}{c}.$$

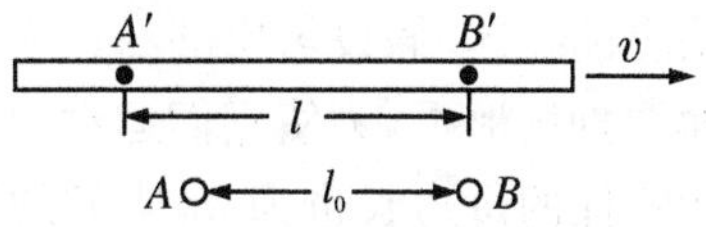

但在木板系看来,又缩为 $\sqrt{1-(v/c)^2}\, l_0$

图5

计算题.

07

两个相同的电容器 A 和 B 按图 6 所示的方式连接,它们的极板均水平放置.当它们都带有一定电荷并处于静电平衡时,电容器 A 中的带电粒子恰好静止.现将电容器 B 的两极板沿水平方向移动使两极板错开,移动后两极板仍处于水平位置,且两极板的间距不变.已知这时带电粒子的加速度大小为 $g/2$,求 B 的两个极板错开后正对着的面积与极板面积之比.设边缘效应可忽略.

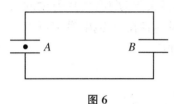

图 6

解析 设开始时,电容器 A、B 的电容均为 C,带电量均为 Q,电压为 U,两板间的距离为 d.以带电粒子为研究对象,则

$$q\frac{U}{d} = mg. \quad ①$$

电容器 B 的两个极板错开后正对面积减小,故 B 的电容减为 C'.两电容器并联电压相同,电压变为 U'.在已经断开电源的情况下,两电容器 A、B 的总电量保持不变,电容器 B 带电量减小,电容器 A 带电量增大.以带电粒子为研究对象,根据牛顿第二定律,有

$$q\frac{U'}{d} - mg = ma = m\frac{g}{2}. \quad ②$$

联立式①和式②,得

$$U' = \frac{3}{2}U. \quad ③$$

而

$$U = \frac{Q_{总}}{C_{总}} = \frac{2Q}{2C}, \quad ④$$

$$U' = \frac{Q'_{总}}{C'_{总}} = \frac{2Q}{C+C'}. \quad ⑤$$

联立式③~⑤,得

$$\frac{C'}{C} = \frac{1}{3}.$$

根据平行板电容器的电容公式 $C = S/(4\pi kd)$,得

$$\frac{S'}{S} = \frac{1}{3}.$$

08

车轮是人类在搬运东西的劳动中逐渐发明的,其作用是使人们能用较小的力量搬运很重的物体.假设匀质圆盘代表车轮,其他物体取正方形形状.我们现在就比较在平面和斜面两种情形下,为使它们运动(平动、滚动等)所需要的最小作用力.假设圆盘半径为 a,正方形物体的每边长也为 a,它们的质量都是 m,它们与水平地面或斜面的摩擦因数都是 μ,给定倾角为 θ 的斜面.

(1) 使圆盘在平面上运动几乎不需要作用力.使正方形物体在平面上运动,需要的最小作用力 F_1 是多少?

(2) 在斜面上使正方形物体向上运动所需要的最小作用力 F_2 是多少？

(3) 在斜面上使圆盘向上运动所需要的最小作用力 F_3 是多少？限定 F_3 沿斜面方向.

解析 (1) 设重物所受支持力为 F_N，所受摩擦力为 F_f，作用力 F_1 与水平面的夹角为 α，受力分析如图 7 所示. 则有

$$F_1\cos\alpha - F_f = 0, \quad \textcircled{1}$$
$$F_1\sin\alpha + F_N - mg = 0, \quad \textcircled{2}$$
$$F_f = \mu F_N. \quad \textcircled{3}$$

联立式①~③，得

$$F_1 = \frac{\mu mg}{\mu\sin\alpha + \cos\alpha}.$$

由数学知识，得

$$F_1 = \frac{\mu mg}{\sqrt{1+\mu^2}\sin(\alpha+\varphi)}.$$

当 $\sin(\alpha+\varphi)=1$ 时，作用力 F_1 有最小值，最小值为

$$F_1 = \frac{\mu mg}{\sqrt{1+\mu^2}}.$$

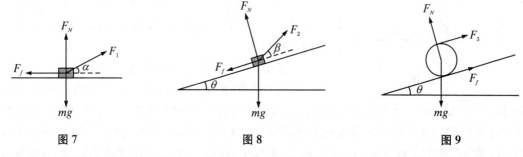

图 7　　　　图 8　　　　图 9

(2) 设重物所受支持力为 F_N，所受摩擦力为 F_f，作用力 F_2 与斜面的夹角为 β，受力分析如图 8 所示. 则有

$$F_2\cos\beta - mg\sin\theta - F_f = 0, \quad \textcircled{4}$$
$$F_2\sin\beta + F_N - mg\cos\theta = 0, \quad \textcircled{5}$$
$$F_f = \mu F_N. \quad \textcircled{6}$$

联立式④~⑥，得

$$F_2 = \frac{mg(\sin\theta + \mu\cos\theta)}{\mu\sin\beta + \cos\beta}.$$

由数学知识，得

$$F_2 = \frac{mg(\sin\theta + \mu\cos\theta)}{\sqrt{1+\mu^2}\sin(\beta+\varphi)}.$$

当 $\sin(\beta+\varphi)=1$ 时，作用力 F_2 有最小值，最小值为

$$F_2 = \frac{mg(\sin\theta + \mu\cos\theta)}{\sqrt{1+\mu^2}}.$$

(3) 如图 9 所示，圆盘向上滚动，斜面提供沿斜面向上的摩擦力. 相对于圆盘与斜面的

接触点，F_3 的最大力臂是 $2a$，在此条件下列出相关方程：

(力矩平衡方程)　　　　　$2F_3 a = mga\sin\theta$，　　　　⑦

(沿斜面方向受力方程)　　$F_3 + F_f = mg\sin\theta$，　　　⑧

(垂直斜面方向受力方程)　$F_N = mg\cos\theta$，　　　　　⑨

(摩擦力)　　　　　　　　$F_f = \mu F_N$.　　　　　　　⑩

联立式⑦～⑩，得

$$\mu = \frac{1}{2}\tan\theta.$$

如果 $\mu \geqslant \tan\theta/2$，则 $F_3 = mg\sin\theta/2$；如果 $\mu < \tan\theta/2$，则 $F_3 = mg(\sin\theta - \mu\cos\theta)$.

09 如图 10 所示为杨氏双缝干涉实验装置，光源 S 为单色面光源，波长为 λ，单缝 A 的中心位于双缝 B 和 C 的垂直平分线上，B 与 C 相距为 d，单缝与双缝相距为 r，接收屏 P 与双缝相距为 R，$R \gg d$，$r \gg d$，问：

(1) 接收屏上的干涉条纹间距是多少？

(2) 设单缝 A 的宽度 b 可调，问 b 增大为多少时干涉条纹恰好第一次消失？

(3) 接(2)问，条纹恰好消失时，固定 A 的宽度 b，为了使干涉条纹再次出现，试问 d、r、R 三个参量中应调节哪些量？

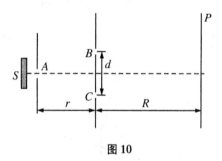

图 10

解析　(1) 干涉条纹间距 $\Delta x = R\lambda/d$.

(2) 从单缝 A 出来的光可以看成由一系列连续的、彼此独立的、非相干的线光源组成. 这样，各线光源产生的干涉条纹将彼此错开，在接收屏 P 上看到的将是这些干涉条纹叠加的结果. 为了研究问题的方便，我们只画出了半个单缝的各线光源产生的干涉条纹，如图 11 所示. 单缝中央的线光源产生的干涉条纹为①，单缝边缘的线光源产生的干涉条纹为④，其中①和④刚好错开了半个条纹的距离，各线光源产生的干涉条纹叠加后的结果为⑤，干涉条纹恰好第一次消失.

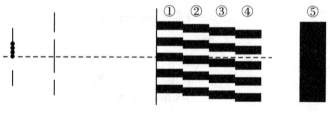

图 11

可见，当单缝中央的线光源在接收屏上某个位置产生亮(暗)条纹时，单缝边缘的线光源在接收屏上该位置产生暗(亮)条纹. 则单缝边缘的线光源到达双缝 B 和 C 时产生的光程差等于 $\lambda/2$，如图 12 所示. 则有

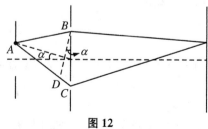

图 12

$$CD = d\sin\alpha \approx d\tan\alpha = d\frac{b/2}{r} = \frac{\lambda}{2},$$

得

$$b = \frac{r}{d}\lambda.$$

(3) 增大 $r\lambda/d$，使 $b<r\lambda/d$，即增大 λ、r，减小 d；减小 $r\lambda/d$，使 $b>r\lambda/d$，即减小 λ、r，增大 d。

10 玻尔原子理论的轨道量子化条件可以表述为：电子绕原子核（可看作静止）做圆周运动的轨道周长为电子物质波波长的整数倍，即 $2\pi r_n = n\lambda_n$，$n = 1, 2, 3, \cdots$，其中 r_n 是第 n 个能级对应的轨道半径。若已知：静电力常数 k、普朗克常数 h、电子电量 e、电子质量 m，不考虑相对论效应，试求：

(1) 氢原子第 n 个能级对应的轨道半径 r_n 的表达式。

(2) 氢原子第 n 个能级对应的电子环绕原子核的运动轨道周期 T_n 的表达式。

(3) 反电子（即正电子，其质量和电量与电子相同，但电荷符号为正）与电子在库仑力引力作用下束缚在一起构成的体系被称为电子偶素，其中电子和反电子绕它们连线中心各自做半径相同的圆周运动，若将此半径作为轨道半径，则量子化条件应修改为 $2\pi(2r_n) = n\lambda_n$。求电子偶素第 n 个能级对应的轨道半径 r_n 的表达式。

解析 (1) 氢原子第 n 个能级电子的物质波的波长为

$$\lambda_n = \frac{h}{p_n} = \frac{h}{mv_n}. \qquad ①$$

库仑力提供电子做匀速圆周运动的向心力，则

$$k\frac{e^2}{r_n^2} = m\frac{v_n^2}{r_n}. \qquad ②$$

轨道的量子化条件为

$$2\pi r_n = n\lambda_n. \qquad ③$$

联立式①~③，得第 n 个能级电子的轨道半径为

$$r_n = \frac{n^2 h^2}{4\pi^2 ke^2 m}. \qquad ④$$

(2) 库仑力提供电子做匀速圆周运动的向心力，则

$$k\frac{e^2}{r_n^2} = m\left(\frac{2\pi}{T_n}\right)^2 r_n. \qquad ⑤$$

联立式④和式⑤，得第 n 个能级电子的运动周期为

$$T_n = \frac{n^3 h^3}{4\pi^2 k^2 e^4 m}.$$

(3) 电子偶素中第 n 个能级电子的物质波的波长为

$$\lambda_n = \frac{h}{p_n} = \frac{h}{mv_n}. \qquad ⑥$$

库仑力提供电子做匀速圆周运动的向心力，则

$$k\frac{e^2}{(2r_n)^2} = m\frac{v_n^2}{r_n}. \qquad ⑦$$

电子偶素的量子化条件为

$$2\pi(2r_n) = n\lambda_n. \qquad ⑧$$

联立式⑥~⑧,得电子偶素中第 n 个能级电子的轨道半径为

$$r_n = \frac{n^2 h^2}{4\pi^2 ke^2 m}.$$

2012 年北京大学保送生考试试题解析

01 有一倾角为 $\theta = 45°$ 的固定斜面,将一质量为 m 的正方体物块置于其上,若两者间的动摩擦因数为 μ,且 $\mu < 1$.

(1) 为使物块不下滑,作用于物块上的最小力 F_1 为多少?

(2) 为使物块沿斜面上滑,作用于物块上的最小力 F_2 又为多少?

(3) 为使物块不翻滚,对于 F_2 的作用点有无要求?

解析 (1) 如图1所示,将弹力 N 和最大静摩擦力 f_m 合成为全反力 R,设静摩擦角为 φ,则 $\mu = \tan\varphi$(设静摩擦因数等于动摩擦因数). 当 F_1 与 R 垂直时最小,则有

$$F_1 = mg\sin(\theta - \varphi) = mg(\sin\theta\cos\varphi - \cos\theta\sin\varphi) = \frac{\sqrt{2}}{2}mg(\cos\varphi - \sin\varphi),$$

其中

$$\sin\varphi = \frac{\mu}{\sqrt{1+\mu^2}}, \quad \cos\varphi = \frac{1}{\sqrt{1+\mu^2}}.$$

故

$$F_1 = \frac{\sqrt{2}}{2}mg\frac{1-\mu}{\sqrt{1+\mu^2}}.$$

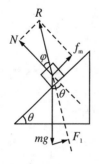

图 1

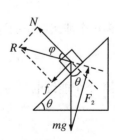

图 2

(2) 如图 2 所示，物块沿斜面匀速上滑，将弹力 N 和滑动摩擦力 f 合成为全反力 R，设动摩擦角为 φ，则 $\mu = \tan \varphi$. 当 F_2 与 R 垂直时最小，则有

$$F_2 = mg\sin(\theta + \varphi) = mg(\sin\theta\cos\varphi + \cos\theta\sin\varphi) = \frac{\sqrt{2}}{2}mg(\cos\varphi + \sin\varphi),$$

其中

$$\sin\varphi = \frac{\mu}{\sqrt{1+\mu^2}}, \quad \cos\varphi = \frac{1}{\sqrt{1+\mu^2}}.$$

故

$$F_2 = \frac{\sqrt{2}}{2}mg\frac{1+\mu}{\sqrt{1+\mu^2}}.$$

(3) 由于涉及物块的翻滚问题，故不能将物块当做质点，需要考虑物块的实际大小. 如图 3 所示，设正方体与斜面接触的底边为 AB，则重力作用线过 A 点，全反力的等效作用点可为 AB 上任一点，两种临界状态分别是全反力作用在 A 点（以 A 点为轴逆时针翻滚的趋势）和作用在 B 点（以 B 点为轴顺时针翻滚的趋势）. 由三力汇交原理知，F_2 过全反力作用线与重力作用线的交点. 如图 3 所示，过 B 点作全反力作用线与重力作用线交于 C 点，此为 F_2 作用点的上限. 如图 4 所示，A 点为 F_2 作用点的下限. 所以 F_2 作用点在线段 AC 上变动.

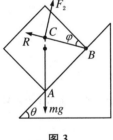

图 3

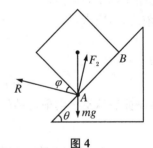

图 4

02 如图 5 所示，质量为 M 的木板放在光滑水平面上以速度 v_2 向左运动. 现另有一个质量为 m 的小球以大小为 v_1、方向和竖直方向成 β 角的速度斜向右下方撞击木板，则要使球与板弹性碰撞后球不再向前运动，应满足什么条件？设球和板间的动摩擦因数为 μ.

解析 木板和小球组成的系统水平方向不受外力，水平方向动量守恒.

当 $mv_1\sin\beta > Mv_2$ 时，即 $\sin\beta > Mv_2/(mv_1)$，系统水平方向动量向右. 无论 μ 为何值，球与板弹性碰撞后球都将继续向前运动.

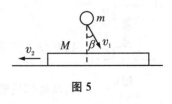

图 5

当 $mv_1\sin\beta \leqslant Mv_2$ 时，即 $\sin\beta \leqslant Mv_2/(mv_1)$. 小球与木板弹性碰撞过程中，小球受到竖直向上的弹力和水平向左的摩擦力的作用. 弹力的平均值记为 $\overline{N}$，作用时间记为 Δt_N；摩擦力的平均值记为 $\overline{f}$，作用时间记为 Δt_f. 需要注意的是，在碰撞过程中弹力与摩擦力的作用时间并非总是相等的. 当碰撞过程维持的时间较长，致使小球在碰撞尚未结束前就已获得了与

木板相同的水平速度,此后摩擦力消失,这种情况下,摩擦力的作用时间 Δt_f 小于弹力的作用时间 Δt_N,即 $\Delta t_f \leqslant \Delta t_N$.

小球所受竖直冲量为
$$I_y = \bar{N}\Delta t_N.$$

小球所受水平冲量为
$$I_x = \bar{f}\Delta t_f.$$

当且仅当 $\Delta t_f = \Delta t_N$ 时,才有
$$\bar{f} = \mu\bar{N}.$$

则
$$I_x = \mu\bar{N}\Delta t_f = \mu\bar{N}\Delta t_N = \mu I_y.$$

当 $\Delta t_f < \Delta t_N$ 时,小球在碰撞尚未结束前就已获得了与木板相同的水平速度,则
$$I_x < \mu I_y.$$

综上所述,有
$$I_x \leqslant \mu I_y. \qquad ①$$

对小球竖直方向运用动量定理,有
$$I_y = 2mv_1\cos\beta. \qquad ②$$

由于时间极短,忽略小球重力冲量.

小球不再向前运动,应满足
$$I_x \geqslant mv_1\sin\beta. \qquad ③$$

联立式①~③,得
$$\tan\beta \leqslant 2\mu.$$

所以,球与板弹性碰撞后球不再向前运动的条件是 $\tan\beta \leqslant 2\mu$ 且 $\sin\beta \leqslant Mv_2/(mv_1)$.

03 如图 6 所示,A、B、C 三个物块的质量皆为 m,与 B、C 板相连的弹簧的劲度系数为 k,A 与 B 相距 h,现无初速放开物块 A,它与物块 B 碰撞后黏在一起向下运动.

(1) 若在之后的运动中,物块 C 能够离开地面,h 应满足什么条件?
(2) 若物块 C 刚好能被拉起,则物块 B 下降的最大高度为多少?

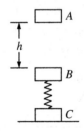

图 6

解析 (1) 物块 A 自由下落 h,根据动能定理,有
$$mgh = \frac{1}{2}mv^2. \qquad ①$$

A、B 发生完全非弹性碰撞,根据动量守恒定律,有
$$mv = 2mv'. \qquad ②$$

A、B 碰撞后整体做上下简谐运动,若物块 C 刚好能被拉起,则 A、B 在最高点时弹簧的弹力为 mg,伸长量为 mg/k,而 A、B 碰撞前弹簧的压缩量为 mg/k,两处弹簧的弹性势能相等.从 A、B 碰撞后瞬间到物块 C 刚好能被拉起这一过程中,根据机械能守恒定律,有

$$\frac{1}{2} \cdot 2m \cdot v'^2 = 2mg\left(\frac{mg}{k} + \frac{mg}{k}\right). \qquad ③$$

联立式①~③,得

$$h = \frac{8mg}{k}.$$

所以,若物块 C 能够离开地面,则 h 至少为 $8mg/k$.

(2) A、B 在最高点时弹簧的弹力为 mg,回复力为 $3mg$. 由简谐运动的对称性知,A、B 在最低点时回复力也为 $3mg$,则弹簧的弹力为 $5mg$,压缩量为 $5mg/k$. 所以物块 B 下降的最大高度为

$$h' = \frac{5mg}{k} - \frac{mg}{k} = \frac{4mg}{k}.$$

04 如图 7 所示,气缸上部足够长,质量不计的轻活塞 A、B 的截面积分别为 $2S$ 和 S,气缸下部长为 $2l$. A、B 活塞间以长为 $7l/4$ 的无弹性轻质细绳相连,A 活塞上部有压强为 p_0 的大气. 开始时封闭气室 M、N 中充有同样密度的同种气体. 且 M 的体积是 N 的 2 倍,N 中气体恰好为 1 mol,且小活塞 B 位于距底部 l 处,气体温度为 T_0. 现同时缓慢升高两部分封闭气体的温度至 $2T_0$,求平衡后活塞 A 与底部的距离.

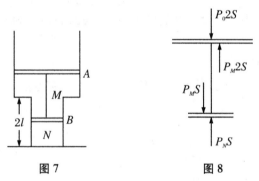

图 7　　　　　图 8

解析　分析初态,小活塞 B 位于距底部 l 处,N 中气体体积为 $V_N = lS$. M 的体积是 N 的 2 倍,则 M 中气体为 2 mol,$V_M = 2V_N = 2lS = lS + 2xS$,其中 x 为活塞 A 离截面积为 $2S$ 的气缸底部的距离. 解得 $x = l/2$.

所以 A、B 两活塞之间间距为 $3l/2 < 7l/4$,绳子松弛. 分别对活塞 A、B 进行受力分析可得初态 M、N 压强相等,都为 P_0.

现同时缓慢升高两部分封闭气体的温度,两部分气体都做等压膨胀直至混合. 假设两部分气体升温到 T_1 时,活塞 B 上移 l(即两气室气体即将要混合时),绳子仍未拉直. 对 N 部分气体等压膨胀,有

$$\frac{lS}{T_0} = \frac{2lS}{T_1},$$

解得

$$T_1 = 2T_0.$$

对 M 部分气体等压膨胀,有

$$\frac{2lS}{T_0} = \frac{x_1 2S}{T_1},$$

解得

$$x_1 = 2l > \frac{7}{4}l.$$

故假设不成立，即两气室气体混合前绳子已经拉直. 设温度升高到 $2T_0$ 时，B 上移 $y(y<l)$.
对于 N 部分气体的初态，有

$$P_0 lS = RT_0. \qquad ①$$

N 部分气体在 $2T_0$ 时，有

$$P_N(l+y)S = 2RT_0. \qquad ②$$

M 部分气体在 $2T_0$ 时，有

$$P_M\left[(l-y)S + \left(\frac{7}{4}l - l + y\right)2S\right] = 4RT_0. \qquad ③$$

如图 8 所示，以两活塞以及绳子整体为研究对象，受力分析可得两部分气体压强关系为

$$P_0 2S + P_M S = P_N S + P_M 2S. \qquad ④$$

联立式①~④，得

$$y = 1.19l > l.$$

假设再次不成立，说明升温到 $2T_0$ 时两气室气体已经混合，对活塞 A 受力分析可得混合后气体压强和大气压相等，为 P_0. 设平衡后活塞 A 与底部的距离为 h，则混合气体总体积为 $2lS + (h-2l)2S$.

根据道尔顿分压定律，有

$$\frac{P_0 lS}{T_0} + \frac{P_0 2lS}{T_0} = \frac{P_0[2lS + (h-2l)2S]}{2T_0},$$

解得

$$h = 4l.$$

05 如图 9 所示，铜球壳的内、外半径分别为 $R_1 = 1$ cm、$R_2 = 2$ cm，电子电量为 1.6×10^{-19} C，铜的密度为 8.9 g/cm^3，铜的摩尔质量 64 g/mol，阿伏伽德罗常数为 6.02×10^{23} mol^{-1}，空气的击穿电压为 3×10^4 V. 求：

(1) 铜球壳的最大带电量，该带电量对应多少个电子？

(2) 设每个铜原子带一个自由电子，则(1)中电子数与自由电子总数的比值为多少？

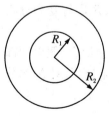

图 9

解析 (1) 电荷均匀分布在球壳外表面，当球壳带电量为 Q 时，球壳外表面附近的电势为

$$\varphi = \frac{kQ}{R_2}.$$

由 $\varphi_{max} = 3 \times 10^4$ V 得铜球壳的最大带电量为

$$Q_{max} = \frac{\varphi_{max} R_2}{k} = 6.7 \times 10^{-8} \text{ C}.$$

对应的电子数为
$$n = \frac{Q_{max}}{e} = 4.17 \times 10^{11}.$$

(2) 设铜的密度为 ρ，铜的摩尔质量为 M，阿伏伽德罗常数为 N_A，则铜球壳的自由电子数为
$$N = \frac{\rho \cdot \frac{4}{3}\pi(R_2^3 - R_1^3)}{M} N_A = 2.45 \times 10^{24}.$$

则电子数与自由电子总数的比值为 $n/N = 1.7 \times 10^{-13}$，可以说是微乎其微.

06 如图 10 所示的电路中，$R_1 = R_2 = R_3 = R$，变阻器 R_4 的最大阻值也为 R，滑动头 D 可自由滑动. 求 A、D 两点间的电阻的最小值和最大值.

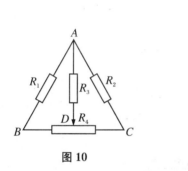
图 10

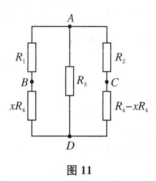
图 11

解析 A、D 两点间的等效电路如图 11 所示，设 B、D 间接入的电阻为 $xR_4(0 \leqslant x \leqslant 1)$，则左边和右边两条支路的并联电阻为

$$R = \frac{(R_1 + xR_4)(R_2 + R_4 - xR_4)}{R_1 + R_2 + R_4} = \frac{(1+x)(2-x)}{3}R = \frac{-\left(x - \frac{1}{2}\right)^2 + \frac{9}{4}}{3}R.$$

由二次函数的性质可知，当 $x = 0$ 或 $x = 1$ 时上式有最小值 $2R/3$，再和中间支路 R_3 并联得 A、D 间电阻的最小值为 $2R/5$. 当 $x = 1/2$ 时上式有最大值 $3R/4$，再和中间支路 R_3 并联得 A、D 间电阻的最大值为 $3R/7$.

07 如图 12 所示，有一直木棒静止于地面系 S 中（用坐标 Oxy 表示），测得棒长为 l_1，与 x 轴夹角为 $\theta_1 = 30°$，现使木棒沿 x 轴正方向以高速 v 运动（S' 系）.

(1) 则当在 S 系中的观察者测得棒与 x 轴夹角为 $\theta_2 = 45°$ 时，他测得的棒长 l_2 为多大？v 又为多大？

(2) 若 $t = 0$ 时棒的下端正好经过 O 点，此时刻刚好有一质点以速度 v 从 O 点出发沿棒爬动，求该质点的轨迹 $y = y(x)$.

解析 (1) 我们可以利用尺缩公式求解. S 系中的观察者测得木棒沿运动方向的长度比静止时缩短了 $\sqrt{1-(v/c)^2}$，则有

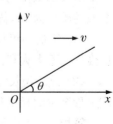
图 12

$$l_2\cos\theta_2 = l_1\cos\theta_1\sqrt{1-\left(\frac{v}{c}\right)^2}. \qquad ①$$

在垂直于运动的方向上，木棒的长度没有变化，则有

$$l_2\sin\theta_2 = l_1\sin\theta_1. \qquad ②$$

联立式①和式②，得

$$l_2 = \frac{\sqrt{2}}{2}l_1, \quad v = \frac{\sqrt{6}}{3}c.$$

(2) 在 S' 系中质点的速度为

$$u'_x = v\cos 30° = \frac{\sqrt{3}}{2}v, \quad u'_y = v\sin 30° = \frac{1}{2}v.$$

由相对论的速度变化公式可得质点在 S 系中的速度为

$$u_x = \frac{u'_x + v}{1 + u'_x v/c^2}, \quad u_y = \frac{u'_y\sqrt{1-(v/c)^2}}{1 + u'_x v/c^2}.$$

S 系中质点轨迹的参数方程为

$$x = u_x t, \quad y = u_y t.$$

消去参数时间 t，可得

$$\frac{y}{x} = \frac{u_y}{u_x} = \frac{u'_y\sqrt{1-(v/c)^2}}{u'_x + v} = \frac{v\sqrt{1-(v/c)^2}/2}{\sqrt{3}v/2 + v} = \frac{2\sqrt{3}-3}{3}.$$

所以，S 系中质点的轨迹为

$$y = \frac{2\sqrt{3}-3}{3}x.$$

2011 年"北约"自主招生试题解析

本试卷共七大题，满分 100 分．解答应写出必要的文字说明、方程式和主要演算步骤．

01 在平直的轨道上，有一辆静止的火车，假设它与地面没有摩擦．车后有 N 个组员和一个组长列队排列，所有人均沿这辆火车所在的直线跑步，组长在最后．火车的质量为 M，每个人的质量为 m，假设 $M = 2m$．

(1) 组员和组长追火车的速度为 v_0，随后组员们以 $2v_0$ 的速度跳上火车，则最后一个组长恰好追不上火车，求 N 是多少？

(2) 此后组长减速为 $v_0/2$，为使组长能上车，组员相继以相对车厢速度 u 向前跳出，求该过程至少消耗组员多少人体内能？

解析 (1) 因组长恰好未能追上车，说明 N 个组员上车后车速为 v_0，根据动量守恒定律，有

$$Nm \cdot 2v_0 = (Nm + 2m)v_0,$$

解得

$$N = 2.$$

(2) 设第一个组员跳下车后车对地的速度为 v_1，则第一个组员对地的速度为 $u + v_1$，根据动量守恒定律，有

$$4mv_0 = 3mv_1 + m(u + v_1). \qquad ①$$

第二个组员跳下车后，组长能追上车，说明车的速度变为 $v_0/2$，则第二个组员对地速度为 $u + v_0/2$。根据动量守恒定律，有

$$3mv_1 = 2m \cdot \frac{v_0}{2} + m\left(u + \frac{v_0}{2}\right). \qquad ②$$

联立式①和式②，解得

$$v_1 = \frac{11}{14}v_0, \quad u = \frac{6}{7}v_0.$$

第一个组员跳下车过程中消耗的内能为

$$\Delta E_1 = \frac{1}{2}m(u + v_1)^2 + \frac{1}{2} \cdot 3mv_1^2 - \frac{1}{2} \cdot 4mv_0^2 = \frac{27}{98}mv_0^2.$$

第二个组员跳下车过程中消耗的内能为

$$\Delta E_2 = \frac{1}{2}m\left(u + \frac{v_0}{2}\right)^2 + \frac{1}{2} \cdot 2m\left(\frac{v_0}{2}\right)^2 - \frac{1}{2} \cdot 3mv_1^2 = \frac{24}{98}mv_0^2.$$

总共消耗的内能为

$$\Delta E = \Delta E_1 + \Delta E_2 = \frac{51}{98}mv_0^2.$$

02 两个相同的铁球，质量均为 m，由原长为 l、劲度系数为 k 的弹簧连接，设法维持弹簧在原长位置由静止释放两球（两球连线竖直），设开始时下球距离地面的高度为 h，而且下球与地面的碰撞为完全非弹性的。

(1) 求弹簧的最大压缩量；

(2) 如果使铁球放在光滑水平面上绕过系统质心的竖直轴转动，此时弹簧变为长 L，求转动的角速度 ω。

解析 (1) 两小球开始一起做自由落体运动，设下球落地瞬间速率为 v_0，则有

$$v_0^2 = 2gh. \qquad ①$$

下球落地后速度变为零，上球继续向下运动并压缩弹簧，当上球速度变为零时，弹簧有最大压缩量 x，则有

$$\frac{1}{2}mv_0^2 + mgx = \frac{1}{2}kx^2. \qquad ②$$

联立式①和式②，得

$$x = \frac{mg + \sqrt{m^2g^2 + 2kmgh}}{k}.$$

(2) 铁球绕过弹簧正中间的竖直轴做圆周运动时，相当于将劲度系数为 k 的弹簧分成

等长的两段,每段弹簧的劲度系数均变为 $2k$,对铁球有

$$2k \cdot \frac{L-l}{2} = m\omega^2 \cdot \frac{L}{2},$$

解得

$$\omega = \sqrt{\frac{2k(L-l)}{mL}}.$$

 设一天的时间为 T,地面上的重力加速度为 g,地球半径为 R_0.

(1) 试求地球同步卫星 P 的轨道半径 R_P;

(2) 赤道城市 A 的居民整天可看见城市上空挂着同步卫星 P.

(2.1) 设 P 的运动方向突然偏北转过 $45°$,试分析判断当地居民一天内有多少次机会可看到 P 掠过城市上空.

(2.2) 取消 (2.1) 问中的偏转,设 P 从原来的运动方向突然偏西北转过 $105°$,再分析判断当地居民一天内有多少次机会可看到 P 掠过城市上空.

(3) 另一个赤道城市 B 的居民,平均每三天有四次机会可看到某卫星 Q 自东向西掠过该城市上空,试求 Q 的轨道半径 R_Q.

解析 (1) 以 M 表示地球的质量,m_P 表示同步卫星 P 的质量,m 表示地球表面处某一物体的质量,R_P 表示同步卫星 P 的轨道半径,根据万有引力定律和牛顿第二定律,有

$$G\frac{Mm}{R_0^2} = mg, \qquad ①$$

$$G\frac{Mm_P}{R_P^2} = m_P \left(\frac{2\pi}{T}\right)^2 R_P. \qquad ②$$

联立式①和式②,得

$$R_P = \sqrt[3]{\frac{gR_0^2 T^2}{4\pi^2}}.$$

(2) (2.1) 当 P 的运动方向偏北转过 $45°$ 时,如图 1 所示,P 的半径和周期不变.从某次 P 掠过城市上空开始计时,经过半天,P 和 A 城居民各自转过半圈相遇.再经过半天,各自又转过半圈再次相遇.故 A 城居民一天内有两次机会看到 P 掠过城市上空.

(2.2) 取消 (2.1) 问中的偏转,当 P 从原来的运动方向偏西北转过 $105°$ 时,如图 2 所示,P 的半径和周期不变.分析同 (2.1),结论仍为 A 城居民一天内有两次机会看到 P 掠过城市上空.

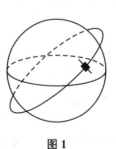

图 1　　　　图 2

(3) 卫星 Q 自东向西转动,地球自西向东转动,某时刻 Q 掠过 B 城市上空(B、Q 在同一直线上),根据题意,经过 $t = 3T/4$,Q 将再一次掠过 B 城市上空. 则有

$$(\omega_B + \omega_Q)t = 2\pi,$$

即

$$\left(\frac{2\pi}{T_B} + \frac{2\pi}{T_Q}\right)t = 2\pi.$$

而 $T_B = T$,解得

$$T_Q = 3T. \qquad ③$$

根据万有引力定律和牛顿第二定律,有

$$G\frac{Mm_Q}{R_Q^2} = m_Q\left(\frac{2\pi}{T_Q}\right)^2 R_Q. \qquad ④$$

联立式①、式③和式④,得

$$R_Q = \sqrt[3]{\frac{9gR_0^2 T^2}{4\pi^2}}.$$

04

在电场强度为 E 的足够大的匀强电场中,有一条与电场线平行的几何线,如图 3 中虚线所示,几何线上有两个静止的小球 A 和 B,质量均为 m,A 球带电荷量 $+Q$,B 球不带电. 开始时两球相距 L,在电场力的作用下,A 球开始沿直线运动,并与 B 球发生正碰,碰撞中 A、B 两球的总动能无损失,设在每次碰撞过程中,A、B 两球间无电量转移,且不考虑重力及两球间的万有引力. 问:A、B 两球发生第 8 次碰撞与发生第 9 次碰撞的时间间隔.

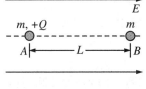

图 3

解析 A 球在电场力作用下做匀加速直线运动,加速度为 $a = QE/m$. 设 A 与 B 碰前速度为 v_0,则 $v_0 = \sqrt{2aL} = \sqrt{2QEL/m}$,所用时间为 $t_0 = \frac{v_0}{a} = \sqrt{2mL/(QE)}$.

A 球与 B 球质量相等,所以每次碰撞后交换速度,作出两球运动的 $v\text{-}t$ 图像,如图 4 所示,斜线表示 A 球,水平线表示 B 球. 两球在 t_0,$3t_0$,$5t_0$,$7t_0$,$\cdots$ 时刻发生碰撞.

由此可得,A、B 两球发生第 8 次碰撞与发生第 9 次碰撞的时间间隔为

$$2t_0 = 2\sqrt{\frac{2mL}{QE}}.$$

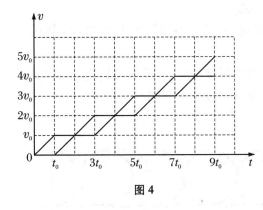

图 4

05

如果质量相同的小球 a、b 在沿一条直线运动的过程中发生弹性正碰撞,则 a 的碰后速度等于 b 的碰前速度,b 的碰后速度等于 a 的碰前速度.

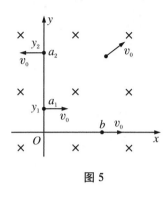

图 5

如图 5 所示,将光滑水平绝缘的大桌面取为 O-xy 坐标面,空间有竖直向下(图中朝里)的匀强磁场 B. 则

(1) 平面上的小球 a,质量为 m,带电量为 $q>0$,初速度方向垂直 y 轴,大小为 v_0,而后 a 将做匀速圆周运动,试求圆周运动的半径 R 和运动周期 T.

(2) 图 5 中小球 a_1、a_2,质量同为 m,带电量也同为 q,开始时分别位于 y 轴上的 y_1、y_2($y_2>y_1$)位置,初速度方向如图所示,大小也同为 v_0. 设 a_1、a_2 间可能发生的碰撞都是弹性碰撞而且不会相互转移电荷(下同). 已知 a_1 能到达 y_2 处,试求 y_2-y_1 的所有可能取值.

(3) 图 5 中小球 b 的质量也为 m,带电量也为 q,$t=0$ 时位于 x 轴上距 O 稍远的 x_1 位置,大小也为 v_0. 现在给你一个质量为 m、带电量为 $-q$、初速度大小为 v_0 的小球 b'. $t=0$ 时 b' 的初始位置和初始速度方向由你选定,但要求在 $t=(k+1/2)T$ 时刻($k\in\mathbf{N}$),b 球可达到 x 轴上与 x_1 相距尽可能远的 x_2($x_2>x_1$)位置,最后给出你所得的 x_2-x_1 的值. 设 b 与 b' 两球弹性正碰,而且电量也不会转移.(附注:解题时可以略去球之间的电作用力)

解析 (1) 洛伦兹力提供带电小球做匀速圆周运动的向心力,则

$$qv_0B = m\frac{v_0^2}{R},$$

解得

$$R = \frac{mv_0}{qB}.$$

带电小球做匀速圆周运动的周期为

$$T = \frac{2\pi R}{v_0} = \frac{2\pi m}{qB}.$$

(2) 第一种情况如图 6(a)所示,两球未发生碰撞,a_1 转过半圈后到达 y_2 处,a_2 转过半圈后到达 y_1 处,则 $y_2-y_1=2R=2mv_0/(qB)$.

第二种情况如图 6(b)所示,两球各自转过半圈后相碰,弹性碰撞并交换速度,以后 a_1 转过半圈后到达 y_2 处,a_2 转过半圈后到达 y_1 处,则 $y_2-y_1=4R=4mv_0/(qB)$.

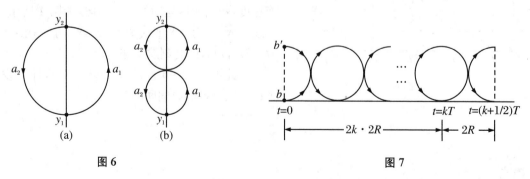

图 6 图 7

(3) 如图 7 所示,$t=0$ 时刻将 b' 放在 $(x=x_1, y=2R)$ 位置,初速度方向沿 x 轴正方向. 同时释放 b 和 b',两球各自转过四分之一圈后相碰,弹性碰撞并交换速度,以后每转过半圈

后相碰,在 $t=(k+1/2)T$ 时刻,b 球又回到 x 轴上. 则

$$x_2 - x_1 = 2(2k+1)R = \frac{2(2k+1)mv_0}{qB}.$$

06 如图 8 所示,水平桌面上放一棒,长为 L,质量为 m,电阻为 R,棒平行桌子边缘放置,桌子的侧面有一根相同的棒,用两根无电阻的光滑导线将上面的棒系在一起,空间中有匀强磁场 B,方向与桌子边缘垂直,与水平夹角为 $\theta(\theta>45°)$. 开始时刻将两棒静止释放(桌子侧面有挡板阻止下面棒有水平偏离). 则:

(1) 问理论上棒的最大速度 v_m 为多大?

(2) 当棒速为 v 且 $v<v_m$ 时,求损耗的机械功率 P_1 和电阻的热功率 P_2.

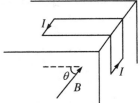

图 8

解析 (1) 当金属棒达到最大速度 v_m 时,根据法拉第电磁感应定律,回路中的感应电动势大小为

$$E = B\sin\theta \cdot lv_m - B\cos\theta \cdot lv_m = Blv_m(\sin\theta - \cos\theta). \quad \text{①}$$

回路中的感应电流为

$$I = \frac{E}{2R}. \quad \text{②}$$

电流方向如图 8 所示. 两棒都要受到安培力作用,作用于上面棒的安培力水平向左的分量为

$$f_1 = B\sin\theta \cdot Il. \quad \text{③}$$

作用于下面棒的安培力竖直向下的分量为

$$f_2 = B\cos\theta \cdot Il. \quad \text{④}$$

当两根棒都做匀速运动时,有

$$mg + f_2 - f_1 = 0. \quad \text{⑤}$$

联立式①~⑤,得

$$v_m = \frac{2mgR}{B^2 l^2 (\sin\theta - \cos\theta)^2}.$$

(2) 当棒速为 v 时,根据法拉第电磁感应定律,回路中的感应电动势大小为

$$E' = Blv(\sin\theta - \cos\theta). \quad \text{⑥}$$

回路中的感应电流为

$$I' = \frac{E'}{2R}. \quad \text{⑦}$$

作用于上面棒的安培力水平向左的分量为

$$f'_1 = B\sin\theta \cdot I'l. \quad \text{⑧}$$

作用于下面棒的安培力竖直向下的分量为

$$f'_2 = B\cos\theta \cdot I'l. \quad \text{⑨}$$

联立式⑥~⑨,可得损耗的机械功率为

$$P_1 = (f'_1 - f'_2)v = \frac{B^2 l^2 v^2 (\sin\theta - \cos\theta)^2}{2R}.$$

电阻的热功率为

$$P_2 = \frac{E'^2}{2R} = \frac{B^2 l^2 v^2 (\sin\theta - \cos\theta)^2}{2R}.$$

07

如图 9 所示的等腰直角三角形棱镜 ABC，一组平行光线垂直斜边 AB 射入．
(1) 如果光线不从 AC、BC 面射出，求三棱镜的折射率 n 的范围；
(2) 如果光线顺时针转过 $\theta = 30°$，即与 AB 成 $60°$ 角斜向下，不计反射两次以上的光线，当 n 取(1)中最小值时，能否有光线从 BC、AC 面射出，从哪面射出？

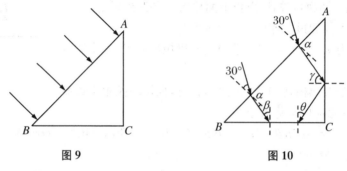

图 9　　　　　图 10

解析 (1) 光线垂直 AB 射入后方向不变，入射至 AC、BC 面上时的入射角都为 $45°$，要发生全反射的条件为

$$\sin 45° \geq \frac{1}{n},$$

解得

$$n \geq \sqrt{2}.$$

(2) 当 n 取 $\sqrt{2}$ 时，镜内光线发生全反射的临界角为 $C = 45°$，光线在 AB 面上入射的光路如图 10 所示．光线经过 AB 面时折射角为 α，根据折射定律，有

$$n = \frac{\sin 30°}{\sin \alpha},$$

解得

$$\alpha = 20.7°.$$

对于先射至 BC 面上的光线，入射角 $\beta = 45° - \alpha = 24.3° < C = 45°$，则光线会从 BC 面射出．
对于先射至 AC 面上的光线，入射角 $\gamma = 45° + \alpha = 65.7° > C = 45°$，该光线在 AC 面上全反射至 BC 面上时，入射角 $\theta = 90° - \gamma = 24.3° < C = 45°$，则光线会从 BC 面射出．

2011 年北京大学保送生考试试题解析

01

如图 1 所示，AC 为光滑竖直杆，ABC 为构成直角的光滑 L 形直轨道，B 处有一小圆弧连接可使小球顺利转弯,并且 A、B、C 三点正好是圆上三点,而 AC 正好为该圆的直径,套在 AC 杆上的小球自 A 点静止释放,分别沿 ABC 轨道和 AC 直轨道运动,如果沿 ABC 轨道运动的时间是沿 AC 直轨道运动所用时间的 1.5 倍,求 α 的值.

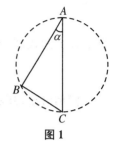

图 1

解析 设圆的半径为 R,小球沿 AC 轨道做自由落体运动,则有
$$AC = \frac{1}{2}gt_{AC}^2,$$
解得
$$t_{AC} = \sqrt{\frac{2AC}{g}} = 2\sqrt{\frac{R}{g}}.$$

小球沿 AB 轨道做匀加速直线运动,加速度 $a_{AB} = g\cos\alpha$,$AB = 2R\cos\alpha$. 则有
$$AB = \frac{1}{2}a_{AB}t_{AB}^2,$$
解得
$$t_{AB} = \sqrt{\frac{2AB}{a_{AB}}} = 2\sqrt{\frac{R}{g}}.$$

根据题意,有
$$t_{AB} + t_{BC} = 1.5 t_{AC}.$$
所以
$$t_{BC} = 1.5 t_{AC} - t_{AB} = \sqrt{\frac{R}{g}}.$$

小球沿 BC 轨道做匀加速直线运动,在 B 点的速度 $v_B = a_{AB}t_{AB} = 2\sqrt{gR}\cos\alpha$,加速度 $a_{BC} = g\sin\alpha$,$BC = 2R\sin\alpha$. 则有
$$BC = v_B t_{BC} + \frac{1}{2}a_{BC}t_{BC}^2.$$
代入可得
$$\tan\alpha = \frac{4}{3}.$$
所以 $\alpha = 53°$.

02 如图 2 所示,三个小球 A、B、C 静止放在光滑水平桌面上,B 在 A、C 之间,如果各球之间的碰撞均为完全弹性正碰,现使 A 球以速度 v_0 碰撞 B 球,B 球又击中 C 球,如果 A、C 两球的质量 m_1、m_3 确定,则 B 球的质量 m_2 为多少时可使 C 球获得的速度最大?

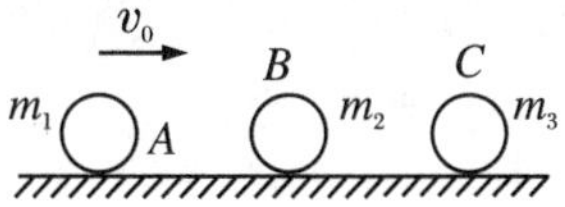

图 2

解析 设碰撞后 A 球与 B 球的速度分别为 v_1 和 v_2,根据动量守恒定律,有
$$m_1v_0 = m_1v_1 + m_2v_2.$$
由于碰撞过程中无机械能损失,则

$$\frac{1}{2}m_1v_0^2 = \frac{1}{2}m_1v_1^2 + \frac{1}{2}m_2v_2^2.$$

联立以上两式,解得

$$v_2 = \frac{2m_1}{m_1+m_2}v_0.$$

同理可得,B 球与 C 球碰撞后,C 球的速度

$$v_3 = \frac{2m_2}{m_2+m_3}v_2 = \frac{2m_2}{m_2+m_3} \cdot \frac{2m_1}{m_1+m_2}v_0.$$

而

$$\frac{4m_1m_2}{m_2^2+(m_1+m_3)m_2+m_1m_3}v_0 = \frac{4m_1}{m_2+(m_1+m_3)+\frac{m_1m_3}{m_2}}v_0.$$

由均值不等式,得

$$m_2 + \frac{m_1m_3}{m_2} \geq 2\sqrt{m_2 \cdot \frac{m_1m_3}{m_2}} = 2\sqrt{m_1m_3}.$$

上式取等号的条件为

$$m_2 = \frac{m_1m_3}{m_2}.$$

由此得

$$m_2 = \sqrt{m_1m_3}.$$

 如图 3 所示,P 为一个水闸的剖面图,闸门质量为 m,宽为 b. 水闸两侧水面高分别为 h_1、h_2,水与闸门间、闸门与轨道间的动摩擦因数分别为 μ_1、μ_2,求拉起闸门至少需要多大的力?

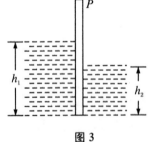

图 3

解析 闸门左侧和右侧水的深度不同,产生压强不同,所以对闸门的压力也不同. 左侧水对闸门向右的压力为

$$F_1 = \left(\rho g \frac{h_1}{2}\right)bh_1 = \frac{1}{2}\rho g b h_1^2.$$

右侧水对闸门向左的压力为

$$F_2 = \left(\rho g \frac{h_2}{2}\right)bh_2 = \frac{1}{2}\rho g b h_2^2.$$

显然 $F_1 > F_2$,由水平方向受力平衡可知,轨道与闸门之间的弹力 N 方向向左,大小为

$$N = F_1 - F_2 = \frac{1}{2}\rho g b(h_1^2 - h_2^2).$$

拉动闸门时闸门与轨道间的滑动摩擦力为

$$f_2 = \mu_2 N = \frac{1}{2}\mu_2 \rho g b(h_1^2 - h_2^2).$$

拉动闸门时水与闸门间的滑动摩擦力为

$$f_1 = \mu_1(F_1 + F_2) = \frac{1}{2}\mu_1 \rho g b(h_1^2 + h_2^2).$$

所以提起闸门时在一开始所需的拉力最大,其值为

$$F = mg + f_1 + f_2 = mg + \frac{1}{2}\mu_2 \rho g b(h_1^2 - h_2^2) + \frac{1}{2}\mu_1 \rho g b(h_1^2 + h_2^2).$$

04 如图 4 所示,在空间坐标系 $Oxyz$ 中,A、B 两处分别固定电量为 cq 和 q 的点电荷,A 处为正电荷,B 处为负电荷,A、B 位于 O 点两侧,距离 O 点都为 a,确定空间中电势为零的等势面所满足的方程.

解析 A、B 两处点电荷的坐标分别为 $A(-a,0,0)$、$B(a,0,0)$,设空间中电势为零的点的坐标为 (x,y,z),利用点电荷在真空中任意一点的电势公式 $\varphi = kq/r$,根据电势叠加原理,有

$$k\frac{cq}{\sqrt{(x+a)^2 + y^2 + z^2}} - k\frac{q}{\sqrt{(x-a)^2 + y^2 + z^2}} = 0.$$

化简,得

$$\left(x - \frac{c^2+1}{c^2-1}a\right)^2 + y^2 + z^2 = \frac{4a^2 c^2}{(c^2-1)^2}.$$

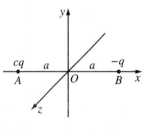

图 4

若 $c = 1$ 时,为平面(即为中垂面):$x = 0$. 若 $c \neq 1$ 时,为球面:球心坐标为 $\left(\frac{c^2+1}{c^2-1}a, 0, 0\right)$,球半径为 $\frac{2ac}{|c^2-1|}$.

05 各电阻的阻值如图 5 所示,电源电动势为 6 V,内阻为 2 Ω,求 AB 支路中的电流强度.

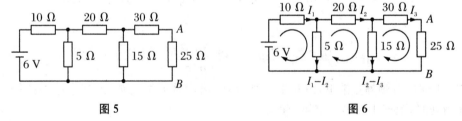

图 5　　　　　　图 6

解析 根据基尔霍夫第一定律,标定各支路的电流如图 6 所示. 根据基尔霍夫第二定律列出各回路方程,有

$$-10I_1 - 5(I_1 - I_2) - 2I_1 + 6 = 0, \quad ①$$
$$-20I_2 - 15(I_2 - I_3) + 5(I_1 - I_2) = 0, \quad ②$$
$$-30I_3 - 25I_3 + 15(I_2 - I_3) = 0. \quad ③$$

联立式①~③,得

$$I_3 = \frac{18}{1681} \text{ A}.$$

06 如图 7 所示,半径为 R 的光滑圆轨道竖直放置,匀强磁场垂直纸面向外,一个质量为 m、电量为 q 的带正电小球从圆轨道最高点静止释放.

(1) 如果磁感应强度大小为 B，小球从左侧滑下，小球脱离圆轨道时，求小球与球心的连线和竖直方向之间的夹角.

(2) 如果 B 大小未知，小球从右侧静止滑下，刚好能滑至底部，求 B 的大小.

(3) 在(2)的情况下，小球能否继续转圈？

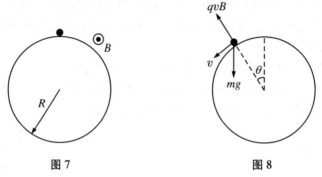

图 7　　　　　　　　图 8

解析　(1) 如图 8 所示，小球从左侧滑下，脱离圆轨道时，设小球与球心连线和竖直方向之间的夹角为 θ，小球与圆轨道间的弹力 $N=0$. 根据牛顿第二定律，有

$$mg\cos\theta - qvB = m\frac{v^2}{R}. \quad ①$$

根据动能定理，有

$$mgR(1-\cos\theta) = \frac{1}{2}mv^2. \quad ②$$

联立式①和式②，得

$$\cos\theta = \frac{1}{9m^2g}(6m^2g - B^2q^2R + \sqrt{B^4q^4R^2 + 6B^2q^2m^2gR}).$$

所以

$$\theta = \arccos\frac{6m^2g - B^2q^2R + \sqrt{B^4q^4R^2 + 6B^2q^2m^2gR}}{9m^2g}.$$

(2) 小球从右侧静止滑下，由左手定则可知，洛伦兹力指向圆心. 当小球做圆周运动下滑到 θ 角处时，根据牛顿第二定律，有

$$qvB + mg\cos\theta - N = m\frac{v^2}{R}. \quad ③$$

根据动能定理，有

$$mgR(1-\cos\theta) = \frac{1}{2}mv^2. \quad ④$$

联立式③和式④，得

$$N = -\frac{3m}{2R}v^2 + qBv + mg. \quad ⑤$$

小球刚好能滑至底部，则 $v = 2\sqrt{gR}$ 时 $N=0$，利用式⑤，得

$$B = \frac{5m}{2q}\sqrt{\frac{g}{R}}.$$

作出式⑤的函数图像如图 9 所示，当 $v\in[0, 2\sqrt{gR}]$ 时 $N>0$，保证了小球在滑至底部的过

程中不脱离轨道.

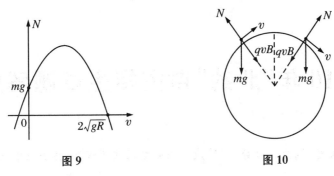

图 9   图 10

(3) 如图 10 所示,由于小球的受力具有左右对称性,因此小球可以继续转圈从底部回到顶部,且到达顶部时速度为零.小球在顶部处于不稳定平衡状态,稍有干扰则将从两侧滑下.若小球从左侧滑下将会从(1)中讨论的位置脱离轨道.若小球从右侧滑下将会如(2)中讨论所述继续转圈,如此循环直至最后从左侧脱离轨道.综上所述,(1)中的 θ 角处为小球最终脱离轨道的位置.

07 如图 11 所示,厚度分别为 d_2 和 d_3、折射率分别为 n_2 和 n_3 的无限大透明介质平板紧靠并放置于无限大透明液体中,d_2 左侧液体的折射率为 n_1,d_3 右侧液体的折射率为 n_0,点光源 S 置于左侧液体中,并到平板前侧面的距离为 d_1,求在 d_3 右界面上光亮的面积. 已知 $n_1 > n_2 > n_3 > n_0$.

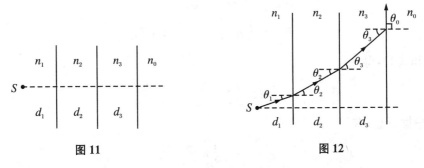

图 11   图 12

解析 如图 12 所示,光线刚好在 d_3 右界面上发生全反射. 根据折射定律,有

$$\frac{\sin\theta_1}{\sin\theta_2} = \frac{n_2}{n_1}, \quad \frac{\sin\theta_2}{\sin\theta_3} = \frac{n_3}{n_2}, \quad \frac{\sin\theta_3}{\sin\theta_0} = \frac{n_0}{n_3}.$$

解得

$$\sin\theta_3 = \frac{n_0}{n_3}, \quad \sin\theta_2 = \frac{n_3}{n_2}\sin\theta_3 = \frac{n_3}{n_2} \cdot \frac{n_0}{n_3} = \frac{n_0}{n_2}, \quad \sin\theta_1 = \frac{n_2}{n_1}\sin\theta_2 = \frac{n_2}{n_1} \cdot \frac{n_0}{n_2} = \frac{n_0}{n_1}.$$

根据几何关系,得光亮半径为

$$r = d_1\tan\theta_1 + d_2\tan\theta_2 + d_3\tan\theta_3 = \frac{d_1 n_0}{\sqrt{n_1^2 - n_0^2}} + \frac{d_2 n_0}{\sqrt{n_2^2 - n_0^2}} + \frac{d_3 n_0}{\sqrt{n_3^2 - n_0^2}},$$

所以光亮面积为

$$S = \pi r^2 = \pi n_0^2 \left(\frac{d_1}{\sqrt{n_1^2 - n_0^2}} + \frac{d_2}{\sqrt{n_2^2 - n_0^2}} + \frac{d_3}{\sqrt{n_3^2 - n_0^2}} \right)^2.$$

2010年"北约"自主招生试题解析

本试卷共七大题,满分100分.解答应写出必要的文字说明、方程式和主要演算步骤.

01 四个小球放在光滑的水平面上,如图1所示.两边的小球分别以 v_0 和 $0.8v_0$ 向两侧匀速运动.中间两个小球静止,小球1质量为 m,小球2质量为 $2m$.中间两球之间放置一个压缩的轻弹簧,弹簧所具有的弹性势能为 E_p.

(1) 弹性势能全部释放后,小球1和小球2分离后的速度分别是多少?

(2) 若要求中间左侧的小球1能追上向左运动的小球,而中间右侧的小球2不能追上向右运动的小球,试确定 m 的取值范围.

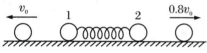

图1

解析 (1) 设弹性势能全部释放后,小球1和小球2的速度大小分别为 v_1、v_2,根据动量守恒定律和机械能守恒定律,有

$$mv_1 - 2mv_2 = 0, \qquad ①$$

$$E_p = \frac{1}{2}mv_1^2 + \frac{1}{2} \times 2mv_2^2. \qquad ②$$

联立式①和式②,得

$$v_1 = 2\sqrt{\frac{E_p}{3m}}, \quad v_2 = \sqrt{\frac{E_p}{3m}}.$$

(2) 根据题意,有

$$v_1 = 2\sqrt{\frac{E_p}{3m}} > v_0, \qquad ③$$

$$v_2 = \sqrt{\frac{E_p}{3m}} \leqslant 0.8 v_0. \qquad ④$$

联立式③和式④,得

$$\frac{25 E_p}{48 v_0^2} \leqslant m < \frac{4 E_p}{3 v_0^2}.$$

 斜抛运动.

(1) 平抛运动的逆向运动,再接上一段平抛运动,便成图2所示的斜抛运动.将斜抛运动初速度大小记为 v_0,抛

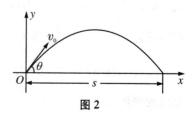

图2

射角记为 θ，试求图中标出的水平位移 s.

(2) 一质量为 M 的人，手持质量为 m 的球，站在水平光滑的冰面上，以相对自身速度为 v_0 斜向上抛出小球，若要求球落在与抛出点相同的高度时，与起抛点相距为 L，求速度 v_0 至少多大？小球抛出时速度与水平方向的夹角又是多大？

解析 (1) 斜上抛运动可以分解为水平方向的匀速直线运动和竖直方向的竖直上抛运动，则有

$$s = v_0 \cos\theta \cdot t, \qquad ①$$

$$t = \frac{2v_0 \sin\theta}{g}. \qquad ②$$

联立式①和式②，得

$$s = \frac{v_0^2 \sin 2\theta}{g}.$$

(2) 设人抛出球后的速度大小为 u，则球对地的水平速度为

$$v_{球对地} = v_{球对人} + v_{人对地} = v_0 \cos\theta - u.$$

根据人与球在水平方向上动量守恒，有

$$m(v_0 \cos\theta - u) - Mu = 0. \qquad ③$$

根据斜上抛运动的规律，有

$$L = (v_0 \cos\theta - u)t, \qquad ④$$

$$t = \frac{2v_0 \sin\theta}{g}. \qquad ⑤$$

联立式③~⑤，得

$$v_0 = \sqrt{\frac{(M+m)gL}{M\sin 2\theta}}.$$

当 $\sin 2\theta = 1$ 即 $\theta = 45°$ 时，有

$$v_{0\min} = \sqrt{\frac{(M+m)gL}{M}}.$$

03 一个质量为 m、边长为 b 的立方体箱子放置在地面上，如图 3 所示。若要求在箱子的左上方顶点施力，向前、向后使箱子在图示平面内翻转，而箱子并不滑动。试问向前、向后的最小作用力分别是多少？相应的最小摩擦因数又是多少？

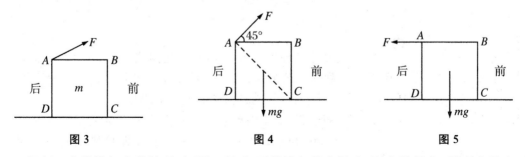

图 3　　　　　图 4　　　　　图 5

解析 向前施加力的情况，如图 4 所示。要使施加的力最小，则力臂最大，最大力臂为对

角线 AC。在外力达到刚好能把立方体向前翻转时，物体只在 C 点与地面有接触，列出此时以 C 点为轴的力矩平衡方程，有

$$F_{\min}\sqrt{2}b = mg\frac{b}{2},$$

解得

$$F_{\min} = \frac{\sqrt{2}}{4}mg.$$

立方体在以后的翻转过程中，由于重力的力臂减小，则重力的力矩减小，则外力的力矩也减小，保持外力的力臂 AC 不变，则外力减小，所以一开始立方体最难翻动，施加力的最小值为 $\sqrt{2}mg/4$。

要使立方体发生翻转时不与平面发生相对滑动，则要求外力在水平方向的分力不超过最大静摩擦力，即

$$F_{\min}\cos 45° \leqslant \mu(mg - F_{\min}\sin 45°),$$

解得

$$\mu \geqslant \frac{1}{3}.$$

向后施加力的情况，如图 5 所示。要使施加的力最小，则力臂最大，最大力臂为 AD。在外力达到刚好能把立方体向后翻转时，物体只在 D 点与地面有接触，列出此时以 D 点为轴的力矩平衡方程，有

$$F_{\min}b = mg\frac{b}{2},$$

解得

$$F_{\min} = \frac{mg}{2}.$$

立方体在以后的翻转过程中，由于重力的力臂减小，则重力的力矩减小，则外力的力矩也减小，保持外力的力臂 AD 不变，则外力减小，所以一开始立方体最难翻动，施加力的最小值为 $mg/2$。

要使立方体发生翻转时不与平面发生相对滑动，则要求外力不超过最大静摩擦力，即

$$F_{\min} \leqslant \mu mg,$$

解得

$$\mu \geqslant \frac{1}{2}.$$

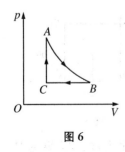

图 6

04 一定质量的理想气体，其状态变化曲线如图 6 所示，由状态 A 经 B、C 再回到 A，AB 为等温变化，BC 为等压变化，CA 为等容变化。

(1) 哪一个过程气体对外做功的绝对值最大？

(2) 哪一个过程气体内能减少？哪一个过程气体内能增加？

(3) 对于 BC 和 CA 两个过程，哪一个过程吸热或放热的绝对值较大？

解析 AB 过程为等温变化，内能不变，即 $\Delta U = 0$。气体对外做功，即 $W<0$，且做功的绝对值等于曲线 AB 与坐标轴围成的面积。根据热力学第一定律 $\Delta U = Q + W$，可知 $Q>0$，气体从外界吸热，且吸收的热量全部用于对外做功。

BC 过程为等压变化，外界对气体做功，即 $W>0$，且做功的值为直线 BC 与坐标轴围成的面积。根据理想气体的状态方程 $pV/T = C$（常量），V 减小则 T 减小，气体内能减少，即 $\Delta U<0$。根据热力学第一定律 $\Delta U = Q + W$，可知 $Q<0$，气体对外界放热，且放出热量的绝对值为气体内能的减少量与外界对气体做功的总和。

CA 过程为等容变化，体积不变，即 $W = 0$。根据理想气体的状态方程 $pV/T = C$（常量），p 增大则 T 增大，气体内能增大，即 $\Delta U>0$。根据热力学第一定律 $\Delta U = Q + W$，可知 $Q>0$，气体从外界吸热，且吸收的热量全部用于增加内能。故：

（1）AB 过程气体对外做功的绝对值最大。

（2）BC 过程气体内能减少，CA 过程气体内能增加。

（3）CA 过程吸收的热量等于内能的增加量，BC 过程放出热量的绝对值等于气体内能的减少量与外界对气体做功的总和。由于 CA、BC 两个过程内能变化的大小相同，所以 BC 过程放出热量的绝对值大于 CA 过程吸收的热量。

05 如图 7 所示，正四面体 ABCD 的每一条边的电阻均为 R，求两顶点 A、B 之间的电阻。

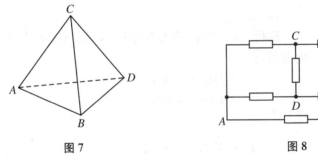

图 7   图 8

解析 图 7 可以等效为一个电阻 R 与一个电桥电路并联，如图 8 所示。当在 A、B 间加上电压后，电桥电路处于平衡状态，C、D 间无电流通过，可视为断路。则等效电阻 R_{AB} 满足

$$\frac{1}{R_{AB}} = \frac{1}{R} + \frac{1}{2R} + \frac{1}{2R},$$

解得

$$R_{AB} = \frac{R}{2}.$$

06 如图 9 所示，光滑 U 形导轨上有一长为 $L = 0.6$ m 的导线以 $v_0 = 0.4$ m/s 的速度向右切割匀强磁场，磁感应强度 $B = 0.5$ T，回路电阻为 $R = 0.3$ Ω，其余电阻不计，求：

（1）回路中产生的感应电动势。

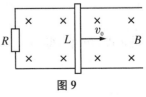

图 9

(2) R 上消耗的电功率.
(3) 若在运动导线上施加一外力 F,使导线保持匀速直线运动,求力 F 的大小.

解析 (1) 回路中产生的感应电动势为
$$E = BLv_0 = 0.12 \text{ V}.$$

(2) 电阻 R 上消耗的电功率为
$$P = \frac{E^2}{R} = 0.048 \text{ W}.$$

(3) 要保持导线做匀速直线运动,外力 F 应与安培力等值、反向,则
$$F = BIL = \frac{B^2 L^2 v_0}{R} = 0.12 \text{ N}.$$

07 在如图 10 所示的 Oxy 坐标平面中,$y \geq 0$ 区域存在均匀磁场,磁感应强度矢量 B 垂直于坐标平面向里;$y<0$ 区域存在均匀电场,电场强度矢量 E 平行于 y 轴向下,即与 y 轴方向相反. 质量为 m、带电量为 $-q$($q>0$)的带电粒子在上述平面运动,开始时粒子位于坐标原点 O,初速度方向与 x 轴夹角为 φ($\pi/2 < \varphi < \pi$),大小为 v. 设 P 和 Q 的坐标分别为 $(3l, 0)$ 和 $(0, 4l)$,不考虑重力,为使粒子而后的运动为过坐标原点和 Q、P 这 3 个点的闭合曲线,以 m、q 和 B 为已知量,试求:

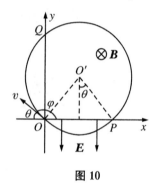

图 10

(1) φ 和 v;
(2) E.

解析 (1) 设粒子在磁场中做圆周运动的半径为 R,根据几何关系,有
$$2R\sin\theta = 3l, \qquad ①$$
$$2R\cos\theta = 4l. \qquad ②$$

联立式①和式②,得
$$R = \frac{5}{2}l, \quad \theta = 37°,$$

则 $\varphi = 143°$.

由 $R = mv/(qB)$,得
$$v = \frac{5qBl}{2m}. \qquad ③$$

(2) 粒子在电场中的运动可以分解为 x 方向的匀速直线运动和 y 方向的匀变速直线运动,则有
$$v\cos\theta \cdot t = 3l, \qquad ④$$
$$v\sin\theta \cdot t - \frac{1}{2}\frac{qE}{m}t^2 = 0. \qquad ⑤$$

联立式③~⑤,得
$$E = \frac{2qB^2 l}{m}.$$

2009年北京大学自主招生试题解析

本试卷共七大题,满分100分.解答应写出必要的文字说明、方程式和主要演算步骤.

01 用底面积相同、高度分别为 H_1 和 H_2、密度分别为 ρ_1 和 ρ_2 的两块小长方体连接而成的大长方体,竖直地放在密度为 ρ_0 的液体中,平衡时液面恰好在 ρ_1、ρ_2 的交界面位置,如图1(a)所示.今让大长方体如图1(b)所示倒立在 ρ_0 液体中,将大长方体从静止释放后一瞬间,试问大长方体将朝什么方向运动?只考虑重力和浮力,试求此时大长方体运动的加速度大小 a.(答案只能用 H_1、H_2 和重力加速度 g 表示)

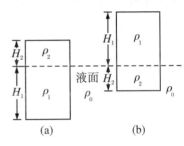

图1

解析 设长方体的截面积为 S,对图1(a)所示状态,列平衡方程,有
$$\rho_0 H_1 Sg = \rho_1 H_1 Sg + \rho_2 H_2 Sg. \quad \text{①}$$
对图1(b)所示状态,根据牛顿第二定律,有
$$\rho_1 H_1 Sg + \rho_2 H_2 Sg - \rho_0 H_2 Sg = (\rho_1 H_1 S + \rho_2 H_2 S)a. \quad \text{②}$$
联立式①和式②,得
$$a = \frac{H_1 - H_2}{H_1} g.$$

02 直径和高同为 d 的不带盖小圆桶,用一根水平直杆与直径和高同为 $2d$ 的带盖大圆桶连接后,静止在光滑水平面上,它们的总质量为 M.大桶顶部边缘部位有一个质量为 m 的小猴,此时小猴、两圆桶底部中心和直杆处于同一竖直平面内,如图2所示.设小猴水平跳离大桶顶部,恰好能经过也处于运动状态的小桶上方圆周边缘部位后,落到小桶底部中心.

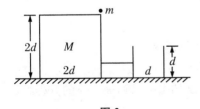

图2

(1)计算小猴从小桶上方边缘部位落到小桶底部中心所经时间 Δt.

(2)试求直杆长度 l.

(3)导出小猴跳离大桶时相对地面的速度 v_m.

解析 (1)如图3所示,小猴做平抛运动,经过小桶上方边缘部位时下落的高度为 d,则有
$$d = \frac{1}{2} g t_1^2,$$

解得
$$t_1 = \sqrt{\frac{2d}{g}}. \quad ①$$

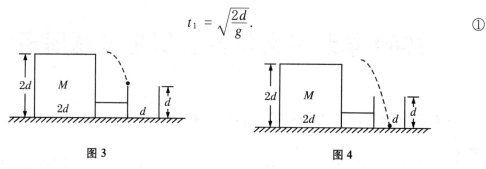

图 3　　　　　　　　　图 4

如图 4 所示，小猴落到小桶底部中心时下落的高度为 $2d$，则有
$$2d = \frac{1}{2}gt_2^2,$$
解得
$$t_2 = 2\sqrt{\frac{d}{g}}. \quad ②$$
所以
$$\Delta t = t_2 - t_1 = 2\sqrt{\frac{d}{g}} - \sqrt{\frac{2d}{g}}.$$

(2) 和(3)可以一并求解. 小猴跳离的同时，圆桶会匀速向左运动，小猴和圆桶组成的系统在水平方向动量守恒，则有
$$mv_m = Mv_M. \quad ③$$
由图 3 和图 4 可知
$$(v_m + v_M)t_1 = l, \quad ④$$
$$(v_m + v_M)t_2 = l + \frac{d}{2}. \quad ⑤$$
联立式①～⑤，得
$$l = \frac{(\sqrt{2}+1)d}{2}, \quad v_m = \frac{2+\sqrt{2}}{4}\frac{M}{M+m}\sqrt{gd}.$$

03 碰撞后动能之和等于碰撞前动能之和的碰撞，称为弹性碰撞.

(1) 质量分别为 m_1、m_2 的两个物体，碰撞前速度分别为 v_{10}、v_{20}，如图 5(a)所示，碰撞后速度分别记为 v_1、v_2，如图 5(b)所示. 假设碰撞是弹性的，试列出可求解 v_1、v_2 的方程组，并解之.

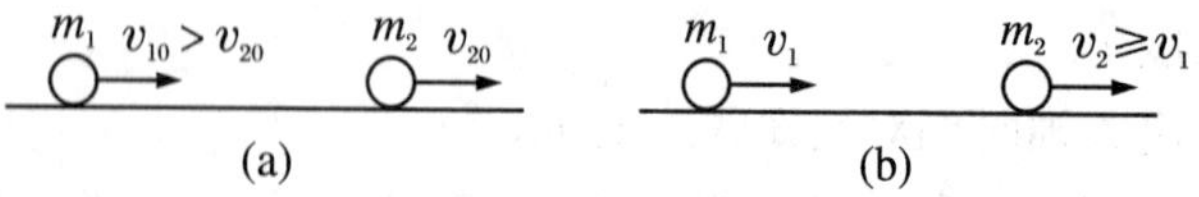

图 5

(2) 光滑的水平桌面上平放着一个半径为 R、内壁光滑的固定圆环，质量分别为 m、$2m$、m 的小球 A、B、C 在圆环内侧的初始位置和初始速度均在图 6 中示出，注意此时 B 球

静止.已知此后球间发生的碰撞都是弹性的,试问经过多长时间后,A、B、C又一次恢复到如图 6 所示的位置和运动状态.

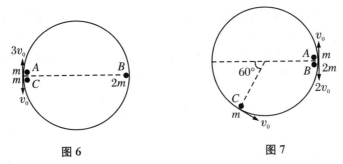

图 6　　　　　　　图 7

解析　(1) 由于碰撞是弹性的,因此该系统的动量和机械能均守恒,则有

$$m_1 v_{10} + m_2 v_{20} = m_1 v_1 + m_2 v_2, \qquad ①$$

$$\frac{1}{2} m_1 v_{10}^2 + \frac{1}{2} m_2 v_{20}^2 = \frac{1}{2} m_1 v_1^2 + \frac{1}{2} m_2 v_2^2. \qquad ②$$

联立式①和式②,得

$$v_1 = \frac{(m_1 - m_2) v_{10} + 2 m_2 v_{20}}{m_1 + m_2}, \qquad ③$$

$$v_2 = \frac{2 m_1 v_{10} + (m_2 - m_1) v_{20}}{m_1 + m_2}. \qquad ④$$

(2) 小球 A 先沿圆周运动半周后,与小球 B 发生碰撞,如图 7 所示,此过程经历的时间为 $t_1 = \pi R/(3v_0)$.将 $m_1 = m, m_2 = 2m, v_{10} = 3v_0, v_{20} = 0$ 代入式③和式④,得碰撞后小球 A、B 的速度分别为 $v_{A1} = -v_0, v_{B1} = 2v_0$.

当小球 B 顺时针转过 80°、小球 C 逆时针转过 40°后发生碰撞,如图 8 所示,此过程经历的时间为

$$t_2 = \frac{\frac{1}{3} \cdot 2\pi R}{2v_0 + v_0} = \frac{2\pi R}{9 v_0}.$$

将 $m_1 = 2m, m_2 = m, v_{10} = 2v_0, v_{20} = -v_0$ 代入式③和式④,得碰撞后小球 B、C 的速度分别为 $v_{B2} = 0, v_{C2} = 3v_0$.此时,小球 A 逆时针转过 40°.

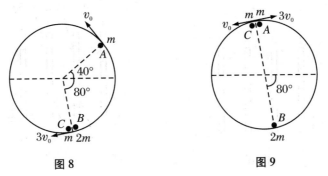

图 8　　　　　　　图 9

当小球 A 逆时针转过 60°、小球 C 顺时针转过 180°后发生碰撞,如图 9 所示,此过程经历的时间为

$$t_3 = \frac{\frac{2}{3} \cdot 2\pi R}{v_0 + 3v_0} = \frac{\pi R}{3v_0}.$$

由于小球 A、C 质量相等,碰后交换速度,得 $v_{A3} = 3v_0$,$v_{C3} = -v_0$. 此时,A、B、C 在一条直线上,相对位置与初始情况相同,且顺时针转过了 $80°$.

从图 6 状态到图 9 状态共经历的时间为 $T = t_1 + t_2 + t_3 = 8\pi R/(9v_0)$. 故 A、B、C 又一次恢复到如图 6 所示的位置和运动状态共需要的时间为

$$t = \frac{360°}{80°} \times 2 \times T = \frac{8\pi R}{v_0}.$$

04 (1) 什么是物体的内能?

(2) 从微观角度看,气体对容器壁的压强是什么原因引起的?

(3) 气体处于平衡状态时,内能 U、压强 p、温度 T 和体积 V 都是它们的状态量. 略去分子间的相互作用,若 T 不变,V 增大,那么 U 和 p 如何变化?若 T 增大,V 不变,那么 U 和 p 如何变化?

解析 (1) 组成物体的所有分子的动能与分子势能的总和叫物体的内能.

(2) 从微观角度看,气体对容器壁的压强是由于大量气体分子频繁碰撞容器壁的结果.

(3) 略去分子间的相互作用,则气体可视为理想气体. 若 T 不变,则 U 不变;若 T 增大,则 U 增大. 由理想气体的状态方程 $pV/T = C$(常量)可知,T 不变,V 增大,则 p 减小;T 增大,V 不变,则 p 增大.

05 有 4 块相同的正方形金属薄平板从左至右依次平行放置,任意两个相邻平板之间的距离都相等,且平板的边长远大于平板之间的间距. 平板从左至右依次编号为 1、2、3、4,如图 10 所示. 其中第 1 块带净电荷 q_1($q_1 < 0$),第 n 块上的净电荷 $q_n = nq_1$,其中 $n = 1,2,3,4$. 现将第 1 块和第 4 块板接地,如图 10 所示,忽略边缘效应. 问:

(1) 从第 1 块板和第 4 块板流入大地的电荷量 Δq_1 和 Δq_4 分别为 q_1 的多少倍?

(2) 上述两板接地后,哪块板上的电势最低?求该电势的值,将其表示为两相邻极板之间的电容 C 和 q_1 的函数.

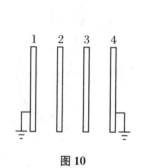

图 10　　　　　图 11

解析 (1) 第 1 块板和第 4 块板接地,电势为零,第 1 块板左侧和第 4 块板右侧均无电荷分布. 设第 1 块板右侧所带电荷量为 q,则其他板所带电荷量如图 11 所示. 各板间电势差

关系为
$$U_{12} + U_{23} + U_{34} = 0,$$
故有
$$\frac{q}{C} + \frac{q + 2q_1}{C} + \frac{q + 5q_1}{C} = 0,$$
解得
$$q = -\frac{7}{3}q_1.$$

因此，第1块板和第4块板流入大地的电荷量分别为
$$\Delta q_1 = q_1 - q = \frac{10}{3}q_1, \quad \Delta q_4 = 4q_1 - (-q - 5q_1) = \frac{20}{3}q_1.$$

(2) 第3块板左侧的电荷量为$q_1/3$，右侧的电荷量为$8q_1/3$，由于$q_1<0$，所以第3块板上的电势最低，其电势为
$$\varphi_3 = U_{34} = \frac{q + 5q_1}{C} = \frac{8q_1}{3C}.$$

06 7个电阻均为R的网络如图12所示．试求A、B间的等效电阻R_{AB}．

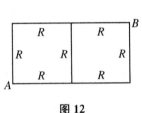

图12

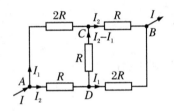

图13

解析 等效电路如图13所示，根据对称性，电流I从A点流入后在A点的电流分布应与电流I从B点流出前的电流分布相同，即
$$I = I_1 + I_2. \qquad ①$$
根据A、C两点间不同路线等电压的要求，有
$$I_1 \cdot 2R = I_2 \cdot R + (I_2 - I_1) \cdot R. \qquad ②$$
联立式①和式②，得
$$I_1 = \frac{2}{5}I, \quad I_2 = \frac{3}{5}I.$$
选择线路ACB，有
$$U_{AB} = I_1 \cdot 2R + I_2 \cdot R = \frac{7}{5}IR.$$
所以A、B间的等效电阻为
$$R_{AB} = \frac{U_{AB}}{I} = \frac{7}{5}R.$$

07 (1) 已知基态He^+的电离能为$E = 54.4 \text{ eV}$，为使处于基态的静止的He^+跃迁到激

发态,入射光子所需的最小能量为多少?

(2)静止的 He^+ 从第一激发态跃迁到基态时,如果考虑到离子的反冲,与不考虑反冲相比,发射出的光子波长相差的百分比多少?(质子和中子质量均取为 1.67×10^{-27} kg)

解析 (1)根据题意,得 He^+ 的基态能量 $E_1=-54.4$ eV.由于类氢离子的能级与氢原子的能级类似,则 He^+ 的能级公式为

$$E_n=\frac{E_1}{n^2}.$$

故有 $E_2=E_1/2^2=-13.6$ eV.所以,入射光子所需的最小能量为

$$\Delta E=E_2-E_1=40.8\text{ eV}.$$

(2)静止的 He^+ 从第一激发态跃迁到基态时,如果不考虑离子的反冲,设发射出的光子的波长为 λ_1,则有

$$E_2-E_1=h\frac{c}{\lambda_1},$$

解得

$$\lambda_1=\frac{hc}{E_2-E_1}.$$

如果考虑到离子的反冲,反冲核是 He^+,共两个质子和两个中子,设 He^+ 的反冲速度为 v,发射出的光子的波长为 λ_2,根据动量守恒定律,有

$$4mv=\frac{h}{\lambda_2}. \qquad ①$$

根据能量守恒定律,有

$$E_2-E_1=\frac{1}{2}\cdot 4m\cdot v^2+h\frac{c}{\lambda_2}. \qquad ②$$

联立式①和式②,得

$$\lambda_2=\frac{hc\left(1+\sqrt{1+\frac{E_2-E_1}{2mc^2}}\right)}{2(E_2-E_1)}.$$

综上所述,两种情况下发射出的光子波长相差的百分比为

$$\frac{\lambda_2-\lambda_1}{\lambda_1}=\frac{\sqrt{1+\frac{E_2-E_1}{2mc^2}}-1}{2}\approx\frac{\left(1+\frac{1}{2}\cdot\frac{E_2-E_1}{2mc^2}\right)-1}{2}=\frac{E_2-E_1}{8mc^2}\approx 5.4\times10^{-7}\%.$$

2008 年北京大学自主招生试题解析

本试卷共六大题,满分 100 分.解答应写出必要的文字说明、方程式和主要演算步骤.

01 如图 1 所示,小球在 $x=0$ 点从静止出发开始运动.在 $0\leqslant x<x_0$ 区域,小球具有沿 x

轴正方向的匀加速度 a_0；在 $x_0 \leqslant x < 2x_0$ 区域，小球具有沿 x 轴正方向的匀加速度 $2a_0$.

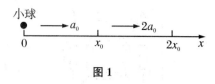

图 1

(1) 试求小球到达 x_0 点时的速度 v_1 和到达 $2x_0$ 时的速度 v_2；

(2) 计算小球从 $x=0$ 到达 $x=2x_0$ 点所经时间 t.

解析 (1) 小球到达 x_0 点时的速度 v_1 和到达 $2x_0$ 时的速度 v_2 分别为
$$v_1 = \sqrt{2a_0 x_0}, \quad v_2 = \sqrt{v_1^2 + 2 \cdot 2a_0 x_0} = \sqrt{6a_0 x_0}.$$

(2) 小球从 $x=0$ 到达 $x=2x_0$ 点所经时间为
$$t = \frac{v_1}{a_0} + \frac{v_2 - v_1}{2a_0} = \frac{v_1 + v_2}{2a_0} = \frac{\sqrt{2} + \sqrt{6}}{2} \cdot \sqrt{\frac{x_0}{a_0}}.$$

02 气体分子间距较大，相互作用力较小，分子势能假设可以略去. 在解答本题时，气体内能的变化只需考虑温度的变化即可.

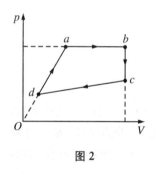

图 2

如图 2 所示的 p-V 图像中，a、b、c、d 表示一定质量的气体状态变化过程中的四个状态. 图中 ab 过程线平行于 V 轴，bc 过程线平行于 p 轴，da 过程线的反向延长线通过坐标原点 O. 试问 ab 过程、bc 过程、cd 过程和 da 过程中：

(1) 哪几个过程气体吸热？为什么？

(2) 哪几个过程气体放热？为什么？

解析 (1) ab 过程气体对外做功，即 $W<0$. 由理想气体的状态方程 $pV/T=C$（常量）知，p 不变、V 增大则 T 增大，气体内能增大，即 $\Delta U>0$. 根据热力学第一定律 $\Delta U = Q + W$，知 $Q>0$，气体吸热.

da 过程气体对外做功，即 $W<0$. 由理想气体的状态方程 $pV/T=C$（常量）知，p、V 增大则 T 增大，气体内能增大，即 $\Delta U>0$. 根据热力学第一定律 $\Delta U = Q + W$，知 $Q>0$，气体吸热.

(2) bc 过程气体不对外做功，即 $W=0$. 由理想气体的状态方程 $pV/T=C$（常量）知，V 不变、p 减小则 T 减小，气体内能减小，即 $\Delta U<0$. 根据热力学第一定律 $\Delta U = Q + W$，知 $Q<0$，气体放热.

cd 过程外界对气体做功，即 $W>0$. 由理想气体的状态方程 $pV/T=C$（常量）知，p、V 减小则 T 减小，气体内能减小，即 $\Delta U<0$. 根据热力学第一定律 $\Delta U = Q + W$，知 $Q<0$，气体放热.

03 由 6 个未必相同的电阻和电压 $U=10$ V 的直流电源构成的电路如图 3 所示，其中电源输出电流 $I_0=3$ A. 若如图 4 所示，在电源右侧并联一个电阻（电阻值记为 R_x），则电源输出电流 $I=5$ A. 今将此电源与电阻串联后，改接在 C、D 两点右侧，如图 5 所示，试求电源输出电流 I'.

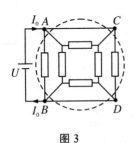
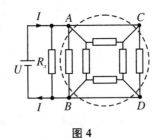
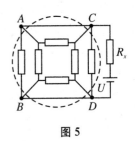

图3　　　　　　　　　图4　　　　　　　　　图5

解析　图3中虚线部分可以等效为一电阻 R_{AB}，则
$$R_{AB} = \frac{U}{I_0} = \frac{10}{3}\ \Omega.$$

对于图4，相当于 R_x 与 R_{AB} 并联，则
$$I = \frac{U}{R_{AB}} + \frac{U}{R_x},$$

解得
$$R_x = 5\ \Omega.$$

对于图5，相当于 R_x 与 R_{AB} 串联，则
$$I' = \frac{U}{R_{AB} + R_x} = 1.2\ \text{A}.$$

04　如图6所示，两条电阻可以忽略不计的金属长导轨固定在一个水平面上，互相平行，相距 l。另外两根长度都是 l、质量都是 m、电阻都是 R 的导体棒，可以在长导轨上无摩擦地左右滑动。在讨论的空间范围内，存在竖直向下（在图6中垂直纸面向里）的匀强磁场，磁感应强度大小为 B。开始时，右侧的导体棒具有朝右的初速度 $2v_0$，左侧的导体棒具有朝左的初速度 v_0。

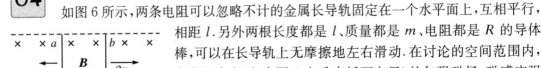

图6

(1) 计算开始时流过两根导体棒的电流强度，以及各自所受安培力的大小和方向；

(2) 当两根导体棒中有一根先停止运动时，再计算此时各棒所受的安培力的大小和方向。

解析　(1) 两导体棒与导轨构成闭合回路，开始时回路中的电流为
$$I = \frac{Bl \cdot 2v_0 + Blv_0}{2R} = \frac{3Blv_0}{2R}.$$

两导体棒所受安培力的大小为
$$F_a = F_b = BIl = \frac{3B^2l^2v_0}{2R}.$$

其中 a 棒受力向右，b 棒受力向左。

(2) 由于在任意时刻两导体棒所受安培力的大小相等，而 a 棒初速度较小，故 a 棒先停止运动，设此时 b 棒的速度为 v_b，两导体棒组成的系统动量守恒，则有
$$2mv_0 - mv_0 = mv_b,$$

解得

$$v_b = v_0.$$

此时回路中的电流为

$$I' = \frac{Blv_0}{2R}.$$

两导体棒所受安培力的大小为

$$F'_a = F'_b = BI'l = \frac{B^2 l^2 v_0}{2R}.$$

其中 a 棒受力向右,b 棒受力向左.

05 如图 7 所示,折射率 $n=\sqrt{2}$ 的长方形透明板 ABCD 的四周是空气,AB 边长 $2\sqrt{3}a$,BC 边长记为 $2x$.点光源 S 位于透明板中分线 MN 上,S 与 AB 边相距 a,它朝着 AB 边对称地射出两条光线,光线的方位角 θ_i 已在图中示出.光线进入透明板后,只讨论经一次反射后从 CD 边出射的光线.

(1) 已知 $\theta_i=45°$ 时,两条出射光线相交 MN 上与 CD 边相距 a 的 S' 点,试求 x 值;

(2) 令 θ_i 从 $45°$ 单调增大,当 θ_i 接近但未达到 $60°$ 时,从 CD 边出射的两条光线能否相交于 CD 边的右侧?

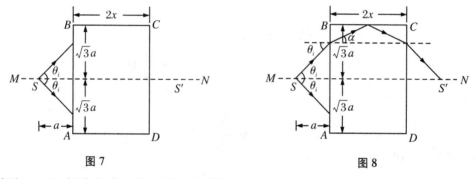

图 7   图 8

解析 (1) 部分光路如图 8 所示,根据折射定律,有

$$\frac{\sin\theta_i}{\sin\alpha} = n,$$

解得 $\alpha=30°$.根据对称性,光线在 BC 边中点发生全反射,所以

$$x = (\sqrt{3}a - a)\cot\alpha = (3-\sqrt{3})a.$$

(2) 当 θ_i 接近 $60°$ 时,光线在 B 点附近入射,根据折射定律,有

$$\frac{\sin 60°}{\sin\beta} = n,$$

解得

$$\beta = 37.8°.$$

相应在 BC 边上的入射角为 $52.2°$,大于全反射的临界角 $45°$,所以光线在 BC 边被全反射,反射角亦为 $52.2°$.而

$$\angle ABE = \arctan\frac{2x}{\sqrt{3}a} \approx 55.7° > 52.2°.$$

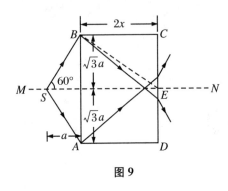

图9

所以,从 CD 边出射的两条光线不能相交于 CD 边的右侧,光路如图9所示.

06

水平光滑大桌面上有一质量为 M 的均匀圆环形细管道,管道内有两个质量同为 m 的小珠,位于管道直径 AB 的两端.开始时,环静止,两个小珠沿着朝右的切线方向具有相同的初速度 v_0,如图10所示.设系统处处无摩擦.

(1) 当两个小珠在管道内第一次相碰前瞬间,试求两个小珠之间的相对速度大小;

(2) 设碰撞是弹性的,试分析判定两小珠碰后能否在管道内返回到原来的 A、B 位置?

(3) 若能,再通过计算确定两小珠第一次返回到 A、B 时,相对桌面的速度方向(朝左还是朝右)和速度大小.

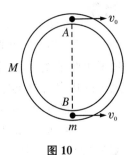

图10

解析 (1) 当两个小珠第一次相碰时,应发生在管道的最右端,小珠和管道有相同的水平速度,根据动量守恒定律和机械能守恒定律,有

$$2mv_0 = (M+2m)v_x, \qquad ①$$

$$\frac{1}{2}mv_0^2 \times 2 = \frac{1}{2}m(v_x^2 + v_y^2) \times 2 + \frac{1}{2}Mv_x^2. \qquad ②$$

联立式①和式②,得

$$v_y = \sqrt{\frac{M}{M+2m}}\, v_0.$$

两个小珠之间的相对速度大小为

$$2v_y = 2\sqrt{\frac{M}{M+2m}}\, v_0.$$

(2) 由上述讨论,弹性碰撞后,两小珠的运动仍具有对称性,则两小珠碰后能在管道内返回到原来的 A、B 位置.

(3) 设两小珠第一次返回到 A、B 时的速度为 v_1,管道的速度为 v_2,根据动量守恒定律和机械能守恒定律,有

$$2mv_0 = 2mv_1 + Mv_2, \qquad ③$$

$$\frac{1}{2}mv_0^2 \times 2 = \frac{1}{2}mv_1^2 \times 2 + \frac{1}{2}Mv_2^2. \qquad ④$$

联立式③和式④,得

$$v_1 = \frac{2m-M}{2m+M}v_0.$$

当 $2m > M$ 时,小珠相对桌面的速度朝右;当 $2m = M$ 时,小珠相对桌面的速度为零;当 $2m < M$ 时,小珠相对桌面的速度朝左.

2007年北京大学自主招生试题解析

01 密度为 ρ_0 的液体在容器的下部,密度为 $\rho_0/3$ 的液体在容器的上部,两种液体互不溶合. 高 H、密度为 $\rho_0/2$ 的长方体固体静止在液体中,如图1所示,试求图中两个高度量 h_1、h_2.

解析 根据阿基米德原理,浸在液体中的物体所受的浮力,大小等于它排开的液体所受的重力,即

$$F_浮 = G_排. \quad ①$$

固体静止在液体中时满足

$$F_浮 = G_固. \quad ②$$

联立式①和式②,得

$$G_排 = G_固. \quad ③$$

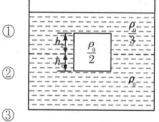

图 1

设固体的截面积为 S,则式③可写为

$$\rho_0 h_1 S g + \frac{\rho_0}{3} h_2 S g = \frac{\rho_0}{2} H S g. \quad ④$$

而

$$h_1 + h_2 = H. \quad ⑤$$

联立式④和式⑤,得

$$h_1 = \frac{H}{4}, \quad h_2 = \frac{3H}{4}.$$

02 一定质量的理想气体,由于外界条件的变化,其状态变化曲线如图2所示,由状态 A 经 B、C 回到 A. 试问 $A\to B$ 等压过程、$B\to C$ 等容过程、$C\to A$ 等温过程中:

(1) 哪几个过程,气体对外做正功,为什么?
(2) 哪几个过程,气体内能减少,为什么?
(3) 哪几个过程,气体从外界吸热,为什么?

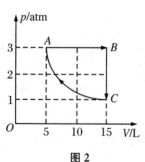

图 2

解析 (1) $A\to B$ 过程,气体体积增大,气体对外做正功;$B\to C$ 过程,气体体积不变,气体不对外做功;$C\to A$ 过程,气体体积减小,气体对外做负功.

(2) 由理想气体的状态方程 $pV/T = C$(常量)知,$A\to B$ 为等压过程,V 增大则 T 增大,气体内能增大;$B\to C$ 为等容过程,p 减小则 T 减小,气体内能减小;$C\to A$ 为等温过程,T 不变,气体内能不变.

(3) 由热力学第一定律 $\Delta U = Q + W$ 知,$A\to B$ 过程,$\Delta U>0$、$W<0$,则 $Q>0$,气体从

外界吸热；$B \to C$ 过程，$\Delta U < 0$、$W = 0$，则 $Q < 0$，气体对外界放热；$C \to A$ 过程，$\Delta U = 0$、$W > 0$，则 $Q < 0$，气体对外界放热．

03 如图 3 所示，两个点电荷，$Q_A = 3.6 \times 10^{-5}$ C，$Q_B = -9 \times 10^{-6}$ C，两者相距 $d = 0.30$ m，现在放入第三个点电荷 Q_C，要使这三个点电荷都处于平衡状态，试求 Q_C，并确定所放位置．

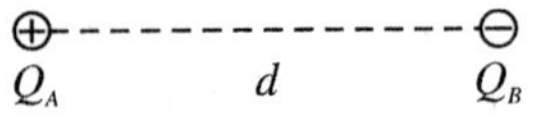

图 3

解析 由于 A 的电荷量大于 B，故 C 应距 A 较远、距 B 较近，设 C 应放置在 B 的右侧距 B 为 x 处，并带有正电荷．以 C 为研究对象，根据平衡条件，有

$$\frac{kQ_AQ_C}{(d+x)^2} = \frac{kQ_BQ_C}{x^2}, \quad ①$$

解得

$$x = d = 0.30 \text{ m}. \quad ②$$

以 A 为研究对象，根据平衡条件，有

$$\frac{kQ_AQ_B}{d^2} = \frac{kQ_AQ_C}{(x+d)^2}. \quad ③$$

联立式②和式③，得

$$Q_C = 3.6 \times 10^{-5} \text{ C}.$$

04 已知地球半径 $R = 6400$ km，结合你熟知的某些物理量，估算一个人以奥运会短跑纪录的速度，每天跑 8 个小时，需经多少个月方能从地球表面"跑"到月球表面？

解析 设地球的质量为 M，月球的质量为 m，月球绕地球运动的周期为 T，月球到地心的距离为 r，地球对月球的万有引力充当月球绕地球做匀速圆周运动的向心力，即

$$G\frac{Mm}{r^2} = m\left(\frac{2\pi}{T}\right)^2 r. \quad ①$$

设地面上某一物体的质量为 m_0，地球半径为 R，在不考虑地球自转的影响下，物体所受的重力等于地球对物体的万有引力，即

$$m_0 g = G\frac{Mm_0}{R^2}. \quad ②$$

联立式①和式②，得

$$r = \sqrt[3]{\frac{gT^2R^2}{4\pi^2}}.$$

接下来，合理地利用物理常数将为估算带来方便．g 取 10 m/s²，$\pi^2 = 10$，月球绕地球运动的周期取 27 天，则

$$r = \sqrt[3]{\frac{10 \times (27 \times 24 \times 3600)^2 \times (6.4 \times 10^6)^2}{4 \times 10}} \approx 3.8 \times 10^8 \text{ m}.$$

奥运会短跑纪录的速度约为 10 m/s，由此可得

$$t = \frac{3.8 \times 10^8}{10 \times 8 \times 3600} \text{ 天} = 1319 \text{ 天} = 48.9 \text{ 月}.$$

05 如图4所示的电路中,电源电动势 $E=6$ V,电源内阻 $r=1.2$ Ω,其余各部分电阻如图所示,则:

(1) R_0 取何值时,R_1 上的电功率为零?

(2) R_0 取该值时,电源输出功率为多大?

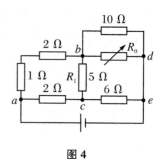

图4

解析 (1) 该电路实际就是一个惠斯通电桥电路,R_1 上的电功率为零,则通过 R_1 的电流为零,电桥处于平衡状态,即

$$(1+2)\times 6 = 2\times \frac{10R_0}{10+R_0},$$

解得

$$R_0 = 90 \text{ Ω}.$$

(2) 当 $R_0 = 90$ Ω 时,电路中 R_1 可以去掉,则 $R_{ad} = 12$ Ω,$R_{ae} = 8$ Ω,则外电路总电阻 $R_外 = 4.8$ Ω,电路中总电流 $I = E/(R_外+r) = 1$ A,故电源输出功率 $P = I^2 R_外 = 4.8$ W.

06 如图5所示,置于空气中的半圆柱形玻璃的折射率 $n=\sqrt{2}$,在垂直于柱体轴的平面内,光线以45°角入射在半圆柱的平表面上.问光线从半圆柱的什么范围内射出?(用角度表示)

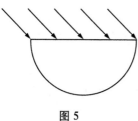

图5

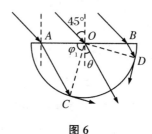

图6

解析 如图6所示,光线平行入射,所有折射角均为 θ,根据折射定律,有

$$\frac{\sin 45°}{\sin \theta} = n,$$

解得

$$\theta = 30°.$$

光线在半圆柱形玻璃表面发生全反射的临界角 C 与折射率 n 的关系为

$$\sin C = \frac{1}{n},$$

解得

$$C = 45°.$$

若光线恰好在 C 点发生全反射,则

$$\varphi_1 = \angle AOC = 180° - 60° - 45° = 75°.$$

若光线恰好在 D 点发生全反射,则

$$\varphi_2 = \angle AOD = 180° - \angle BOD = 180° - (180° - 120° - 45°) = 165°.$$

所以,当 $75°<\varphi<165°$ 时,光线从半圆柱内射出,出射光线的圆弧 CD 对应的圆心角为 $90°$.

07 如图 7 所示,固定斜面 ABC 的水平底面长为 l,两个底角分别为 θ_1 和 θ_2,小物块从 A 端以某初速度沿 AB 面向上运动,到达顶端 B 处后能平稳地拐弯再沿 BC 面向下运动,到达 C 端时速度恰为在 A 处初速度的 $1/\sqrt{2}$ 倍. 将小物块到达 C 端时的速度记为 v,设小物块与斜面体间的摩擦因数处处相同.

(1) 试求摩擦因数 μ.

(2) 小物块若以同样的初速度改从 C 端沿 CB 面向上运动,试求小物块到达 A 端时的速度 v_A 和小物块到达顶端 B 处时的速度 v_B;并取 $\theta_1=45°$,$\theta_2=30°$,$v^2=2gl$,计算 v_B.

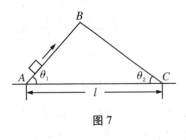

图 7

解析 (1) 小物块从 $A \to B \to C$ 的过程中,根据动能定理,有

$$-\mu mgl = \frac{1}{2}mv^2 - \frac{1}{2}m(\sqrt{2}v)^2,$$

解得

$$\mu = \frac{v^2}{2gl}.$$

(2) 小物块从 $C \to B \to A$ 的过程中,根据动能定理,有

$$-\mu mgl = \frac{1}{2}mv_A^2 - \frac{1}{2}m(\sqrt{2}v)^2.$$

将 $\mu = v^2/(2gl)$ 代入上式,得

$$v_A = v.$$

小物块从 $B \to A$ 的过程中,受重力 mg、支持力 F_N、滑动摩擦力 F_f,其中

$$F_f = \mu F_N = \mu mg\cos\theta_1.$$

将 $\mu = v^2/(2gl)$,$\theta_1=45°$,$v^2=2gl$ 代入上式,得

$$F_f = \frac{\sqrt{2}}{2}mg.$$

而重力沿 AB 面向下的分力为

$$mg\sin\theta_1 = \frac{\sqrt{2}}{2}mg.$$

重力沿 AB 面向下的分力等于滑动摩擦力,故小物块从 $B \to A$ 做匀速直线运动,则

$$v_B = v_A = v = \sqrt{2gl}.$$

08 如图 8 所示,水平面上放有质量为 m、带电量为 $+q$ 的滑块,滑块和水平面之间的动摩擦因数为 μ,水平面所在位置有场强大小为 E、方向水平向右的匀强电场和垂直纸面向里的磁感应强度为 B 的匀强磁场. 若 $\mu<qE/(mg)$,物块由静止释放后经过时间 t 离开水平面,求这期间滑块经过的路程 s.

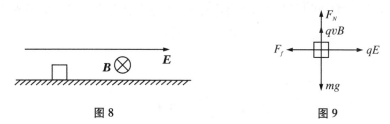

图 8　　　　　　　图 9

解析　物块由静止释放,受电场力作用向右加速,获得向右的速度后受到竖直向上的洛伦兹力,受力分析如图 9 所示. 在 t 到 $t+\Delta t$ 时间内,根据动量定理,有

$$(qE - F_f)\Delta t = m\Delta v. \quad ①$$

而

$$F_N + qvB = mg, \quad ②$$
$$F_f = \mu F_N. \quad ③$$

联立式①～③,得

$$(qE - \mu mg)\Delta t + \mu qBv\Delta t = m\Delta v.$$

对运动过程求和,有

$$(qE - \mu mg)\sum \Delta t + \mu qB\sum v\Delta t = m\sum \Delta v,$$

则

$$(qE - \mu mg)t + \mu qBs = mv_m. \quad ④$$

其中 v_m 为物块离开水平面时的速度,满足

$$qv_mB = mg. \quad ⑤$$

联立式④和式⑤,得

$$s = \frac{m^2g + \mu mgtqB - q^2BEt}{\mu q^2B^2}.$$

2006 年北京大学自主招生试题解析

01

在地球、月球质量不变的情况下,使地球、月球半径及地月距离缩短为原来的 0.1 倍.

(1) 地球上的重力与原来相比改变了多少?

(2) 月亮的周期与原来相比改变了多少?

解析　(1) 以 M 表示地球的质量,R 表示地球的半径,若不考虑地球自转的影响,地面上质量为 m_0 的物体所受的重力等于地球对物体的引力,则

$$\frac{F'}{F} = \frac{GMm_0/R'^2}{GMm_0/R^2} = \left(\frac{R}{R'}\right)^2 = 100.$$

(2) 以 m 表示月球的质量，r 表示地月距离，根据万有引力定律和牛顿第二定律，有

$$G\frac{Mm}{r^2} = m\left(\frac{2\pi}{T}\right)^2 r,$$

解得

$$T = 2\pi\sqrt{\frac{r^3}{GM}}.$$

所以

$$\frac{T'}{T} = \sqrt{\left(\frac{r'}{r}\right)^3} = 10^{-\frac{3}{2}}.$$

02

热力学第一、第二定律各是什么？什么是第一类永动机与第二类永动机？它们能否实现？为什么？

解析 热力学第一定律为一个热力学系统内能增量等于外界向它传递的热量与外界对它所做的功的和．热力学第二定律的克劳修斯表述是热量不能自发地从低温物体传到高温物体．热力学第二定律的开尔文表述是不可能从单一热库吸收热量，使之完全变为功，而不产生其他影响．

不消耗任何能量，却可以源源不断地对外做功，这种机器叫第一类永动机．从单一热源吸热使之完全变为有用功而不产生其他影响，这种热机称为第二类永动机．

永动机是不可能实现的，因为第一类永动机违反了热力学第一定律，第二类永动机违反了热力学第二定律．

03

(1) 有 A、B、C、D 四个外形一样的小球，其中一个不带电，一个带电量为 Q 的正电，另外两个小球均带电量为 Q 的负电．人的手可以判断较大与较小的引力和斥力．已知 A、B 间有较小的引力，A、C 间有较小的引力．请用最少的实验次数判断 A、B、C、D 各带什么电．

(2) 如果已知 A 带电量为 Q 的正电，B 与 C 均带电量为 Q 的负电，A 与 B 相距 L 长度时相互的引力大小为 F_1，B 与 C 相距 L 长度时相互的斥力大小为 F_2．请比较 F_1 与 F_2 的大小并说明原因．

解析 (1) 由已知可判断出 A 不带电，B、C、D 带电，现只需将 B、C 相对，然后会出现两种可能情况：

① 若 B、C 间有较大的斥力，则 A 不带电，B、C 带电量为 Q 的负电，D 带电量为 Q 的正电．

② 若 B、C 间有较大的引力，将 B 与 D 接触后，若 A、B 或 A、D 间仍有较小引力，则 A 不带电，B、D 带电量为 Q 的负电，C 带电量为 Q 的正电．若 A、B 或 A、D 间无作用力，则 A 不带电，C、D 带电量为 Q 的负电，B 带电量为 Q 的正电．

(2) 因为两球心距离不比球的半径大很多，所以不能看作点电荷，必须考虑电荷在球上的实际分布．A、B 带异种电荷，由于引力，两球电荷分布如图1所示，等效点电荷间距小于 L，则 $F_1 > kQ^2/L^2$．B、C 带同种电荷，由于斥力，两球电荷分布如图2所示，等效点电荷间

距大于 L,则 $F_2 < kQ^2/L^2$. 所以 $F_1 > F_2$.

图1　　　　　　　　　图2

04 如图3所示,一个电阻为 R 的长方形线圈 $abcd$ 沿着图中所指的南北方向平放在北半球的一个水平桌面上,ab 边长为 L_1,bc 边长为 L_2. 现突然将线圈翻转 $180°$,使 ab 与 dc 互换位置,用冲击电流计测得导线中流过的电荷量为 Q_1,然后维持 ad 边不动,将线圈绕 ad 边转动,使之突然竖直,这次测得导线中流过的电荷量为 Q_2. 求该处地磁场的磁感应强度的大小.

图3

解析 由地磁场的特征可知,北半球的地磁场方向相对地面斜向下. 磁感应强度 B 可分解为水平向北的分量 B_1 和竖直向下的分量 B_2,且 $B_1 > B_2$.

当将线圈翻转 $180°$ 时,导线中流过的电荷量为

$$Q_1 = \bar{I}_1 \Delta t_1 = \frac{\bar{E}_1}{R} \cdot \Delta t_1 = \frac{\Delta \Phi_1}{R} = \frac{2B_2 L_1 L_2}{R},$$

则

$$B_2 = \frac{Q_1 R}{2 L_1 L_2}. \qquad ①$$

当线圈绕 ad 边竖起时,导线中流过的电荷量为

$$Q_2 = \bar{I}_2 \Delta t_2 = \frac{\bar{E}_2}{R} \cdot \Delta t_2 = \frac{\Delta \Phi_2}{R} = \frac{B_1 L_1 L_2 - B_2 L_1 L_2}{R}. \qquad ②$$

联立式①和式②,得

$$B_1 = \frac{Q_2 R}{L_1 L_2} + \frac{Q_1 R}{2 L_1 L_2}.$$

所以,该处地磁场的磁感应强度为

$$B = \sqrt{B_1^2 + B_2^2} = \frac{R}{2 L_1 L_2} \sqrt{2 Q_1^2 + 4 Q_1 Q_2 + 4 Q_2^2}.$$

05 某三棱镜的横截面是直角三角形,如图4所示,$\angle A = 90°$,$\angle B = 30°$,$\angle C = 60°$. 棱镜材料的折射率为 n,底面 BC 涂黑,入射光线沿平行于底面 BC 的方向射向 AB 面,经 AB 面和 AC 面折射后出射.

(1) 求出射光线与入射光线延长线间的夹角 δ;

(2) 为使上述入射光线能从 AC 面射出,折射率 n 的最大值为多少.

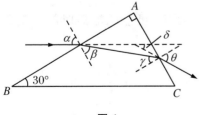

图4

解析 (1) 光线射至 AB 面上时,入射角 $\alpha = 60°$,

设折射角为 β，根据折射定律，有

$$\frac{\sin 60°}{\sin \beta} = n. \qquad ①$$

该光线射至 AC 面上时，由几何关系知入射角 $\gamma = 90° - \beta$，设折射角为 θ，根据折射定律，有

$$\frac{\sin \theta}{\sin(90° - \beta)} = n. \qquad ②$$

由几何关系知出射光线与入射光线延长线间的夹角 δ 满足

$$\delta = \theta - 30°. \qquad ③$$

联立式①~③，得

$$\delta = \arcsin\sqrt{\frac{4n^2 - 3}{4}} - 30°.$$

(2) 为使入射光线能从 AC 面射出，则入射角 γ 小于或等于临界角 C，有

$$\sin(90° - \beta) \leqslant \sin C = \frac{1}{n}. \qquad ④$$

联立式①和式④，得

$$n \leqslant \frac{\sqrt{7}}{2}.$$

06 设有功率为 $P = 1$ W 的点光源，离点光源 $R = 3$ m 处有一薄钾片。假定薄钾片中的电子可以在半径约为原子半径 $r = 0.5 \times 10^{-10}$ m 的圆面积范围内收集能量，已知一个电子脱离钾表面所需的能量约为 $W = 1.8$ eV$(1$ eV$= 1.6 \times 10^{-19}$ J$)$。

(1) 试求电子从照射到逸出所需要的时间 t；

(2) 如果光源发出的是波长 $\lambda = 5890$ Å 的单色光，试求单位时间内打到钾片上的光子数。

解析 (1) 点光源辐射的能量均匀分布在以点光源为中心的球面上，以 R 为半径作一个球面，则单位时间内单位面积的球面接收到的能量为 $P/(4\pi R^2)$。电子吸收能量的面积为 πr^2，所以单位时间内电子吸收的能量为

$$E = \frac{P}{4\pi R^2} \cdot \pi r^2 = \frac{Pr^2}{4R^2}.$$

电子从照射到逸出所需要的时间为

$$t = \frac{W}{E} = \frac{4WR^2}{Pr^2} \approx 4147 \text{ s}.$$

在实验中，没有测得这样长的滞后时间，按现代的实验断定，可能的滞后时间不会超过 10^{-9} s。

(2) 每一个光子的能量为

$$E_0 = h\nu = h\frac{c}{\lambda}.$$

因此单位时间内打到薄钾片上的光子数为

$$n = \frac{E}{E_0} = \frac{Pr^2\lambda}{4R^2 hc} \approx 2\times 10^{-4}.$$

07 长为 $6L$、质量为 $6m$ 的匀质绳置于特制的水平桌面上,绳的一端悬垂于桌边外,另一端系有一个可视为质点的质量为 M 物块,如图 5 所示. 木块在 AB 段与桌面无摩擦,在 BE 段与桌面有摩擦,匀质绳与桌面的摩擦可忽略. 初始时刻用手按住木块使其停在 A 处,绳处于绷紧状态,$AB = BC = CD = DE = L$,放手后,木块最终停在 C 处,桌面距地面高度大于 $6L$,求:

(1) 木块刚滑至 B 点时的速度和木块与 BE 段的动摩擦因数 μ.

(2) 若木块在 BE 段与桌面的动摩擦因数 $\mu' = 21m/(4M)$,则木块最终停在何处?

(3) 是否存在一个 μ 值,能使木块从 A 处释放后,最终停在 E 处,且不再运动?若能,求出该 μ 值;若不能,简要说明理由.

解析 (1) 木块从 A 处运动到 B 处,以桌面为参考平面,根据机械能守恒定律,有

$$-2mgL = -3mg\cdot\frac{3L}{2} + \frac{1}{2}(M+6m)v_B^2,$$

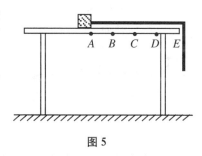

图 5

解得

$$v_B = \sqrt{\frac{5m}{M+6m}gL}.$$

木块从 A 处运动到 C 处,根据功能原理,有

$$-\mu MgL = -4mg\cdot 2L - (-2mgL),$$

解得

$$\mu = \frac{6m}{M}.$$

(2) 设木块最终停在距 A 处 x 的位置,根据功能原理,有

$$-\mu' Mg(x-L) = -\left(2m + \frac{m}{L}x\right)g\cdot\frac{2L+x}{2} - (-2mgL),$$

即

$$2x^2 - 13Lx + 21L^2 = 0,$$

解得

$$x = 3L \quad \text{或} \quad x = 3.5L.$$

当 $x = 3.5L$ 时,下垂绳的重力大于木块与桌面间的最大静摩擦力,故舍去.

(3) 木块要停在 E 处须满足的条件是

$$\mu'' Mg \geqslant 6mg,$$

即

$$\mu'' \geqslant \frac{6m}{M}.$$

木块从 A 处运动到 E 处,根据功能原理,有

$$-\mu''Mg \cdot 3L = -6mg \cdot 3L - (-2mgL),$$

解得

$$\mu'' = \frac{16m}{3M}.$$

与前面求得的结果矛盾,故不存在这样的 μ 值.

2014 年"卓越"自主招生试题解析

多项选择题.

01 如图 1 所示,空间有一垂直纸面的有界匀强磁场,纸面内一闭合矩形导电线圈从磁场左侧边缘进入磁场,线圈的一边与磁场边界平行,线圈整体在磁场中运动一段时间后,从磁场右侧边缘离开,全过程中线圈速度保持恒定.设线圈中感应电流 I 沿顺时针方向为正,线圈所受到的安培力 F 向左为正,穿过线圈的磁通量为 Φ,线圈产生的热量为 Q.上述物理量随时间 t 变化的图线正确的是( ).

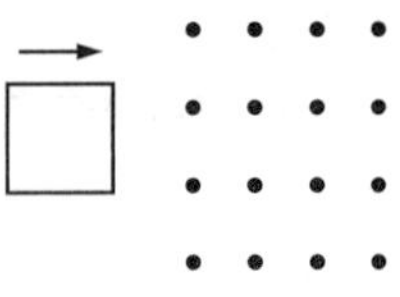

图 1

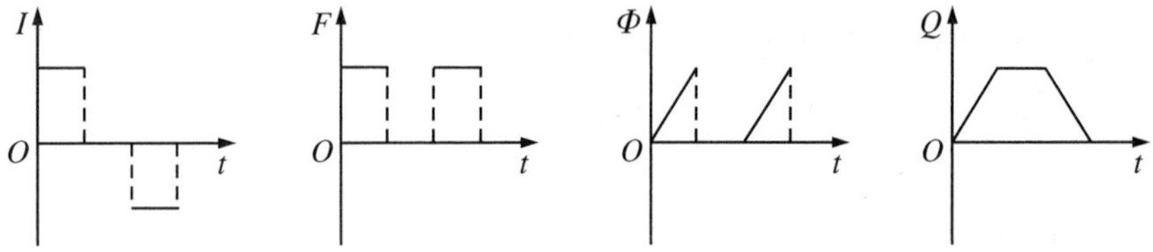

A B C D

解析 由楞次定律可判断,线圈进磁场的过程中,感应电流的方向为顺时针方向;线圈出磁场的过程中,感应电流的方向为逆时针方向,A 选项正确.由左手定则可判断,线圈进出磁场过程中所受安培力方向均向左,B 选项正确.线圈完全进入磁场后,磁通量最大;出磁场时,磁通量减小,C 选项错误.线圈进入磁场后,由于磁通量不变,无感应电流产生,无热量产生,D 选项错误.

答案 A、B.

02 强度一定的某单色光照射在光电管上发生光电效应,光电流 I 与光电管两极间所加电压 U 的关系如图 2 所示.若已知电子的质量为 m,元电荷量为 e,普朗克常量为 h,并测得光电管的遏止电压为 U_c,饱和电流为 I_m,由此可得到( ).

A. 照射光电管的单色光的频率

B. 光电管阴极金属板的逸出功

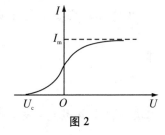

图 2

C. 阴极发射光电子的最大初动能
D. 单位时间内阴极发射的光电子数

解析 阴极发射光电子的最大初动能为 $E_{km} = eU_c$,C 选项正确.单位时间内阴极发射的光电子数为 $n = I_m/e$,D 选项正确.

答案 C、D.

03 如图 3 所示,两波源 S_1、S_2 位于 x 轴上,其中 S_1 位于原点,S_2 与 S_1 相距两倍波长,两波源的振动规律均为 $A\sin\omega t$,产生的简谐横波在 Oxy 面中传播,图中实线表示波峰,虚线表示波谷.y 轴上 a 点距原点为 1.5 倍波长,则两列波在 a 点叠加后,该点的简谐运动( ).

A. 振幅为 A　　B. 振幅为 $2A$
C. 圆频率为 ω　　D. 圆频率为 2ω

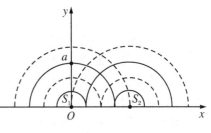

图 3

解析 A 点到两波源的光程差为
$$\Delta x = S_2 a - S_1 a = \sqrt{(1.5\lambda)^2 + (2\lambda)^2} - 1.5\lambda = \lambda.$$
所以 a 点是振动加强点,振幅加倍,频率不变.B、C 选项正确.

答案 B、C.

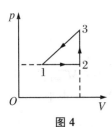

图 4

04 一定质量的理想气体,经如图 4 所示的过程从状态 1 经状态 2、状态 3 回到状态 1,与上述循环过程对应的 p-T 及 V-T 图是( ).

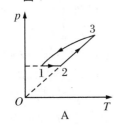
A

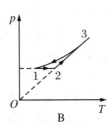
B

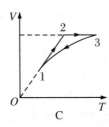
C

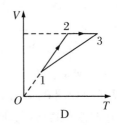
D

解析 p-V 图像中的 3→1 过程是线性关系,设 $p = kV + b$,则 $V = (p - b)/k$,代入理想气体状态方程 $pV = nRT$,得 $p^2 - bp = nkRT$,这是一个开口向右的抛物线,如图 5 所示,A 选项正确.同理可得 $kV^2 + bV = nRT$,C 选项正确.

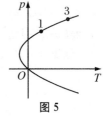

图 5

答案 A、C.

05 如图 6 所示,一正点电荷 Q 固定于某一不带电的金属球壳内的非球心处,当金属球壳达到静电平衡时,下列说法正确的是( ).

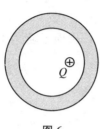

图6　　　　　图7

A. 金属球壳是等势体
B. 球壳外表面电荷均匀分布
C. 球壳内表面电荷均匀分布
D. 球壳外电场的分布与 Q 在壳内的位置无关

解析　处于静电平衡状态的导体是个等势体，A 选项正确．金属球壳内、外感应电荷的电荷量分别为 $-Q$ 和 Q，如图 7 所示，内部电荷分布不均匀，与正电荷 Q 相近处电荷会多一些，但壳外感应电荷分布只由其表面的平整程度决定，尖端处电荷会多一些，而题中表面是球形，各处对称，所以电荷会均匀分布，故 B 选项正确而 C 选项错误．当正电荷 Q 在壳内移动时，对壳外感应电荷分布不产生影响，壳外电场也不会变化，D 选项正确．

答案　A、B、D.

 四分之一圆柱形的玻璃砖截面如图 8 所示，OM、ON 为其半径，现将 OM 面置于水平桌面上，单色光束 a、b 分别从 MN 曲面和 ON 平面水平入射，只考虑 a、b 第一次到达 ON 和 MN 面的情况，则(　　).

A. a 的位置越低，在到达 ON 平面时入射角越大
B. b 的位置越高，在到达 MN 曲面时入射角越大
C. a 的位置越低，在穿过玻璃砖后到达桌面位置距 O 越近
D. b 的位置越高，在穿过玻璃砖后到达桌面位置距 M 越近

图8

解析　如图 9 所示，a 的位置越低，在到达 ON 平面时入射角越小，A 选项错误．如图 10 所示，b 的位置越高，在到达 MN 曲面时入射角越大，B 选项正确．如图 11 所示，a 的位置越低，在穿过玻璃砖后到达桌面位置距 O 越远，C 选项错误．如图 12 所示，b 的位置越高，在穿过玻璃砖后到达桌面位置距 M 越近，D 选项正确．

答案　B、D.

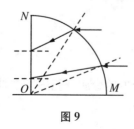　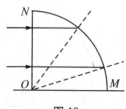

图9　　　　　　　　图10

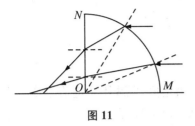

图11

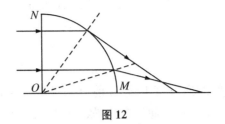

图12

填空题.

07 "嫦娥三号"探月飞行器在月球表面附近绕月球做匀速圆周运动,已知其周期为 T,月球的半径为 R,引力常量为 G,则月球的密度 $\rho_月 = $ _____,月球表面的重力加速度 $g_月 = $ _____.(忽略月球自转的影响)

解析 以 M 表示月球的质量,m 表示飞行器的质量. 根据万有引力定律和牛顿第二定律,有

$$G\frac{Mm}{R^2} = m\left(\frac{2\pi}{T}\right)^2 R,$$

解得

$$M = \frac{4\pi^2 R^3}{GT^2}.$$

月球的密度为

$$\rho_月 = \frac{M}{V} = \frac{\frac{4\pi^2 R^3}{GT^2}}{\frac{4}{3}\pi R^3} = \frac{3\pi}{GT^2}.$$

若不考虑月球自转的影响,月球表面上质量为 m' 的物体所受的重力 $m'g_月$ 等于月球对物体的引力,即

$$G\frac{Mm'}{R^2} = m'g_月.$$

所以,月球表面的重力加速度为

$$g_月 = G\frac{M}{R^2} = G\frac{\frac{4\pi^2 R^3}{GT^2}}{R^2} = \frac{4\pi^2 R}{T^2}.$$

08 一交变电压随时间变化的图像如图13所示,该交变电压的有效值 $U = $ _____ V. _____(填"可以"或"不可以")将其接在原、副线圈匝数比为 $1:10$ 的理想升压变压器上,实现交变电压的有效值增大10倍.

解析 将交流与直流通过阻值都为 R 的电阻接入,设直流电压为 U,根据有效值的定义,有

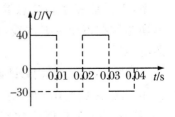

图13

$$\frac{(40)^2}{R}\cdot\frac{T}{2}+\frac{(30)^2}{R}\cdot\frac{T}{2}=\frac{U^2}{R}T,$$

解得

$$U=25\sqrt{2}\text{ V}.$$

该交变电压(交变电流)在前半个周期和后半个周期均为定值,原线圈中电流不变时将不能在副线圈中产生感应电流,故不能实现交变电压的有效值增大10倍.

实验题.

09 用如图 14 所示的装置探究加速度与力的关系,采用倾斜木板的方法平衡摩擦力,通过增减砝码改变小车受到的拉力,打点计时器所用电源的频率为 50 Hz.

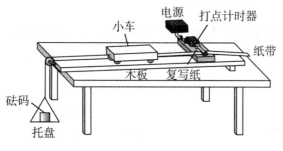

图 14

(1) 如图 15 所示,在小车带动的纸带上选取 6 个计数点,按时间顺序依次编号为 0、1、2、3、4、5,在每相邻的两点中间都有四个点未画出,用刻度尺量出相邻计数点之间的距离分别是 2.90、4.29、5.79、7.30、8.78(单位为 cm),可得小车加速度的大小为_____ m/s². (取三位有效数字)

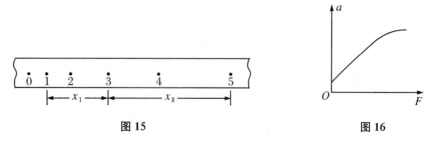

图 15   图 16

(2) 保持小车的质量不变,逐渐增大砝码的质量,探究小车的加速度与所受外力的关系,以托盘和砝码的总重力 F 为横坐标,小车的加速度 a 为纵坐标,经多次测量并根据实验数据得出 a-F 图线,如图 16 所示,请指出图线不过原点及 F 较大时图线发生弯曲的原因.

解析 (1) 计算相邻计数点间差值分别为 1.39、1.50、1.51、1.48,因第一组数据偏差较大,故舍去计数点 0、1 间的距离.将图 15 中纸带剩余的 4 段距离分为 $x_Ⅰ$ 和 $x_Ⅱ$ 两部分,则 $x_Ⅰ$ 和 $x_Ⅱ$ 是小车在两个相邻的相等时间间隔 $T'=2T=0.2$ s 里的位移.由 $x_Ⅱ-x_Ⅰ=$

aT'^2,得

$$a = \frac{x_{\text{II}} - x_{\text{I}}}{T'^2} = \frac{[(7.30 + 8.78) - (4.29 + 5.79)] \times 10^{-2}}{(0.2)^2} \text{ m/s}^2 = 1.50 \text{ m/s}^2.$$

(2) 图线不过原点的原因是平衡摩擦力时木板的倾角过大. F 较大时图线发生弯曲的原因是不满足砝码和托盘的总质量远小于小车的质量.

10 如图 17 所示,一个黑盒子的表面有四个接线柱(编号分别为 1、2、3、4),盒内元件按一定方式连接,每两个接线柱之间或有一个元件或断路.用指针式多用电表判断盒内元件及连接方式.首先,应判断盒内有无_____.若盒内有电阻、电容器和二极管三个元件,将多用电表调至电阻挡,分别测量各接线柱之间的电阻(每次测量前均采用某种方法使电容器不带电),表笔与接线柱的连接方式及测量数据如下:

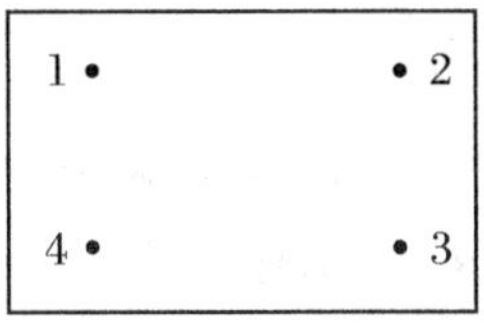

图 17

接线柱	黑表笔	1	1	1	2	2	3
	红表笔	2	3	4	3	4	4
	电阻值/Ω	200	∞	220	∞	20	∞
接线柱	黑表笔	2	3	4	3	4	4
	红表笔	1	1	1	2	2	3
	电阻值/Ω	200	∞	1200	∞	1000	∞

通过交换表笔两次测量 1、3 接线柱间电阻时,发现多用表的指针均向右偏转到某位置后,又回到∞.请通过上述信息画出黑盒子内元件一种可能的连接图.

解析 首先,应判断盒内有无电源.用多用电表电压挡测量每一对接线柱间的电压,若均无示数,说明盒内无电源.用多用电表欧姆挡正反两次测量每一对接线柱间的电阻,若两次测量数值相差较大,说明盒内有二极管(1、4 接线柱和 2、4 接线柱),且测量数值较小时,与黑表笔接触的那一端为二极管的正极.若两次测量数值相同,说明盒内有电阻(1、2 接线柱).通过交换表笔两次测量 1、3 接线柱间电阻时,发现多用表的指针均向右偏转到某位置后,又回到∞,这是因为欧姆挡里的电池对电容器充电,所以指针先发生偏转.当充电完毕后,电路中没有电流,相当于断路,所以指针指

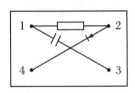

图 18

在电阻的无穷大刻度处.黑盒子内元件一种可能的连接图如图 18 所示.

计算题.

11 如图 19 所示,一跳台滑雪运动员从高度 $h = 45$ m 的起滑台 A 点处由静止开始沿斜面 AO 下滑,在 O 点处借助技巧,保持速度大小不变并以与水平面成 $\theta = 30°$ 的方向飞出跳台,落在 B 点.已知 OB 与水平面的夹角 $\beta = 30°$.忽略摩擦及空气阻力,重力加速度 g 取

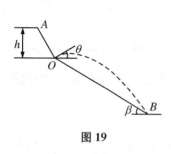

图 19

10 m/s^2. 求：

(1) 运动员在空中飞行的时间.

(2) 运动员落到 B 点时速度的方向与斜面的夹角.

解析 (1) 设运动员起跳时的速度为 v_0，根据动能定理，有

$$mgh = \frac{1}{2}mv_0^2,$$

解得

$$v_0 = 30 \text{ m/s}. \qquad ①$$

运动员起跳后做斜上抛运动，可以分解为水平方向的匀速直线运动和竖直方向的竖直上抛运动，则有

$$x = v_0\cos\theta \cdot t, \quad y = v_0\sin\theta \cdot t - \frac{1}{2}gt^2. \qquad ②$$

根据几何关系，有

$$\tan\beta = \frac{-y}{x}. \qquad ③$$

联立式①~③，得

$$x = 90\sqrt{3} \text{ m}, \quad y = -90 \text{ m}, \quad t = 6 \text{ s}.$$

(2) 设运动员落到 B 点时速度与水平面的夹角为 α，则有

$$\tan\alpha = \frac{v_y}{v_x} = \frac{-(v_0\sin\theta - gt)}{v_0\cos\theta} = \sqrt{3},$$

解得

$$\alpha = 60°.$$

所以，运动员落到 B 点时速度与斜面的夹角为 $30°$.

12 如图 20 所示，一平行板电容器两极板间电压为 U，相距为 d，上极板带正电，极板间有匀强磁场，磁场方向垂直纸面向里．电子从下极板由静止开始运动，到达上极板，对于给定的电压 U，当磁感应强度等于某一临界值时，电子刚好不能到达上极板．已知元电荷量为 e，电子的质量为 m，不计电子重力．

(1) 求磁感应强度的临界值 B.

(2) 电子在两极板的运动为曲线运动，一般的曲线运动可以分为很多小段，每一小段都可以看做圆周运动的一部分，求当磁感应强度为临界值时，电子在曲线最高点等效圆周运动的半径 ρ.

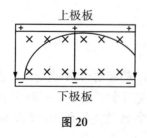

图 20

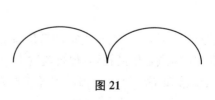

图 21

解析 (1)电子由静止释放,则初速度为零,我们可以将速度为零等效成向右的速度 v 和向左的速度 v 的合成.向右的速度产生的洛伦兹力和电场力平衡,则

$$evB = eE,\qquad ①$$

可得

$$v = \frac{E}{B} = \frac{U}{Bd}.$$

因此向右的速度保持恒定,电子参与一个水平方向上的速度为 v 的匀速直线运动.

而向左的速度 v,使得电子参与一个半径为 $r = mv/(eB)$ 的顺时针方向上的匀速圆周运动.电子的实际运动是匀速直线运动与匀速圆周运动的合成,运动轨迹为旋轮线,如图21所示.

电子的运动轨迹恰与上极板相切,则有

$$d = 2r = \frac{2mv}{eB} = \frac{2mU}{edB^2},$$

解得

$$B = \frac{1}{d}\sqrt{\frac{2mU}{e}}.$$

(2)当电子运行到上极板时,圆周运动的线速度也向右,则电子在该点的实际速度 $v' = 2v$,因此,有

$$e \cdot 2v \cdot B - eE = m\frac{(2v)^2}{\rho}.\qquad ②$$

联立式①和式②,得

$$\rho = \frac{4mv}{eB} = 4r = 2d.$$

13 (1)半径均为 r、质量分别为 m_1 和 m_2 的两匀质光滑小球1、2置于光滑水平面上,球2静止,球1以速度 v_0 向球2运动,碰撞前瞬间,球1、2的位置如图22所示,其中 O、O' 分别为球1、2的球心,若两球发生完全弹性碰撞,求碰撞后球1、2的运动速度 v_1 和 v_2.

(2)X射线通过铅屏后照射在石墨上,光子被石墨原子的外层电子(可视为速度为零的自由电子)散射,实验发现X射线谱仪接收到被散射的光子的波长除了有与原波长相同的成分外,还有波长较长的成分,这种现象被称为康普顿散射.用完全弹性碰撞的研究方法并考虑相对论效应可很好地解释康普顿散散.设入射X射线的波长为 λ_0,普朗克常量为 h,电子的相对论质量为 $m = m_0/\sqrt{1-(v/c)^2}$,其中 m_0 为电子的静止质量,v 为电子的运动速度,c 为光速,求光子被散射后的波长 λ 与 λ_0 的差值 $\Delta\lambda$.

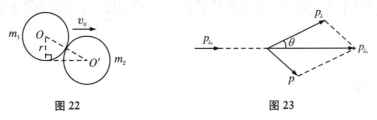

图22　　　　　图23

解析 (1)两球碰撞时相互作用力沿两球连心线方向,故碰撞后,m_2 速度方向与 x 轴

夹角为30°角,速度大小为 v_2. 而 m_1 碰撞后速度在 x 轴方向的分量为 v_{1x},在 y 轴方向的分量为 v_{1y}. 根据动量守恒定律,有

$$m_1 v_0 = m_1 v_{1x} + m_2 v_2 \cos 30°, \qquad ①$$

$$m_1 v_{1y} = m_2 v_2 \sin 30°. \qquad ②$$

根据机械能守恒定律,有

$$\frac{1}{2} m_1 v_0^2 = \frac{1}{2} m_1 (v_{1x}^2 + v_{1y}^2) + \frac{1}{2} m_2 v_2^2. \qquad ③$$

联立式①~③,得

$$v_{1x} = \frac{2m_1 - m_2}{2(m_1 + m_2)} v_0, \quad v_{1y} = \frac{\sqrt{3} m_2}{2(m_1 + m_2)} v_0, \quad v_2 = \frac{\sqrt{3} m_1}{m_1 + m_2} v_0.$$

所以,有

$$v_1 = \sqrt{v_{1x}^2 + v_{1y}^2} = \frac{\sqrt{m_1^2 - m_1 m_2 + m_2^2}}{m_1 + m_2} v_0,$$

v_1 与 x 轴的夹角满足

$$\tan \alpha = \frac{v_{1y}}{v_{1x}} = \frac{\sqrt{3} m_2}{2m_1 - m_2}.$$

(2) 设碰撞前光子的动量为 p_{λ_0},碰撞后光子的动量为 p_λ,电子的动量为 p,根据动量守恒定律,可以用图23表示三者的矢量关系. 根据余弦定理,有

$$p^2 = p_{\lambda_0}^2 + p_\lambda^2 - 2 p_{\lambda_0} p_\lambda \cos \theta,$$

即

$$(mv)^2 = \left(\frac{h\nu_0}{c}\right)^2 + \left(\frac{h\nu}{c}\right)^2 - 2 \frac{h\nu_0}{c} \frac{h\nu}{c} \cos \theta, \qquad ④$$

式中 m 表示运动电子的质量,有

$$m = \frac{m_0}{\sqrt{1 - (v/c)^2}}. \qquad ⑤$$

根据能量守恒定律,有

$$h\nu_0 + m_0 c^2 = h\nu + mc^2. \qquad ⑥$$

联立式④~⑥,得光子在碰撞后波长的改变量为

$$\Delta\lambda = \lambda - \lambda_0 = \frac{h}{m_0 c}(1 - \cos \theta).$$

2013年"卓越"自主招生试题解析

多项选择题.

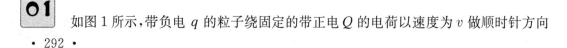

如图1所示,带负电 q 的粒子绕固定的带正电 Q 的电荷以速度为 v 做顺时针方向

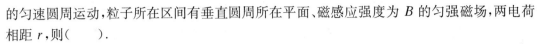

的匀速圆周运动,粒子所在区间有垂直圆周所在平面、磁感应强度为 B 的匀强磁场,两电荷相距 r,则( ).

A. 若 $qvB < kQq/r^2$,B 可能垂直纸面向里
B. 若 $qvB < kQq/r^2$,B 可能垂直纸面向外
C. 若 $qvB > kQq/r^2$,B 一定垂直纸面向里
D. 若 $qvB > kQq/r^2$,B 一定垂直纸面向外

解析 带负电的粒子受到的库仑力 kQq/r^2 和洛伦兹力 qvB 的合力提供其做圆周运动的向心力. 库仑力 kQq/r^2 的方向指向圆心,若 $qvB < kQq/r^2$,则 qvB 的方向可以指向圆心,也可以背离圆心,相应 B 的方向可以垂直纸面向里,也可以垂直纸面向外,A、B 选项均正确. 若 $qvB > kQq/r^2$,则 qvB 的方向指向圆心,相应 B 的方向垂直纸面向里,C 选项正确.

答案 A、B、C.

02 两平行板间距为 d,两板间加电压 U,不计重力的电子以平行极板的速度 v_0 射入两板间,沿板运动距离 L 时侧移为 y,如果要使电子的侧移 $y' = y/4$,下列哪些措施是可行的(仅改变一个量)? ( )

A. 使两板间距 $d' = d/2$
B. 使两板间电压 $U' = U/2$
C. 使粒子沿板方向前进 $L' = L/2$
D. 使粒子射入的速度 $v_0' = 2v_0$

解析 电子在沿板方向上做匀速直线运动,有
$$L = v_0 t. \qquad ①$$
在垂直于板方向上做匀加速直线运动,有
$$a = \frac{qU}{md}, \qquad ②$$
$$y = \frac{1}{2}at^2. \qquad ③$$
联立式①~③,得
$$y = \frac{qUL^2}{2mdv_0^2}.$$
沿板运动距离 L 减半或速度 v_0 加倍,都可以满足题意,故 C、D 选项均正确.

答案 C、D.

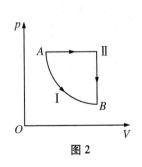

图 2

03 如图 2 所示,一定质量的理想气体沿不同路径由状态 A 变到状态 B,则下列说法正确的是( ).

A. 过程Ⅰ对外做功大于过程Ⅱ对外做功
B. 过程Ⅰ对外做功小于过程Ⅱ对外做功
C. 过程Ⅰ吸热大于过程Ⅱ吸热
D. 过程Ⅰ吸热小于过程Ⅱ吸热

解析 对外做功的大小等于图线与坐标轴围成的面积,B 选项正确.由热力学第一定律 $\Delta U = Q + W$ 知,在内能变化相同的情况下,对外做功大($W<0$),则吸热大($Q>0$),D 选项正确.

答案 B、D.

04 卫星远离地球做圆运动的半径为 R,先设法使卫星通过两次变轨 Ⅰ→Ⅱ→Ⅲ,由远地卫星变为近地卫星,近地卫星做圆周运动的半径为 r.下列说法正确的是( ).

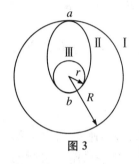

图3

A. 卫星经过Ⅰ轨道上的 a 点时线速度大小 $v = \sqrt{GM/R}$
B. 卫星经过Ⅱ轨道上的 a 点时线速度大小 $v = \sqrt{GM/R}$
C. 卫星经过Ⅲ轨道上的 b 点时向心加速度大小 $a = GM/r^2$
D. 卫星经过Ⅱ轨道上的 b 点时向心加速度大小 $a = GM/r^2$

解析 如图3所示,卫星在Ⅰ轨道上做圆周运动,有 $GMm/R^2 = mv^2/R$,解得 $v = \sqrt{GM/R}$,A 选项正确.卫星经过Ⅱ轨道上的 a 点时线速度大小 $v < \sqrt{GM/R}$,B 选项错误.卫星经过Ⅱ轨道和Ⅲ轨道上的 b 点时,有 $GMm/r^2 = ma$,解得 $a = GM/r^2$,C、D 选项均正确.

答案 A、C、D.

05 如图4所示,直角棱镜的折射率 $n = \sqrt{3}$,$\angle A = 60°$,BC 边的中点 D 处有4条光线 a、b、c、d 按图示方向射入,其中 b 垂直 BC 边,下列关于光线第一次射出三棱镜的说法,正确的是( ).

A. 光线 a 垂直 AC 边射出
B. 光线 b 垂直 AB 边射出
C. 光线 c 垂直 BC 边射出
D. 光线 d 垂直 AB 边射出

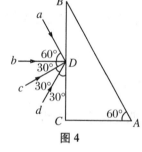

图4

解析 镜内光线发生全反射的临界角满足 $\sin C = 1/n = \sqrt{3}/3$,画出4条光线 a、b、c、d 的光路图,如图5所示.

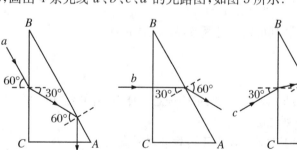

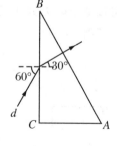

图5

答案 A、D.

06

质点同时参与互相垂直的沿 Ox、Oy 两个方向的振动,其振动方程分别记为 $x = A\sin\omega t$,$y = A\sin(\omega t + \varphi_0)$,则对应不同 φ_0 的情况下合运动轨迹图像(如图6所示)正确的是( ).

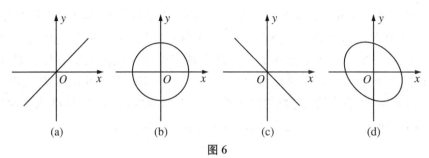

图6

A. 若 $\varphi_0 = 0$,则对应图6(a)
B. 若 $\varphi_0 = \dfrac{\pi}{2}$,则对应图6(b)
C. 若 $\varphi_0 = \pi$,则对应图6(c)
D. 若 $\varphi_0 = \dfrac{3\pi}{2}$,则对应图6(d)

解析 当 $\varphi_0 = 0$ 时,$y = A\sin\omega t = x$,A选项正确.

当 $\varphi_0 = \pi/2$ 时,$y = A\sin(\omega t + \pi/2) = A\cos\omega t$,则 $x^2 + y^2 = A^2$,B选项正确.

当 $\varphi_0 = \pi$ 时,$y = A\sin(\omega t + \pi) = -A\sin\omega t$,则 $y = -x$,C选项正确.

当 $\varphi_0 = 3\pi/2$ 时,$y = A\sin(\omega t + 3\pi/2) = -A\cos\omega t$,则 $x^2 + y^2 = A^2$,D选项错误.

答案 A、B、C.

填空题.

07

如图7所示,理想变压器有两个接有电阻的独立副线圈甲、乙,其匝数分别为 n_1 和 n_2.现测得线圈甲上的电流与电压分别为 I_1 和 U_1,线圈乙上的电流为 I_2,则线圈乙上的电压 $U_2 = $ _____,原线圈上的输入功率 $P = $ _____.

解析 变压器有两个副线圈,则有 $U_1/n_1 = U_2/n_2 = \Delta\Phi/\Delta t$,解得 $U_2 = n_2 U_1/n_1$.原线圈上的输入功率

$$P = I_1 U_1 + I_2 U_2 = I_1 U_1 + \frac{n_2}{n_1} I_2 U_1.$$

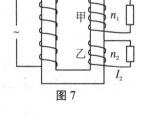

图7

08

$^{60}_{27}\text{Co}$ 的衰变方程可以写成 $^{60}_{27}\text{Co} \longrightarrow {}^{60}_{Z}\text{Ni} + {}^{0}_{-1}\text{e} + \bar{\nu}_e$,其中 $\bar{\nu}_e$ 就是反电子中微子,反电子中微子不带电,质量可视为零.由衰变方程可知 $Z = $ _____.如果静止的 $^{60}_{27}\text{Co}$ 发生衰变,实验过程中测量衰变产物中 $^{60}_{Z}\text{Ni}$ 和 $^{0}_{-1}\text{e}$ 的径迹时,由 _____ 守恒定律可知,$^{60}_{Z}\text{Ni}$ 和 $^{0}_{-1}\text{e}$ 的径迹在同一条直线上.

解析 由电荷数守恒,得 $Z = 28$.由动量守恒定律可知,$^{60}_{Z}\text{Ni}$ 和 $^{0}_{-1}\text{e}$ 的径迹在同一条

直线上.

综合题.

09 某同学用如图 8(a)所示的实验装置验证碰撞中动量守恒,他用两个质量相等、大小相同的钢球 A 和 B 进行实验.首先该同学使球 A 自斜槽某一高度由静止释放,从槽的末端水平飞出,测出球 A 落在水平地面上的点 P 与球飞出点在地面上垂直投影 O 的距离为 L_{OP}.然后该同学使球 A 自同一高度由静止释放,在槽的末端与静止的球 B 发生非对心碰撞,如图 8(b)所示,碰后两球向不同方向运动,测出两球落地点 M、N 与 O 点间的距离分别为 L_{OM}、L_{ON},该同学多次重复上述实验过程,并将测量值取平均.

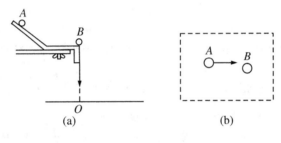

图 8

(1) 下列关系正确的是_____.(填字母代号)

A. $L_{OP} = L_{OM} + L_{ON}$ B. $L_{OP} < L_{OM} + L_{ON}$ C. $L_{OP} > L_{OM} + L_{ON}$

(2) 根据实验原理,试推导出 OM 与 ON 间夹角的大小.

解析 (1) 设碰撞前 A 球速度为 v_0,碰撞后 A、B 两球速度分别为 v_1、v_2,根据机械能守恒定律,有

$$\frac{1}{2}mv_0^2 = \frac{1}{2}mv_1^2 + \frac{1}{2}mv_2^2. \qquad ①$$

小球从槽口飞出后做平抛运动的时间相同,设为 t,则有

$$L_{OP} = v_0 t, \quad L_{OM} = v_1 t, \quad L_{ON} = v_2 t. \qquad ②$$

联立式①和式②,得

$$L_{OP}^2 = L_{OM}^2 + L_{ON}^2.$$

这样,L_{OP}、L_{OM}、L_{ON} 就构成了一个直角三角形,根据三角形两边之和大于第三边,得 $L_{OP} < L_{OM} + L_{ON}$,故 B 选项正确.

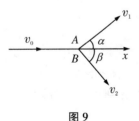

图 9

(2) 以 v_0 的方向为 x 轴正方向,碰撞后 v_1、v_2 与 x 轴正方向夹角分别为 α、β,如图 9 所示.

根据动量守恒定律,有

(x 轴方向) $mv_0 = mv_1\cos\alpha + mv_2\cos\beta$, ③

(垂直 x 轴方向) $0 = mv_1\sin\alpha - mv_2\sin\beta$. ④

联立式③和式④,得

$$v_0^2 = v_1^2 + v_2^2 + 2v_1v_2\cos(\alpha+\beta). \quad ⑤$$

根据机械能守恒定律,有

$$\frac{1}{2}mv_0^2 = \frac{1}{2}mv_1^2 + \frac{1}{2}mv_2^2. \quad ⑥$$

联立式⑤和式⑥,得

$$2v_1v_2\cos(\alpha+\beta) = 0.$$

所以,有

$$\alpha + \beta = 90°.$$

10 用如图 10 所示的电路可以测量电源电动势,其中:E、E_N、E_x 分别为工作电源、标准电源和待测电源,R_1、R_2 为电阻箱,R_3 为滑动变阻器,G 为指针可以左右摆动的表头,S_1、S_3 为单刀单掷开关,S_2 为单刀双掷开关.已知 $E_N = 1.018$ V,E_x 约为 1.5 V,E 约为 4 V.实验过程如下:

(1) 实验开始前,为保护表头,将滑动变阻器 R_3 的阻值调至最大,R_1 和 R_2 的阻值限定在 1000~3000 Ω.

(2) 校准工作电源电动势.将开关 S_2 置于 1 处,闭合 S_1,反复调节电阻 R_1 的阻值,使当 S_3 闭合时,表头的示数为零.减小 R_3 的阻值,通过调整 R_1 的阻值,使表头的示数继续为零,直至 R_3 的阻值为零时,表头示数仍为零.

(3) 测量待测电源电动势,将开关 S_2 置于 2 处,在重复上述操作过程中适当调节 R_2 的阻值,使 R_3 的阻值为零时,表头示数为零.

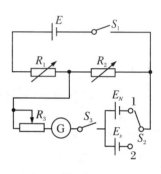

图 10

根据上述实验过程回答下列问题:

(1) 在校准工作电源电动势时,测得 $R_{1校}$ 和 $R_{2校}$ 的阻值分别为 2931 Ω 和 1069 Ω.在测量待测电源电动势的过程中,下列关于 R_1 和 R_2 的预估值,合理的是_____.(填字母代号)

　　A. $R_{1估} = 2437$ Ω,$R_{2估} = 1463$ Ω　　　　B. $R_{1估} = 2524$ Ω,$R_{2估} = 1376$ Ω

　　C. $R_{1估} = 2420$ Ω,$R_{2估} = 1580$ Ω　　　　D. $R_{1估} = 2372$ Ω,$R_{2估} = 1628$ Ω

(2) 在测量待测电源电动势的实验过程中,当表头示数为零时,$R_{1测}$ 的读数为 2320 Ω,此时 $R_{2测}$ 的阻值应为_____Ω,待测电源电动势的表达式为_____,根据实验测得的数据计算待测电源电动势为_____V.(结果保留四位有效数字)

解析 该实验利用了电压补偿法测电源电动势,我们先来介绍一下电压补偿法.

补偿原理:由于电源具有内阻,因此如图 11 所示用电压表测量电源电动势时,电压表的示数 U 并非电源的电动势.只有当 $I = 0$ 时,才有 $U = E_x$.若采用如图 12 所示的电路测量待测电源的电动势,其中 E_0 是已知的连续可调的标准电源,调节 E_0 使表头的示数为零,此时必有 $E_x = E_0$,即 E_x 两端的电势差与 E_0 两端的电势差相互补偿,我们称电路达到补偿状态.

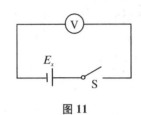
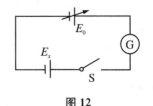

图 11   图 12

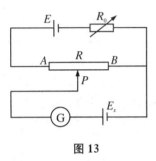

图 13

为了得到准确、稳定、便于调节的 E_0,实际中采用如图 13 所示的电路代替上面的电路(调节制流电阻 R_0 可以改变电源 E 的输出电流).只要滑动变阻器两端的总电压 $U_{AB} > E_x$,适当调节滑片 P 的位置,当电阻在 PB 段的电势降刚好与待测电源 E_x 的电动势相等时,表头的示数为零,我们称待测电路得到了补偿.此时,有
$$E_x = U_{PB}.$$

(1) 本题中的 $R_1 + R_2$ 相当于图 13 中的滑动变阻器 R,因此 $R_1 + R_2$ 的值保持不变,则 $R_{1估} + R_{2估} = R_{1校} + R_{2校} = 4000\ \Omega$,C、D 选项均正确.

(2) 由(1)中结论可知,$R_{2测} = 4000\ \Omega - 2320\ \Omega = 1680\ \Omega$.将开关 S_2 置于 1 处,调节电路使表头的示数为零,则此时 R_2 两端的电压等于 E_N;同理将开关 S_2 置于 2 处,调节电路使表头的示数为零,则此时 R_2 两端的电压等于 E_x.由于两次流过 R_2 的干路电流 I 不变,故
$$E_N = IR_{2校},\quad E_x = IR_{2测}.$$

两式相除,得
$$E_x = \frac{R_{2测}}{R_{2校}} E_N.$$

代入数据,得
$$E_x = 1.600\ \mathrm{V}.$$

11 如图 14 所示,可视为质点的两物块 A、B,质量分别为 m、$2m$,A 放在一倾角为 $30°$ 并固定在水平面上的光滑斜面上,一不可伸长的柔软轻绳跨过光滑轻质定滑轮,两端分别与 A、B 相连接.托住 B 使两物块处于静止状态,此时 B 距地面高度为 h,轻绳刚好拉紧,A 和滑轮间的轻绳与斜面平行.现将 B 从静止释放,斜面足够长,重力加速度为 g.求:

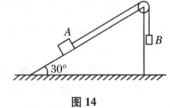

图 14

(1) B 落地前绳中张力的大小 T.
(2) 整个过程中 A 沿斜面向上运动的最大距离 L.

解析 (1) 根据牛顿第二定律,有
$$2mg - T = 2ma, \qquad ①$$
$$T - mg\sin 30° = ma. \qquad ②$$

联立式①和式②,得

$$a = \frac{g}{2}, \quad T = mg.$$

(2) 设 B 落地时的速度为 v,则有
$$v^2 = 2ah. \qquad ③$$
此时 A 的速度也为 v,B 落地后绳中张力为零,A 沿斜面向上做匀减速直线运动,则有
$$0^2 - v^2 = -2a'(L - h). \qquad ④$$
根据牛顿第二定律,有
$$mg\sin 30° = ma'. \qquad ⑤$$
联立式③~⑤,得
$$L = 2h.$$

12 如图 15 所示,两根电阻不计的光滑金属导轨竖直放置,相距为 L,导轨上端接有阻值为 R 的电阻,水平条形区域 I 和 II 内有磁感应强度为 B、方向垂直导轨平面向里的匀强磁场,其宽度均为 d,I 和 II 之间相距为 h 且无磁场.一长度为 L、质量为 m、电阻不计的导体棒,两端套在导轨上,并与两导轨始终保持良好接触.现将导体棒由区域 I 上边界 H 处静止释放,在穿过两段磁场区域的过程中,流过电阻 R 上的电流及其变化情况相同.重力加速度为 g.求:

(1) 导体棒进入区域 I 时的电流大小和方向.
(2) 导体棒穿过区域 I 的过程中,电阻 R 上产生的热量 Q.
(3) 图 16 中的四个图像定性地描述了导体棒速度大小与时间的关系,请选择正确的图像并简述理由.

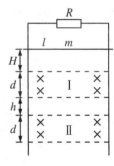

图 15

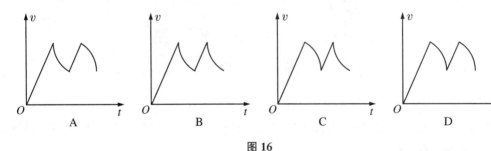

图 16

解析 (1) 导体棒进入磁场之前做自由落体运动,进入区域 I 时的速度为 v,则有
$$v^2 = 2gH, \qquad ①$$
$$\mathcal{E} = Blv, \qquad ②$$
$$i = \frac{\mathcal{E}}{R}. \qquad ③$$
联立式①~③,得
$$i = \frac{Bl\sqrt{2gH}}{R}.$$
根据右手定则,判断电流方向向右.

(2) 根据题意,导体棒在区域Ⅰ、Ⅱ的运动情况完全相同.导体棒进入区域Ⅰ时的速度为 v,在区域Ⅰ内做减速运动,离开区域Ⅰ后做加速度为 g 的匀加速运动,进入区域Ⅱ时的速度又为 v.对导体棒进入区域Ⅰ到进入区域Ⅱ这个过程,根据能量守恒定律,有

$$Q = mg(d + h).$$

(3) 导体棒在无磁场区域做加速度为 g 的匀加速运动,在磁场区域做加速度减小的减速运动,B 选项正确.

13 如图 17 所示,可视为质点的三个物块 A、B、C 质量分别为 m_1、m_2、m_3,三物块间有两根轻质弹簧 a、b,其原长均为 L_0,劲度系数分别为 k_a、k_b. a 的两端与物块连接,b 的两端与物块只接触不连接. a、b 被压缩一段距离后,分别由质量可忽略不计的硬质轻杆锁定,此时 b 的长度为 L,整个装置竖直置于水平地面上,重力加速度为 g.

(1) 现解开对 a 的锁定,若当 B 达到最高点时,A 对地面压力恰为零,求此时 C 距地面的高度 H.

(2) 在 B 到达最高点的瞬间,解除 a 与 B 的连接,并撤走 A 与 a,同时解除对 b 的锁定.设 b 恢复形变时间极短,此过程中弹力冲量远大于重力冲量,求 C 的最大速度的大小.

(3) 求 C 自 b 解锁瞬间至恢复原长时上升的高度 h.

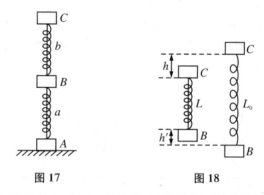

图 17   图 18

解析 (1) 当 B 达到最高点时,A 对地面压力恰为零,则弹簧 a 处于伸长状态,设伸长量为 x_a,根据胡克定律,有

$$k_a x_a = m_1 g,$$

解得

$$x_a = \frac{m_1 g}{k_a}.$$

此时 C 距地面的高度为

$$H = L + L_0 + x_a = L + L_0 + \frac{m_1 g}{k_a}.$$

(2) 弹簧 b 恢复形变时间极短,此过程中弹力冲量远大于重力冲量,即弹力远大于重力,因此可忽略重力,物块 B、C 和弹簧 b 组成的系统所受合力为零,动量守恒(类比爆炸模

型). 当弹簧 b 恢复原长时, 物块 B、C 的速度最大, 分别为 v_2、v_3, 取竖直向上为正方向, 根据动量守恒定律, 有

$$m_3 v_3 - m_2 v_2 = 0. \qquad ①$$

根据机械能守恒定律, 有

$$\frac{1}{2} k_b (L_0 - L)^2 = \frac{1}{2} m_2 v_2^2 + \frac{1}{2} m_3 v_3^2. \qquad ②$$

联立式①和式②, 得

$$v_3 = \sqrt{\frac{m_2 k_b}{m_3 (m_2 + m_3)}} (L_0 - L).$$

(3) 当弹簧 b 恢复原长时, C 上升的高度为 h, B 下降的高度为 h', 取竖直向上为正方向, 根据平均动量守恒, 有

$$m_3 h - m_2 h' = 0. \qquad ③$$

如图 18 所示, 根据几何关系, 有

$$h + h' = L_0 - L. \qquad ④$$

联立式③和式④, 得

$$h = \frac{m_2}{m_2 + m_3} (L_0 - L).$$

2012 年"卓越"自主招生试题解析

多项选择题.

01 我国于 2011 年发射的"天宫一号"目标飞行器与"神舟八号"飞船顺利实现了对接. 在对接过程中, "天宫一号"与"神舟八号"的相对速度非常小, 可以认为具有相同速率. 它们的运动可以看作绕地球的匀速圆周运动, 设"神舟八号"的质量为 m, 对接处距离地球中心为 r, 地球的半径为 R, 地球表面处的重力加速度为 g, 不考虑地球自转的影响, "神舟八号"在对接时( ).

A. 向心加速度为 gR/r
B. 角速度为 $\sqrt{gR^2/r^3}$
C. 周期为 $2\pi \sqrt{r^2/(gR^3)}$
D. 动能为 $mgR^2/(2r)$

解析 以 M 表示地球的质量, m' 表示地球表面处某一物体的质量, 根据万有引力定律和牛顿第二定律, 有

$$G \frac{Mm'}{R^2} = m'g, \qquad ①$$

$$G \frac{Mm}{r^2} = ma = m\omega^2 r = m \left(\frac{2\pi}{T}\right)^2 r = m \frac{v^2}{r}. \qquad ②$$

联立式①和式②,得

$$a = \frac{gR^2}{r^2}, \quad \omega = \sqrt{\frac{gR^2}{r^3}}, \quad T = 2\pi\sqrt{\frac{r^3}{gR^2}}, \quad E_k = \frac{mgR^2}{2r}.$$

答案 B、D.

02 在如图1所示的坐标系内,带有等量负电荷的两点电荷 A、B 固定在 x 轴上,并相对于 y 轴对称,在 y 轴正方向上的 M 点处有一带正电的检验电荷由静止开始释放.若不考虑检验电荷的重力,那么检验电荷在运动到 O 点的过程中( ).

A. 电势能逐渐变小

B. 电势能先变大后变小,最后为零

C. 先做加速运动后做减速运动

D. 始终做加速运动,到达 O 点时加速度为零

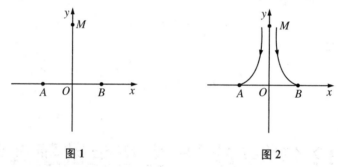

图1　　　　　　　图2

解析 画出两个等量负电荷的电场线分布,如图2所示.从 M 点至 O 点的过程中正检验电荷受到的电场力沿 y 轴负方向,电场力做正功,电势能逐渐变小,A 选项正确.整个过程中正检验电荷始终做加速运动,到达 O 点时,检验电荷受到的电场力为零,则加速度为零,D 选项正确.

答案 A、D.

03 在两端开口竖直放置的 U 形管内,两段水银封闭着长度为 L 的空气柱,a、b 两水银面的高度差为 h,现保持温度不变,则( ).

A. 若再向左管注入些水银,稳定后 h 变大

B. 若再向左管注入些水银,稳定后 h 不变

C. 若再向右管注入些水银,稳定后 h 变大

D. 若两管同时注入些水银,稳定后 h 变大

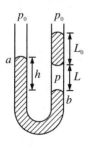

图3

解析 如图3所示,设 a 水银面上方空气压强为 p_0,b 水银面上方空气压强分别为 p_0、p,其中 p_0 代表大气压强,b 水银面上方的水银柱长度为 L_0,则有

$$p_0 + \rho g h = p, \quad ①$$

$$p_0 + \rho g L_0 = p. \quad ②$$

联立式①和式②,得
$$h = L_0.$$
若再向左管注入些水银,L_0 不变,所以 h 不变,B 选项正确.若再向右管注入些水银或两管同时注入些水银,L_0 变大,所以 h 变大,C、D 选项均正确.

答案 B、C、D.

04 如图 4 所示,A 和 B 两单色光,以适当的角度向半圆形玻璃砖射入,出射光线都从圆心 O 沿 OC 方向射出,且用这两种光照射同种金属,都能发生光电效应,则下列说法正确的是(　　).

　　A. A 光照射该金属释放的光电子的最大初动能一定比 B 光的大
　　B. A 光单位时间内照射该金属释放的光电子数一定比 B 光的多
　　C. 分别通过同一双缝干涉装置,A 光比 B 光的相邻亮条纹间距小
　　D. 两光在同一介质中传播,A 光的传播速度比 B 光的传播速度大

解析 由图 4 可知,A 光的入射角比 B 光的入射角小,A 光和 B 光的折射角相同,根据折射定律,得 A 光的折射率比 B 光的折射率大,所以 A 光的波长比 B 光的波长小,A 光的频率比 B 光的频率大.

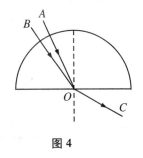

图 4

根据光电效应方程 $E_k = h\nu - W_0$,得 A 光照射该金属释放的光电子的最大初动能比 B 光的大,A 选项正确.光照射金属时放出的光电子数目取决于光的强度,因光强未知,所以 B 选项错误.根据条纹间距 $\Delta x = l\lambda/d$,得 A 光比 B 光的相邻亮条纹间距小,C 选项正确.根据折射率 $n = c/v$,得在同一介质中传播,A 光的传播速度比 B 光的传播速度小,D 选项错误.

答案 A、C.

05 A、B 为一列简谐横波上的两个质点,它们在传播方向上相距 20 m,当 A 在波峰时,B 恰在平衡位置.经过 2 s 再观察,A 恰在波谷,B 仍在平衡位置,则该波(　　).

　　A. 最大波长是 80 m　　　　B. 波长可能是 40/3 m
　　C. 最小频率是 0.25 Hz　　　D. 最小波速是 20 m/s

解析 A、B 两点间的距离为四分之一波长的奇数倍,有
$$(2n+1)\frac{\lambda}{4} = 20,$$
解得
$$\lambda = \frac{80}{2n+1}.$$
当 $n = 0$ 时,最大波长是 80 m,A 选项正确.

A 点从波峰到波谷(B 点从平衡位置到平衡位置)的时间为半个周期的奇数倍,有

$$(2m+1)\frac{T}{2}=2,$$

解得

$$f=\frac{1}{T}=\frac{2m+1}{4}.$$

当 $m=0$ 时,最小频率是 0.25 Hz,C 选项正确.

波速 $v=\lambda f$,当波长和频率都取最小值时,波速最小,由于波长无最小值,故波速也无最小值,D 选项错误.

答案 A、C.

06 如图 5 所示,固定在水平桌面上的两个光滑斜面 M、N,其高度相同,斜面的总长度也相同.现有完全相同的两物块 a、b 同时由静止分别从 M、N 的顶端释放,假设 b 在通过斜面转折处时始终沿斜面运动且无能量损失.则(　　).

A. 物块 b 较物块 a 先滑至斜面底端　　B. 两物块滑至斜面底端时速率相等

C. 两物块下滑过程中的平均速率相同　　D. 两物块开始下滑时加速度大小相等

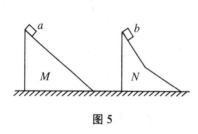

图 5

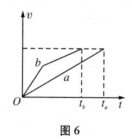

图 6

解析 两物块从相同的高度无机械能损失滑下,滑到底端时具有相同的动能,所以速率相同,B 选项正确.两物块开始下滑时,斜面 N 的倾角比斜面 M 的倾角大,所以 b 物块开始下滑时的加速度大,D 选项错误.画出两物块运动时的速率-时间图像,如图 6 所示,两物块运动路程相同,所以图线与 t 轴所围图形的面积相等.从图像中可以看出,$t_b < t_a$,A 选项正确.当路程相等时,时间短的平均速率大,所以 $\overline{v_b} > \overline{v_a}$,C 选项错误.

答案 A、B.

07 如图 7 所示,电阻分布均匀的电阻丝构成的闭合线框 $abcd$ 水平放置在竖直向下的匀强磁场中,电阻不可忽略的导体棒 MN 两端搭接在 ad 和 bc 上,MN 在水平外力 F 的作用下,从靠近 ab 处无摩擦地匀速运动到 cd 附近.MN 与线框始终保持良好接触,在运动过程中(　　).

A. MN 中的电流先减小后增大

B. MN 两端的电压先增大后减小

C. MN 上外力的功率先减小后增大

D. MN 上消耗的电功率先增大后减小

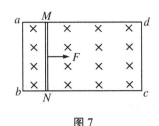
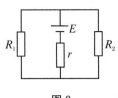

图 7　　　　　　　　　　　　　图 8

解析　导体棒 MN 在磁场中匀速运动,相当于一个电动势为 E、内阻为 r 的恒定电源,而四周的线框相当于 R_1 和 R_2 两个电阻并联,等效电路如图 8 所示.R_1 和 R_2 的阻值随着 MN 的运动而变化,并联之后的电阻为 $R = R_1R_2/(R_1+R_2)$.由于 $R_1 + R_2 =$ 常量,根据数学知识,当 MN 在线框中央时,R 取最大值.所以等效电路的总电阻在 MN 向右运动的过程中先增大后减小,则 MN 中的电流先减小后增大,A 选项正确.根据路端电压 $U = E - Ir$,得 MN 两端的电压先增大后减小,B 选项正确.由于 MN 匀速运动,则外力 F 与安培力大小相等,即 $F = BIl$,所以外力 F 先减小后增大.根据功率 $P = Fv$,得 MN 上外力的功率先减小后增大,C 选项正确.根据电功率 $P' = I^2r$,得 MN 上消耗的电功率先减小后增大,D 选项错误.

答案　A、B、C.

08　如图 9 所示,用等长绝缘线分别悬挂两个质量、电量都相同的带电小球 A 和 B,两线上端固定于 O 点,B 球固定在 O 点正下方.当 A 球静止时,两悬线夹角为 θ.能保持夹角 θ 不变的方法是(　　).

A. 同时使两悬线长度减半
B. 同时使 A 球的质量和电量都减半
C. 同时使两球的质量和电量都减半
D. 同时使两悬线长度和两球的电量都减半

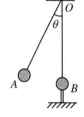

图 9

解析　设两球质量分别为 m_A、m_B,带电量分别为 q_A、q_B,悬线长度均为 l,两球间距离为 d.以 A 球为研究对象,受力分析如图 10 所示,根据库仑定律,有

$$F = k\frac{q_Aq_B}{d^2}. \quad ①$$

根据平衡条件,有

$$R = T = m_Ag. \quad ②$$

则

$$F = 2m_Ag\sin\frac{\theta}{2}. \quad ③$$

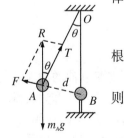

图 10　联立式①和式③,得

$$\sin\frac{\theta}{2} = k\frac{q_Aq_B}{2m_Agd^2}. \quad ④$$

由四个选项所提供的信息可知,我们应构建夹角 θ 与悬线长度、小球质量和电量的关系

305

式. 在 △OAB 中,根据几何关系,有

$$\sin\frac{\theta}{2} = \frac{d}{2l}. \quad ⑤$$

联立式④和式⑤,得

$$\sin^3\frac{\theta}{2} = k\frac{q_A q_B}{8m_A g l^2}.$$

将各选项中的变量代入,易知 B、D 选项正确.

答案 B、D.

综合题.

09 一质量为 $m = 40$ kg 的孩童,站在质量为 $M = 20$ kg 的长木板的一端,孩童与木板在水平光滑冰面上以 $v_0 = 2$ m/s 的速度向右运动. 若孩童以 $a = 2$ m/s² 相对木板的匀加速度跑向另一端,并从端点水平跑离木板时,木板恰好静止.

(1) 判断孩童跑动的方向;

(2) 求出木板的长度 l.

解析 (1) 孩童应沿着木板运动的方向跑动,即孩童开始时应站在木板的左端,向右跑.

(2) 由于冰面光滑,孩童和木板组成的系统在水平方向上不受外力,所以动量守恒. 选冰面为参照系,向右为正方向,则有

$$(M + m)v_0 = mv.$$

解得孩童跑离木板时的速度为

$$v = 3 \text{ m/s}.$$

根据

$$v_{孩童对冰面} = v_{孩童对木板} + v_{木板对冰面},$$

得孩童跑离木板时的速度就是孩童相对木板的速度.

以木板为参考系,有

$$v^2 = 2al,$$

解得 $l = 2.25$ m.

10 (1) 液体的黏滞系数是描述液体黏滞性大小的物理量. 落球法测定蓖麻油的黏滞系数 η,通常是将蓖麻油装满长为 1 m 左右圆柱形玻璃筒,通过测得小球竖直落入蓖麻油后做匀速运动时的速度来获得. 小球在蓖麻油中下落时受到重力、浮力和黏滞阻力 F 的作用,其中黏滞阻力 $F = 3\pi\eta v d$(其中 d、v 分别是小球的直径和速度). 当小球匀速运动时,利用受力平衡等条件便可求得 η,于是测得小球匀速运动的速度是这个实验的关键. 若你手边只有秒表和毫米刻度尺可以利用. 则:

(1.1) 你怎样确定小球已经做匀速运动了;

(1.2) 如何测得小球匀速运动的速度.

(2) 某同学设计了一个测量电阻 R_x(约为 10 Ω)阻值的电路,如图 11 所示.图中直流电流表的量程为 50 μA,内阻 R_g 约为 3 kΩ;电源 $E=3$ V,内阻不计;R_0 为六钮电阻箱(0~99999.9 Ω);R 为滑动变阻器(0~500 Ω,额定电流为 1.5 A);S_1 为开关;S_2 为双刀双掷开关.

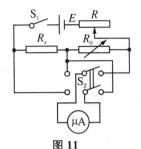

图 11

(2.1) 请简要写出实验步骤;
(2.2) 请用测量量表示出 R_x;
(2.3) 分析该电路的适用条件.

解析 (1.1) 在玻璃筒下部选取上、下两段相同的距离,若小球通过这两段距离所用的时间在误差允许范围内相同,即可判断小球在该区域做匀速运动.

(1.2) 小球匀速下落时,用刻度尺测量玻璃筒侧壁上选取的那段距离的长度,用秒表测量其通过的时间,其长度与时间之比即为小球的下落速度,要多次测量取平均值.

(2.1) 实验步骤如下:
① 选择 R_0 的阻值略大于 R_x;
② 闭合 S_1,将 S_2 合向 R_0 一侧,调节 R 使电流表指针指到满偏电流 2/3 以上的刻度;
③ 记下电流值 I_0;
④ 保持 R 的滑动触头位置不变;
⑤ 将 S_2 合向 R_x 一侧,读出电流表读数 I_1.

(2.2) 直流电流表在这里充当的是电压表的角色,由于电流表内阻 R_g 远远大于 R_0 和 R_x 的阻值,故将 S_2 合向 R_0 一侧和将 S_2 合向 R_x 一侧时,通过 R_0 和 R_x 的电流 I 不变,则有

$$IR_0 = I_0 R_g, \quad IR_x = I_1 R_g.$$

两式相除,得

$$R_x = \frac{I_1}{I_0} R_0.$$

(2.3) 适用条件:
① R_x 的阻值应远远小于 50 μA 直流电流表的内阻;
② R_0 阻值的取值应与 R_x 相近.

11

通过荧光光谱分析可以探知元素的性质,荧光光谱分析仪是通过测量电子从激发态跃迁到基态时释放的光子频率来实现的.激发态的原子可以采用激光照射基态原子的方法来获得.现用激光照射迎着激光而来的一离子束,使其电子从基态跃迁到激发态,已知离子质量为 m,电荷量为 $e(e>0)$,假设该离子束处于基态时的速度分布如图 12 所示,v_0 为该离子束中离子的最大速度($v_0 \ll c$).

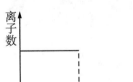

图 12

(1) 速度为 v 的离子束迎着发射频率为 ν 的激光运动时,根据经典多普勒效应,接收到此激光的频率为 $\nu' = \nu(1+v/c)$,其中 c 为光速.设波长为 λ_0 的激光能够激发速度 $v=0$ 的基态离子,若要

激发全部离子,试推断激光的波长范围.

(2)若用电压为 U 的加速电场加速处于基态的离子束,试推断离子束的速度分布范围是变大了还是变小了;加速后的基态离子束再被激发,那么激光的波长范围与(1)中的结论相比如何变化?

解析 (1)因为波长为 λ_0 的激光能够激发速度 $v=0$ 的基态离子,因此,以速度 v 运动的离子若要被激发,该离子接收到的激光波长(即固定于以速度 v 运动的参考系上测到的激光波长)也必须是 λ_0.根据经典多普勒效应,迎着激光以速度 v 运动的离子束接收到激光的频率为

$$\nu' = \nu\left(1 + \frac{v}{c}\right). \quad ①$$

因此,离子能被激发的频率为

$$\nu' = \frac{c}{\lambda_0}. \quad ②$$

设激发速度为 v 的离子束的激光波长为 λ,联立式①和式②,得

$$\lambda = \frac{c}{\nu} = \lambda_0\left(1 + \frac{v}{c}\right). \quad ③$$

若要激发全部离子,激光的波长范围为

$$\lambda_0 \leqslant \lambda \leqslant \lambda_0\left(1 + \frac{v_0}{c}\right). \quad ④$$

(2)设初速度为 v 的离子经加速电场后的速度为 v',根据动能定理,有

$$eU = \frac{1}{2}mv'^2 - \frac{1}{2}mv^2,$$

解得

$$v' = \sqrt{v^2 + \frac{2eU}{m}}.$$

原来速度为零的离子加速后的速度最小,为

$$v_1 = \sqrt{\frac{2eU}{m}}. \quad ⑤$$

原来速度为 v_0 的离子加速后的速度最大,为

$$v_2 = \sqrt{v_0^2 + \frac{2eU}{m}}. \quad ⑥$$

设加速后离子的速度分布范围为 $\Delta v'$,联立式⑤和式⑥,得

$$\Delta v' = v_2 - v_1 = \sqrt{v_0^2 + \frac{2eU}{m}} - \sqrt{\frac{2eU}{m}}.$$

整理,得

$$\Delta v' = \frac{v_0^2}{\sqrt{v_0^2 + \frac{2eU}{m}} + \sqrt{\frac{2eU}{m}}} < v_0.$$

加速前离子的速度分布范围为 $\Delta v = v_0 - 0 = v_0$,所以

$$\Delta v' < \Delta v.$$

离子束经加速电场后,速度分布的范围变小了.

设(1)中激光的波长范围为 $\Delta\lambda$,由式④,得

$$\Delta\lambda = \lambda_0\left(1+\frac{v_0}{c}\right) - \lambda_0 = \frac{\lambda_0}{c}v_0 = \frac{\lambda_0}{c}\Delta v.$$

设经加速电场加速后所需激光的波长范围为 $\Delta\lambda'$,联立式③、式⑤和式⑥,得

$$\lambda_1 = \lambda_0\left(1+\frac{v_1}{c}\right), \quad \lambda_2 = \lambda_0\left(1+\frac{v_2}{c}\right).$$

则

$$\Delta\lambda' = \lambda_2 - \lambda_1 = \frac{\lambda_0}{c}\left(\sqrt{v_0^2 + \frac{2eU}{m}} - \sqrt{\frac{2eU}{m}}\right) = \frac{\lambda_0}{c}\Delta v'.$$

所以,有 $\Delta\lambda' < \Delta\lambda$. 加速后的基态离子束再被激发,激光的波长范围变小了.

2011 年"卓越"自主招生试题解析

不定项选择题.

01 甲、乙两车在一平直公路上从同一地点沿同一方向做直线运动,它们的 v-t 图像如图 1 所示,下列判断错误的是( ).

A. 乙车起动时,甲车在其前方 50 m 处
B. 运动过程中,乙车落后甲车的最大距离为 75 m
C. 乙车起动 10 s 后正好追上甲车
D. 乙车超过甲车后,两车不会再相遇

解析 乙车在 $t=10$ s 时起动,甲车已运动 10 s,则乙车起动时,甲车在其前方的距离为 $x=\frac{1}{2}\times 10\times 10$ m $= 50$ m,A 选项正确. $t=15$ s 时两车速度相等,距离最大,最大距离为 $x_m = \left[50 + \frac{1}{2}\times 10\times(15-10)\right]$ m $= 75$ m,B 选项正确.当乙车正好追上甲车时,两车位移相等,由图 1 可得,$t=25$ s,即乙车起动 15 s 后正好追上甲车,C 选项错误.乙车追上甲车后,$v_乙 > v_甲$,则两车不会再相遇,D 选项正确.

答案 C.

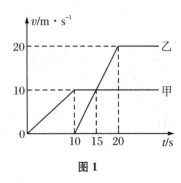

图 1

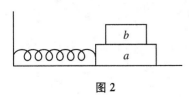

图 2

02 如图 2 所示,光滑水平面上有一质量为 M 的物块 a,其左侧与一个固定在墙上的弹簧相连,弹簧劲度系数为 k;物块 a 上有一个质量为 m 的物块 b,a、b 之间的最大静

摩擦力为 f_0. 现用一水平力缓慢向左推动物块 a, 使弹簧压缩. 若在撤去此力后物块 a 与 b 间没有相对运动, 弹簧压缩的最大距离为( ).

A. $\dfrac{M}{mk}f_0$ B. $\dfrac{M+m}{mk}f_0$ C. $\dfrac{M}{(m+M)k}f_0$ D. $\dfrac{m}{(m+M)k}f_0$

解析 由于 a、b 之间无相对运动, 所以振动过程中 a、b 具有相同的加速度. 对于 a、b 所组成的整体, 有
$$kx = (M+m)a,$$
解得
$$a = \dfrac{kx}{M+m}.$$
对于物块 b, 有
$$f = ma = \dfrac{mkx}{M+m} \leqslant f_0.$$
所以
$$x \leqslant \dfrac{M+m}{mk}f_0.$$

答案 B.

03 一质量为 m 的质点以速度 v_0 运动, 在 $t=0$ 时开始受到恒力 F 作用, 速度大小先减小后增大, 其最小值为 $v_1 = v_0/2$. 质点从开始受到恒力作用到速度最小的过程中的位移为( ).

A. $\dfrac{3mv_0^2}{8F}$ B. $\dfrac{\sqrt{6}mv_0^2}{8F}$ C. $\dfrac{\sqrt{3}mv_0^2}{4F}$ D. $\dfrac{\sqrt{21}mv_0^2}{8F}$

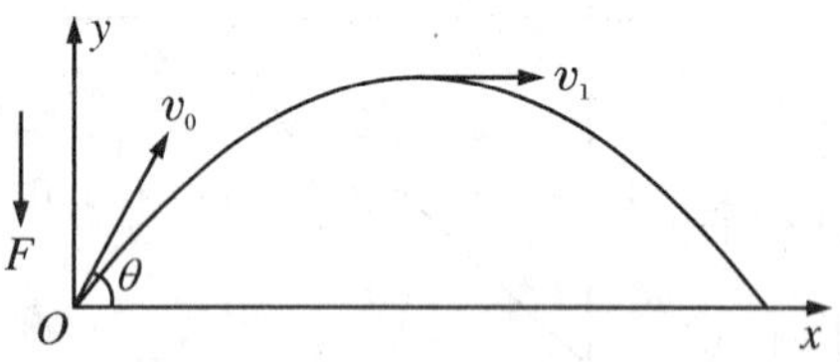

解析 如图 3 所示, 质点的运动可以分解为沿 x 方向的匀速直线运动和沿 y 方向的匀变速直线运动, 则有
$$v_0\cos\theta = v_1 = \dfrac{1}{2}v_0,$$
解得
$$\theta = 60°.$$

图 3

此过程中质点的运动时间为
$$t = \dfrac{v_0\sin\theta}{a} = \dfrac{v_0\sin\theta}{F/m} = \dfrac{\sqrt{3}mv_0}{2F}.$$
此过程中质点在 x 方向和 y 方向的位移分别为
$$x = v_0\cos\theta \cdot t = \dfrac{\sqrt{3}mv_0^2}{4F}, \quad y = \dfrac{v_0\sin\theta}{2}\cdot t = \dfrac{3mv_0^2}{8F}.$$
所以, 总位移为
$$s = \sqrt{x^2+y^2} = \dfrac{\sqrt{21}mv_0^2}{8F}.$$

答案　D.

04 长为 l、质量为 M 的木块静止在光滑水平面上．质量为 m 的子弹以水平速度 v_0 射入木块并从中射出．已知从子弹射入到射出木块的过程中，木块移动的距离为 s，则子弹穿过木块所用的时间为(　　)．

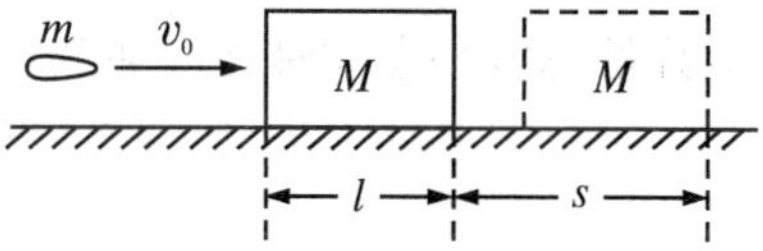

A. $\dfrac{l+s}{v_0}$　　　　B. $\dfrac{1}{v_0}\left[l+\left(1+\dfrac{M}{m}\right)s\right]$

C. $\dfrac{1}{v_0}\left[l+\left(1+\dfrac{m}{M}\right)s\right]$　　　　D. $\dfrac{1}{v_0}\left[\left(1+\dfrac{M}{m}\right)l+s\right]$

图4

解析　如图4所示，子弹射出木块时的位移大小为 $l+s$，木块的位移大小为 s，设运动时间为 t，子弹的加速度大小为 a，木块的加速度大小为 a'，则有

$$l+s = v_0 t - \dfrac{1}{2}at^2, \qquad ①$$

$$s = \dfrac{1}{2}a't^2. \qquad ②$$

子弹穿过木块的过程中，子弹与木块间的作用力大小相等，则

$$ma = Ma'. \qquad ③$$

联立式①～③，得

$$t = \dfrac{1}{v_0}\left[l+\left(1+\dfrac{M}{m}\right)s\right].$$

答案　B.

05 如图5所示，两段不可伸长细绳的一端分别系于两竖直杆上的 A、B 两点，另一端与质量为 m 的小球 D 相连．已知 A、B 两点高度相差 h，$\angle CAB = \angle BAD = 37°$，$\angle ADB = 90°$，重力加速度为 g．现使小球发生微小摆动，则小球摆动的周期为(　　)．

A. $\pi\sqrt{\dfrac{17h}{3g}}$　　B. $\dfrac{\pi}{2}\sqrt{\dfrac{85h}{3g}}$　　C. $\pi\sqrt{\dfrac{h}{g}}$　　D. $2\pi\sqrt{\dfrac{h}{g}}$

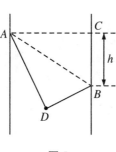

图5

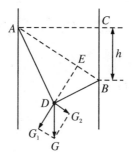

图6

解析　根据题设条件，可得 $\triangle CAB \cong \triangle DAB$，则 $BD = BC = h$．过 D 点向 AB 作垂线，交 AB 于 E 点，如图6所示，DE 即为等效摆的摆长，其长度为

$$L' = BD\cos\angle BDE = h\cos 37°.$$

摆球在平衡位置时,把摆球的重力 G 分解为与 AB 垂直的分力 G_1 和与 AB 平行的分力 G_2,则 $G_1 = G\cos 37°$,等效重力加速度为

$$g' = \frac{G_1}{m} = g\cos 37°.$$

因而摆球微小摆动时的周期为

$$T = 2\pi\sqrt{\frac{L'}{g'}} = 2\pi\sqrt{\frac{h}{g}}.$$

答案 D.

06 半径为 R 的接地金属球外有一电荷量为 q 的点电荷,点电荷与球心 O 相距 $d = 2R$,如图 7 所示.金属球上的感应电荷为( ).

A. 0　　　B. $-\dfrac{q}{4}$　　　C. $-\dfrac{q}{2}$　　　D. q

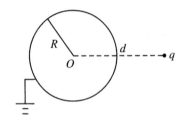

图 7

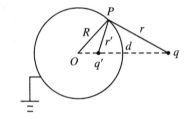

图 8

解析 用假想点电荷 q' 来等效替代金属球上的感应电荷,根据对称性,q' 应在 Oq 连线上,如图 8 所示.在 q 和 q' 的共同作用下,球面上任一点 P 的电势都为零,则

$$k\frac{q}{r} + k\frac{q'}{r'} = 0.$$

式中,r 为 q 到 P 的距离,r' 为 q' 到 P 的距离.因此对球面上任一点,有

$$\frac{r'}{r} = -\frac{q'}{q} = 常数. \qquad ①$$

选择 q' 在合适的位置使 $\triangle Oq'P \sim \triangle OPq$,则

$$\frac{r'}{r} = \frac{R}{d} = 常数. \qquad ②$$

联立式①和式②,得

$$q' = -\frac{R}{d}q = -\frac{q}{2}.$$

答案 C.

07 已知两极板间距为 d、极板面积为 S 的平行板电容器的电容为 $\varepsilon_0 S/d$,其中 ε_0 为常量.若两板的电荷量减半,间距变为原来的 4 倍,则电容器极板间( ).

A. 电压加倍,电场强度减半 B. 电压加倍,电场强度加倍
C. 电压减半,电场强度减半 D. 电压加倍,电场强度不变

解析 电容器的电容、电压和电荷量之间的关系为

$$C = \frac{Q}{U}. \qquad ①$$

平行板电容器的电容为

$$C = \frac{\varepsilon_0 S}{d}. \qquad ②$$

联立式①和式②,得

$$U = \frac{Qd}{\varepsilon_0 S}.$$

两极板间的电场强度为

$$E = \frac{U}{d} = \frac{Q}{\varepsilon_0 S}.$$

当两板的电荷量减半、间距变为原来的4倍时,电压加倍,电场强度减半,故 A 选项正确.

答案 A.

08 如图9所示,虚线为一匀强磁场的边界,磁场方向垂直于纸面向里.在磁场中某点沿虚线方向发射两个带负电的粒子 A 和 B,其速度分别为 v_A、v_B,两者的质量和电荷量均相同,两个粒子分别经过 t_A、t_B 时间从点 P_A、P_B 射出,则( ).

A. $v_A > v_B, t_A > t_B$ B. $v_A > v_B, t_A < t_B$
C. $v_A < v_B, t_A > t_B$ D. $v_A < v_B, t_A < t_B$

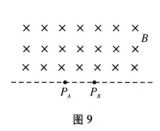
图9

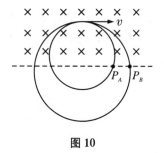
图10

解析 因粒子带负电,若沿虚线向左射出,其运动轨迹会向上弯曲,故粒子只能沿虚线向右射出,才有可能到达虚线边界,如图10所示.可见粒子 A 的运动半径小于粒子 B 的运动半径,根据圆轨道半径 $R = mv/(qB)$,得 $v_A < v_B$.粒子 A 运动轨迹的圆心角大于粒子 B 运动轨迹的圆心角,根据 $t = \theta T/(2\pi)$、$T = 2\pi m/(qB)$,得 $t_A > t_B$,C 选项正确.

答案 C.

09 心电图仪是将心肌收缩产生的脉动转化为电压脉冲的仪器,其输出部分可用一个与大电阻($r = 40 \text{ k}\Omega$)相连的交流电源来等效,如图11所示.心电图仪与一理想变压器的初级线圈相连,扬声器(可以等效为阻值为 $R = 8 \text{ }\Omega$ 的电阻)与该变压器的次级线圈相连.在等效

电源的电压有效值 U_0 不变的情况下,为使扬声器获得最大功率,变压器的初级线圈和次级线圈的匝数比约为( ).

A. 1∶5000　　　B. 1∶70　　　C. 70∶1　　　D. 5000∶1

解析　设输入电流为 I_1,输入电压为 U_1,初级线圈的匝数为 n_1,输出电流为 I_2,输出电压为 U_2,次级线圈的匝数为 n_2,则

$$\frac{U_1}{U_2} = \frac{n_1}{n_2}, \quad ①$$

$$\frac{I_1}{I_2} = \frac{n_2}{n_1}. \quad ②$$

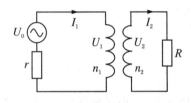

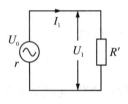

图 11　　　　　　　　　图 12

把心电图仪等效地看成一个电动势为 U_0、内阻为 r 的电源,把变压器和负载 R 等效地看成一个电阻 R',如图 12 所示,根据电阻的定义有

$$R' = \frac{U_1}{I_1}. \quad ③$$

联立式①~③,得

$$R' = \left(\frac{n_1}{n_2}\right)^2 \frac{U_2}{I_2} = \left(\frac{n_1}{n_2}\right)^2 R.$$

扬声器获得最大功率,也就是等效电阻 R' 获得最大功率,也就是等效电源的输出功率最大.当 $R' = r$ 时,等效电源的输出功率最大,即

$$r = \left(\frac{n_1}{n_2}\right)^2 R.$$

所以

$$\frac{n_1}{n_2} = \sqrt{\frac{r}{R}} \approx 70∶1.$$

答案　C.

10 如图 13 所示,在光电效应实验中用 a 光照射光电管时,灵敏电流计指针发生偏转,而用 b 光照射光电管时,灵敏电流计指针不发生偏转,则( ).

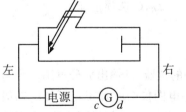

图 13

A. a 光的强度一定大于 b 光的强度

B. 电源极性可能是右边为正极,左边为负极

C. 电源极性可能是左边为正极,右边为负极

D. 发生光电效应时,电流计中的光电流沿 d 到 c 方向

解析 实验结果表明 a 光一定会发生光电效应,b 光可能没有发生光电效应,也可能左极板上虽有光电子逸出,但由于加的是反向电压,光电子不能达到右极板,这样电路中就没有电流.发生光电效应时,电子会从左极板运动到右极板,则电路中的电流为逆时针方向,所以电流计中的光电流沿 c 到 d 方向,B、C 选项正确.

答案 B、C.

实验题.

11 图 14 为一利用光敏电阻测量储液罐中液面高度装置的示意图.当罐中装满液体时,液面与出液口高度差为 h,罐外有一竖直放置的管,管内一侧有沿竖直线排列的光敏电阻,另一侧有一列光强稳定的光源.液面上一浮块与一块遮光板通过定滑轮相连,遮光板可随浮块的升降在管内上下运动,光敏电阻的总长度和遮光板的总长度都为 h.当储液罐内装满液体时,遮光板的上沿与最下面的光敏电阻的下边缘等高,管内的光均匀地照射在光敏电阻上,光敏电阻和仪表相连.现要求设计一电路以利用上述装置测量液面高度.

为将问题简化,假设管内只有 3 个光敏电阻 R_1、R_2、R_3,分别位于管的上端、下端和中央;它们的暗电阻均为 10 kΩ,被管内光源照亮时电阻均为 1.0 kΩ.给定的仪器还有:直流电源 E(电动势为 9 V,电阻不计);3 个固定电阻,阻值分别为 $R_{10}=2.5$ kΩ,$R_{20}=1.8$ kΩ,$R_{30}=1.5$ kΩ;电压表一块(量程为 3 V,内阻可视为无穷大);开关一个;导线若干.

要求:当罐内装满液体时,电压表恰好为满量程.

(1) 选择合适的固定电阻,画出电路图,并用题中给定的符号标明图中各元件.

(2) 完成下列填空:(结果保留两位有效数字)

① 液面与出液口等高时电压表的示值为_____V.

② 若管内的光强变暗,使得光敏电阻被照亮时的阻值变为 1.2 kΩ,则固定电阻的阻值应变换为_____kΩ,便可达到题目要求.

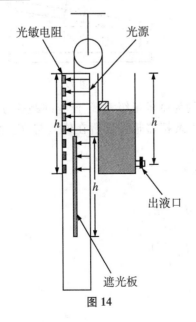

图 14

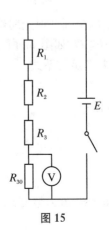

图 15

解析 (1) 选择固定电阻 $R_{30} = 1.5\text{ k}\Omega$,电路图如图 15 所示.

(2)① 当液面与出液口等高时,光源完全被遮光板遮住,此时三个光敏电阻的阻值均为 $10\text{ k}\Omega$,则电压表的示值为

$$U = \frac{R_{30}}{R_{30} + R_1 + R_2 + R_3}E = \frac{1.5}{1.5 + 10 \times 3} \times 9 \text{ V} = 0.43 \text{ V}.$$

② 若光敏电阻被照亮时的阻值变为 $1.2\text{ k}\Omega$,为使电压表为满量程,则固定电阻的阻值变为 R,R 满足

$$\frac{R}{R + 1.2 \times 3} = \frac{3}{9},$$

解得 $R = 1.8\text{ k}\Omega$.

推理、论证题.

12 利用光的干涉可以测量待测圆柱形金属丝与标准圆柱形金属丝的直径差(约为微米量级),实验装置如图 16 所示.T_1 和 T_2 是具有标准平面的玻璃平晶,A_0 为标准金属丝,直径为 D_0;A 为待测金属丝,直径为 D;两者中心间距为 L.实验中用波长为 λ 的单色光垂直照射平晶表面,观察到的干涉条纹如图所示,测得相邻条纹的间距为 Δl.

(1) 证明:$|D - D_0| = \lambda L/(2\Delta l)$;

(2) 若轻压 T_1 的右端,发现条纹间距变大,试由此分析 D 与 D_0 的大小关系.

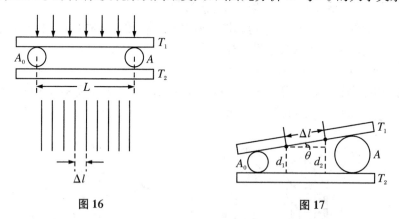

图 16 图 17

解析 (1) 两个圆柱形金属丝的直径差约为微米量级,为了研究问题的方便,我们把差异放大,且设 $D_0 < D$,如图 17 所示.设任意两条相邻暗条纹所在位置与 T_2 的距离分别为 d_1、d_2,则光程差满足关系式

$$2d_2 - 2d_1 = \lambda. \qquad ①$$

根据几何关系,有

$$\sin\theta = \frac{d_2 - d_1}{\Delta l}, \qquad ②$$

$$\tan\theta = \frac{D - D_0}{L}. \qquad ③$$

而 θ 很小时,$\sin\theta \approx \tan\theta$.联立式①~③,得

$$D - D_0 = \frac{\lambda L}{2\Delta l}.$$

由于实际情况 D 与 D_0 的大小不确定,所以

$$|D - D_0| = \frac{\lambda L}{2\Delta l}.$$

(2) 由(1)中的结论可知,在 λ、L 不变的情况下,Δl 增大,则 $|D-D_0|$ 减小,轻压 T_1 的右端时 D 减小,说明原来 $D>D_0$.

计算题.

13 如图18所示,一导热良好、足够长的气缸水平放置在地面上.气缸质量 $M=9.0$ kg,与地面的动摩擦因数 $\mu=0.40$.气缸内一质量 $m=1.0$ kg、面积 $S=20$ cm^2 的活塞与缸壁光滑密接.当气缸静止、活塞上不施加外力时,活塞与气缸底(即图中气缸最左端)的距离 $l_0=8.0$ cm.已知大气压 $p_0=1.0\times10^5$ Pa,重力加速度 $g=9.8$ m/s^2.现用逐渐增大的水平拉力向右拉活塞,使活塞始终相对气缸缓慢移动,近似认为最大静摩擦力与滑动摩擦力相等,求:

(1) 当拉力达到 30 N 时,活塞与气缸底之间的距离;
(2) 当拉力达到 50 N 时,活塞与气缸底之间的距离.

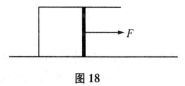

图 18

解析 (1) 气缸所受地面的最大静摩擦为
$$f_m = \mu(M+m) = 39.2 \text{ N}.$$
当 $F=30$ N$<f_m$ 时,气缸不动,活塞缓慢移动,这个过程气缸内的气体是等温膨胀.设稳定时活塞与气缸底之间的距离为 l_1,气体的压强为 p_1.对活塞,有
$$(p_0 - p_1)S = F. \quad ①$$
对气体,有
$$p_0 l_0 = p_1 l_1. \quad ②$$
联立式①和式②,得
$$l_1 \approx 9.4 \text{ cm}.$$

(2) 当 $F=50$ N$>f_m$ 时,气缸在活塞的带动下缓慢加速,稳定时气缸与活塞有相同的加速度 a.设此时活塞与气缸底之间的距离为 l_2,气体的压强为 p_2.对整体,有
$$F - f_m = (M+m)a. \quad ③$$
对活塞,有
$$F + p_2 S - p_0 S = ma. \quad ④$$
对气体,有
$$p_0 l_0 = p_2 l_2. \quad ⑤$$
联立式③~⑤,得
$$l_2 \approx 10.6 \text{ cm}.$$

14 如图19所示,一半径为 R、位于竖直面内的绝缘光滑轨道上静止着两个相同的带电小球 A 和 B(可视为质点),两球质量均为 m,距离为 R.用外力缓慢推左球 A 使其到达圆周最低

点 C, 求此过程中外力所做的功. 设两小球在运动过程中电荷量均保持不变,重力加速度为 g.

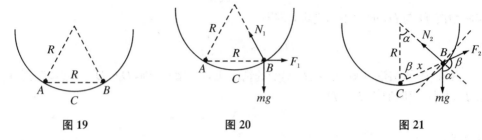

图 19　　　　　　图 20　　　　　　图 21

解析　以小球 A、B 组成的系统为研究对象, 在初始位置时系统平衡, 用外力缓慢推小球 A 使其到达圆周最低点 C 的过程中, 小球 B 会缓慢上升, 最终系统再次平衡. 根据动能定理, 有

$$W_{外} + W_{重} + W_{电} = \Delta E_k = 0. \quad ①$$

而

$$W_{重} = -\Delta E_{p重}, \quad ②$$
$$W_{电} = -\Delta E_{p电}. \quad ③$$

联立式①~③, 得

$$W_{外} = \Delta E_{p重} + \Delta E_{p电},$$

即外力所做的功等于初、末位置系统重力势能的变化量和电势能的变化量之和.

初位置如图 20 所示, 小球 B 受重力 mg、静电力 $F_1 = kq^2/R^2$、弹力 N_1, 根据平衡条件, 有

$$mg\tan 30° = F_1 = k\frac{q^2}{R^2}. \quad ④$$

由式④, 得系统具有的电势能为

$$E_{P电} = k\frac{q^2}{R} = \frac{\sqrt{3}}{3}mgR.$$

选取 C 点为重力势能零点, 则系统具有的重力势能为

$$E_{p重} = 2mgR(1 - \cos 30°) = mgR(2 - \sqrt{3}).$$

末位置如图 21 所示, 小球 B 受重力 mg、静电力 $F_2 = kq^2/x^2$、弹力 N_2, 根据平衡条件, 有

$$mg\sin\alpha = F_2\sin\beta = k\frac{q^2}{x^2}\sin\beta. \quad ⑤$$

根据几何关系, 有

$$\alpha + 2\beta = 180°, \quad ⑥$$
$$x = 2R\sin\frac{\alpha}{2}. \quad ⑦$$

联立式④~⑦, 得

$$x = R\sqrt[3]{\frac{\sqrt{3}}{3}}. \quad ⑧$$

联立式④和式⑧,得系统具有的电势能为

$$E'_{P电} = k\frac{q^2}{x} = \frac{\sqrt[3]{9}}{3}mgR.$$

联立式⑥～⑧,得系统具有的重力势能为

$$E'_{p重} = mgx\cos\beta = \frac{\sqrt[3]{9}}{6}mgR.$$

所以,外力所做的功为

$$W_{外} = \Delta E_{p重} + \Delta E_{p电} = (E'_{p重} - E_{p重}) + (E'_{p电} - E_{p电}) = \left(\frac{\sqrt[3]{9}}{2} + \frac{2}{3}\sqrt{3} - 2\right)mgR.$$

2014 年复旦大学千分考试题解析

01 装有气体的绝热容器原先静止,突然匀速运动,则最终内部气体的温度( ).
A. 上升　　　　　B. 下降　　　　　C. 不变　　　　　D. 变化无法判断

解析 原来静止的绝热容器突然匀速运动,内部气体会随容器一起运动,这样气体分子在无规则热运动的基础上附加上 x 方向定向运动速度.最终气体分子相对容器做无规则热运动,x 方向定向运动动能通过分子之间的频繁碰撞逐步平均分配到 y、z 方向的自由度以及其他自由度上去.达到平衡时,能量达到均分,温度上升.A 选项正确.

答案 A.

02 原先不带电的、电容为 C 的电容器通过导线接到电动势为 U 的电源两端充电,直至电荷充满.设电容器极板电阻和电源内阻与导线电阻相比均可忽略不计.各种热传导忽略不计,则充电前后( ).
A. 电容质量没有变化
B. 电源质量没有变化
C. 电源质量减小 $\dfrac{CU^2}{2c^2}$
D. 导线质量增大 $\dfrac{CU^2}{2c^2}$

解析 一电动势为 U 的电源对一电容为 C 的电容器充电,充电后电容器储存的电能为 $CU^2/2$,而电源提供的能量为 CU^2,电容器仅得到了电源提供的一半能量,另一半消耗在导线电阻上.由爱因斯坦质能方程,得电容质量增大 $CU^2/(2c^2)$,电源质量减小 CU^2/c^2,导线质量增大 $CU^2/(2c^2)$.故 D 选项正确.

答案 D.

03 飞机高速飞行于高纬度地区上空,旅客可见日落东隅奇观,必要条件是( ).
A. 时值清晨,飞机由西往东
B. 时值清晨,飞机由东往西

C. 时值傍晚，飞机由西往东　　　D. 时值傍晚，飞机由东往西

解析 太阳从东边升起，从西边落下，是地球上的自然现象，但在某些条件下，在纬度较高地区上空飞行的飞机上，旅客可以看到太阳从东边落下的奇妙现象．如图 1 所示是某一纬度较高地区地球的截面图．太阳光照射到地球上，地球自转自西向东，此时 A 地区是清晨，地面上的观察者看到太阳正在升起．如果飞机正在由东向西飞行，且速度大于地球自转的线速度（纬度较高地区的线速度较小），飞机上的旅客就可以看到太阳从东边落下的奇妙现象．故 B 选项正确．

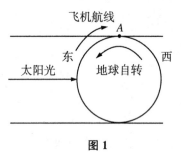

图 1

答案 B．

04 如图 2 所示，狐狸沿固定直线以匀速率 v_1 逃跑，直线外一猎犬以匀速率 v_2 追击，运动方向始终对准狐狸．初始时两者相距 d，连线方向与狐狸逃跑线路垂直，此时猎犬的加速度为（　　）．

A. $\dfrac{v_1^2}{d}$　　B. $\dfrac{v_2^2}{d}$　　C. $\dfrac{v_1^2+v_2^2}{d}$　　D. $\dfrac{v_1 v_2}{d}$

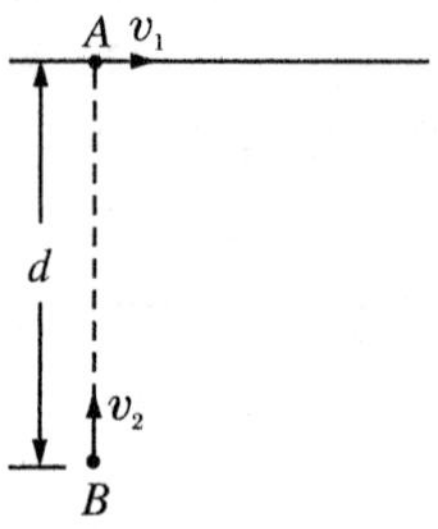

图 2 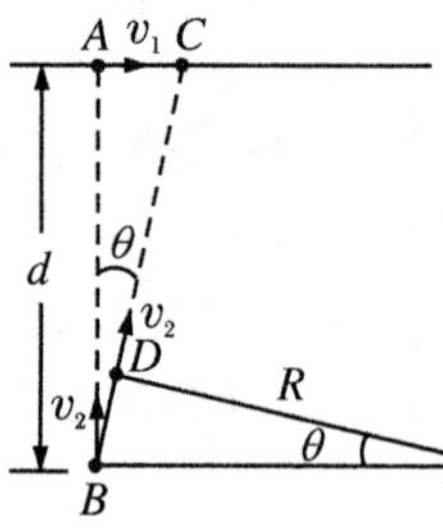　　图 3

解析 猎犬做匀速率曲线运动，其加速度只有法向分量．在所求时刻开始的一段无限短的时间 Δt 内，猎犬运动的轨迹可近似看成一段圆弧，设其半径为 R，则法向加速度（等于加速度）是

$$a_n = \dfrac{v_2^2}{R}.$$

如图 3 所示，在 Δt 时间内，设狐狸从 A 到 C，猎犬从 B 到 D，猎犬的速度方向转过的角度为

$$\theta = \dfrac{v_2 \Delta t}{R}.$$

而狐狸奔跑的距离为

$$v_1 \Delta t = d \tan\theta \approx d\theta.$$

因而

$$\dfrac{v_1 \Delta t}{d} = \dfrac{v_2 \Delta t}{R}.$$

猎犬此时的法向加速度为

$$a_n = \frac{v_2^2}{R} = \frac{v_1 v_2}{d}.$$

答案 D.

05 钢筒内装有压缩空气,打开阀门后气体迅速从筒内逸出,很快筒内压强与大气压相同,此时立即关闭阀门,若气温保持不变,则经过一段时间后,筒内气体压强将( ).

A. 低于大气压　　B. 高于大气压　　C. 等于大气压　　D. 无法判断

解析　打开阀门后气体迅速喷出,短时间的膨胀由于来不及和外界发生热交换,可近似看作绝热过程.气体膨胀对外界做正功(外界对气体做负功),气体内能减小,温度降低.经过一段时间后,由于热交换,筒内气体温度升高,而体积不变,所以筒内气体压强将增大.故 B 选项正确.

答案 B.

06 某交流信号发生器输出方波电压

$$u(t) = \begin{cases} U_0, & nT \leq t < \left(n+\frac{2}{3}\right)T, \\ 0, & \left(n+\frac{2}{3}\right)T \leq t \leq (n+1)T, \end{cases}$$

其中 T 为周期,n 为任意整数.另一平均焦耳热功率相同的交变信号发生器输出正弦信号,则其电压最大值为( ).

A. $\dfrac{\sqrt{2}U_0}{\sqrt{3}}$　　　　B. U_0　　　　C. $\dfrac{2U_0}{\sqrt{3}}$　　　　D. $\sqrt{2}U_0$

解析　交变电压随时间变化的图像如图 4 所示.则有

$$\frac{U_0^2}{R} \cdot \frac{2}{3}T = \frac{\left(\frac{U_m}{\sqrt{2}}\right)^2}{R}T,$$

解得

$$U_m = \frac{2U_0}{\sqrt{3}}.$$

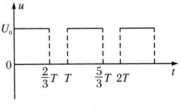

图 4

答案 C.

07　平面上有个 100 点,每两点之间连有阻值为 R 的电阻,在任意两点间加上电压 U,则电路消耗的总功率为( ).

A. $\dfrac{100U^2}{R}$　　　　B. $\dfrac{50U^2}{R}$　　　　C. $\dfrac{10U^2}{R}$　　　　D. $\dfrac{U^2}{R}$

解析　由于任意两点之间均连有电阻,根据对称性,可认为每个点的地位相同,即任意两点间的等效电阻相同,故本题的关键在于计算任意两点间的等效电阻.为了研究问题的方便,先讨论平面上五个点的简单情况.根据排列组合知识,平面上五个点任意两点相连的情

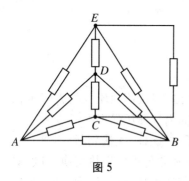

图 5

况有 $C_5^2=10$ 种.对于这五个点,可以如图 5 进行排列,这样的处理可以让电路具有左右对称性,则 C、D、E 三点等电势,三点中任意两点间的电阻上无电流通过,不对系统电阻产生影响.

对于 100 个点的情况,同样可以进行这样的处理.将除 A、B 两点之外的 98 个点排列在竖直线上,同理可知这 98 个点等电势,继而将电路简化,总电阻满足

$$\frac{1}{R_{AB}} = \frac{1}{R} + \frac{1}{2R/98},$$

解得

$$R_{AB} = \frac{R}{50}.$$

所以电路消耗的总功率为

$$P = \frac{U^2}{R_{AB}} = \frac{50U^2}{R}.$$

答案 B.

 以下关于摩擦力的正确说法为( ).
A. 静摩擦力必定不做功　　B. 静摩擦力必定做功
C. 滑动摩擦力必定做负功　　D. 滑动摩擦力可能做正功

解析 滑动摩擦力和静摩擦力都可以对物体不做功.如图 6 所示,物块 A 与固定的物块 B 相对滑动的过程中,物块 B 所受的滑动摩擦力不做功.手握瓶子使其水平运动,此时瓶所受静摩擦力方向与位移方向垂直,此静摩擦力对瓶子不做功.

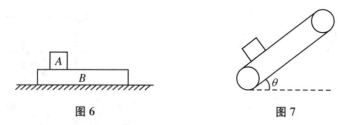

图 6　　　　　　　图 7

滑动摩擦力和静摩擦力都可以对物体做负功.如图 6 所示,物块 A 与固定的物块 B 相对滑动的过程中,物块 A 所受的滑动摩擦力做负功.如图 7 所示,在一与水平方向的夹角为 θ 的传送带上,有一物块随传送带一起匀速向下运动,物块所受的静摩擦力做负功.

滑动摩擦力和静摩擦力都可以对物体做正功.如图 6 所示,若物块 B 不固定,且地面光滑,在物块 A 滑上物块 B 的过程中,物块 B 所受的滑动摩擦力做正功.如图 7 所示,若物块随传送带一起匀速向上运动,则物块所受的静摩擦力做正功.

答案 D.

 速率为 v 的小球以 60° 入射角与迎面而来、速率为 $v/2$ 的光滑运动墙面发生弹性斜

碰,则小球碰撞后的反射角为( ).

A. $30°$ B. $45°$ C. $60°$ D. $90°$

解析 如图 8 所示,将小球的速度 v 沿平行墙面和垂直墙面分解,分别为 $\sqrt{3}v/2$ 和 $v/2$. 以运动的墙为参考系,小球在垂直墙面的方向以速度 v 碰撞墙面,撞后以速度 v 反弹,平行墙面的速度不变.如图 9 所示,以大地为参考系,小球在垂直墙面方向的速度为 $3v/2$,则有 $\tan\theta = (\sqrt{3}v/2)/(3v/2) = \sqrt{3}/3$,所以 $\theta = 30°$.故 A 选项正确.

答案 A.

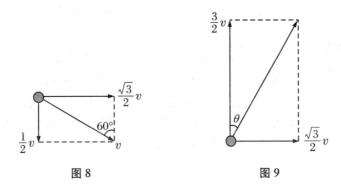

图 8   图 9

10 对于温度相同的同种气体,下列物理量中一定相同的是( ).

A. 内能   B. 压强   C. 分子平均动能   D. 分子间平均势能

解析 物体中所有分子的热运动动能与分子势能的总和,叫做物体的内能.分子热运动的平均动能与温度有关,分子势能与物体的体积有关.气体压强公式为 $p = 2n\bar{E}_k/3$,其中 n 表示单位体积的气体分子数,$\bar{E}_k$ 表示气体分子热运动的平均动能.故 C 选项正确.

答案 C.

11 质量为 m 的铁锤竖直下落,打在木桩上后静止.设打击时间为 Δt,碰前铁锤速度为 v,则在打击时间内,铁锤对木桩的平均打击力为( ).

A. $\dfrac{2mv}{\Delta t}$ B. $\dfrac{mv}{\Delta t}$ C. $m\left(\dfrac{v}{\Delta t}+g\right)$ D. $m\left(\dfrac{v}{\Delta t}-g\right)$

解析 规定竖直向下为正方向,根据动量定理,有
$$(mg - F)\Delta t = 0 - mv,$$
解得
$$F = m\left(\dfrac{v}{\Delta t}+g\right).$$

答案 C.

12 重力可忽略的带电粒子穿越某一空间,速率始终不变,则粒子( ).

A. 必定只受电场作用   B. 必定只受磁场作用

C. 可能既受电场作用,又受磁场作用
D. 必定既不受电场作用,又不受磁场作用

解析 粒子可能既受电场作用,又受磁场作用,如速度选择器模型,故 C 选项正确.

答案 C.

13 在半径为 R 的金属球内偏心地挖出一个半径为 r 的球形空腔,腔内距腔心 d 处置一点电荷 q,金属球带电量为 $-q$,则空腔中心的电势为( ).

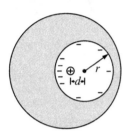

图 10

A. 0
B. $kq\left(\dfrac{1}{R}-\dfrac{1}{r}\right)$
C. $kq\left(\dfrac{1}{d}-\dfrac{1}{R}\right)$
D. $kq\left(\dfrac{1}{d}-\dfrac{1}{r}\right)$

解析 如图 10 所示,空腔内表面会感应出电荷 $-q$,内部电荷分布不均匀,与点电荷 q 相近处电荷会多一些,外表面会感应出电荷 q,因而外表面恰好不带电. 由电势叠加原理可知,空腔中心的电势为 $kq(1/d-1/r)$. 故 D 选项正确.

答案 D.

14 两个单摆摆长分别为 l_1、l_2,摆球质量分别为 m_1、m_2,将两摆摆绳均拉至水平静止后释放,则摆动频率之比 f_1/f_2 为( ).

A. $\sqrt{\dfrac{l_2}{l_1}}$ B. $\sqrt{\dfrac{l_1}{l_2}}$ C. $\sqrt{\dfrac{m_2 l_2}{m_1 l_1}}$ D. $\sqrt{\dfrac{m_1 l_1}{m_2 l_2}}$

解析 由单摆的频率公式

$$f=\dfrac{1}{2\pi}\sqrt{\dfrac{g}{l}},$$

得 $f_1/f_2=\sqrt{l_2/l_1}$. 故 A 选项正确.

答案 A.

15 空间有一磁感应强度为 B 的水平磁场区,带电 q 的质点 m 以垂直于磁场的速度 v_0 水平进入磁场,在飞出磁场时,高度下降了 h,则关于此时速度的正确说法是( ).

A. 其大小为 $\sqrt{v_0^2+2gh}$
B. 其大小为 v_0
C. 其水平分量为 v_0
D. 其竖直分量为 $\sqrt{2gh}$

解析 根据动能定理,有

$$mgh=\dfrac{1}{2}mv^2-\dfrac{1}{2}mv_0^2,$$

解得

$$v=\sqrt{v_0^2+2gh}.$$

答案 A.

16 日地平均距离约为太阳半径的 200 倍,用焦距为 10 cm 的大凸透镜会聚太阳光所得光斑半径约为(   ).

A. 0.25 mm   B. 0.5 mm   C. 1 mm   D. 2 mm

解析 如图 11 所示,像的放大率为
$$m = \frac{l'}{l} = \frac{v}{u}.$$

图 11

设太阳半径为 R,光斑半径为 r,由式①,得
$$\frac{r}{R} = \frac{100}{200R},$$

解得
$$r = 0.5 \text{ mm}.$$

答案 B.

2013 年复旦大学千分考试题解析

01 质量为 M 的楔子置于光滑水平面上,给楔子施加水平推力 F,要使质量为 m 的小球沿其倾角为 α 的粗糙斜面向上滚动,则只要 F 大于(   )必可实现.

A. $mg\tan\alpha$ B. $mg\sin\alpha$ C. $(M+m)g\tan\alpha$ D. $Mg\sin\alpha$

解析 本题的临界状态是小球和斜面保持相对静止,如图 1 所示. 以小球为研究对象,有
$$mg\tan\alpha = ma. \qquad ①$$
以小球和楔子整体为研究对象,有
$$F = (M+m)a. \qquad ②$$
联立式①和式②,得
$$F = (M+m)g\tan\alpha.$$

图 1   **答案** C.

02 质点做直线运动,$0 \leqslant t \leqslant T$ 时间段内瞬时速度为 $v = v_0\sqrt{1-(t/T)^2}$,其平均速度为(   ).

A. v_0 B. $\dfrac{v_0}{2}$ C. $\dfrac{\pi v_0}{4}$ D. $\dfrac{\sqrt{3}v_0}{2}$

解析 瞬时速度 $v = v_0\sqrt{1-(t/T)^2}$ 可变为 $(v/v_0)^2 + (t/T)^2 = 1$,则 v-t 图像是椭圆曲

线的一部分,而椭圆的面积公式 $S=\pi ab$,所以平均速度 $\bar{v}=\dfrac{x}{t}=\dfrac{\pi v_0 T/4}{T}=\dfrac{\pi v_0}{4}$,C 选项正确.

答案 C.

03 如果太阳系尺度等比例缩小 10^{12} 倍,则 1 年对应的时间是( )年(假设所有星体密度不变).

A. 10^{-12} B. 10^{-6} C. 10^{-4} D. 1

解析 设太阳的质量为 M,太阳的半径为 R,地球的质量为 m,地球绕太阳运动的周期为 T,地球到太阳的距离为 r,根据万有引力定律,有

$$G\dfrac{Mm}{r^2}=m\left(\dfrac{2\pi}{T}\right)^2 r,$$

解得

$$T=2\pi\sqrt{\dfrac{r^3}{GM}}=2\pi\sqrt{\dfrac{r^3}{G\rho\cdot\dfrac{4}{3}\pi R^3}}.$$

当 R 和 r 都缩小 10^{12} 倍时,周期 T 不变,故 D 选项正确.

答案 D.

04 一物体发绿光,当其从观察者前方高速掠过时,表现颜色为( ).

A. 由紫到红渐变 B. 由红到紫渐变 C. 先紫后红 D. 先红后紫

解析 本题考查光的多普勒效应.当光源接近观察者时,观察者接收到光的频率变大,称为"蓝移".当光源远离观察者时,观察者接收到光的频率变小,称为"红移".由于物体是匀速掠过观察者,所以两个过程不存在频率的渐变,C 选项正确.

答案 C.

05 如图 2 所示,长为 L 的细杆 AB 靠在竖直墙上沿墙滑下,当杆和地面夹角为 θ 时,B 点速度为 v,则 A 点速度为( ).

A. $v\sin\theta$ B. $v\cos\theta$ C. $v\tan\theta$ D. $v\cot\theta$

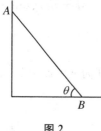

图 2

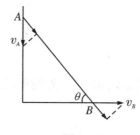

图 3

解析 如图 3 所示,A、B 沿杆方向速度相等,则有
$$v_A\sin\theta=v_B\cos\theta,$$

解得
$$v_A = v\cot\theta.$$

答案 D.

06 礼花弹在空中某点爆炸,明亮的火药碎屑以相同初速率向四面八方迸射,忽略空气阻力,这些碎屑在下落过程中形成( ).

A. 大小不变的球面
B. 逐渐膨胀的球面
C. 形状不变的抛物面
D. 形状渐变的抛物面

解析 建立空间直角坐标系 $O\text{-}xyz$,如图 4 所示,原点 O 取在爆炸点,xy 平面为水平面,z 轴竖直向上. 取爆炸时刻为零时刻,任取一碎片,其初始位置为 $(0,0,0)$,初速度 v_0 的三个分量为 (v_{0x}, v_{0y}, v_{0z}). 爆炸后,该碎片在 x、y 方向上分别做匀速直线运动,在 z 方向上做竖直上抛运动,故该碎片的运动方程为

$$x = v_{0x}t, \quad y = v_{0y}t, \quad z = v_{0z}t - \frac{1}{2}gt^2.$$

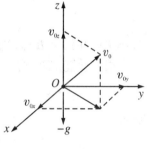

图 4

由上面三式可得
$$x^2 + y^2 + \left(z + \frac{1}{2}gt^2\right)^2 = (v_{0x}^2 + v_{0y}^2 + v_{0z}^2)t^2 = (v_0 t)^2 = R^2.$$

这是一个球面方程,同理可证,任何其他碎片,都满足该方程,所以在任何时刻,所有碎片都分布在同一球面上. 由球面方程可知,球面半径 $R = v_0 t$,即 R 随时间 t 线性增大,而球心位置为 $(0,0,-gt^2/2)$,表明球心位置始终保持在 z 轴上,且随时间 t 以重力加速度 g 加速下降. 故 B 选项正确.

答案 B.

07 单摆绳长为 l,摆球最低点速度 $v_0 = 2\sqrt{gl}$,其到达的最高点与最低点高度差为 h,则( ).

A. $h < \dfrac{5}{3}l$
B. $h = \dfrac{5}{3}l$
C. $\dfrac{5}{3}l < h < 2l$
D. $h = 2l$

解析 如图 5 所示,不可伸长的轻绳一端系有质量为 m 的小球,在竖直平面内做圆周运动.

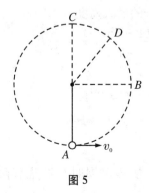

图 5

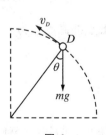

图 6

小球在最高点 C 的方程为
$$T + mg = m\frac{v_C^2}{l}.$$

若小球恰好到达最高点 C,则 $T = 0$, $v_C = \sqrt{gl}$.

根据动能定理,有
$$-2mgl = \frac{1}{2}mv_C^2 - \frac{1}{2}mv_0^2,$$

解得
$$v_0 = \sqrt{5gl}.$$

小球在 B 点的方程为
$$T = m\frac{v_B^2}{l}.$$

若小球恰好到达 B 点,则 $F = 0$, $v_B = 0$.

根据动能定理,有
$$-mgl = \frac{1}{2}mv_B^2 - \frac{1}{2}mv_0^2,$$

解得
$$v_0 = \sqrt{2gl}.$$

当 $\sqrt{2gl} < v_0 < \sqrt{5gl}$ 时,小球将超过 B 点,但不能到达 C 点,即小球恰好到达 B、C 之间的某点 D 时脱离轨道做斜上抛运动.

当小球在最低点时,给小球一个 $v_0 = 2\sqrt{gl}$ 的水平初速度,由于 $\sqrt{2gl} < v_0 < \sqrt{5gl}$,因此,小球将在 B、C 之间的某点 D 脱离轨道做斜上抛运动,如图 6 所示.小球在 D 点的方程为
$$mg\cos\theta = m\frac{v_D^2}{l}. \qquad ①$$

从 A 到 D 的过程,根据动能定理,有
$$-mg(l + l\cos\theta) = \frac{1}{2}mv_D^2 - \frac{1}{2}mv_0^2. \qquad ②$$

联立式①和式②,得
$$\cos\theta = \frac{2}{3}, \quad v_D = \sqrt{\frac{2}{3}gl}.$$

小球在 D 点脱离轨道后做斜上抛运动,上升的最大高度
$$h' = \frac{(v_D\sin\theta)^2}{2g} = \frac{v_D^2(1-\cos^2\theta)}{2g} = \frac{5}{27}l.$$

所以,最高点与最低点的高度差为
$$h = h' + l\cos\theta + l = \frac{50}{27}l.$$

答案 C.

 振子由两根相同的并联轻弹簧提供回复力,振动周期为 T,若将两根弹簧改为串联,

则周期变为( ).

A. $\dfrac{T}{2}$ B. $\dfrac{T}{\sqrt{2}}$ C. $\sqrt{2}T$ D. $2T$

解析 设弹簧的劲度系数为 k,两根弹簧并联后劲度系数为 $2k$,则振子的振动周期

$$T = 2\pi\sqrt{\dfrac{m}{2k}}.$$

若将两根弹簧改为串联,串联后劲度系数为 $\dfrac{k}{2}$,则振子的振动周期

$$T' = 2\pi\sqrt{\dfrac{m}{k/2}} = 2T.$$

答案 D.

09 在子弹与木块的非弹性碰撞中,( )与观察者的参考系无关.
A. 碰撞中损失的机械能   B. 子弹的动能
C. 子弹对木块所做的功   D. 子弹与木块的总机械能

解析 设子弹与木块间的相互作用力为 f,子弹打入木块的深度为 d,则碰撞中损失的机械能 $Q = fd$,它与观察者的参考系无关,A 选项正确.

答案 A.

10 在如图 7 所示的双原子分子势能曲线中,A 为曲线与 r(原子间距)轴的交点,B 为曲线的最低点,则下列说法中错误的是( ).

A. A 点处原子间受的是斥力
B. A 点处分子的动能最小
C. B 点处原子间作用力为 0
D. 原子间引力最大时,原子间距大于 B 处

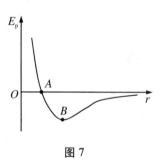

图 7

解析 原子间距等于 r_0 时,原子间作用力为 0,分子势能最小,图 7 中的 B 对应 r_0,C 选项正确.当 r 大于 r_0 时原子间表现为引力,D 选项正确.当 r 小于 r_0 时原子间表现为斥力,A 选项正确.当原子从 A 到 O 运动时,分子势能增大,则分子的动能减小,B 选项错误.

答案 B.

11 直立长玻璃管上端开口,管内上、下分装长度相同的水银、空气,处于平衡状态,封闭气体压强为大气压强的 2 倍.缓慢加热管内气体,使其膨胀,直至水银全部溢出.视空气为理想气体,则整个过程中,封闭气体的温度( ).

A. 先升后降 B. 先降后升 C. 一直上升 D. 保持不变

解析 设玻璃管的长度为 $2l$,横截面积为 S,大气压强为 p_0,初始温度为 T_0,当封闭气体的温度为 T 时,剩余水银柱的长度为 x,如图 8 所示.根据理想气体的状态方程,有

$$\frac{2p_0 \cdot lS}{T_0} = \frac{(p_0 + \frac{x}{l}p_0)(2l - x)S}{T},$$

可得

$$T = -\frac{T_0}{2l^2}x^2 + \frac{T_0}{2l}x + T_0.$$

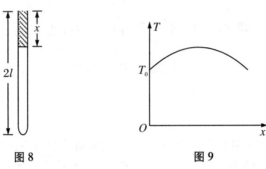

图 8　　　　　　　　图 9

封闭气体的温度 T 是剩余水银柱的长度 x 的二次函数,如图 9 所示. T 随 x 的减少先升后降,A 选项正确.

　　答案　A.

12 设大气温度为 280 K,压强为标准大气压.以温度为 320 K 的热气球提起一个体重 70 kg 的人,其最小体积约为(　　)m³.

　　A. 45　　　　　B. 90　　　　　C. 450　　　　　D. 900

　　解析　根据理想气体的状态方程,有

$$pV = nRT = \frac{m}{M}RT = \frac{\rho V}{M}RT,$$

可得

$$\rho = \frac{pM}{RT}.$$

所以,热气球外、内气体的密度分别为

$$\rho_{外} = \frac{1.01 \times 10^5 \times 29 \times 10^{-3}}{8.31 \times 280} \text{ kg/m}^3 = 1.26 \text{ kg/m}^3,$$

$$\rho_{内} = \frac{1.01 \times 10^5 \times 29 \times 10^{-3}}{8.31 \times 320} \text{ kg/m}^3 = 1.10 \text{ kg/m}^3.$$

要想提起一个质量为 m 的人,须满足

$$mg + \rho_{内}Vg = \rho_{外}gV,$$

则

$$V = \frac{m}{\rho_{外} - \rho_{内}} \approx 438 \text{ m}^3.$$

　　答案　C.

13 将一批额定功率相同的灯泡并联后接到电源两端,则灯泡越多(　　).

A. 每个灯泡的亮度不变 B. 每个灯泡越暗
C. 每个灯泡越亮 D. 灯泡的实际功率必定越小

解析 灯泡越多,并联后的总电阻越小,总电流越大,根据路端电压 $U=E-Ir$,得每个灯泡两端的电压越小,则每个灯泡越暗,A、C 选项均错误,B 选项正确.如图 10 所示,由 P-R 图像知,若一开始灯泡的总电阻 R 小于电源内阻 r,随着灯泡个数的增加,总电阻 R 减小,灯泡的实际功率减小;若一开始灯泡的总电阻 R 大于电源内阻 r,随着灯泡个数的增加,总电阻 R 减小,灯泡的实际功率先增大后减小,故 D 选项错误.

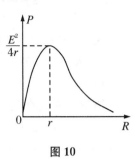

图 10

答案 B.

14 两块竖直放置的平行金属板 AB 之间的距离为 d,两板间电压为 U.在两板间放一半径为 R 的金属球壳,球心到两板间距离相等,C 为球壳上距离 A 板最近的一点,则 A 板至 C 点的电压为(   ).

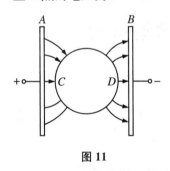

图 11

A. $\dfrac{U}{2}$ B. $\left(\dfrac{1}{2}-\dfrac{R}{d}\right)U$

C. $\left(\dfrac{1}{2}+\dfrac{R}{d}\right)U$ D. $\dfrac{2RU}{d}$

解析 处于静电平衡状态的整个导体是个等势体,它的表面是个等势面,电场线方向垂直于等势面,如图 11 所示.C 为球壳上距离 A 板最近的一点,取 D 为球壳上距离 B 板最近的一点,由于 A、C 间电场线的密集程度与 D、B 间相同,所以 $U_{AC}=U_{DB}=U/2$,A 选项正确.

答案 A.

15 以下关于电磁场的说法,不正确是(   ).

A. 电磁场有能量
B. 电磁场的测量值与参考系无关
C. 电磁场有质量
D. 电磁场能脱离带电粒子单独存在

解析 科学实验和广泛的生产实践完全肯定了场的观点,并证明电磁场可以脱离电荷和电流而独立存在,且相互作用、相互推动;它具有自己的运动规律;电磁场和实物(即由原子、分子等组成的物质)一样具有能量、动量等属性;总之,电磁场是物质的一种形态.A、C、D 选项均正确.不同参考系中所观测到的电磁场情况并不完全一致,一个参考系中仅存在电场,在另一个参考系中看来,还可能会存在磁场.例如:运动的车内固定一电荷,以车为参考系,电荷是静止的,电荷周围仅存在电场.若以地面为参考系,电荷是运动的,定向移动的电荷形成电流,而电流周围存在磁场.所以,以地面为参考系,不仅存在电场,还存在磁场,故 B 选项错误.

答案 B.

已知单色光 A 在真空中的波长等于单色光 B 在玻璃中的波长,则(   ).

A. 玻璃对 A 光的折射率小于对 B 光的折射率
B. A 光在玻璃中的速度大于 B 光在玻璃中的速度
C. A 光在玻璃中的波长大于 B 光在玻璃中的波长
D. A 光子的能量大于 B 光子的能量

解析 A 光在真空中传播,有 $c = \lambda \nu_A$,B 光在玻璃中传播,有 $c/n = \lambda \nu_B$,所以 A 光的频率 ν_A 大于 B 光的频率 ν_B.根据 $\varepsilon = h\nu$,得 A 光子的能量 ε_A 大于 B 光子的能量 ε_B,D 选项正确.玻璃对 A 光的折射率 n_A 大于对 B 光的折射率 n_B,A 选项错误.根据 $n = c/v$,得 A 光在玻璃中的速度 v_A 小于 B 光在玻璃中的速度 v_B,B 选项错误.在同种介质中,A 光的波长 λ_A 小于 B 光的波长 λ_B,C 选项错误.

答案 D.

2012 年复旦大学千分考试题解析

 关于单色光的单缝衍射,下列说法中不正确的是(   ).

A. 中央条纹最宽   B. 中央条纹最亮
C. 单缝衍射现象与干涉无关   D. 衍射花样是多光束干涉的结果

解析 光波通过狭缝后,它的波面上的每个点都可以看做是新的波源,于是形成若干光波,这些光波相互干涉形成衍射现象.故 C 选项错误.

答案 C.

 在马路旁观察会感觉马路上开行的汽车白天快、夜晚慢,这是因为(   ).

A. 夜晚看不清马路两旁的参照物(房屋、行道树等)
B. 夜晚看不清车身
C. 白天车速的确较快
D. 夜晚司机比较小心,会降低车速

解析 这是物理学上的光渗作用,是由于观察对象和背景的对比度不同而引起的错觉.一个物体在一些小的物体中间看起来就显得大些,而一个物体在一些大的物体中间看起来又显得小些.看太阳也是这样.太阳初升和将落的时候,太阳靠近地平线,有山岳、树木、房屋等地面物体作参照、对比,衬托它的背景物体小,所以太阳就显得大一些.中午时分,太阳高悬在空旷辽阔的天空,没有地面物体作参照、对比,衬托它的背景物体大,所以太阳就显得小一些.白天在马路旁观察汽车时,有马路两旁的房屋、行道树等参照物,所以感觉车速快.而夜晚看不清马路两旁的参照物,所以感觉车速慢.A 选项正确.

答案 A.

03 手头有如下器材,可以用来直接演示单缝衍射的是( ).

A. 平面镜　　　　B. 游标卡尺　　　　C. 凸透镜　　　　D. 验电器

解析 利用游标卡尺的两外测量爪形成的单缝,当单缝宽度与光波波长相近时,就能观察到明显的衍射现象,B 选项正确.

答案 B.

04 对不同的惯性参照物,如下物理量中与参照系无关的是( ).

A. 动能　　　　B. 功　　　　C. 力　　　　D. 声音频率

解析 由于速度与参考系的选取有关,所以动能也与参考系的选取有关.同一个力对同一物体在同一运动过程中,对不同的惯性参考系所做的功不同.一对相互作用力做功之和与参考系无关.声音频率与参考系的选取有关,如多普勒效应.受力与惯性参考系的选取无关,C 选项正确.

答案 C.

05 人站在地面上抛出一个小球,球离手时的初速度为 v_0,落地时的末速度为 v_t,忽略空气阻力,能正确表达速度矢量演变过程的图是( ).

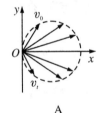 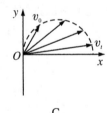 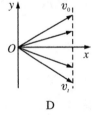

A　　　　　　　B　　　　　　　C　　　　　　　D

解析 由于斜上抛运动在水平方向上的分运动是匀速直线运动,因而在任一时刻速度的水平分量相等,可知速度矢量末端在同一竖直线上,故 D 选项正确.

答案 D.

06 几个同学在一起做直流电学实验,用如图 1 所示的线路观察电流随电阻 R 的变化,并且用灯泡做定性直观显示,电键接通后发现即使 $R=0$,电流表读数仍很低,灯泡也不亮,检查后发现电池的标称电压大于灯泡工作的标称电压,一同学断开电路用电压表测电池两端电压,发现与标称值的差别不超过 20%,几位同学对此现象作了各种分析,你认为最合理的是( ).

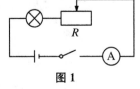

图 1

A. 电流计可能损坏　　　　B. 灯泡灯丝断了
C. 电池老化,内阻升高　　　　D. 条件不够,无法判断

解析 电键接通后电流表有示数,说明没有发生断路,A、B 选项均错误.电流表读数很低存在以下可能:① 电源电动势过小;② 电源内阻过大;③ 同时出现上述两种情况.而电压表测得电池开路电压与标称值的差别不超过 20%,故只可能是电源内阻过大,C 选项正确.

说明:在电池使用的过程中,电动势基本保持不变,而内阻不断增大,导致负载分压减小.原因在于电动势取决于化学物质的种类,故电动势是基本不变的,而使用过程中,化学物质逐渐消耗,导致内阻增大.

答案 C.

07 一端固定的弹簧振子水平放置在光滑平面上,开始时在一个方向与弹簧平行的冲量 I 作用下运动,以后振子每次经过平衡位置时,都有与速度方向一致的冲量 I 作用于振子,已知弹簧的最大伸长量为 L,弹簧的劲度系数为 k,振子的质量为 m,为使弹簧达到最大伸长量,弹簧振子要经过的全振动次数最接近( ).

A. $\dfrac{L\sqrt{mk}}{I}$ B. $\dfrac{L}{I}\sqrt{\dfrac{k}{m}}$ C. $\dfrac{L\sqrt{mk}}{2I}$ D. $\dfrac{L}{I}\sqrt{\dfrac{m}{k}}$

解析 设弹簧振子在平衡位置的最大速度为 v_m,则

$$\frac{1}{2}mv_m^2 = \frac{1}{2}kL^2,$$

解得

$$v_m = L\sqrt{\frac{k}{m}}.$$

弹簧振子完成一次全振动经过平衡位置两次,受到 $2I$ 冲量的冲击,根据动量定理,有

$$n \cdot 2I = mv_m,$$

则

$$n = \frac{mv_m}{2I} = \frac{L\sqrt{mk}}{2I}.$$

答案 C.

08 一平面简谐波平行于 x 轴传播,波速为 v,在 P 点的振动表达式为 $y = A\cos\omega t$,按图 2 所示坐标,其波动表达式为( ).

A. $y = A\cos\left(\omega t - \dfrac{\omega}{v}x\right)$

B. $y = A\cos\left[\omega t + \dfrac{\omega}{v}(x+l)\right]$

C. $y = A\cos\left[\omega t - \dfrac{\omega}{v}(x-l)\right]$

D. $y = A\cos\left[\omega t + \dfrac{\omega}{v}(x-l)\right]$

解析 已知 P 点的振动表达式为 $y = A\cos\omega t$,坐标 x 处质点的振动比 P 点滞后 $(l-x)/v$,故 O 点的振动表达式(即波动方程)为

$$y = A\cos\omega\left(t - \frac{l-x}{v}\right) = A\cos\left[\omega t + \frac{\omega}{v}(x-l)\right].$$

答案 D.

09 如图3所示，曲线1→3为绝热线，理想气体经历过程1→2→3，则其内能变化 ΔE、温度变化 ΔT、体系对外做功 W 和吸收的热量 Q（　　）．

A. $\Delta T<0, \Delta E<0, W<0, Q>0$
B. $\Delta T<0, \Delta E<0, W>0, Q<0$
C. $\Delta T>0, \Delta E>0, W>0, Q>0$
D. $\Delta T>0, \Delta E>0, W<0, Q<0$

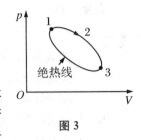

图3

解析 理想气体经历过程1→2→3→1，经一个循环 $\Delta E=0$，气体对外界做功，则 $W<0$，功的数值为 p-V 图上闭合曲线1→2→3→1所围的面积，记为 S_1．根据热力学第一定律 $\Delta E=Q+W$，得 $Q>0$，由于曲线1→3为绝热线，所以过程1→2→3吸收的热量 $Q>0$．

理想气体经历过程1→2→3，气体对外界做功，则 $W<0$，功的数值为 p-V 图上曲线1→2→3与 V 轴所围的面积，记为 S_2，且 $S_2>S_1$．根据热力学第一定律 $\Delta E=Q+W$，得 $\Delta E<0$，气体内能减小，则温度降低，$\Delta T<0$．A 选项正确．

答案 A.

10 关于波粒二象性，如下说法正确的是（　　）．

A. 微观粒子一会像粒子，一会像波
B. 粒子在空间出现的概率可以用波动规律来描述
C. 只是光子的属性
D. 只是电子、质子等微观粒子的属性

解析 光是一种波，同时也是一种粒子，光具有波粒二象性．少量光子的行为表现出粒子性，如光电效应、康普顿效应；大量光子的行为表现出波动性，如干涉、衍射．所以，不能说光一会像粒子，一会像波，A 选项错误．光的双缝干涉实验中，一个光子通过狭缝后到底落在屏上的哪一点是不确定的，但由屏上各处明暗不同这个事实可以推知，光子落在各点的概率是不一样的，即光子落在明纹处的概率大，落在暗纹处的概率小．这就是说，光子在空间出现的概率可以用波动规律来描述，B 选项正确．波粒二象性是包括光子在内的一切微观粒子的共同属性，C、D 选项均错误．

答案 B.

11 如图4所示，A 为一个大金属球，其上带有正电荷 Q；a 为小金属球，其上带负电荷 q．A 球静止，a 球运动，如下说法正确的是（　　）．

A. a 接近或远离 A 时，A 上的电荷密度不发生变化
B. A 球外的电场均可严格按电荷量为 Q 的点电荷的电场计算
C. a 在离 A 不远处绕 A 球心转动时，A 上的电荷密度不变

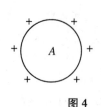

图4

D. a 离 A 很远时，A 上的电荷密度近似为均匀分布

解析 当 a 离 A 不远时，由于静电感应，A 靠近 a 的一侧电荷密度大于另一侧，A、C 选项错误．只有均匀带电球体在球的外部产生的电场与一个位于球心的、电荷量相等的点电荷产生的电场相同，B 选项错误．当 a 离 A 很远时，可以不考虑静电感应，认为 A 上的电荷密度近似为均匀分布，D 选项正确．

答案 D．

12 如图 5 所示，用单色光做双缝干涉实验，现将折射率为 $n(n>1)$ 的透明薄膜遮住上方的一条缝，则屏上可以观察到（　　）．

A. 干涉条纹向上移动，条纹宽度不变
B. 干涉条纹向下移动，条纹宽度变窄
C. 干涉条纹向上移动，条纹宽度变宽
D. 干涉条纹不移动，条纹宽度不变

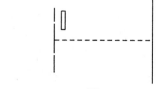

图5

解析 在遮住前，干涉条纹的中央明纹到两缝的光程相等．当透明薄膜遮住上方的一条缝后，上面狭缝对应的光程变大，中央明纹只有向上移动，才能使中央明纹到两缝的光程仍相等．由 $\Delta x = l\lambda/d$ 可知，条纹宽度不变．A 选项正确．

答案 A．

13 如图 6 所示，在水中有两条相互垂直的光线 1 和 2，其中光线 2 射到水和平行水面的平板玻璃的分界面上，已知水的折射率为 1.33，光线 1 的入射角为 60°，则在空气中（　　）．

A. 两条折射光线的夹角等于 90°
B. 只有光线 2 出射
C. 只有光线 1 出射
D. 没有光线出射

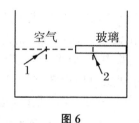

图6　　图7

解析 对光线 1，临界角

$$C_1 = \arcsin\frac{1}{n_\text{水}} = 48.7°,$$

由于入射角 $i_1 > C_1$，故光线 1 在水面会发生全反射．对光线 2，由于 $n_\text{玻}>n_\text{水}$，故它一定会穿过玻璃板．如图 7 所示，当入射角为 C_2 时，光线 2 刚好在玻璃板上表面发生全反射，则有

$$n_\text{水}\sin C_2 = n_\text{玻}\sin\theta = \sin 90°,$$

解得

$$C_2 = 48.7°.$$

由于入射角 $i_2 < C_2$,故光线2一定会射出.B选项正确.

答案 B.

14 两个容器中分别盛有理想气体氧气和氮气,两者密度相同,分子平均动能相等,则两种气体的( ).

A. 温度相同,氧气压强小于氮气压强　　B. 温度不相同,压强不相同
C. 温度相同,氧气压强大于氮气压强　　D. 温度相同,压强相同

解析 理想气体的热力学温度 T 与分子的平均动能 $\overline{E}_k$ 成正比,即 $T = a\overline{E}_k$,式中 a 是比例常数.两种气体分子平均动能相等,所以温度相同.

根据理想气体的状态方程

$$pV = nRT = \frac{m}{M}RT = \frac{\rho V}{M}RT,$$

得 $p = \rho RT/M$.在 ρ、T 相同的情况下,摩尔质量大则压强小.A选项正确.

答案 A.

15 金属球壳内有如图8所示的一静止正电荷 q,球壳内、外面感应电荷分布应该是( ).

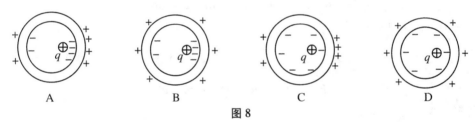

图8

解析 金属球壳内、外感应电荷的电荷量分别为 $-q$ 和 q,内部电荷分布不均匀,与正电荷 q 相近处电荷会多一些,但壳外感应电荷分布只由其表面的平整程度决定,尖端处电荷会多一些,而题中表面是球形,各处对称,所以电荷会均匀分布,B选项正确.

答案 B.

16 图9为一复杂直流电路的一部分,A、B、C、D、E 均为其与电路其他部分的连接点,关于这部分电路中电池电动势 $\mathscr{E}_1$ 与 $\mathscr{E}_2$(假设内阻不计)同各电阻 $R_i(i=1,2,\cdots,5)$ 上的电压 $U_i(i=1,2,\cdots,5)$ 之间有如下关系( ).

A. 无法判断
B. $|\sum U_i| < |\mathscr{E}_1 - \mathscr{E}_2|$
C. $|\sum U_i| > |\mathscr{E}_1 - \mathscr{E}_2|$
D. $|\sum U_i| = |\mathscr{E}_1 - \mathscr{E}_2|$

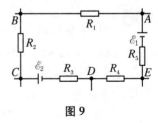

图9

解析 绕闭合回路 $ABCDE$ 一圈,电势的降落等于电势的升高,D选项正确.

答案 D.

2011年复旦大学千分考试题解析

01 在桌上有一质量为 m_1 的杂志,杂志上有一质量为 m_2 的书.杂志和桌面的摩擦因数为 μ_1,杂志和书之间的摩擦因数为 μ_2.欲将杂志从书下抽出,则至少要用( )的力.

A. $(\mu_1+\mu_2)(m_1+m_2)g$ B. $\mu_1(m_1+m_2)g+\mu_2 m_2 g$
C. $(\mu_1+\mu_2)m_2 g$ D. $(\mu_1 m_1+\mu_2 m_2)g$

解析 设杂志的加速度为 a_1,书的加速度为 a_2,以书为研究对象,由牛顿第二定律,有

$$\mu_2 m_2 g = m_2 a_2. \qquad ①$$

以杂志为研究对象,根据牛顿第二定律,有

$$F - \mu_2 m_2 g - \mu_1(m_1+m_2)g = m_1 a_1. \qquad ②$$

杂志能从书下抽出,则有

$$a_1 \geqslant a_2. \qquad ③$$

联立式①~③,得

$$F \geqslant (\mu_1+\mu_2)(m_1+m_2)g.$$

答案 A.

02 质量为 m 的炮弹以一定的初速度发射,其在水平地面上的射程为 d.若当炮弹飞行到最高点时炸裂成质量相等的两块,其中一块自由下落,则另一块的射程为( ).

A. $1.5d$ B. $2d$ C. d D. $3d$

解析 设炮弹在最高点时的速度为 v_0,则 $v_0 t = d/2$.炮弹在最高点炸裂时动量守恒,有 $mv_0 = mv/2$,解得 $v = 2v_0$.炸裂后另一块做平抛运动,水平位移为 $x = vt = 2v_0 t = d$,所以另一块的射程为 $0.5d + d = 1.5d$,A 选项正确.

答案 A.

03 设土星质量为 $M = 5.67 \times 10^{26}$ kg,其相对于太阳的轨道速率为 $V = 9.6$ km/s;一空间探测器质量为 $m = 150$ kg,其相对于太阳的速率为 $v = 10.4$ km/s,并迎向土星方向飞行.由于土星的引力,探测器绕过土星沿着和原来速度相反的方向离去,求它离开土星后相对于太阳的速率为( ).

A. 20 km/s B. 29.6 km/s C. 9.6 km/s D. 4.8 km/s

解析 设飞船离开土星后的速率为 v',此时土星的速度为 V'.在飞船和土星相互作用的过程中,忽略其他天体对它们的引力,仅考虑飞船和行星间的相互作用,我们可以把整个

作用过程等效为一个无接触的"弹性碰撞",如图1所示.

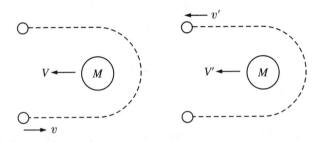

图1

飞船和土星组成的系统只受万有引力,并且只有万有引力做功,因此该系统的动量和机械能均守恒,取向左的方向为正方向,则有

$$MV - mv = MV' + mv', \qquad ①$$

$$\frac{1}{2}MV^2 + \frac{1}{2}mv^2 = \frac{1}{2}MV'^2 + \frac{1}{2}mv'^2. \qquad ②$$

联立式①和式②,得

$$v' = \frac{M-m}{M+m}v + \frac{2M}{M+m}V, \quad V' = \frac{2m}{M+m}v + \frac{M-m}{M+m}V.$$

因为 $M = 5.67 \times 10^{26}$ kg, $m = 150$ kg,故 $M \gg m$,所以 $v' \approx v + 2V, V' \approx V$.飞船离开土星时的速率比飞向土星时的速率大了 $2V$,代入数据,得 $v' = 29.6$ km/s,B 选项正确.

答案 B.

 一个充满水的塑料桶用绳子悬挂在固定点上摆动.若水桶是漏的,则随着水的流失,其周期将( ).

A. 总是变大　　B. 总是变小　　C. 先变小后变大　　D. 先变大后变小

解析 将水桶的摆动看作单摆,则其周期取决于摆长,摆长等于悬点到桶和水的合重心的距离.随着水的流失,重心先下降后上升,故摆长先增大后减小,根据单摆的周期公式 $T = 2\pi\sqrt{l/g}$ 得周期先变大后变小,D 选项正确.

答案 D.

05 在如图2所示电路两端加一电压,在电阻 R_5 上无电流通过的充要条件是( ).

A. $R_1 = R_2$ 且 $R_3 = R_4$
B. $R_1 = R_3$ 且 $R_2 = R_4$
C. $R_1R_2 = R_3R_4$
D. $R_1R_4 = R_2R_3$

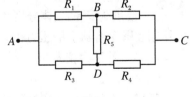

图2

解析 电阻 R_5 上无电流通过,则 B、D 两点的电势相等,$\varphi_B = \varphi_D$. 所以 $U_{AB} = U_{AD}, U_{BC} = U_{DC}$. 此时,设 R_1、R_2 上的电流为 I_1,R_3、R_4 上的电流为 I_2. 可得

$$I_1R_1 = I_2R_3, \quad I_1R_2 = I_2R_4.$$

两式相除,得
$$\frac{R_1}{R_2} = \frac{R_3}{R_4}.$$
整理,得
$$R_1 R_4 = R_2 R_3.$$

答案 D.

06 两半径分别为 r_1 和 r_2($r_1 < r_2$)的同心球面上,各均匀带电 Q_1 和 Q_2,则在球面内部的电势为( ).(设 $r < r_1$ 为离开球心的距离)

A. $k\left(\dfrac{Q_1}{r} + \dfrac{Q_2}{r}\right)$ B. $k\left(\dfrac{Q_1}{r} + \dfrac{Q_2}{r_2}\right)$ C. $k\left(\dfrac{Q_1}{r_1} + \dfrac{Q_2}{r}\right)$ D. $k\left(\dfrac{Q_1}{r_1} + \dfrac{Q_2}{r_2}\right)$

解析 由电势叠加原理可知,在球心处电势为 $k(Q_1/r_1 + Q_2/r_2)$. 在 $r < r_1$ 处电场强度处处为 0,故这一区域内电势处处相等,D 选项正确.

答案 D.

07 三根电流大小同为 I、电流方向相同的长导线排成一列,相邻导线的间距相等.在与导线垂直的平面内,有( )点的磁感应强度为 0.

A. 0   B. 1   C. 2   D. 3

解析 无限长圆截面直导线的磁感应强度分布为
$$B = \begin{cases} \dfrac{\mu_0 I}{2\pi r} & (r > R), \\ \dfrac{\mu_0 I r}{2\pi R^2} & (r < R). \end{cases}$$

中间导线所在位置,左右两导线在该处产生的磁感应强度相互抵消,而自身产生的磁感应强度为零,故总的磁感应强度为零.在左侧导线和中间导线之间的位置,左侧导线产生的磁感应强度方向和中间导线、右侧导线产生的磁感应强度方向相反,故总可以找到一点磁感应强度为零.同样在右侧导线和中间导线之间的位置,右侧导线产生的磁感应强度方向和中间导线、左侧导线产生的磁感应强度方向相反,故总可以找到一点磁感应强度为零.所以有 3 个点的磁感应强度为 0,D 选项正确.

答案 D.

08 温度为 T 的气体分别装在器壁温度为 T_1 和 T_2 的容器中,其中 $T_1 < T < T_2$,问气体作用在哪个容器上的压力较大?( )

A. T_1 处压力较大   B. T_2 处压力较大
C. 一样大   D. 不能确定

解析 本题没限制接触传热时间,一般而言,我们习惯于讨论气体处于平衡态的情况,因此我们可以考虑经过足够长的时间,气体和容器经过充分的热交换达到了热平衡.根据气体压强公式 $p = 2n\bar{E}_k/3$(n 表示单位体积的气体分子数,$\bar{E}_k$ 表示气体分子热运动的平均动能),得 B 选项正确.

答案 B.

09 太空飞船在宇宙中飞行时,会遇到太空尘埃的碰撞而受到阻碍作用.设单位体积的太空均匀分布尘埃 n 颗,每颗平均质量为 m,尘埃的速度可忽略.飞船的横截面积为 S,与尘埃碰撞后,将尘埃完全黏附住.当飞船维持恒定的速率 v 飞行时,飞船引擎需提供的平均推力为( ).

A. $\dfrac{nmSv^2}{2}$ B. $nmSv^2$ C. $\dfrac{3nmSv^2}{2}$ D. $\dfrac{nmSv^2}{3}$

解析 设 Δt 时间内黏附住飞船的尘埃的质量为 Δm,则

$$\Delta m = n \cdot v\Delta t S \cdot m. \qquad ①$$

这些尘埃由静止至随飞船一起运动,设飞船给这些尘埃的平均作用力为 F,根据动量定理,有

$$F\Delta t = \Delta p = \Delta m v. \qquad ②$$

联立式①和式②,得

$$F = \dfrac{\Delta m}{\Delta t}v = nmSv^2.$$

根据牛顿第三定律,尘埃给飞船的平均作用力 $F' = F$.为使飞船的速率保持不变,飞船引擎需提供的平均推力 $\Delta F = F'$,B 选项正确.

答案 B.

10 如图 3 所示,竖直杆 AB 在绳 AC 拉力作用下处于平衡,若 AC 加长,使 C 点左移,AB 仍保持竖直平衡状态.AC 绳上拉力 T 和杆 AB 受到绳的压力 N 与原先相比,下列说法中正确的是( ).

A. T 增大,N 减小 B. T 减小,N 增大 C. T、N 都减小 D. T、N 都增大

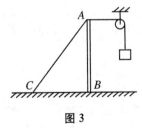

图 3

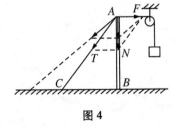

图 4

解析 以点 A 为研究对象,水平绳上拉力 F 等于物体的重力,大小、方向不变.AC 绳上拉力 T 与水平绳上拉力 F 的合力为杆 AB 受到绳的压力 N,方向竖直向下.若 AC 加长,使 C 点左移,通过作图(如图 4 所示)可得出 T、N 都减小,C 选项正确.

答案 C.

11 在一根长的水平杆上穿着 5 个质量相同的珠子,珠子可以在杆上无摩擦地运动,初

始时若各珠子可以有任意的速度大小和方向,则它们间最多可以碰撞(　　)次.

A. 4　　　　B. 5　　　　C. 8　　　　D. 10

解析　质量相同的珠子发生完全弹性碰撞后交换速度,因各珠子速度各不相同,间距也不确定,若一种种情况推算下去则相当复杂,在这里我们可以换一个角度来解决此题.若物体做匀速直线运动,则 x-t 图像是一条倾斜的直线,直线的斜率表示物体的速度.2个质量相同的物体相碰,则两条 x-t 图线相交于一点,并且相互交换了斜率.本题中5个质量相同的珠子间最多可以碰撞几次相当于 x-t 图像中5条直线最多有几个交点.根据排列组合知识,得 $C_5^2=10$,D 选项正确.

答案　D.

12　物体从具有共同底边、但倾角不同的若干光滑斜面顶端由静止开始自由滑下,当倾角为(　　)度时,物体滑至底端所需时间最短.

A. 30　　　　B. 45　　　　C. 60　　　　D. 90

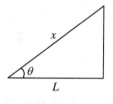

图 5

解析　如图 5 所示,设光滑斜面的底边长为 L,倾角为 θ,则物体沿斜面下滑的加速度为 $a=g\sin\theta$,物体沿斜面下滑的位移为 $x=L/\cos\theta$,由 $x=at^2/2$,解得 $t=\sqrt{4L/(g\sin 2\theta)}$.所以当 $\theta=45°$时,物体滑至底端所需时间 t 最短,B 选项正确.

答案　B.

13　一根轻绳跨过一轻定滑轮,质量为 m 的人抓着绳的一端,另一端系了一质量为 $m/2$ 的物体.若人相对于绳匀速上爬时,物体上升的加速度为(　　).(重力加速度为 g)

A. $3g/2$　　　B. $g/3$　　　C. $g/2$　　　D. g

解析　以物体为研究对象,设物体上升的加速度为 a,绳中的拉力为 T,根据牛顿第二定律,有

$$T-\frac{m}{2}g=\frac{m}{2}a. \qquad ①$$

以人为研究对象,人相对于绳匀速上爬,说明人与绳有相同的加速度,根据牛顿第二定律,有

$$mg-T=ma. \qquad ②$$

联立式①和式②,得

$$a=\frac{g}{3}.$$

答案　B.

14　若有一种新型材料的折射率 $n=-1$,则从空气中一点光源发射的光线射向这种材料的光路图是(　　).

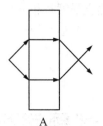 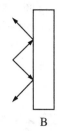 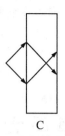 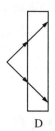

A　　　　　　B　　　　　　C　　　　　　D

解析 设光线的入射角为 α，折射角为 β，根据折射定律，有
$$\frac{\sin\alpha}{\sin\beta} = n = -1,$$
解得
$$\beta = -\alpha.$$
负号表示折射光线与入射光线在法线的同侧，C 选项正确.

答案 C.

 把动能和速度方向都相同的质子和 α 粒子分离开，如果使用匀强电场及匀强磁场，可行的方法是（　　）.

A. 只能用电场　　　　　　B. 只能用磁场
C. 电场和磁场都可以　　　D. 电场和磁场都不行

解析 带电粒子在匀强电场中的偏转距离
$$y = \frac{1}{2}at^2 = \frac{1}{2}\frac{qE}{m}\left(\frac{L}{v}\right)^2 = \frac{qEL^2}{4E_k} \propto q,$$
故可以把动能和速度方向都相同的质子和 α 粒子分离开. 沿着与磁场垂直的方向射入磁场的带电粒子，在匀强磁场中做匀速圆周运动，半径
$$r = \frac{mv}{qB} = \frac{\sqrt{2mE_k}}{qB} \propto \frac{\sqrt{m}}{q}.$$
质子 (e, m) 的 $\sqrt{m}/q = \sqrt{m}/e$，α 粒子 $(2e, 4m)$ 的 $\sqrt{m}/q = \sqrt{4m}/(2e) = \sqrt{m}/e$，所以使用匀强磁场不能把动能和速度方向都相同的质子和 α 粒子分离开.

答案 A.

16 一个充电的球形电容器，由于绝缘层的轻微漏电而缓慢放电，则（　　）.

A. 放电电流将产生垂直于球面的磁场
B. 放电电流将产生沿着经度线的磁场
C. 放电电流将产生沿着纬度线的磁场
D. 放电电流不能产生磁场

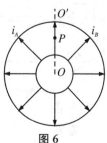

图 6

解析 由于充电的球形电容器中的电场方向为径向均匀辐射状，故放电电流也为径向辐射状，且垂直于球面，如图 6 所示. 取两个元电流，OO' 为其对称轴，i_A 在 P 点产生的磁感应强度方向垂直纸面向里，

i_B 在 P 点产生的磁感应强度方向垂直纸面向外,这两个磁感应强度将相互抵消.由此推广,关于 OO' 对称的所有元电流在 P 点产生的总磁感应强度为零,D 选项正确.

答案 D.

2010 年复旦大学千分考试题解析

01 两块平面反射镜相互正交,如图 1 所示,一光源放在 S 处,从镜面的反射中可以看到光源的虚像有（　　）个.

A. 1　　B. 2　　C. 3　　D. 4

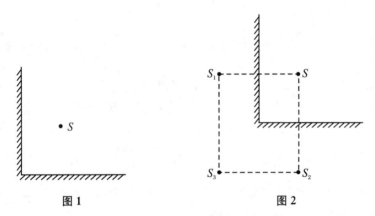

图 1　　　　　　　图 2

解析 S 点通过两平面反射镜所成的像的个数为 $n = 360°/90° - 1 = 3$,如图 2 所示,C 选项正确.

答案 C.

02 如图 3 所示的闭合电路中,当滑动变阻器的滑片 P 从 b 滑向 a 的过程中,V_1、V_2 两只伏特表指示数的变化值分别为 ΔV_1 和 ΔV_2,则它们的大小关系为（　　）.

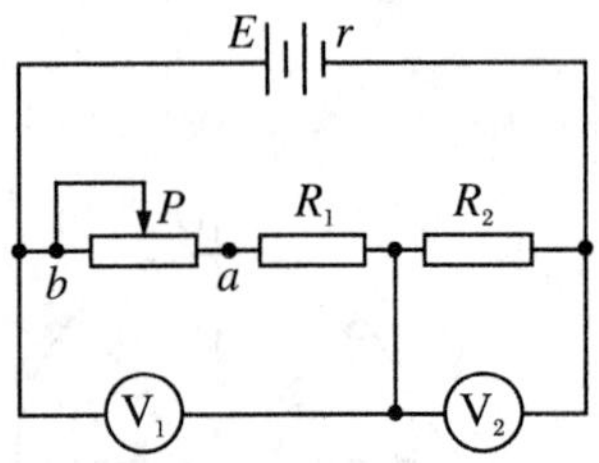

A. $|\Delta V_1| > |\Delta V_2|$　　B. $|\Delta V_1| < |\Delta V_2|$

C. $|\Delta V_1| = |\Delta V_2|$　　D. 无法判断

图 3

解析 当滑动变阻器的滑片 P 从 b 滑向 a 的过程中,电路中电流 I 增大,$V_2 = IR_2$ 增大,路端电压 $U = E - Ir$ 减小,而 $V_1 + V_2 = U$,则 $\Delta V_1 + \Delta V_2 = \Delta U$.由于 $\Delta V_2 > 0$,$\Delta U < 0$,所以 $|\Delta V_1| > |\Delta V_2|$,A 选项正确.

答案 A.

03

在与水平面成 θ 角的光滑斜面的底端静置一个质量为 m 的物体,从某时刻开始有一个沿斜面向上的恒力 F 作用在物体上,使物体沿斜面向上滑去,经一段时间 t 撤去这个力,又经过时间 $2t$ 物体返回斜面的底部,则 F 与 $mg\sin\theta$ 的比值应为( ).

A. $3:7$ B. $9:5$ C. $7:3$ D. $2:3$

解析 撤去 F 前、后,物体的加速度大小分别为

$$a_1 = \frac{F - mg\sin\theta}{m}, \quad ①$$

$$a_2 = g\sin\theta. \quad ②$$

整个过程中小球的位移为 0,则有

$$\frac{1}{2}a_1 t^2 + (a_1 t)2t - \frac{1}{2}a_2(2t)^2 = 0. \quad ③$$

联立式①~③,得

$$F : mg\sin\theta = 9 : 5.$$

答案 B.

04

如图 4 所示,实线是沿 x 轴传播的一列简谐横波在 $t=0$ 时刻的波形图,虚线是这列波在 $t=0.2$ s 时刻的波形图.已知该波的波速是 0.8 m/s,则( ).

A. 这列波的周期是 0.2 s
B. 这列波向左传播了四分之一个波长
C. 这列波的传播方向为 x 轴的正方向
D. 这列波的传播方向一定为 x 轴的负方向

解析 这列波的波长为 0.12 m,波的周期为 $T = \lambda/v = 0.15$ s,A 选项错误.波在 0.2 s 内传播的距离为 $s = vt = 0.16$ m,若波的传播方向为 x 轴的正方向,则有 $0.12n + 0.08 = 0.16$, n 无整数解.若波的传播方向为 x 轴的负方向,则有 $0.12n + 0.04 = 0.16$, n 有整数解.所以,B、C 选项均错误,D 选项正确.

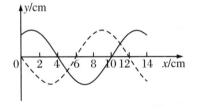

图 4

答案 D.

05

边长为 L 的正方形导线框 $abcd$,在磁感应强度为 B 的匀强磁场中以速度 v 垂直于 bc 边在线框平面内移动,磁场方向与线框平面垂直,如图 5 所示.设整个线框中的总感应电动势为 E, b、c 两点间的电动势为 U,则( ).

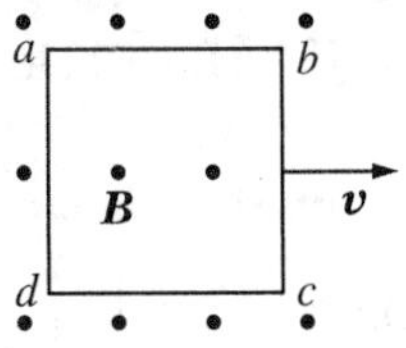

A. $E = BLv$, $U = BLv$ B. $E = 0$, $U = BLv$
C. $E = 0$, $U = 0$ D. $E = BLv$, $U = 0$

解析 因移动时线框的磁通量不变,所以总感应电动势 $E = 0$,而 b、c 两点间的电动势 $U = BLv$,B 选项正确.

图 5

答案 B.

06 单缝衍射中,缝隙宽度越窄,则衍射条纹(　　).

A. 越稀 　　　　　　　　　　B. 越密

C. 中间明纹变窄,其他条纹不变　　D. 条纹位置与缝宽无关

解析　如图6所示,单缝衍射中,缝隙宽度越窄,衍射现象越明显,中央条纹越宽,条纹间距也越大,所以条纹越稀疏,其位置与缝宽有关,A选项正确.

图6

答案　A.

07　设有带负电的小球 A、B、C,它们的电量比为 $1:3:5$,三球均在同一直线上,A、C 固定不动,而 B 也不动时,BA 与 BC 间的比值为(　　).

A. $1:5$　　B. $5:1$　　C. $1:\sqrt{5}$　　D. $\sqrt{5}:1$

解析　小球 B 处于平衡状态,根据库仑定律,有

$$k\frac{q \cdot 3q}{BA^2} = k\frac{3q \cdot 5q}{BC^2},$$

解得

$$BA:BC = 1:\sqrt{5}.$$

答案　C.

08　一质点做简谐振动,从平衡位置运动到最远点需要 $1/4$ 周期,则从平衡位置走过该距离的一半所需时间为(　　).

A. $1/8$ 周期　　B. $1/6$ 周期　　C. $1/10$ 周期　　D. $1/12$ 周期

解析　从平衡位置运动到最远点需要 $1/4$ 周期,对应的相位为 $\pi/2$.从平衡位置走过该距离的一半对应的相位为 $\pi/6$,故所需要的时间为 $1/12$ 周期,D选项正确.

答案　D.

09　α 粒子轰击铍核($_{4}^{9}$Be)发生的核反应可用如下的核反应方程式表示:$_{4}^{9}$Be + $_{2}^{4}$He $\longrightarrow$ $_{6}^{12}$C + X,式中的 X 是(　　).

A. 正电子　　B. 质子　　C. 电子　　D. 中子

解析　根据质量数守恒和电荷数守恒,得 X = $_{0}^{1}$n,X 是中子,D选项正确.

答案　D.

10　如图7所示的皮带轮传动装置中,A 为主动轮,B 为被动轮,L 为扁平的传动皮带,

A 轮与 B 轮的轮轴水平放置且互相平行,则能传递较大功率的情况是( ).

A. A 轮逆时针转且皮带 L 较宽   B. A 轮逆时针转且皮带 L 较窄
C. A 轮顺时针转且皮带 L 较宽   D. A 轮顺时针转且皮带 L 较窄

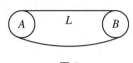

图 7

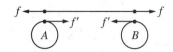

图 8

解析 图 7 中皮带上部张紧、下部松弛,说明两轮对皮带上部的摩擦力方向水平向外,如图 8 所示. A 为主动轮,所以 A 轮带动皮带, A 轮上部皮带受到的摩擦力方向向左,则皮带相对 A 轮有向右运动的趋势,所以 A 轮逆时针转动. 当皮带轮传动装置传递功率增大时,带的有效拉力也要相应增大,即带和带轮接触面上摩擦力也要增大,所以皮带 L 应较宽些,以增大接触面积. 实际工程上还需要在轮面上开环形槽以防止在皮带与轮面间形成空气层而降低摩擦,影响正常传动. A 选项正确.

答案 A.

11 一圆柱形绝热容器中间有一无摩擦的活塞把容器分为体积相等的两部分. 先把活塞固定,左边充入氢气,右边充入氧气,它们的质量和温度都相同,然后将活塞放松,则活塞将( ).

A. 向左运动   B. 向右运动   C. 不动   D. 在原位置左右振动

解析 由理想气体的状态方程 $pV = nRT = mRT/M$ 可知,在质量、温度和体积都相同的情况下,氢气的摩尔质量小,所以氢气的压强大,故活塞将向右运动,B 选项正确.

答案 B.

12 一质量可以忽略的滑轮挂在弹簧秤下,质量 $m_1 = 5$ kg 和 $m_2 = 1$ kg 的两重物分别拴在跨过滑轮的细绳两端,并由于重力作用而做加速运动. 在重物运动过程中,弹簧秤的读数( ).

A. 小于 6 kg   B. 等于 6 kg
C. 大于 6 kg   D. 指针在 6 kg 刻度上下摆动

解析 设细绳中张力为 T,以 m_1 为研究对象,根据牛顿第二定律,有
$$m_1 g - T = m_1 a.$$
以 m_2 为研究对象,根据牛顿第二定律,有
$$T - m_2 g = m_2 a.$$
联立式①和式②,得
$$T = \frac{2m_1 m_2}{m_1 + m_2} g = \frac{5}{3} g.$$
弹簧弹力为
$$F = 2T = \frac{10}{3} g.$$

所以弹簧秤的读数为 10/3 kg<6 kg,A 选项正确.

答案　A.

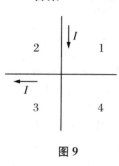

图 9

13 如图 9 所示,两条长直导线在同一平面内但相互绝缘,导线中的电流均为 I,则磁感应强度为零的点(　　).

A. 仅在 1 区
B. 仅在 2 区
C. 仅在 1、3 区
D. 仅在 2、4 区

解析　根据安培定则和磁场的叠加原理,磁感应强度为零的点在 1、3 区域的对角线上,C 选项正确.

答案　C.

14 两个简谐振动曲线如图 10 所示,则有(　　).

A. A 超前 B 的相位为 $\pi/2$
B. A 落后 B 的相位为 $\pi/2$
C. A 超前 B 的相位为 π
D. A 落后 B 的相位为 π

解析　A、B 简谐运动的表达式分别为

$$x_A = A\sin\omega t, \quad x_B = A\cos\omega t = A\sin\left(\omega t + \frac{\pi}{2}\right).$$

所以

$$\varphi_A - \varphi_B = \omega t - \left(\omega t + \frac{\pi}{2}\right) = -\frac{\pi}{2},$$

A 的相位比 B 落后 $\pi/2$,B 选项正确.

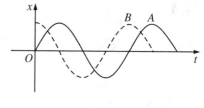

图 10

答案　B.

15 由狭义相对论可知(　　).

A. 每个物理定律的形式在一切惯性系中都相同
B. 钟的快慢与其运动速度无关
C. 真空中光速与光源运动速度有关
D. 所有粒子的质量与其运动速度无关

解析　狭义相对论的两个基本假设:在不同的惯性参考系中,一切物理规律都是相同的.物体的位移、速度以及电场强度、磁感应强度等物理量有可能因为所选择参考系的不同而不同,但是它们所遵从的物理规律却是同样的.也就是说,在一切惯性参考系中物理定律的数学形式完全相同,A 选项正确.真空中的光速在不同的惯性参考系中都是相同的,光速与光源、观察者间的相对运动没有关系,C 选项错误.动钟变慢,运动速度越快,钟走的越慢,B 选项错误.物体以速度 v 运动时的质量 $m = m_0/\sqrt{1-(v/c)^2}$,D 选项错误.

答案　A.

16 质点做曲线运动,在以下四种情形中,正确的是(　　).

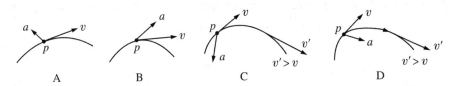

解析 质点做曲线运动,加速度的方向应指向曲线的凹侧,A、B 选项均错误.当加速度的方向与速度方向夹角为钝角时,质点做减速运动,C 选项错误.当加速度的方向与速度方向夹角为锐角时,质点做加速运动,D 选项正确.

答案 D.

2009 年复旦大学千分考试题解析

01 已知介质 1 中的光速是介质 2 中光速的 3/4,当一束黄光从介质 1 射入介质 2 中时,应该是( ).

A. 频率不变,波长变长
B. 频率变小,波长变短
C. 频率变小,波长不变
D. 频率变大,波长变短

解析 光在不同介质中传播时,频率不变.由 $\lambda = v/f$ 可知,光速增大,则波长变长.A 选项正确.

答案 A.

02 在 x 轴上有两个点电荷,一个带正电荷 Q_1,另一个带负电荷 Q_2,$Q_1 = -2Q_2$,用 E_1、E_2 分别表示两个点电荷所产生的场强的大小,则在 x 轴上( ).

A. $E_1 = E_2$ 之点只有一处,该处合场强为零
B. $E_1 = E_2$ 之点有两处,一处合场强为零,另一处合场强为 $2E_2$
C. $E_1 = E_2$ 之点有三处,两处合场强为零,另一处合场强为 $2E_2$
D. $E_1 = E_2$ 之点有三处,一处合场强为零,另两处合场强为 $2E_2$

解析 如图 1 所示,$E_1 = E_2$ 之点有两处,一处在两点电荷之间,合场强为 $2E_2$;另一处在负电荷的外侧,合场强为零.B 选项正确.

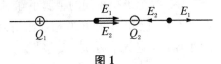

图 1

答案 B.

03 实验室中可获得的最低压强是 10^{-13} atm,在此压强与常温下,$1~\text{cm}^3$ 体积内分子数大约是( ).

A. 10 个　　B. 10^3 个　　C. 10^6 个　　D. 10^9 个

解析 已知 10^{-13} atm $= 1\times 10^{-8}$ Pa，$T = 300$ K，$V = 1$ cm^3 $= 1\times 10^{-6}$ m^3，根据理想气体的状态方程 $pV = nRT$，有 $n = pV/(RT)$．所以分子数为

$$N = nN_A = \frac{pV}{RT}N_A.$$

代入数据，解得

$$N = 2.4\times 10^6.$$

答案 C．

04 太阳能电池板，测得它的开路电压为 900 mV，短路电流为 45 mA．若将该电池板与一阻值为 20 Ω 的电阻器连成一闭合电路，则电阻器两端的电压是（　　）．

A．0.3 V　　　　B．0.45 V　　　　C．0.5 V　　　　D．0.65 V

解析 开路电压等于电源电动势，则 $E = 900$ mV，内阻 $r = E/I_{短} = 20$ Ω．将该电池板与一阻值为 20 Ω 的电阻器连成一闭合电路，由串联分压关系得电阻器两端的电压是 0.45 V，B 选项正确．

答案 B．

05 关于欧洲大型强子对撞机，下列说法中不正确的是（　　）．

A．对撞机确保粒子以光速运动
B．粒子高速对撞实验的目的是模拟宇宙大爆炸发生时的状态
C．对撞机能使几万亿个粒子以高速通过将近 27 公里长的地下隧道
D．实验可能产生的最危险后果是质子束流失控，在隧道上撞出几个坑

解析 粒子不可能达到光速，A 选项错误．欧洲大型强子对撞机是现在世界上最大、能量最高的粒子加速器，它建于瑞士和法国边境地区地下 100 米深处的环形隧道中，隧道全长约 27 公里．高速粒子对撞系列实验将模拟宇宙大爆炸发生时的状态，有助于人类进一步探索宇宙起源之谜．在达到最大强度时，每一个粒子束拥有的能量相当于一辆以每小时 1600 公里行进的汽车．实验可能产生的最危险后果是质子束流在全速运转情况下失控，但即便如此也只会对强子对撞机造成损坏，在隧道上撞出几个坑．B、C、D 选项均正确．

答案 A．

06 两个半径相同的金属小球 A 和 B 带等量同种电荷，它们之间的距离远大于小球本身的直径．已知 A 和 B 的相互作用力为 f，现在用一个带有绝缘柄的原来不带电的相同的金属小球 C，它先和小球 A 接触，再和 B 接触，然后移去，则球 A 和 B 之间的作用力变为（　　）．

A．$f/2$　　　　B．$f/4$　　　　C．$3f/4$　　　　D．$3f/8$

解析 设小球 A 和 B 的带电量为 q，根据库仑定律，有 $f = kq^2/r^2$．小球 C 先和小球 A 接触后，带电量为 $q_A = q_C = q/2$；小球 C 再和小球 B 接触后，带电量为 $q_B = q_C = 3q/4$．则小球 A 和 B 之间的作用力 $f' = k3q^2/(8r^2) = 3f/8$，D 选项正确．

答案　D.

07 理想气体的各种热力学过程中,可能发生的过程是(　　).
　　A. 内能减小的等容加热过程　　　B. 吸热的等温压缩过程
　　C. 内能增加的绝热压缩过程　　　D. 吸热的等压压缩过程

解析　等容加热过程,气体吸收热量,内能一定增大,A 选项错误.吸热的压缩过程,气体吸收热量,同时外界对气体做功,内能一定增大,则温度一定升高,B 选项错误.绝热压缩过程,外界对气体做功,内能一定增大,C 选项正确.吸热的压缩过程,由上述分析知温度升高,由理想气体的状态方程 $pV/T = C$(常量)可知,V 减小、T 增大则 p 增大,D 选项错误.

答案　C.

08 关于光子,下列说法不正确的是(　　).
　　A. 光子具有质量　　　　　　　B. 光子具有波粒二象性
　　C. 光子具有动量　　　　　　　D. 光子都具有相同的能量

解析　光子的能量为 $\varepsilon = h\nu$,不同频率(颜色)的光其光子的能量不同.

答案　D.

09 一个绝热密闭的容器,用隔板分成相等的两部分:左边为理想气体,气体的压强为 p_1,体积为 V_1;右边为真空,体积为 V_2.设 $n = V_1/V_2$,今将隔板抽去,气体达到平衡时,气体的压强是(　　).

　　A. p_1　　　B. $\dfrac{p_1}{2}$　　　C. $\dfrac{p_1}{1+n}$　　　D. $\dfrac{np_1}{1+n}$

解析　将隔板抽去,气体自由膨胀过程中对外不做功,与外界也无热交换,所以内能不变,气体温度不变.根据玻意耳定律,有
$$p_1 V_1 = p_2(V_1 + V_2), \qquad ①$$
而
$$n = \dfrac{V_1}{V_2}. \qquad ②$$
联立式①和式②,得
$$p_2 = \dfrac{np_1}{1+n}.$$

答案　D.

10 两个质量相同、形状相同的正立方体1和2紧靠在一起,放在光滑水平桌面上,如果它们分别受到水平推力 F_1 和 F_2,两个力方向相反,且在同一直线上,分别指向物体1和2的中心,已知 $F_1 > F_2$,则物体1施于2的作用力的大小为(　　).
　　A. $0.5(F_1 + F_2)$　　B. $0.5(F_1 - F_2)$　　C. F_1　　D. F_2

解析　设物体1和2的加速度为 a,以整体为研究对象,根据牛顿第二定律,有

$$F_1 - F_2 = 2ma,$$

解得

$$a = \frac{F_1 - F_2}{2m}.$$

设物体1施于2的作用力为F,以物体2为研究对象,根据牛顿第二定律,有

$$F - F_2 = ma.$$

所以,有

$$F = F_2 + ma = F_2 + m \cdot \frac{F_1 - F_2}{2m} = \frac{F_1 + F_2}{2}.$$

答案 A.

11 质量为M、长为L的小船在无阻力的水面上静止漂浮,有一质量为m的人以相对于船为a的加速度开始在船板上步行,此时船相对于水面的加速度是( ).

A. a　　　B. $\frac{M+m}{m}a$　　　C. $\frac{m}{M+m}a$　　　D. 0

解析 设人和船相对于水面的加速度分别为a_m和a_M,则人相对于船的加速度为

$$a = a_m + a_M. \quad ①$$

人在船上步行的过程中,人与船间的相互作用力大小相等,则

$$ma_m = Ma_M. \quad ②$$

联立式①和式②,得

$$a_M = \frac{m}{M+m}a.$$

答案 C.

12 一火箭竖直向上发射,在开始的30 s内以18 m/s²的加速度推进,然后关闭推进器,继续上升一段距离后又落返地面,则火箭上升的最高高度和整个飞行时间分别为( ).

A. 1.5×10^4 m, 123.6 s　　　　B. 2.3×10^4 m, 153.6 s
C. 1.5×10^4 m, 68.5 s　　　　D. 2.3×10^4 m, 123.6 s

解析 30 s末火箭的速度为$v_1 = at_1 = 540$ m/s,上升的高度为$h_1 = at_1^2/2 = 8100$ m. 关闭推进器后,火箭做竖直上抛运动,上升的时间为$t_2 = v_1/g = 55.1$ s,再上升的高度为$h_2 = v_1^2/(2g) = 14878$ m,所以火箭上升的最高高度为$h = h_1 + h_2 = 22978$ m $\approx 2.3 \times 10^4$ m. 下降的时间为$t_3 = \sqrt{2h/g} = 68.5$ s,所以火箭整个飞行时间为$t = t_1 + t_2 + t_3 = 153.6$ s. 故B选项正确.

答案 B.

13 关于热平衡,下列说法中正确的是( ).

A. 两个处于热平衡的系统一定发生热接触
B. 一切达到热平衡的系统中每个分子都具有相同的温度

C. 温度相同的系统一定互为热平衡

D. 上述说法都正确

解析 能够说两个系统处于热平衡状态,必然前提是接触且两个系统的热力学状态参数不随时间变化.两个处于热平衡的系统既然已经平衡了,那么一定是相互影响,所以一定有热交换.所以系统热接触是两系统热平衡的前提,因此接触系统与目标系统必然存在热交换,只是两个系统的状态参量不再随时间改变,或者说热接触是判定系统热平衡的必要条件,其实热平衡系统定义里已经包含了热接触.A 选项正确.

从分子运动论观点看,温度是物体分子平均平动动能的标志.温度是表征大量分子热运动剧烈程度的物理量,含有统计意义.对于个别分子来说,温度是没有意义的.B 选项错误.

互为热平衡的两个系统的冷热程度必相同即温度相同,但是温度相同的系统不一定互为热平衡,如 100 ℃的水和 100 ℃的水蒸气.总之温度相同只是互为热平衡系统的必要条件,不能说温度相同的系统是热平衡系统.C 选项错误.

答案 A.

光子能量为 E 的一束光照射容器中的氢气,氢原子吸收光子后能发出频率分别为 ν_1、ν_2、ν_3 的三种光,且 $\nu_1<\nu_2<\nu_3$,则所需最小入射光的光子能量是( ).

A. $h\nu_3$　　　　B. $h\nu_2$　　　　C. $h\nu_1$　　　　D. $h(\nu_1+\nu_2+\nu_3)$

解析 氢原子在光束的照射下,从基态跃迁至 $n=3$ 的激发态,发出 $3\to1(\nu_3)$、$3\to2(\nu_1)$ 和 $2\to1(\nu_2)$ 三种频率的光,并且 $\nu_3=\nu_1+\nu_2$,A 选项正确.

答案 A.

一颗子弹的速度为 600 m/s,打穿第一块木板后,速度减为 400 m/s,则( ).

A. 这颗子弹还能打穿两块同样的木板

B. 这颗子弹在打穿第二块相同的木板后,停止在第三块同样的木板中

C. 这颗子弹在打穿第二块相同的木板后速度降为零

D. 这颗子弹不能再打穿第二块相同的木板

解析 设子弹打穿第一块木板时阻力做功为 W_f,根据动能定理,有

$$W_f=\frac{1}{2}m(400)^2-\frac{1}{2}m(600)^2=-100000m.$$

若子弹能打穿第二块木板,设打穿第二块木板时的动能为 E_k,根据动能定理,有

$$W_f=E_k-\frac{1}{2}m(400)^2=-100000m,$$

解得

$$E_k=-20000m<0.$$

所以这颗子弹不能再打穿第二块相同的木板,D 选项正确.

答案 D.

16 能产生干涉现象的两束光的光源应该是( ).

A. 频率相同,振幅相同　　　　　　B. 频率相同,相位差恒定
C. 振幅相同,相位差恒定　　　　　D. 光强相同,频率相同

解析　产生干涉现象的三个条件是:① 两束光的频率相同;② 两束光的振动方向相同;③ 在叠加处两束光有恒定的相位差.B 选项正确.

答案　B.

2008 年复旦大学千分考试题解析

01　在 p-V 图中,一定质量的理想气体的状态沿直线 $a \rightarrow b$ 变化,已知 $p_a = 3\times10^5$ Pa, $V_a = 0.1$ m^3, $p_b = 1.0\times10^5$ Pa, $V_b = 0.4$ m^3,则温度比 $T_a : T_b$ 为(　　).

A. $1:4$　　　B. $2:4$　　　C. $3:4$　　　D. $1:1$

解析　根据理想气体的状态方程,有

$$\frac{p_a V_a}{T_a} = \frac{p_b V_b}{T_b},$$

解得

$$\frac{T_a}{T_b} = \frac{3}{4}.$$

答案　C.

02　对初速度为 v 的物体加上与 v 方向相反的恒力 F,则(　　).

A. 物体运动的方向始终与力的方向相同
B. 物体运动的方向始终与力的方向相反
C. 物体的运动方向先与力的方向相同,然后相反
D. 物体的运动方向先与力的方向相反,然后相同

解析　物体先做与力的方向相反的减速运动,速度减为零后,再做与力的方向相同的加速运动,D 选项正确.

答案　D.

　振源 S 上下振动,振幅为 0.1 m,频率为 5 Hz,产生一列沿水平 x 方向传播的横波,波速为 10 m/s,沿波传播的方向上依次有 a 和 b 两个质点,相距 7.5 m,如果质点 a 的 x 坐标为波长 λ,当质点 a 具有向上的最大速度时,质点 b 的坐标 (x,y) 为(　　).

A. $9.5, 0.1$　　B. $9.5, 0$　　C. $9.5, 0.05$　　D. $9.5, -0.1$

解析　波长 $\lambda = v/f = 2$ m,则质点 a 的横坐标为 2 m 时,质点 b 的横坐标为 9.5 m.如图 1 所示,当质点 a 具有向上的最大速度时,质点 b 位于波峰位置,坐标为 $(9.5, 0.1)$,A 选

项正确.

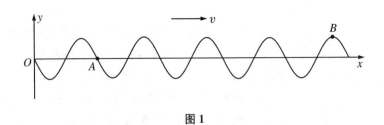

图 1

答案 A.

04 在上下放置的双缝干涉实验中,若把下面一条缝封闭,并将一平面反射镜(镜面向上)平放在两缝的垂直平分线上,则在屏上( ).

A. 没有干涉条纹

B. 干涉条纹不变

C. 干涉条纹的区域只在屏中心以上的部分,干涉条纹的间距不变,亮纹和暗纹的位置也不变

D. 干涉条纹的区域只在屏中心以上的部分,干涉条纹的间距不变,亮纹和暗纹的位置与原来的对换

解析 如图 2 所示,封闭缝 S_2 后加放平面镜.从缝 S_1 发出的光线,一部分直接射到光屏上,另一部分通过平面镜反射后到达光屏.缝 S_1 经平面镜反射后的光线可以视为缝 S_2 发出的光线,直接传播光和反射光是相干光,故仍有干涉条纹.然而,光从光疏介质(空气)射到光密介质(反射镜)界面反射时,反射光有相位突变 π,即有半波损失,导致亮纹和暗纹的位置与原来的对换.D 选项正确.

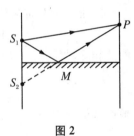

图 2

答案 D.

05 已知用一束某种波长的平行光照射一小块某种金属能产生光电效应,光电子的最大初动能为 E_1,单位时间内产生了 N_1 个光电子,现用同一束光经凸透镜会聚后照射该金属,光电子的最大初动能为 E_2,单位时间内产生了 N_2 个光电子,则( ).

A. $E_1 = E_2, N_1 > N_2$ B. $E_1 < E_2, N_1 > N_2$

C. $E_1 > E_2, N_1 < N_2$ D. $E_1 = E_2, N_1 < N_2$

解析 光束经凸透镜会聚后频率不变,根据光电效应方程 $E_k = h\nu - W_0$ 知,光电子的最大初动能不变,而光的强度增大,则单位时间内产生的光电子数目增多,D 选项正确.

答案 D.

06 质量为 $2m$ 的粒子 a 以速度 v 沿水平向右方向运动,另一质量为 m 的粒子 b 以速度 v 沿与水平向右方向成 45° 斜向下的方向运动,在某段时间内两个粒子分别受到大小和方向都相同的力的作用;在停止力的作用时,粒子 a 沿竖直向下方向以速度 v 运动,则粒子 b

的运动速率为( ).

A. $2v$ B. $3v$ C. v D. $0.5v$

解析 设粒子受力为 F,作用时间为 t.对于粒子 a,如图3(a)所示,根据动量定理,有
$$Ft = 2\sqrt{2}mv.$$
冲量 Ft 与水平向左方向成45°斜向下.对于粒子 b,如图3(b)所示,根据动量定理,有
$$(mv')^2 = (mv)^2 + (Ft)^2 = (mv)^2 + (2\sqrt{2}mv)^2.$$
解得
$$v' = 3v.$$

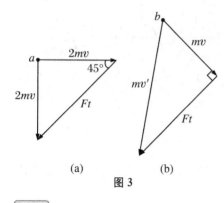

图 3

答案 B.

07 如图4所示,左端封闭的水平放置的圆筒中,有两个活塞把圆筒中的气体分成左右两个部分,已知右部分的体积是左部分的1.5倍,若保持温度不变,用力把右面的活塞向左推动5 cm后停止,这时左面的活塞( ).

A. 左移 1.5 cm   B. 左移 2 cm
C. 左移 2.5 cm   D. 不移动

解析 对左右两部分气体,根据玻意耳定律,有
$$pV_1 = p'V_1', \quad pV_2 = p'V_2'.$$
两式相除,得
$$\frac{V_2}{V_1} = \frac{V_2'}{V_1'} = 1.5.$$
根据数学知识,有
$$\frac{V_2 - V_2'}{V_1 - V_1'} = 1.5.$$
则
$$\frac{5-x}{x} = 1.5,$$
解得
$$x = 2 \text{ cm}.$$

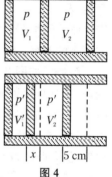

图 4

答案 B.

08 对于电场强度和电势的关系,下列说法中正确的是( ).

A. 具有不规则表面的导体带有电荷时,表面处处等势
B. 场强大的地方,电势一定高
C. 场强为零的地方,电势一定为零
D. 带正电荷物体的电势一定为正

解析 处于静电平衡状态的整个导体是个等势体,它的表面是个等势面,A 选项正确.

图 5 为负点电荷的电场线分布,场强 $E_A > E_B$,电势 $\varphi_A < \varphi_B$,B 选项错误.图 6 为等量同种正电荷的电场线分布,中点 O 场强为零,电势不为零,C 选项错误.电势的正负取决于电势零点的选取,D 选项错误.

答案 A.

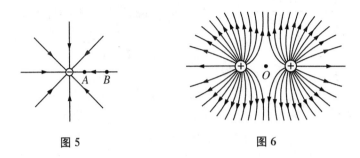

图 5　　　　　图 6

09 用 3.7 eV 能量的光子照射处于 $n=2$ 激发态的氢原子,下列说法正确的是(　　).

A. 氢原子吸收该光子后不会被电离
B. 氢原子吸收该光子后被电离,电离后电子的动能为零
C. 氢原子吸收该光子后被电离,电离后电子的动能为 0.3 eV
D. 氢原子吸收该光子后被电离,电离后电子的动能为 2.19 eV

解析　当 $n=2$ 时,氢原子的能量 $E_2 = E_1/4 = -3.4$ eV,所以处于 $n=2$ 激发态的氢原子的电离能是 3.4 eV,当氢原子吸收具有 3.7 eV 能量的光子后被电离,电离后电子的动能为 0.3 eV,C 选项正确.

答案　C.

10 已知物体从静止开始沿直线运动,1 s 内通过距离 s_1,2 s 内通过距离 s_2,…,n 秒内通过距离 s_n,已知 $s_1 : s_2 : s_3 : \cdots : s_n = 1 : 4 : 9 : \cdots : n^2$,则该物体做(　　).

A. 匀减速运动　　　　　B. 匀速运动
C. 匀加速运动　　　　　D. 无法确定是什么运动

解析　只有在任意相等的时间间隔内位移之比都满足上述关系才一定是匀加速直线运动,本题中的时间间隔为 1 s,故无法确定是什么运动,D 选项正确.

答案　D.

11 边长为 10 cm 的正方形木块(密度为 0.5 g/cm³)浮在有水的杯中,杯的横截面积为 200 cm²,水的密度是 1 g/cm³,平衡时杯内水深 10 cm,g 取 10 m/s²,用力使木块慢慢沉到杯底,外力所做的功的焦耳数为(　　).

A. 1/4　　　B. 1/9　　　C. 3/16　　　D. 3/10

解析　以 l 表示木块的边长,h 表示施力前木块浸入水中的深度,根据平衡条件,有
$$\rho_{木} l^3 g = \rho_{水} g l^2 h,$$
解得

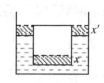

图7

$h = 0.05$ m.

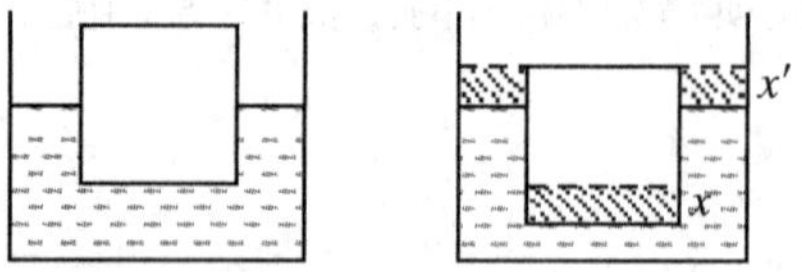

则木块底面距离杯底 0.05 m. 用力使木块慢慢向下运动, 当木块刚好浸没时, 相对于初始位置下降 x, 液面相对于初始位置上升 x', 如图7所示.

以 S 表示杯的横截面积, 则有

$$l^2 x = (S - l^2)x', \quad ①$$
$$x + x' = l - h. \quad ②$$

联立式①和式②, 得

$$x = 0.025 \text{ m}.$$

此时, 外力满足等式

$$F + \rho_\text{木} l^3 g = \rho_\text{水} g l^3.$$

解得

$$F = 5 \text{ N}.$$

外力与位移的关系如图8所示. 第一个过程中, 力均匀增大, 当力达到5N时, 大小恒定.

外力所做的功为 F-x 图像中折线与 x 轴围成的梯形的面积, 所以

$$W_F = \left(\frac{1}{2} \times 0.025 \times 5 + 0.025 \times 5\right) \text{J} = \frac{3}{16} \text{ J}.$$

答案 C.

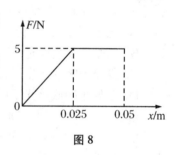

图8

12 为了在沉入水(水的折射率是1.3)中的潜水艇内部观察外面的目标, 在艇壁上开一正方形的孔, 设壁厚51.96 cm, 孔宽度为 30 cm, 孔内嵌入折射率为 n 的特种玻璃砖(填满孔), 要想看到外面180°范围内的景物, n 应为(   ).

A. 2.6   B. 2   C. 1.3   D. 0.65

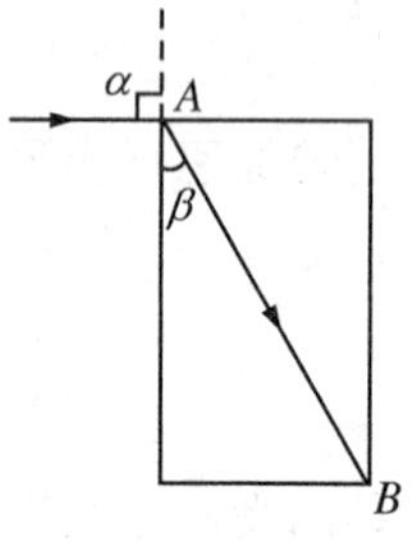

解析 临界情况的光路图如图9所示, 其中 $\alpha = 90°$. 光从 A 点射入, 人在 B 点观察. 由几何关系, 得

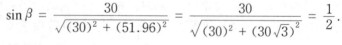

$$\sin\beta = \frac{30}{\sqrt{(30)^2 + (51.96)^2}} = \frac{30}{\sqrt{(30)^2 + (30\sqrt{3})^2}} = \frac{1}{2}.$$

根据折射定律, 有

$$n_\text{水} \sin 90° = n \sin\beta,$$

解得

$$n = 2.6.$$

图9

答案 A.

13 下面说法正确的是(   ).

A. 做功和热传递以不同的能量转换方式改变系统的内能
B. 温度相同的物体具有相同的内能

C. 质量相同的物体具有相同的内能

D. 气缸内的气体被压缩,同时气缸发热,则缸内气体的内能一定变化

解析 物体中所有分子的热运动动能与分子势能的总和,叫做物体的内能.由于分子热运动的平均动能与温度有关,分子势能与物体的体积有关,所以,一般来说物体的温度和体积变化时它的内能都会随之改变.B、C 选项均错误.做功和热传递以不同的能量转换方式改变系统的内能.做功时内能与其他形式的能(如机械能、电能等)发生转化,而热传递只是不同物体(或一个物体的不同部分)之间内能的转移.A 选项正确.气缸内的气体被压缩,则外界对气体做功,气缸发热,则气体对外界放热,由热力学第一定律 $\Delta U = Q + W$ 知,ΔU 可能为零,D 选项错误.

答案 A.

14 A、B 两只小船静止在水中,相距 20 m,船 A 和船上的人的质量共 400 kg,船 B 的质量也是 400 kg,水的阻力不计,人用 200 N 的力拉 B 船,当 B 船起动后经过 4 s,人所做的功为(　　).

A. 800 J　　　　B. 1600 J　　　　C. 2000 J　　　　D. 400 J

解析 人用 200 N 的力拉 B 船,由于力的作用是相互的,B 船也在用 200 N 的力拉 A 船和 A 船上的人.根据牛顿第二定律,有

$$F = m_A a_A = m_B a_B,$$

解得

$$a_A = a_B = 0.5 \text{ m/s}^2.$$

经过 4 s,A、B 两船的速度为

$$v_A = v_B = a_A t = 2 \text{ m/s}.$$

根据动能定理,有

$$W = \frac{1}{2} m_A v_A^2 + \frac{1}{2} m_B v_B^2 = 1600 \text{ J}.$$

答案 B.

15 现有带刻度的尺,细直玻璃管,玻璃杯,一根弯成直角的细玻璃管,一定量的水,量角器.要制成最简单、方便的加速度测量仪,用于测量列车的加速度,应选(　　).

A. 细直玻璃管、尺、水　　　　　　　　B. 玻璃杯、尺、水

C. 弯成直角的细玻璃管、尺、量角器、水　　D. 细直玻璃管、玻璃杯、尺

解析 当列车做加速度为 a 的匀加速直线运动时,玻璃杯中的水的水面将与水平面形成一定的倾角,如图 10 所示.

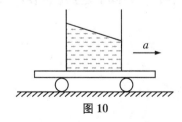

图 10

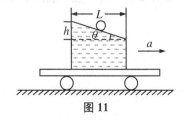

图 11

若将玻璃杯中的水面等效成一个光滑的斜面,并在斜面上放一个质量为 m 的小球,它将与斜面保持相对静止,所以其加速度与列车加速度相同,如图 11 所示. 由于
$$mg\tan\theta = ma,$$
且
$$\tan\theta = \frac{h}{L}.$$
其中,L 为杯子的直径,h 为水面左右两端的高度差. 所以,有
$$a = \frac{gh}{L}.$$

答案　B.

16 在静电平衡条件下,下列说法中正确的(　　).

A. 导体上所有的自由电荷都分布在导体的表面上
B. 导体表面附近的场强垂直于该处表面
C. 导体壳所带的电荷只能分布在导体的外表面上,内表面上没有电荷
D. 接地的导体上所带净电荷一定为零

解析　在静电平衡条件下,导体上所有的净剩电荷都分布在导体的表面上,A 选项错误. 处于静电平衡状态的整个导体是个等势体,它的表面是个等势面,电场方向垂直于等势面,B 选项正确. 当导体壳内没有其他带电体时,在静电平衡条件下,导体壳的内表面上处处没有电荷,电荷只能分布在外表面. 当导体壳内有带电体时,内表面上会有电荷,如图 12 所示,C 选项错误. 接地的导体上所带净电荷不一定为零,如图 13 所示,D 选项错误.

答案　B.

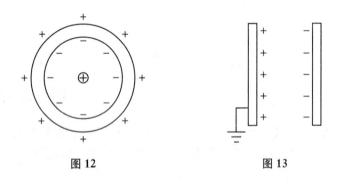

图 12　　　　　图 13

2007 年复旦大学千分考试题解析

01 磁感应强度的单位是特斯拉(T),1 特斯拉相当于(　　).

A. $1\ \text{kg}/(\text{A}\cdot\text{s}^2)$ B. $1\ \text{kg}\cdot\text{m}/(\text{A}\cdot\text{s}^2)$
C. $1\ \text{kg}\cdot\text{m}^2/(\text{A}\cdot\text{s}^2)$ D. $1\ \text{kg}\cdot\text{m}^2/\text{s}^2$

解析 根据磁感应强度的定义式 $B=F/(IL)$,得 $1\ \text{T}=1\ \text{N}/(\text{A}\cdot\text{m})$.再根据牛顿第二定律 $F=ma$,得 $1\ \text{N}=1\ \text{kg}\cdot\text{m}/\text{s}^2$.所以 $1\ \text{T}=1\ \text{kg}/(\text{A}\cdot\text{s}^2)$,A 选项正确.

答案 A.

02 一束单色光从空气射入水中,则(　　).
A. 光的颜色、频率不变,而波长、波速都变小
B. 光的颜色、频率、波长都不变,只有波速变小
C. 光的颜色、波长不变,而频率、波速都变小
D. 光的频率变小,而颜色、波长、波速都不变

解析 单色光由光疏介质(空气)进入光密介质(水),颜色、频率不变,但介质对光的折射率增大,由 $n=c/v$ 可知,波长、波速都变小.A 选项正确.

答案 A.

03 一物体静止在光滑水平面上,先对物体施加一水平向右的恒力 F_1,经过时间 t 秒后撤去 F_1,立即再对它施加一水平向左的恒力 F_2,又经过时间 t 秒后物体回到出发点.在这一过程中,力 F_1 与 F_2 的大小关系是(　　).
A. $F_2=F_1$ B. $F_2=2F_1$ C. $F_2=3F_1$ D. $F_2=5F_1$

解析 整个过程中物体的位移为 0,则有
$$\frac{1}{2}\frac{F_1}{m}t^2+\left(\frac{F_1}{m}t\right)t-\frac{1}{2}\frac{F_2}{m}t^2=0,$$
解得
$$F_2=3F_1.$$

答案 C.

04 两放射性元素样品 A 与 B,当 A 有 15/16 的原子核发生了衰变时,B 恰好有 63/64 的原子核发生了衰变,则 A 与 B 的半衰期之比 $T_A:T_B$ 应为(　　).
A. 2:3 B. 3:2 C. 5:21 D. 21:5

解析 设某放射性元素的半衰期为 T,在衰变前有 N_0 个原子核,经过时间 t 后还剩有 N 个原子核,则有
$$N=N_0\left(\frac{1}{2}\right)^{\frac{t}{T}}.$$

A 有 15/16 的原子核发生了衰变,则剩余 1/16,根据放射性元素的衰变规律,得 $t=4T_A$;B 有 63/64 的原子核发生了衰变,则剩余 1/64,根据放射性元素的衰变规律,得 $t=6T_B$.所以 $T_A:T_B=3:2$,B 选项正确.

答案 B.

05 某原子核经历了 2 次 α 衰变，6 次 β 衰变，它的质子数及中子数变化情况分别是（　　）.
  A. 减少 4，减少 4　　　　　　B. 增加 2，减少 10
  C. 减少 10，增加 2　　　　　　D. 增加 4，减少 8

  解析　设原子核 A 的质量数为 X、电荷数为 Y. 根据质量数守恒和电荷数守恒，得衰变方程为

$$_Y^X A \longrightarrow 2\,_2^4 He + 6\,_{-1}^{0} e + _{Y+2}^{X-8} B.$$

可见 $_{Y+2}^{X-8}B$ 比 $_Y^X A$ 多 2 个质子、少 10 个中子，B 选项正确.
  答案　B.

06　真空中有一孤立的带正电的点电荷，该点电荷电场中的一条电场线及其方向如图 1 所示，电场线上有 A、B 两点，现将另一带电量很小的负电荷先后放在 A、B 两点，该负电荷在 A、B 两点受电场力的大小分别为 F_A、F_B，所具有的电势能分别为 ε_A、ε_B，以下判断中正确的是（　　）.

图 1

  A. $F_A > F_B$，$\varepsilon_A > \varepsilon_B$　　　　B. $F_A > F_B$，$\varepsilon_A < \varepsilon_B$
  C. $F_A < F_B$，$\varepsilon_A < \varepsilon_B$　　　　D. $F_A < F_B$，$\varepsilon_A > \varepsilon_B$

  解析　根据正点电荷的电场线特点，电场强度 $E_A > E_B$，根据电场力 $F = qE$，得 $F_A > F_B$. 沿着电场线方向电势降低，电势 $\varphi_A > \varphi_B$，根据电势能 $\varepsilon = q\varphi$，得 $\varepsilon_A < \varepsilon_B$. B 选项正确.
  答案　B.

07　若把 2 C 的电量从 A 点移到相距为 20 m 的 B 点需做功 200 J，则 A、B 两点间的电势差为（　　）.
  A. 40 V　　　B. 8×10^3 V　　　C. 100 V　　　D. 10 V

  解析　A、B 两点间的电势差 $U_{AB} = W_{AB}/q = 100$ V.
  答案　C.

08　经典理论中，氢原子中的电子（电量为 1.6×10^{-19} C）在半径为 0.53×10^{-10} m 的圆形轨道上以 6.6×10^{15} Hz 的频率运动，则轨道中的电流为（　　）.
  A. 1.06×10^{-4} A　　B. 1.06×10^{-3} A　　C. 1.06×10^{-5} A　　D. 1.06×10^{-6} A

  解析　电子绕核运动可等效为一环形电流，根据电流的定义式，有

$$I = \frac{e}{T} = ef = 1.06 \times 10^{-3} \text{ A}.$$

  答案　B.

09　如图 2 所示，金属杆 MN 在三角形金属框架上以速度 v 从图示位置起向右做匀速滑动，框架夹角为 θ，杆和框架由粗细均匀、截面积相同的同种材料制成，则回路中的感应

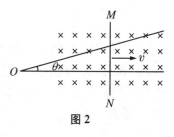
图 2

电动势 E 和电流 I 随时间 t 变化的规律分别是下图中的( ).

(a)

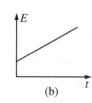
(b)

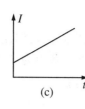
(c)

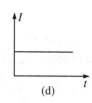
(d)

A．(a)和(c)   B．(a)和(d)   C．(b)和(c)   D．(b)和(d)

解析 设开始时金属杆 MN 距 O 点为 x_0，则感应电动势
$$E = BLv = B \cdot (x_0 + vt)\tan\theta \cdot v.$$
感应电动势 E 与时间 t 成一次函数关系，图(b)正确．

设金属框架与金属杆单位长度的电阻为 r，则感应电流
$$I = \frac{E}{R} = \frac{B \cdot (x_0 + vt)\tan\theta \cdot v}{[(x_0 + vt)\tan\theta + (x_0 + vt) + (x_0 + vt)/\cos\theta]r} = \frac{B\tan\theta \cdot v}{(\tan\theta + 1 + 1/\cos\theta)r}.$$
感应电流 I 与时间 t 无关，为一恒量，图(d)正确．

答案 D．

10 如图 3 所示，质量分别为 m_1 和 m_2 的物体 A、B 静止在光滑水平板上，其间有一被压缩的轻弹簧，长板可以绕 O 轴转动，另一端用细绳悬于 C 点．现将弹簧释放，在 A、B 分别滑向板端的过程中，细绳上的拉力(   )．

A．增大   B．不变
C．减小   D．缺条件，无法确定

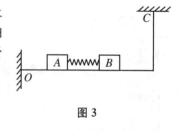
图 3

解析 解法一．
设开始时 A、B 对 O 轴的力矩为
$$M_1 = m_1 g l_1 + m_2 g l_2.$$
弹簧释放过程中系统动量守恒，有
$$m_1 v_1 - m_2 v_2 = 0.$$
则
$$m_1 v_1 \Delta t - m_2 v_2 \Delta t = 0.$$
将上式累加可得
$$m_1 x_1 - m_2 x_2 = 0.$$
此时 A、B 对 O 轴的力矩为
$$M_2 = m_1 g(l_1 - x_1) + m_2 g(l_2 + x_2) = m_1 g l_1 + m_2 g l_2.$$
由于 $M_1 = M_2$，所以细绳上的拉力不变，B 选项正确．

解法二．
A、B 和弹簧组成的系统水平方向不受外力，满足动量守恒，质心始终静止不动，这就相当于木板上放着一个质量为 $m_1 + m_2$、位置始终不变的物体，所以细绳上的拉力不变，B 选项正确．

答案 B.

11 一物体以 v_A 从 A 点出发做匀加速直线运动,经过时间 t 以速度 v_B 到达距 A 点 s 的 B 点,则该物体经过 $2t/5$ 和距 B 点为 $2s/5$ 处的瞬时速度分别为( ).

A. $\dfrac{3v_A+2v_B}{5}$, $\sqrt{\dfrac{3v_A^2+2v_B^2}{5}}$ B. $\dfrac{2v_A+3v_B}{5}$, $\sqrt{\dfrac{2v_A^2+3v_B^2}{5}}$

C. $\dfrac{3v_A+2v_B}{5}$, $\sqrt{\dfrac{2v_A^2+3v_B^2}{5}}$ D. $\dfrac{2v_A+3v_B}{5}$, $\sqrt{\dfrac{3v_A^2+2v_B^2}{5}}$

解析 若物体的加速度 $a=(v_B-v_A)/t$,则物体经过 $2t/5$ 的瞬时速度为

$$v_{2t/5}=v_A+a\cdot\dfrac{2t}{5}=\dfrac{3v_A+2v_B}{5}.$$

若物体的加速度 $a=(v_B^2-v_A^2)/2s$,则物体经过 $2s/5$ 处的瞬时速度满足

$$v_{2s/5}^2-v_A^2=2a\cdot\dfrac{2s}{5},$$

解得

$$v_{2s/5}=\sqrt{\dfrac{3v_A^2+2v_B^2}{5}}.$$

答案 A.

12 一定质量的理想气体,其状态沿图 4 中的直线 $A\to B\to C$ 进行变化,则下列说法中正确的是( ).

A. $t_A=t_B=t_C$
B. $t_A=t_C>t_B$
C. 若 $t_A=-3$ ℃,则 $t_B=4$ ℃
D. 若 $t_A=-3$ ℃,则 $t_B=87$ ℃

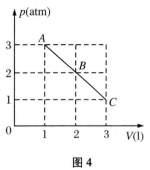

图 4

解析 由理想气体的状态方程 $pV/T=C$(常量)可知,$t_A=t_C<t_B$,A、B 选项均错误.若 $t_A=-3$ ℃,则 $3\times1/(-3+273)=2\times2/(t_B+273)$,解得 $t_B=87$ ℃,D 选项正确.

答案 D.

13 决定一个物体的位置所需的独立坐标数,叫做这个物体的自由度数.如果一个质点在空间自由运动,则它的位置需要用三个独立坐标(如 x、y、z)来决定,所以这个质点有三个自由度.若四个质点 m_1、m_2、m_3、m_4 由不计质量的刚性杆(不会产生形变)连成如图 5 所示的四面体,则该四面体有( )个自由度.

A. 3 B. 6 C. 9 D. 12

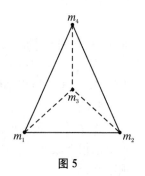

图 5

解析 在力学里,自由度指的是力学系统的独立坐标的个数.力学系统由一组坐标来描述.比如一个质点在三维空间中的运动,在笛

卡尔坐标系中,由 x、y、z 三个坐标来描述.一般而言,n 个质点组成的力学系统由 $3n$ 个坐标来描述.但力学系统中常常存在着各种约束,使得这 $3n$ 个坐标并不都是独立的.对于 n 个质点组成的力学系统,若存在 m 个完整约束,则系统的自由度减为

$$s = 3n - m.$$

例如,运动于平面的一个质点,其自由度为 2.在空间中的两个质点,中间以线连接,则其自由度为 $s = 3 \times 2 - 1 = 5$.本题中四面体的自由度为 $s = 3 \times 4 - 6 = 6$.B 选项正确.

答案 B.

14 如图 6 所示,水平力 F 作用于静止在斜面上的物体 A,若 F 逐渐增大,A 仍保持静止状态,则物体 A( ).

A. 所受合力逐渐增大 B. 所受斜面摩擦力逐渐增大
C. 所受斜面弹力逐渐增大 D. 所受斜面摩擦力逐渐减小

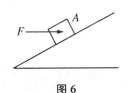
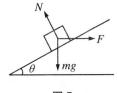

图 6   图 7

解析 物体一直保持静止状态,故所受合力为零,A 选项错误.如图 7 所示,物体一定受重力 mg、水平力 F 和弹力 N,而摩擦力 f 的有无和大小是不确定的.设斜面倾角为 θ,则弹力 $N = mg\cos\theta + F\sin\theta$,$F$ 逐渐增大,N 也逐渐增大,C 选项正确.

若 $mg\sin\theta > F\cos\theta$,则摩擦力 f 沿斜面向上,F 逐渐增大,f 先沿斜面向上逐渐减小后沿斜面向下逐渐增大;若 $mg\sin\theta = F\cos\theta$,则摩擦力 $f = 0$,F 逐渐增大,f 沿斜面向下逐渐增大;若 $mg\sin\theta < F\cos\theta$,则摩擦力 f 沿斜面向下,F 逐渐增大,f 沿斜面向下逐渐增大.故 B、D 选项均错误.

答案 C.

15 如图 8 所示,两根平行直导线通以大小相等、方向相反的电流,则两根导线附近的区域内磁感应强度为零的点应该( ).

A. 在两根导线中间 B. 在 I_1 左侧
C. 在 I_1 右侧 D. 不存在

解析 由安培定则和直线电流的磁场与距离的关系可知,I_1 左侧的磁感应强度的方向垂直纸面向外,I_1 和 I_2 之间的磁感应强度的方向垂直纸面向里,I_2 右侧的磁感应强度的方向垂直纸面向外.故不存在磁感应强度为零的点,D 选项正确.

答案 D.

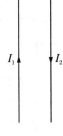

图 8

16 一个单摆在匀加速运动的电梯内做简谐振动,其周期是电梯静止时的两倍,则电梯的加速度为( ).

A. 大小为 $g/4$,方向向下
B. 大小为 $g/2$,方向向上
C. 大小为 $3g/4$,方向向上
D. 大小为 $3g/4$,方向向下

解析 当电梯的加速度 a 方向向下时,以电梯为参考系(非惯性系),摆球还受到竖直向上的惯性力的作用,则摆球所受的等效重力为 $m(g-a)$,等效重力加速度为 $g-a$. 根据单摆的周期公式,有

$$2\pi\sqrt{\frac{l}{g-a}} = 2 \times 2\pi\sqrt{\frac{l}{g}},$$

解得

$$a = \frac{3g}{4}.$$

答案 D.

2006年复旦大学千分考试题解析

01 用一不等臂天平称量物体的质量,把物体放在左盘,称得物体的质量为 m_1;放在右盘,称得物体的质量为 m_2,则该天平左右两臂的臂长之比 $l_左 : l_右$ 为( ).

A. $m_1 : m_2$ B. $\sqrt{m_1} : \sqrt{m_2}$ C. $m_2 : m_1$ D. $\sqrt{m_2} : \sqrt{m_1}$

解析 设物体的实际质量为 m,根据力矩平衡,有

$$mg \cdot l_左 = m_1 g \cdot l_右, \qquad ①$$
$$mg \cdot l_右 = m_2 g \cdot l_左. \qquad ②$$

联立式①和式②,得

$$\frac{l_左}{l_右} = \sqrt{\frac{m_1}{m_2}}.$$

答案 B.

02 以下物理量均为矢量的是( ).
①能量;②力;③电阻;④位移;⑤热力学温度;⑥磁感应强度;⑦功率;⑧电场强度.

A. ②④⑥⑧   B. ①③⑤⑦   C. ①②⑤⑥   D. ③④⑦⑧

解析 矢量既有大小又有方向,矢量相加遵从平行四边形定则.

答案 A.

03

一物体竖直上抛,若空气阻力恒定,从抛出至最高点的时间为 Δt_1,从最高点下落至抛出点的时间为 Δt_2,则 Δt_1 与 Δt_2 之间的关系是( ).

A. 无法确定   B. $\Delta t_1 > \Delta t_2$ C. $\Delta t_1 = \Delta t_2$ D. $\Delta t_1 < \Delta t_2$

解析 物体上升时的加速度为 $a_1 = g + f/m$,物体下落时的加速度为 $a_2 = g - f/m$,则 $a_1 > a_2$,而上升和下降的位移大小相等,作出物体运动的 v-t 图像,如图 1 所示,可得 $\Delta t_1 < \Delta t_2$,故 D 选项正确.

答案 D.

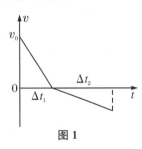

图 1

04

将实际气体当做理想气体来处理的最佳条件是( ).

A. 常温常压   B. 高温常压   C. 高温低压   D. 低温高压

解析 实验表明,只有当气体压强不太大、温度不太低时,玻意耳定律、查理定律、盖-吕萨克定律才与实验情况较好地符合. C 选项正确.

答案 C.

05

如图 2 所示,电源电动势为 30 V,内阻不计,$R_1 = 2\ \Omega$,$R_2 = 3\ \Omega$,$R_3 = 5\ \Omega$. 为使一额定工作电压为 10 V、额定功率为 20 W 的小电灯泡正常工作,则可将其接入电路中的( ).

A. 1 点,2 点   B. 2 点,3 点
C. 3 点,4 点   D. 2 点,4 点

解析 根据串联分压的原则,得 $U_1 = 6$ V,$U_2 = 9$ V,$U_3 = 15$ V. 无论小灯泡与哪个电阻并联,并联后该电阻两端的电压都将减小,而小灯泡正常工作需要 10 V 的电压,故应与 R_3 并联,C 选项正确.

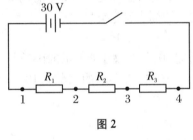

图 2

答案 C.

06

玻尔理论的基本假设是为了解释( ).

A. 光电效应   B. 电子衍射现象
C. 光的干涉现象   D. 氢原子光谱的实验规律

解析 玻尔为了解释氢原子光谱的实验规律提出了三个基本假设:① 定态假设;② 跃迁假设;③ 轨道量子化假设.

答案 D.

07

在圆柱形均匀磁场中,带正电的粒子沿如图 3 所示的圆形轨道运动(可等效成一圆电流),与磁场方向构成左手螺旋. 若磁感应强度 B

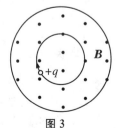

图 3

的数值突然增大,则增大的瞬间,带电粒子的运动速度( ).

A. 变慢　　B. 不变　　C. 变快　　D. 不能确定

解析　磁感应强度 B 突然增大的过程中将产生涡旋电场,其电场线是在水平面内一系列同心圆.涡旋电场力对粒子做功,使粒子的运动速度变快,C 选项正确.

答案　C.

08　若某横波沿 x 轴负方向传播,波速为 v,t 时刻的波形如图 4 所示,则该时刻( ).

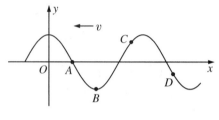

图 4

A. A 点静止不动　　B. B 点向右运动
C. C 点向下运动　　D. D 点向下运动

解析　利用"质点的振动方向与波的传播方向都位于波形的同一侧"可判断出,该时刻 A 点向下运动、B 点静止不动、C 点向上运动、D 点向下运动,D 选项正确.

答案　D.

09　国际电位制(SI)采用在单位前面加词头的办法,使任何单位都可以跟一系列的词头组成相应的十进制倍数单位和分单位. 如 km(千米)中的 k,便是词头名称为千(kilo)的词头符号,它所表示的因数是 10^3. 同样,所表示的因数为 10^9 与 10^{-9} 的词头符号分别是( ).

A. M 与 m　　B. T 与 f　　C. G 与 n　　D. P 与 μ

解析　M(兆)所表示的因数是 10^6,m(毫)所表示的因数是 10^{-3};T(太)所表示的因数是 10^{12},f(飞)所表示的因数是 10^{-15};G(吉)所表示的因数是 10^9,n(纳)所表示的因数是 10^{-9};P(皮)所表示的因数是 10^{-12},μ(微)所表示的因数是 10^{-6}.

答案　C.

10　水平面上一质量为 m 的物体,在水平恒力 F 的作用下由静止开始运动. 经时间 $2\Delta t$,撤去 F,又经时间 $3\Delta t$,物体停止运动. 则该物体与水平面之间的滑动摩擦系数为( ).

A. $\dfrac{2F}{mg}$　　B. $\dfrac{F}{mg}$　　C. $\dfrac{2F}{5mg}$　　D. $\dfrac{F}{5mg}$

解析　根据动量定理,有

$$F \cdot 2\Delta t - \mu mg \cdot 5\Delta t = 0,$$

解得

$$\mu = \dfrac{2F}{5mg}.$$

答案　C.

11　若摩擦力与空气阻力不计,则运动中加速度矢量保持不变的是( ).

A. 匀速圆周运动　　B. 平抛运动　　C. 单摆的运动　　D. 弹簧振子的运动

解析　平抛运动的加速度为重力加速度,大小和方向都不变,B 选项正确.

答案　B.

12　一质点以匀速率做平面运动,从图 5 所示的轨迹图中可知,质点加速度最大的点是(　　).

A. A　　　　　　　　B. B
C. C　　　　　　　　D. D

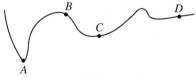

图 5

解析　质点沿图示轨迹运动,向心加速度 $a = v^2/\rho$,式中 ρ 为曲率半径,显然 A 点曲率半径最小,对应的加速度最大,A 选项正确.

答案　A.

13　容积恒定的车胎内部气压维持恒定,则车胎内空气质量最多的季节是(　　).

A. 春季　　　B. 夏季　　　C. 秋季　　　D. 冬季

解析　由理想气体的状态方程 $pV = nRT = mRT/M$ 可知,在压强和体积都恒定的情况下,冬季温度低,则空气质量多,D 选项正确.

答案　D.

14　在等温条件下,一定质量某理想气体的密度 ρ 随压强 p 变化的规律是(　　).

解析　根据理想气体的状态方程,有

$$pV = nRT = \frac{m}{M}RT = \frac{\rho V}{M}RT,$$

可得

$$\rho = \frac{M}{RT}p.$$

密度 ρ 与压强 p 成正比,D 选项正确.

答案　D.

15　如图 6 所示,闭合回路 $abcd$ 载有电流 I,ab 可滑动,且接触良好,无摩擦,磁场 B 与回路平面垂直,则(　　).

A. 当 ab 向左匀速滑动时,安培力做正功
B. 当 ab 向左匀速滑动时,外力做负功
C. 当 ab 向右匀速滑动时,安培力做正功
D. 当 ab 向右匀速滑动时,外力做正功

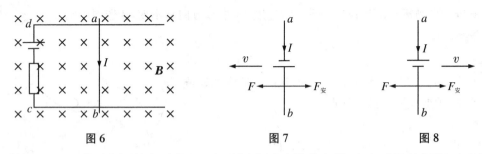

解析 以 E 表示电源的电动势，R 表示闭合回路的总电阻，l 表示导轨间距．如图7所示，当 ab 向左匀速滑动时，闭合回路中的电流为

$$I = \frac{E + Blv}{R}.$$

外力做正功，安培力做负功，A、B 选项均错误．

如图8所示，当 ab 向右匀速滑动时，闭合回路中的电流为

$$I = \frac{E - Blv}{R}.$$

安培力做正功，外力做负功，C 选项正确，D 选项错误．

答案 C．

16 一半径为 r 的带电球体，带有电量 Q，同此球心相距为 R 的空间各点的电场强度（　）．

A．大小相等，方向不能确定　　　B．大小相等，方向沿径向
C．大小不能确定，方向沿径向　　D．大小不能确定，方向不能确定

解析 由于未告知带电球体的电荷是否均匀分布，所以空间各点的电场强度的大小及方向均不能确定，D 选项正确．

答案 D．

2011年某校保送生考试试题解析

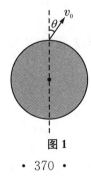

图1

01 如图1所示，一物体从地球表面发射，初速度大小为 $v_0 = kv_1$（式中 v_1 为第一宇宙速度），初速度方向与竖直方向成 θ 角，其中 $k < 1.414$．地球视为质量均匀分布的球体，忽略空气阻力和地球自转的影响．请解答以下问题：

(1) $k < 1.414$ 意味着什么？
(2) 物体运动过程中有哪些物理量守恒？

(3) 求物体能到达的最大高度,并讨论 $\theta=0$ 和 $\theta=\pi/2$ 两种特殊情况.

解析 (1) 设物体的质量为 m,地球的质量为 M,地球半径为 R. 物体从地球表面发射,成为绕地球运行的人造地球卫星,所需的最小发射速度 v_1 即为第一宇宙速度. 根据万有引力定律,有

$$G\frac{Mm}{R^2} = m\frac{v_1^2}{R}, \qquad ①$$

解得

$$v_1 = \sqrt{\frac{GM}{R}}.$$

物体脱离地球引力的束缚,成为环绕太阳运动的一颗人造行星,物体的最小发射速度 v_2 即为第二宇宙速度. 根据机械能守恒定律,有

$$\frac{1}{2}mv_2^2 - G\frac{Mm}{R} = 0, \qquad ②$$

解得

$$v_2 = \sqrt{\frac{2GM}{R}} = \sqrt{2}\,v_1 \approx 1.414\,v_1.$$

若 $k < 1.414$,则物体发射的初速度小于第二宇宙速度,物体不能脱离地球引力的束缚,只能绕地球运动.

(2) 引力场是有心力场,物体在地球引力作用下的运动是平面运动. 如果不考虑空气阻力,物体在运动过程中机械能及角动量均守恒.

(3) 设物体能到达的最大高度为 H,该处速度为 v. 根据机械能守恒定律,有

$$\frac{1}{2}mv_0^2 - G\frac{Mm}{R} = \frac{1}{2}mv^2 - G\frac{Mm}{R+H}. \qquad ③$$

根据角动量守恒定律,有

$$R \cdot mv_0 \sin\theta = (R+H) \cdot mv. \qquad ④$$

联立式①、式③和式④,得

$$(v_0^2 - 2v_1^2)(R+H)^2 + 2Rv_1^2(R+H) - R^2 v_0^2 \sin^2\theta = 0.$$

解这个关于 $R+H$ 的一元二次方程,得

$$H = \frac{-2Rv_1^2 \pm \sqrt{4R^2 v_1^4 + 4(v_0^2 - 2v_1^2)R^2 v_0^2 \sin^2\theta}}{2(v_0^2 - 2v_1^2)} - R. \qquad ⑤$$

当发射角度 $\theta = 0$ 时,式⑤化简为

$$H = \frac{-2Rv_1^2 \pm \sqrt{4R^2 v_1^4}}{2(v_0^2 - 2v_1^2)} - R.$$

利用 $v_0 = kv_1$,解得

$$H = -R(舍去), \quad H = \frac{k^2 R}{2-k^2}.$$

当发射角度 $\theta = \pi/2$ 时,式⑤化简为

$$H = \frac{-2Rv_1^2 \pm \sqrt{4R^2 v_1^4 + 4(v_0^2 - 2v_1^2)R^2 v_0^2}}{2(v_0^2 - 2v_1^2)} - R.$$

利用 $v_0 = kv_1$,解得

$$H = 0, \quad H = \frac{2R(k^2-1)}{2-k^2}.$$

此解的物理意义分析如下:
① 当 $k \leqslant 1$ 时,$H = 0$,表明物体无法抛离地面或物体绕地球表面做匀速圆周运动.
② 当 $1 < k \leqslant 1.414$ 时,物体绕地球沿椭圆轨道运动,近地点在 $H = 0$ 处,远地点在 $H = 2R(k^2-1)/(2-k^2)$ 处.

  如图 2 所示,在半径为 R 的金属球 A 内,有两个球形空腔,金属球整体不带电,在两空腔中心各放置一点电荷 B 和 C,所带电荷量分别为 q_B 和 q_C.在金属球 A 之外离球心 O 为 r 处放置另一点电荷 D,电荷量为 q_D,已知 r 远大于金属球 A 的半径.请解答下列问题:

(1) 写出库仑定律的数学表达式;
(2) 写出点电荷 D 所受静电力大小的表达式;
(3) 分别求出点电荷 B 和 C 所受的静电力.

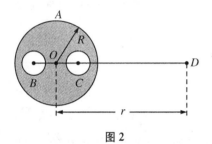

图 2

解析 (1) 设真空中两个静止点电荷的电荷量分别为 q_1 和 q_2,它们之间的距离为 r,则

$$F = k\frac{q_1 q_2}{r^2},$$

式中的 k 是比例系数,叫做静电力常量.

(2) 求解该问需利用镜像法,下面我们通过一个模型来介绍一下镜像法.

半径为 R 的接地金属球外有一电荷量为 q 的点电荷,点电荷与球心 O 相距 a,如图 3 所示.金属球靠近点电荷一侧将出现负感应电荷,感应电荷是面电荷.我们能否用假想点电荷 q' 来等效替代金属球上的感应电荷呢?根据对称性,q' 应在 Oq 连线上,如图 4 所示.在 q 和 q' 的共同作用下,球面上任一点 P 的电势都为零,则

$$k\frac{q}{r} + k\frac{q'}{r'} = 0,$$

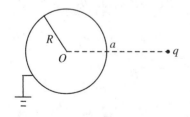

图 3

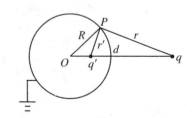

图 4

式中 r 为 q 到 P 的距离,r' 为 q' 到 P 的距离.因此对球面上任一点,有

$$\frac{r'}{r} = -\frac{q'}{q} = 常数. \qquad ①$$

选择 q' 在合适的位置使 $\triangle Oq'P \sim \triangle OPq$,则

$$\frac{r'}{r} = \frac{R}{a} = 常数. \qquad ②$$

设 q' 距球心为 b，两三角形相似的条件为

$$\frac{b}{R} = \frac{R}{a},$$

则

$$b = \frac{R^2}{a}. \qquad ③$$

联立式①和式②，得

$$q' = -\frac{R}{a}q. \qquad ④$$

由式③和式④可分别确定假想点电荷 q' 的位置和大小.

下面，我们回到本题中的模型.

位于空腔中心的点电荷 B 和 C，由于静电感应，在空腔内表面感应出均匀分布的负电荷 $-q_B$ 和 $-q_C$，在 A 球外表面感应出正电荷 q_B 和 q_C. 均匀分布的 $-q_B$ 和 $-q_C$ 可分别用位于空腔中心的两个点电荷 $-q_B$ 和 $-q_C$ 来等效替代. 这样，q_B 和 $-q_B$、q_C 和 $-q_C$ 对点电荷 D 的静电力的合力为零.

点电荷 D 在金属球 A 的表面也会产生感应电荷，根据上述讨论，金属球表面的负感应电荷仍然可用距球心为 R^2/r，电荷量为 $-Rq_D/r$ 的假想点电荷来等效替代，根据电荷守恒定律，金属球表面还带有电荷量为 $q_B + q_C + Rq_D/r$ 的正电荷，为保证金属球是一个等势体，可用位于球心的假想点电荷 $q_B + q_C + Rq_D/r$ 来等效替代. 这样，我们把研究导体球表面的电荷与点电荷 q_D 之间的静电力转化成研究两个假想点电荷 $-Rq_D/r$ 和 $q_B + q_C + Rq_D/r$ 与点电荷 q_D 之间的库仑力. 则

$$F = k\frac{\left(q_B + q_C + \frac{R}{r}q_D\right)q_D}{r^2} - k\frac{\frac{R}{r}q_D \cdot q_D}{\left(r - \frac{R^2}{r}\right)^2},$$

整理，得

$$F = k\frac{q_D}{r^2}\left(q_B + q_C + \frac{R}{r}q_D\right) - k\frac{Rrq_D^2}{(r^2 - R^2)^2}.$$

① 如果点电荷 q_D 所受静电力为零，则

$$q_D = \frac{(q_B + q_C)r(r^2 - R^2)^2}{R^3(2r^2 - R^2)}.$$

② 如果点电荷 q_D 所受静电力表现为斥力，即 $F > 0$，则

$$q_D < \frac{(q_B + q_C)r(r^2 - R^2)^2}{R^3(2r^2 - R^2)}.$$

③ 如果点电荷 q_D 所受静电力表现为引力，即 $F < 0$，则

$$q_D > \frac{(q_B + q_C)r(r^2 - R^2)^2}{R^3(2r^2 - R^2)}.$$

(3) 由于静电屏蔽，因此，除空腔中的点电荷及空腔内表面的感应电荷外，其他电荷在空腔内的合场强为零. 点电荷 B 和 C 只受到各自内表面感应电荷的作用，又已知点电荷 B、

C 处于空腔中心,则感应电荷均匀分布在空腔内表面上,所以点电荷 B 和 C 所受静电力的合力均等于零.

2009 年浙江大学自主招生试题解析

01 假定 A、B 是具有不同量纲的两个物理量,经过下列哪种运算后仍能得到有意义的物理量(　　).

　　A. 加法　　　　B. 除法　　　　C. 减法　　　　D. 乘法

解析　不同量纲的两个物理量不能进行加减运算,可以进行乘法运算,如 $W=Fl$,也可以进行除法运算,如 $R=U/I$. B、D 选项正确.

答案　B、D.

02　匀速运动的火车上,有一元硬币从桌上掉落,其相对火车的加速度为多大?相对地球的加速度为多大?

解析　一元硬币从桌上掉落,其相对火车的加速度和相对地球的加速度均为重力加速度 g.

03　升降机里有一个单摆,原始周期为 T. 分别求当升降机以加速度 a 向上加速运动、向下加速运动、匀速运动时单摆的周期.

解析　设单摆摆长为 l,则原始周期 $T=2\pi\sqrt{l/g}$. 当升降机以加速度 a 向上加速运动时,等效重力加速度为 $g+a$,所以单摆的周期 $T_1=2\pi\sqrt{l/(g+a)}=T\sqrt{g/(g+a)}$. 当升降机以加速度 a 向下加速运动时,等效重力加速度为 $g-a$,所以单摆的周期 $T_2=2\pi\sqrt{l/(g-a)}=T\sqrt{g/(g-a)}$. 当升降机匀速运动时,单摆的周期 $T_3=2\pi\sqrt{l/g}=T$.

04　假设所有的电子带正电荷,而所有的质子带负电荷,问:人们的生活会发生哪些变化?

解析　不会有任何变化. 就像把所有的男人改叫女人,所有的女人改叫男人一样,只是一个名称问题. 如果科学家一开始就规定电子带的电荷为正电荷,质子带的电荷为负电荷,那么我们现在的叫法就和以前相反,但不会有任何影响.

05　飞船从地球飞到月球与从月球飞到地球,耗费燃料相同吗?哪个多?

解析　设地球、月球和飞船的质量分别为 M_e、M_m 和 m,地球与月球之间距离为 L. 设想飞船从地球出发,沿着连接地球和月球的直线飞往月球.地球对飞船引力要大于月球对飞船引力,随着飞船远离地球,它受到地球引力逐渐减小,而受到月球引力逐渐增大.飞到 O 处,地球对飞船引力正好等于月球对飞船引力.设地球和月球到此处距离分别为 L_1 和 L_2,则有

$$G\frac{M_e m}{L_1^2} = G\frac{M_m m}{L_2^2}.$$

由于 $M_e > M_m$,所以 $L_1 > L_2$.因而,飞船从地球飞到 O 处克服地球引力做功要大于飞船从月球飞到 O 处克服月球引力做功,所以飞船从地球飞到月球耗费燃料要比从月球飞到地球多.

06 空间中有一个 $4Q$ 的正电荷和一个 Q 的负电荷,相距为 r,则正电荷发出的电场线与进入负电荷的电场线哪个多?

解析 $4Q$ 的正电荷发出的电场线更多.

07 说明电阻与电阻率的主要区别.

解析 导体的电阻由导体材料的电阻率、导体长度、横截面积决定,反映导体的导电性能.电阻率是对组成导体的材料而言的,由材料决定,反映了材料的导电性能.电阻大的导体对电流的阻碍作用大,电阻小的导体对电流的阻碍作用小.电阻率小的材料导电性能好,电阻率大的材料导电性能差.由 $R = \rho l/S$ 知,导体的电阻由电阻率 ρ、长度 l、横截面积 S 共同决定.可见,电阻率小的导体,电阻不一定小,即电阻率小的材料作成的导体对电流的阻碍作用不一定小.

08 有一个内部中空、均匀带电 q 的球体,半径为 R,问其中空部分的电势为多少?

解析 由电势叠加原理可知,在球心处电势 $\varphi = kq/R$.在球体内部电场强度处处为 0,故这一区域内电势处处相等,中空部分的电势 $\varphi = kq/R$.

09 根据理想气体状态方程 $pV = nRT$ 可否得出结论"当温度趋近于 0 K 时,V 趋近于 0"?

解析 玻意耳定律、查理定律、盖-吕萨克定律等气体实验定律,都是在压强不太大(相对大气压强)、温度不太低(相对室温)的条件下总结出来的.当压强太大、温度很低时由上述定律计算的结果与实际测量结果有很大的差别.当温度趋近于 0 K 时,理想气体状态方程 $pV = nRT$ 已不适用,故不能得出 V 趋近于 0 的结论.事实上,理想气体状态方程忽略了分子力在体积和压强两个方面的影响,在考虑这两个影响的情况下,理想气体状态方程修正为范德瓦尔斯方程,可以更好地描述实际气体的行为,而对于更为极端的情况,气体方程还应得到进一步修正以满足实际情况.

10 地球场中月球势能与动能的绝对值之比.

解析 设地球、月球的质量分别为 M、m，地球和月球之间的距离为 r，则月球势能为

$$E_p = -G\frac{Mm}{r}.$$

根据万有引力定律和牛顿第二定律，有

$$G\frac{Mm}{r^2} = m\frac{v^2}{r}.$$

则月球动能为

$$E_k = \frac{1}{2}mv^2 = G\frac{Mm}{2r}.$$

所以月球势能与动能的绝对值之比为 2.

11 如图 1 所示，长为 L 的绳上拴一质量为 m 的小球，让小球在竖直面内做圆周运动，不计阻力，求小球运动到最低点与运动到最高点时绳的拉力之差.

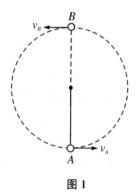

图 1

解析 在最低点 A，有

$$F_A - mg = m\frac{v_A^2}{L}. \quad ①$$

在最高点 B，有

$$F_B + mg = m\frac{v_B^2}{L}. \quad ②$$

小球从最高点运动到最低点的过程中，根据动能定理，有

$$mg \cdot 2L = \frac{1}{2}mv_A^2 - \frac{1}{2}mv_B^2. \quad ③$$

联立式①~③，得

$$F_A - F_B = 6mg.$$

12 一质量为 m_0、以速率 v_0 运动的粒子，碰到一质量为 $2m_0$ 的静止粒子．结果，质量为 m_0 的粒子偏转了 $45°$，并具有末速度 $v_0/2$，求质量为 $2m_0$ 的粒子偏转后的速率和方向.

解析 设 m_0 碰撞前的运动方向为 x 轴正方向，碰撞后其速度 y 分量的方向为 y 轴正方向，根据动量守恒定律，有

$$m_0 v_0 = m_0 \frac{v_0}{2}\cos 45° + 2m_0 v_x, \quad ①$$

$$0 = m_0 \frac{v_0}{2}\sin 45° - 2m_0 v_y. \quad ②$$

联立式①和式②，得

$$v_x = \frac{v_0}{2}\left(1 - \frac{\sqrt{2}}{4}\right), \quad v_y = \frac{\sqrt{2}}{8}v_0.$$

所以，速率

$$v = \sqrt{v_x^2 + v_y^2} = \frac{\sqrt{5 - 2\sqrt{2}}}{4}v_0.$$

速率的方向与 x 轴夹角为

$$\theta = \arcsin\frac{v_y}{v} = \arcsin\frac{\sqrt{2}}{2\sqrt{5-2\sqrt{2}}} \approx 28.67°.$$

13 如图 2 所示,边长为 a 的正方体八个顶点上各有一电量为 q 的点电荷,求该正方体上表面中心处的电场强度.

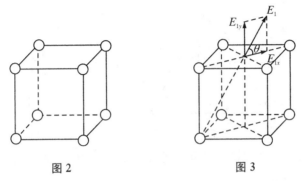

图 2   图 3

解析 如图 3 所示,上表面顶点的四个电荷在中心处的合场强为零.下表面顶点的四个电荷与上表面中心的距离 $r = \sqrt{(\sqrt{2}a/2)^2 + a^2} = \sqrt{6}a/2$,每个电荷在中心处的场强 $E_1 = kq/r^2 = 2kq/(3a^2)$.由对称性可知,这四个电荷在水平方向的合场强为零.在竖直方向上的合场强为

$$E = 4E_{1y} = 4E_1\sin\theta = \frac{8\sqrt{6}kq}{9a^2}.$$

14 顶角为 φ 的三棱镜,折射率为 n.一束光从其一侧面以入射角 i_1 射入,从另一侧面射出,试求光束的偏转角 δ 的一般表达式,进而求出:

(1) 若 $\varphi = 60°$,$n = \sqrt{2}$,入射光线平行于等边三棱镜的底面,且镜内折射光线未射到底面上,求偏转角.

(2) 若 φ 很小,棱镜成一尖劈,以小入射角入射时,偏转角为多大?

解析 光路如图 4 所示,根据折射定律,有

$$\frac{\sin i_1}{\sin i_2} = n, \qquad \text{①}$$

$$\frac{\sin i_4}{\sin i_3} = n. \qquad \text{②}$$

根据几何关系,有

$$i_2 + i_3 = \varphi. \qquad \text{③}$$

光束的偏转角

$$\delta = (i_1 - i_2) + (i_4 - i_3) = (i_1 + i_4) - (i_2 + i_3) = (i_1 + i_4) - \varphi. \qquad \text{④}$$

联立式①~③,得

$$\sin i_4 = n\sin i_3 = n\sin(\varphi - i_2) = n(\sin\varphi\cos i_2 - \cos\varphi\sin i_2)$$
$$= \sin\varphi\sqrt{n^2 - \sin^2 i_1} - \cos\varphi\sin i_1. \quad ⑤$$

联立式④和式⑤,得
$$\delta = \arcsin(\sin\varphi\sqrt{n^2 - \sin^2 i_1} - \cos\varphi\sin i_1) + i_1 - \varphi. \quad ⑥$$

(1) 若 $\varphi = 60°$, $n = \sqrt{2}$, 入射光线平行于等边三棱镜的底面, 即 $i_1 = 30°$. 代入式⑥, 得
$$\delta = 33.6°.$$

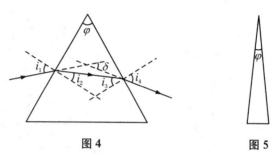

图 4 　　　　　图 5

(2) 若 φ 很小, 如图 5 所示. 入射角 i_1 很小, 则 i_2、i_3、i_4 均为小角. 当 θ 很小时, $\sin\theta \approx \theta$, 则式①和式②可分别近似为
$$\frac{i_1}{i_2} = n, \quad ⑦$$
$$\frac{i_4}{i_3} = n. \quad ⑧$$

联立式③、式④、式⑦和式⑧, 得
$$\delta = (n-1)\varphi.$$

15 有三个阻值不同的电阻 R_1、R_2、R_3, 可组成多少种不同的等效电阻? 求出各种等效电阻.

解析 可组成 8 种不同的等效电阻.

三个电阻串联, 其等效电阻为
$$R = R_1 + R_2 + R_3.$$

三个电阻并联, 其等效电阻为
$$R = \frac{1}{1/R_1 + 1/R_2 + 1/R_3}.$$

R_1、R_2 串联后与 R_3 并联, 其等效电阻为
$$R = \frac{(R_1 + R_2)R_3}{R_1 + R_2 + R_3}.$$

R_1、R_3 串联后与 R_2 并联, 其等效电阻为
$$R = \frac{(R_1 + R_3)R_2}{R_1 + R_2 + R_3}.$$

R_2、R_3 串联后与 R_1 并联, 其等效电阻为
$$R = \frac{(R_2 + R_3)R_1}{R_1 + R_2 + R_3}.$$

R_1、R_2 并联后与 R_3 串联,其等效电阻为

$$R = \frac{R_1 R_2}{R_1 + R_2} + R_3.$$

R_1、R_3 并联后与 R_2 串联,其等效电阻为

$$R = \frac{R_1 R_3}{R_1 + R_3} + R_2.$$

R_2、R_3 并联后与 R_1 串联,其等效电阻为

$$R = \frac{R_2 R_3}{R_2 + R_3} + R_1.$$

16 氧气压强大于 p_0 就会对人体有害,潜水员位于水下 50 m 处,使用氦气与氧气的混合氧气瓶,问氦气与氧气的合适质量比.

解析 当潜水员位于水下 50 m 处时,混合氧气瓶内气体压强 $p = 6p_0$,其中瓶内氧气压强 $p_{O_2} = p_0$,由道尔顿分压定律知瓶内氦气压强 $p_{He} = 5p_0$.根据理想气体状态方程,有

$$pV = nRT = \frac{m}{M}RT,$$

可得

$$m = \frac{pVM}{RT},$$

所以,氦气与氧气的质量比为

$$\frac{m_{He}}{m_{O_2}} = \frac{p_{He} M_{He}}{p_{O_2} M_{O_2}} = \frac{5}{8}.$$

2008 年浙江大学自主招生试题解析

为了简化计算,本次测试,取下列常数的近似值:

重力加速度 $g = 10 \text{ m/s}^2$,引力常量 $G = 6.67 \times 10^{-11}$ N·m^2/kg^2,地球质量与月亮质量之比为 81,地球半径与月亮半径之比为 3.7,水的折射率 $n = 4/3$,一个标准大气压 $p_0 = 1.013 \times 10^5$ Pa.

选择题.

 甲队和乙队用一条质量均匀的长绳进行拔河比赛,有以下三种说法:
(1) 如果甲队作用在绳上的力大于乙队,则甲队胜.
(2) 如果鞋与地面的平均摩擦力甲队大于乙队,则甲队胜.
(3) 如果作用在乙队上的绳的张力大于作用在甲队上的绳的张力,则甲队胜.

以上三种说法,可以归纳成 A、B、C、D 四种情形:
A. 只有说法(1)是对的.　　　　　　B. 只有说法(2)是对的.
C. 只有说法(1)和(3)是对的.　　　　D. 只有说法(2)和(3)是对的.
请在以上 A、B、C、D 四种情形中选出正确的一种.(　　)

解析 设甲、乙两队队员的总质量分别为 m_1、m_2,绳子质量为 m,甲、乙两队对绳子的总拉力分别为 F_1、F_2,根据牛顿第三定律,绳子对甲队的拉力大小为 F_1,绳子对乙队的拉力大小为 F_2. 甲、乙两队受地面的摩擦力分别为 f_1、f_2. 如图 1 所示的状态表示绳子正在向甲队一边移动,因为此时是甲、乙两队的所有队员整体移动,所以他们的速度和加速度都是一样的. 设加速度为 a,我们分别把甲队、乙队、绳子作为三个研究对象,根据牛顿第二定律,有

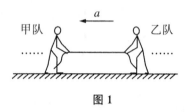

图 1

$$（对甲队）\quad f_1 - F_1 = m_1 a, \quad\quad ①$$
$$（对乙队）\quad F_2 - f_2 = m_2 a, \quad\quad ②$$
$$（对绳子）\quad F_1 - F_2 = ma. \quad\quad ③$$

联立式①~③,得
$$f_1 - f_2 = (m_1 + m_2 + m)a.$$

这就是整个系统(甲队、乙队和绳子)的动力学方程. 在此式中,两个拉力 F_1、F_2 都没有出现,说明对整体的移动方向没有影响,真正决定整体移动方向的是两个摩擦力 f_1、f_2 的关系. 若 $f_1 > f_2$,则整个系统向左移动,甲队取得胜利;若 $f_1 < f_2$,则整个系统向右移动,乙队取得胜利. 实际上,不管哪方取胜,移动的加速度都是很小的,加之绳子质量较小,所以一般可近似认为两队对绳子的拉力大小 F_1 和 F_2 相等.

答案 B.

02 假定地球为均匀球体,其半径为 R_0,在地球表面测得重力加速度为 g_0,设 g 为离开地球表面的高度达 h 时的重力加速度. 当 h 比 R_0 小得多时,g 和 g_0 可能的变化关系近似式为:

A. $g = g_0$　　B. $g = g_0\left(1 - \dfrac{h}{R_0}\right)$　　C. $g = g_0\left(1 - \dfrac{2h}{R_0}\right)$　　D. $g = g_0\left(1 - \dfrac{3h}{R_0}\right)$

有数学近似公式:当 $x \ll 1$ 时,$(1+x)^n \approx 1 + nx$. 选出正确的一种.(　　)

解析 根据万有引力定律和牛顿第二定律,有
$$G\frac{Mm}{R_0^2} = mg_0, \quad\quad ①$$
$$G\frac{Mm}{(R_0 + h)^2} = mg. \quad\quad ②$$

联立式①和式②,得
$$g = g_0\left(\frac{R_0}{R_0 + h}\right)^2 = g_0\left(1 + \frac{h}{R_0}\right)^{-2} \approx g_0\left(1 - \frac{2h}{R_0}\right).$$

填空题.

03 月亮表面到地球表面之间的距离大概为地球半径 R_0 的 60 倍,请你估算嫦娥一号距地球表面_____,才能进入月球的引力区.

解析 设地球、月球和嫦娥一号的质量分别为 M_e、M_m 和 m,当嫦娥一号距地球表面 x 时,地球对它的引力正好等于月球对它的引力,则有

$$G\frac{M_e m}{(R_0+x)^2} = G\frac{M_m m}{(60R_0 - x + R_0/3.7)^2},$$

解得

$$x = 54.14 R_0.$$

04 如图 2 所示,长度为 $L = 10$ m 的玻璃试管,一端密封,把它倒插在水中,密封端朝上,设管插入水的深度为 h,插入水后,管中一半高度留有空气,试管横截面积为 $S = 5 \times 10^{-4}$ m^2,质量为 $m = 1$ kg.求 $h =$ _____.

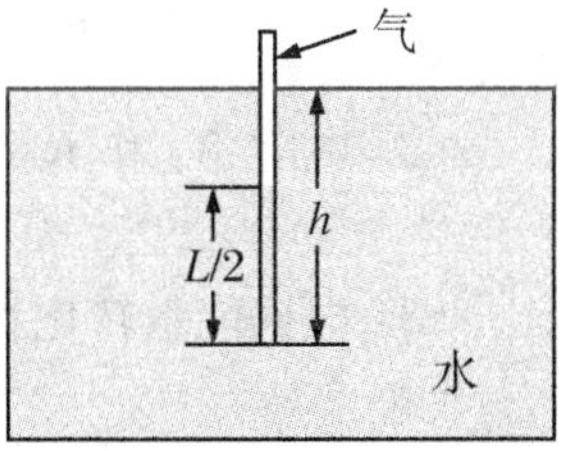

解析 对试管进行受力分析,试管在竖直方向上受外部大气压力、内部气体压力、自身重力,三者满足

$$p_0 S + mg = pS. \quad ①$$

而

$$p = p_0 + \rho_水 g\left(h - \frac{L}{2}\right). \quad ②$$

图 2

联立式①和式②,得

$$h = \frac{m}{\rho_水 S} + \frac{L}{2} = 7 \text{ m}.$$

计算题.

05 如图 3 所示,一支细水管出水率为 0.8 kg/s,以水平方向冲击质量为 1.2 kg 的木块,使木块在水平面上滑动,设木块受水平摩擦力为 1.8N,当木块以加速度 $a = 0.5$ m/s^2 运动时,求水管管口水的出射速度.(可以近似认为水在水平方向发射,与木块碰撞后,水的速度可以忽略)

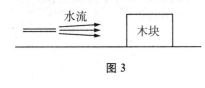

图 3

解析 在水平方向上,木块受到水流的冲击力和地面的摩擦力,根据牛顿第二定律,有

$$F - f = ma.$$

代入数据,得

$$F = 2.4 \text{ N}.$$

对冲击到木块上的水柱,取一微小质量 Δm,根据动量定理,得

$$F\Delta t = \Delta m \cdot v.$$

而 $\Delta m/\Delta t = 0.8$ kg/s,代入数据,得

$$v = 3 \text{ m/s}.$$

06 一条金属导线 A,长度 $L = 0.35$ m,它可以在另外两根金属导轨 D 和 C 上滑动,导轨两端分别接有 $R_1 = 2\ \Omega$ 和 $R_2 = 5\ \Omega$ 两个电阻,如图 4 所示.忽略摩擦和导轨内阻以及它们间的接触电阻,并有一匀强磁场 $B = 2.5$ T,方向垂直于导轨构成的平面.在外力 F 的作用下,金属导线 A 以 $v = 8$ m/s 匀速向左移动.问:

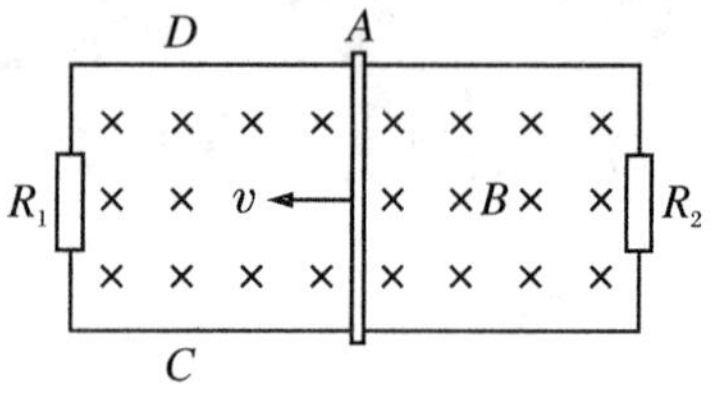

(1) 通过电阻 R_1 和 R_2 的电流分别为多少?
(2) 电阻 R_1 和 R_2 消耗的总功率为多少?
(3) 外力 F 为多大?

图 4

解析 (1) 回路中产生的感应电动势为
$$E = BLv = 7 \text{ V}.$$
通过电阻 R_1 和 R_2 的电流分别为
$$I_1 = \frac{E}{R_1} = 3.5 \text{ A}, \quad I_2 = \frac{E}{R_2} = 1.4 \text{ A}.$$

(2) 电阻 R_1 和 R_2 消耗的总功率为
$$P_R = (I_1 + I_2)E = 34.3 \text{ W}.$$

(3) 根据能量转化和守恒定律,有
$$P_F = P_R = Fv,$$
解得
$$F = 4.29 \text{ N}.$$

07 质量为 $m = 4.0$ kg 并带有电荷 $Q = +50\ \mu\text{C}$ 的物块与一端固定的弹簧相连,弹簧弹性系数为 $k = 100$ N/m,整个装置放在匀强电场($E = 5.0 \times 10^5$ V/m)中.不计摩擦,如图 5 所示.起始时,物块与弹簧处于自由状态,取物块的起始位置为 $x = 0$,由静止开始运动.求:

(1) 物块的平衡位置 x_0;
(2) 物块做简谐运动的周期 T;
(3) 物块的最大位移 x_m.

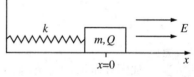

图 5

解析 (1) 类比重力场中的竖直弹簧振子,物块在向右的电场力和向左的弹簧弹力作用下做简谐运动.物块的平衡位置为
$$x_0 = \frac{QE}{k} = 0.25 \text{ m}.$$

(2) 物块做简谐运动的周期为
$$T = 2\pi\sqrt{\frac{m}{k}} = \frac{2\pi}{5} \text{ s}.$$

(3) 由于初始位置为 $x = 0$,所以物块做简谐运动的振幅为 0.25 m,由简谐运动的对称性,得物块的最大位移为 $x_m = 0.5$ m.

08 有一块正长方体树脂块,其折射率 $n_1 = 1.54 = 8\sqrt{3}/9$,侧面 A 与其上下底面正交,且侧面足够大,如图6所示.

(1) 光线由空气以 θ_1 入射,θ_1 为多大时,光线在 A 面上发生全反射?

(2) 把正长方体树脂块浸在水中,其他条件不变,光线由水中以 θ_1 入射,θ_1 为多大时,光线在 A 面上发生全反射?

(3) 把正长方体树脂块浸在 $n_2 = 1.628$ 的特殊液体中,其他条件不变,光线由此种特殊液体以 θ_1 入射,θ_1 为多大时,光线在 A 面上发生全反射?

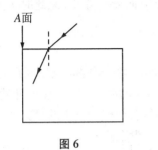

图6   图7

解析 (1) 光线在 A 面上发生全反射的临界角满足

$$\sin C = \frac{1}{n_1} \approx 0.65 < \frac{\sqrt{2}}{2},$$

所以

$$C < 45°.$$

如图7所示,当光线由空气以 θ_1 接近90°入射时,根据折射定律,有

$$\frac{\sin 90°}{\sin \theta_2} = n_1,$$

可得

$$\sin \theta_2 = \frac{1}{n_1} \approx 0.65 < \frac{\sqrt{2}}{2}.$$

所以 $\theta_2 < 45°$,则 $\theta_3 = 90° - \theta_2 > 45° > C$,可发生全反射.当 θ_1 从90°逐渐减小时,θ_2 进一步减小,θ_3 进一步增大,所以 θ_1 在 0~90°范围内,光线都能在 A 面上发生全反射.

(2) 光线在 A 面上发生全反射的临界角满足

$$\sin C = \frac{n_{水}}{n_1} = \frac{\sqrt{3}}{2},$$

所以

$$C = 60°.$$

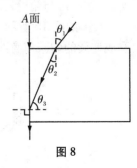

图8

如图8所示,当光线由空气以 θ_1 入射时刚好在 A 面上发生全反射,根据折射定律,有

$$n_{水} \sin \theta_1 = n_1 \sin \theta_2.$$

而

$$\theta_2 = 90° - \theta_3 = 90° - C = 30°,$$

可得
$$\sin\theta_1 = \frac{\sqrt{3}}{3},$$
所以
$$\theta_1 = \arcsin\frac{\sqrt{3}}{3} \approx 35°.$$

当 θ_1 从35°逐渐减小时，θ_2 进一步减小，θ_3 进一步增大，所以 θ_1 在 0~35°范围内，光线能在 A 面上发生全反射.

(3) 发生全反射的条件之一是光从光密介质射向光疏介质，而此时 $n_1 < n_2$，所以无论 θ_1 为何值，光线都不能在 A 面上发生全反射.

09 质量为 $M = 1$ kg 的箱子静止在光滑水平面上，箱子内侧的两壁间距为 $l = 1$ m，另一质量也为 $m = 1$ kg 且可视为质点的物体从箱子中央以 $v_0 = 5$ m/s 的速度开始运动，如图9所示.已知物体与箱底的动摩擦因数为 $\mu = 0.05$，物体与箱壁间发生的是完全弹性碰撞.试求：

(1) 物体可与箱壁发生多少次碰撞？

(2) 物体从开始运动到与箱子相对静止的这段时间内，箱子在水平面上的位移是多少？

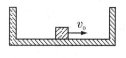

图 9

解析 (1) 设最终箱子和物体的速度为 v，根据动量守恒定律，有
$$mv_0 = (M + m)v,$$
解得
$$v = 2.5 \text{ m/s}.$$
系统损失的机械能为
$$\Delta E_k = \frac{1}{2}mv_0^2 - \frac{1}{2}(M + m)v^2 = 6.25 \text{ J}.$$
由能量守恒定律知系统因摩擦产生的热量即为系统损失的机械能，则有
$$Q = \Delta E_k = \mu mg \cdot s_{相对},$$
解得
$$s_{相对} = 12.5 \text{ m}.$$
所以，物体可与箱壁发生 12 次碰撞，且物体最后停在右壁接触处.

(2) 如图10所示，物体从开始运动到与箱子相对静止的这段时间内，可将物体的运动看成连续的匀减速直线运动，则有
$$v = v_0 - \mu g t,$$

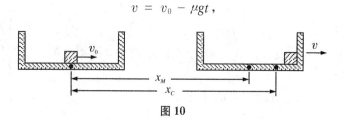

图 10

解得
$$t = 5 \text{ s}.$$
箱子和物体组成的系统不受外力作用,所以质心做匀速直线运动.质心速度为
$$v_C = \frac{mv_0}{M+m} = 2.5 \text{ m/s}.$$
在时间 t 内,质心的位移为
$$x_C = v_C t = 12.5 \text{ m}.$$
开始运动时系统的质心在箱底中央,共速时系统的质心在距箱底中央右侧 0.25 m 处,所以箱子的位移为
$$x_M = x_C - 0.25 \text{ m} = 12.25 \text{ m}.$$